一番わかりやすい

はじめての方位術
奇門遁甲
<small>き もん とん こう</small>

小野十傳
Toden Ono

日本文芸社

「好きなあの人を振り向かせたい」「仕事で成果を出したい」「もっとお金がほしい」——こうした願いは、誰しもが一度は抱いたことがあるのではないでしょうか。願いや目的を達成するための占術、それが「奇門遁甲」です。

　奇門遁甲は、もともと古代中国において兵法として用いられていました。兵法とは、いわゆる"戦のノウハウ"。相手に勝つにはどの方位から攻めれば良いのか、はたまた、格上の相手をどうすれば陥れることができるのか。そうした、戦で生き抜くための方法を占うものだったのです。

　三国時代の軍師・諸葛 亮も、この奇門遁甲を用いていたといわれています。諸葛 亮といえば、かの有名な「赤壁の戦い」や「10万本の矢」にまつわる逸話を残しています。そうした戦略にも、もしかしたら奇門遁甲による占術が使われていたのかもしれませんね。

　やがて奇門遁甲は日本にも伝わり、国家戦略に用いられていたといわれています。平安時代の平安遷都や明治時代の東京遷都は、奇門遁甲で導き出した方位への移動だったという一説もあるのです。

　本書は、そんな奇門遁甲を現代に落とし込み、あらゆる願いを叶えるための方法を解説した1冊です。恋愛・仕事・金運はもちろん、試験・スキルアップ・人間関係など、さまざまな運を上げるための方法を掲載しました。

　時代は変われど、今を生き抜く術を知りたいという人間の願いは同じです。あなたの願いもきっと、奇門遁甲で叶えることができるでしょう。

小野十傳

目次

一章 場所×時間で開運する奇門遁甲

二章 特別な「37格」とその象意

37格

三 章 天盤と地盤の配合

運命の鍵を握る天盤とそれをサポートする地盤 ························76

天盤と地盤の配合

四章 願いに合わせた方位盤の使い方

巻末資料

方位盤

一章

場所×時間で開運する奇門遁甲

奇門遁甲では「いつ、どこへ行くべきか」ということを占います。

いわば、場所と時間によって開運を可能にするのです。

実際にはどのようにして占っていくのか、

また、どの方位が良いとされているのか、その概要を解説します。

「場所×時間」の組み合わせで占う

八方位を用いて運を開く

「奇門遁甲」は古代中国で生まれた方位術です。**ほかの占いと異なる最大の特徴は、「時間」と「場所」という２つの組み合わせで成り立っていることです。**

例えば、「四柱推命」や「西洋占星術」は生年月日をもとに運勢を読み解いていきます。要するに、「時間」というフィルターを使っているわけです。

一方の奇門遁甲は、時間に加えて方位という「場所」を使います。つまり磁場ともいえる、場所のエネルギーも活用して開運しようととというわけです。

あなたも、これまでに「あの場所へ行ったときは、なぜかやたらとモテた」「不思議と怒りっぽくなった」といった経験をしたことはありませんか？　それこそが奇門遁甲の効果なのです。

奇門遁甲で使う方位は、南、南西、西、北西、北、北東、東、南東の８種類あります。一方位につき45度で、これを「八方位」といいます。実際にあなたの自宅から見た八方位をつくってみましょう。

まずは、自宅を中心とした地図を用意してください。縮尺は3000〜１万分の１くらいで良いでしょう。

次に南北の子午線を、自宅を中心に鉛筆で引きます。さらに北の方位線を中心に左右に22.5度ずつ測り、線を引きます。45度の範囲が北の方位です。

右に22.5度測ったところからから時計回りに45度を測って線を引いていきます。全部で上記の八方位になるはずです。最後に子午線を消して完成です。

これであなたの自宅を中心にした八方位が完成しました。この地図をもとに奇門遁甲を使っていきます。と、ここまで解説をしましたが、本書の付録として巻頭ページに八方位のトレーシングペーパーがついています。地図上にトレーシングペーパーを載せると、簡単に八方位を確認することができます。

※１ 座山とは、自宅の一角など所定の場所に何かを置いたり、埋めたりして効果を得る風水のような考え方。本書では取り扱いません。

なお、奇門遁甲は自分がその方位へ出かけて効果を得る「立向」と、所定の場所に何かを置いたり埋めたりして効果を得る「座山※1」の2種類に大別できます。立向で使う立向盤については、p.20以降で詳しく解説します。

八方位の描き方

①地図を用意する。縮尺は3000〜1万分の1くらいが望ましい。

④③で引いた線を起点に45度ずつ測り、中心に向かって線を引く。
⑤八方位描いて子午線を消したら完成。

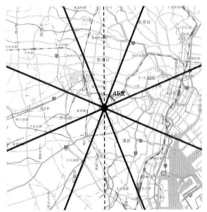

②自宅を中心※2に南北の子午線を引く。
③北の方位線を中心に、左右22.5度ずつの場所から中心にかけて線を引く。

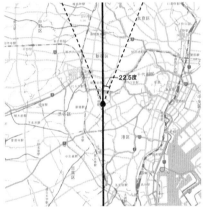

ほかの方法 付録の八方位盤トレーシングペーパーを地図に載せたり、インターネットの方位ソフトを利用したりしてもOKです。

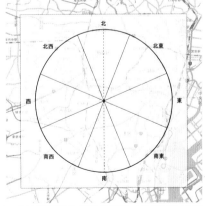

出所：すべて国土地理院「地図・空中写真閲覧サービス」を編集して作成

※2 自宅のほか、職場や学校など、長時間過ごす場所を中心とする地図も用意すると良いでしょう。

あなたの願いを叶えるのは天盤と地盤の「十干」

天盤と地盤は最も重要な要素のひとつ

　奇門遁甲は八方位のエネルギーを用いて開運する占いだと解説しましたが、そのエネルギーの吉凶を握っているのが「天盤」と「地盤」の組み合わせです。

　八方位の吉凶を示すのが「方位盤」と呼ばれるもの。ひとつの方位盤につき9つの区画が設けられており、上が南、下が北になるよう配置されています。そして、それぞれの区画のなかには最大6つの漢字が記されていて、**左の列の上が「天盤」、下が「地盤」を示しているのです。**

　天盤と地盤には、十干（甲・乙・丙・丁・戊・己・庚・辛・壬・癸）のどれかが入ります。十干の一つひとつは異なる性質を持ち、**2つの十干の配合（組み合わせ）により吉凶の50％が決まる**というわけです。十干の性質については、p.13〜15を参照してください。

　十干のうち、甲を「甲尊」、乙・丙・丁を「三奇」、戊・己・庚・辛・壬・癸の6つを「六儀」といいます。吉格は甲尊と三奇にあるため自分で使い、凶格の多い六儀は他人に使わせるというのが、兵法である奇門遁甲のセオリーです。また、六儀にあたる戊・己・庚・辛・壬・癸の干が、一定の法則に則って甲に隠れる（方位盤上で示されない）ことがあります。これが「遁甲」という名称の由来となっています。例えば、方位盤で「戊」が甲に隠れて表示されていない場合、その方位盤を「戊遁」といいます。

　天盤はその方位が何に向いているのかを示す、非常に重要な要素です。天盤は十干の性質によって決まります。例えば、「甲子 陽一局※1」（p.13の例）の方位盤を見ると、北（甲）は地位や名声に関する方位、南（乙）は調和と安定に関する方位、西（丁）は知恵や好成績に関する方位、東（庚）は争いや事故に関する方位など、各方位が持つ運気の種類がわかります。方位盤をチェックする際は、

※1　方位盤は大きく「陽遁」「隠遁」に分けられます。また陽遁は「陽一局」〜「陽九局」、陰遁は「陰一局」〜「陰一局」に分けられます。さらに、各局数において60の干支の数だけ種類があり、合計で1080種類の方位盤があります。詳しくはp.22を参照してください。

まず天盤に着目し、どの方位が何に向いているのかを確認しましょう。また願いを叶えたいときも、その願いに合致した天盤が配置された方位盤を選ぶことが肝心です。もう一方の地盤は、天盤との組み合わせによって吉凶を生じさせ、その方位の総合的な吉凶を左右します。天盤と地盤の配合による吉凶は、二章と三章で詳しく解説していきます。

❀ 方位盤における天盤と地盤の見方（下記は「甲子 陽一局の例）

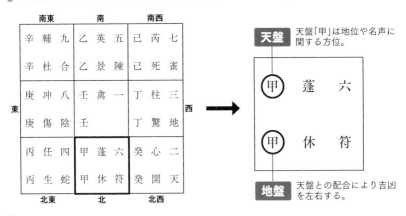

| | **天盤** | 天盤「甲」は地位や名声に関する方位。 |

| | **地盤** | 天盤との配合により吉凶を左右する。 |

❀ 天盤・地盤となる十干それぞれの作用

甲尊（甲）※2……求官の方位

昇進や地位の向上、名声、権威、威厳を求めるときに使う。気品、品格、誠意が備わる。

副作用 実力もないのに威張る。見栄を張る。相手によって態度を変える。

乙奇（乙）……求安の方位

和合、安定、治病を求めるときに使う。温和さや安らかな気持ちが備わる。

副作用 怠け者になる。危機意識が薄れる。優柔不断になる。

※2 （ ）内は方位盤で表示される略記号です。

丙奇（丙）……求財の方位

財、権力を求めるときに使う。事業や商売の成功など、あらゆる金運の上昇に効果あり。迫力が備わる。

副作用 高慢になる。無神経で図々しくなる。欲深くなる。

丁奇（丁）……求智の方位

知恵や好成績を求めるときに使う。友好にも効果あり。頭が良くなれば受験も出世も商売も成功するため、幅広い用途に使える。

副作用 疑り深くなる。考えすぎてチャンスを逃す。孤立する。

戊儀（戊）……求信の方位

社交性を身につけ、信用を得たいときに使う。雄弁になり、表現力が備わり、流行に敏感になる。

副作用 見え透いた嘘をつく。口先ばかりの傾向が強まる。信用をなくす。

己儀（己）……求情の方位

恋愛運を求めるときに使う。魅力が輝き異性を引き付ける。柔らかな人格が備わる。

副作用 ふしだらになる。色事に溺れる。人に迷惑をかける。

庚儀（庚）……求寿の方位

ほとんどが凶作用になるため、自分で使うのは
NG。相手が使うように導くのが極意とされる。

副作用 ケガや病気を引き起こす危険な出来事が多発し、
不安な気持ちになりやすい。

辛儀（辛）……求道の方位

感性を磨くときに使う。アート感覚や味覚の鋭さ
が備わる。いろいろな分野の修業に使える。

副作用 怒りっぽくなる。イライラしがちになる。精神が
安定せず、悲観的になる。

壬儀（壬）……求勝の方位

競争や闘争で勝利を得るときに使う。受験勉強
には丁奇、試験当日には壬儀の方位を使う。

副作用 焦りやすくなる。デリカシーに欠ける。相手の痛
みに鈍感になる。

癸儀（癸）……求秘の方位

秘密を守りたいとき、悪いことを終わらせたいと
きに使う。この方位で隠すと見つからない。

副作用 良いことも終わってしまう。希望を失う。夢が散る。
絶望する。

運の方向性を示す八門と進行具合を示す九星

方位の吉凶に影響を及ぼす２つの要素

　天盤と地盤の次に大事な要素が「九星」と「八門」です。**この２つの配合で全体の30％の吉凶が決まります。**方位盤の９つの区画にそれぞれ記されている６つの文字のうち、中央の列に並ぶ２文字の上が九星、下が八門を示しています。

　九星は八門の意味を強めたり、消したりする要素です。一方の八門は、先述した天盤がどのように進展するかを示す要素。九星との組み合わせにより、方位の吉凶に影響を及ぼします。奇門遁甲の「門」は、八門のことです。次のページに八門の意味を記載しています。

　九星の名称と意味は下記のとおりです。
- **天蓬星（蓬※）：所有を意味する。自我や我欲という意味もある。**
- **天芮星（芮）：我慢強さを意味する。欲望を抑制する作用がある。**
- **天冲星（冲）：スピードを意味する。物事を迅速に進める作用がある。**
- **天輔星（輔）：穏やかさを意味する。手堅く責任感がある。**
- **天禽星（禽）：意地の悪さを意味する。八門すべての良さを台無しにする。**
- **天心星（心）：パワーを意味する。中心人物にする作用がある。**
- **天柱星（柱）：均衡を意味する。優柔不断に傾くこともある。**
- **天任星（任）：ボランティアを意味する。救いの星。**
- **天英星（英）：従順さを意味する。和気あいあいとやっていける。**

　例えば、恋愛の定番「己儀」を使ってデートしたとします。八門が「休門」ならゆったりとした安心感のある関係を築くことになります。「生門」なら相手の新しい魅力に気づくでしょう。「開門」なら結婚につながる可能性が高まります。

　さらに九星が組み合わさると、例えば上記の例で八門が開門、九星が天冲星だった場合、急速に結婚へと進むと読み解けるでしょう。

※（　）内は方位盤に用いられる略記号です。

八門の名称と意味

休門（休※）
安定し、落ち着いた状態を表す。

傷門（傷）
トラブルや意見の相違、挫折を表す。

景門（景）
派手な状態を表す。

驚門（驚）
障害を表す。マンネリ生活に刺激を与えることもある。

生門（生）
新しい発見を表す。新しい方向性が見つかる。

杜門（杜）
虚偽や欺瞞を表す。物事の行き詰まりを暗示する。

死門（死）
停止を表す。恋愛では現在の関係を清算したり、遊びの関係を結婚へつながる関係に変えたりといった場合に有効。

開門（開）
順調な推移を表す。可能性の追求の意味もある。金運ではお金が入っても浪費に消える暗示。

方位盤における九星と八門の見方

天蓬星は所有や自我、我欲という意味を持つ。

甲	蓬	六
甲	休	符

休門は安定し、落ち着いた状態を表す。

吉凶判断の目安になる九宮と八神

組み合わせの種類により吉凶を探る

　天盤と地盤、九星と八門に続いて、吉凶判断の要素となっているのが「九宮(きゅうきゅう)」と「八神(はちじん)」です。方位盤の９つの区画にそれぞれ記されている６つの文字のうち、右の列に並ぶ２文字の上が九宮、下が八神です。**この２つの配合で全体の20％の吉凶が決まります。**吉凶に及ぼす影響は大きくはありませんが、軽視すべきではありません。九宮は、八神との組み合わせにより方位の吉凶を探る目安となります。

　「五黄(ごおう)」と「暗剣殺(あんけんさつ)」のある方位は凶方位になるので注意してください。五黄は方位盤に「五」と表記されるのですぐにわかります。暗剣殺は記載されませんが、五黄の反対の方位にあたります。例えば、五黄が南にあれば、暗剣殺は北となります。五黄が中央の区画にあるときは、五黄も暗剣殺も存在しません。

　以下が九宮の意味です。

- ・一白(いっぱく)（一※）……「冷静」という意味。暗剣殺がつくと「残忍さ」になる。
- ・二黒(じこく)（二）……「堅実」という意味。暗剣殺がつくと「頑固さ」になる。
- ・三碧(さんぺき)（三）……「活発」という意味。暗剣殺がつくと「軽率さ」になる。
- ・四緑(しりょく)（四）……「順応」という意味。暗剣殺がつくと「迷い」になる。
- ・五黄(ごおう)（五）……「残忍」「陰険」という意味。
- ・六白(ろっぱく)（六）……「果断」という意味。暗剣殺がつくと「暴走」になる。
- ・七赤(しちせき)（七）……「華麗」という意味。暗剣殺がつくと「享楽」になる。
- ・八白(はっぱく)（八）……「努力」という意味。暗剣殺がつくと「反逆」になる。
- ・九紫(きゅうし)（九）……「緻密」という意味。暗剣殺がつくと「破壊」になる。

　八神は、九宮との組み合わせにより方位の吉凶を探る以外は大きな影響力はあ

※（　）内は方位盤に用いられる略記号です。

りません。ただし、特別な配合である37格の人遁（p.49）など、大吉格を構成する星として注視してください。

以下が八神の意味です。

- 直符（符※）……「純粋」「素直」「正義」という意味。
- 螣蛇（蛇）……「悪巧み」「意地悪」「ずるさ」という意味。
- 太陰（陰）……「豊かな愛情」「真実」という意味。
- 六合（合）……「善良」「和合」「友情」という意味。
- 勾陳（陳）……「時代遅れ」「田舎者」「猛烈」という意味。
- 朱雀（雀）……「華麗」「おしゃべり」「文書」という意味。
- 九地（地）……「優雅」「生産性」という意味。
- 九天（天）……「強さ」「公正」「発展」という意味。

❖ 方位盤における九宮と八神の見方

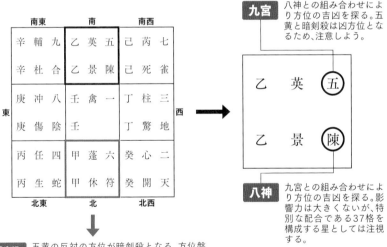

九宮 八神との組み合わせにより方位の吉凶を探る。五黄と暗剣殺は凶方位となるため、注意しよう。

八神 九宮との組み合わせにより方位の吉凶を探る。影響力は大きくないが、特別な配合である37格を構成する星としては注視する。

暗剣殺 五黄の反対の方位が暗剣殺となる。方位盤には記載されないが、五黄と並んで凶方位となるため注意が必要だ。なお、五黄が中央の区画にある場合、暗剣殺の方位はない。

願いに一層近づくための正しい方位盤の選び方

最も使用頻度が高くなるのは「時盤」

　奇門遁甲では、**願いや目的に合わせてさまざまな種類の方位盤を使います。** そもそもの方位盤が合っていなければ、願いを叶えたり、目的を達成したりすることもできなくなってしまいます。

　以下にそれぞれの種類と用途を解説していくので、今の自分の願いに合った方位盤を選べるようにしましょう。

　■座山盤……所定の場所に何かを置いたり埋めたりする場合に使います。この本では割愛します。

　■立向盤……読んで字のごとく、「立ってどこかへ向かう」ための盤。奇門遁甲で使うメインの盤です。自宅や職場などを原点として、自分が移動する場合に使います。旅行、引っ越し、デート、試験、商談など、移動を伴う日常的なイベントには、すべて立向盤を用います。本書にてメインで解説する方位盤で、立向盤のなかにもさらに年盤、月盤、日盤、時盤の種類があり、願いや目的に合わせて使い分けます。各種についての説明は下記のとおりです。

　・年盤……戦や遷都など、国家的な規模で用いる方位盤です。個人が活用する機会はほぼないと考えて良いでしょう。

　・月盤……引っ越しの方位を見る方位盤です。月盤を見ると職場や学校などの毎日通う場所が凶方位に当たる時期が出てきます。しかし気にする必要はありません。方位取りには免疫作用のようなものが働き、いつも通う場所からは凶作用を受けることはありません。これは日盤や時盤でも同じです。

　・日盤……２泊以上の旅行、または外泊などをするときに用いる方位盤です。知人の家に泊まるときや帰省するときも日盤で方位を確認しましょう。

　・時盤……その日１日の動きの吉凶を見る方位盤です。散歩、デート、会議、

商談、試験、飲み会など、移動を伴う日常的なイベントのすべてについて、方位の吉凶がわかります。最も頻繁に使う盤になるはずです。

また、奇門遁甲には「応期」といって、方位盤を用いて吉方位を取ったときにその効果が現れる時期があります。一般に月盤の効果は5年以内に、日盤の効果は60日以内に、時盤の効果は5日以内に現れるとされます。この本では割愛しますが、奇門遁甲を深めたい人はぜひ調べてみてください。

❊ 行動の指針に合わせた方位盤の種類

本書で解説！

立向盤（りっこうばん）　その名のとおり「立ってどこかへ向かう」盤。自宅や職場などを原点として、方位盤に示された方位へ移動することで開運する。

座山盤（ざざんばん）　例えば家の一角など、所定のどこかに何かを置いたり埋めたりすることで開運する。本書では割愛。

❊ 願いや目的に合わせた方位盤の種類

使用頻度

年盤（ねんばん）　国家戦略など、何年もの長い時間をかける大きな事柄を成し遂げたいときに使用する。現代では一般には使用しない。

使用頻度 ★

月盤（げつばん）　引っ越しをする際に使用する。自宅のみならず、事務所やお店の移転などにも使用すると良い。

使用頻度 ★★

日盤（にちばん）　2日以上の旅行をするときに使用する。出張などやむを得ない移動により凶方位へ行かなければならないときは、事前に対策しよう（p.126参照）。

使用頻度 ★★★

時盤（じばん）　デートや商談、遊びなど1日の動きの吉凶を見るときに使用する。日常において最も使用頻度が高くなる盤といえる。

方位盤の読み方を
マスターしよう

方位盤の見方を復習

　ここで一度、方位盤の見方を押さえておきましょう。

　p.181 〜 270に、たくさんの方位盤が並んでいます。本書では、まず「陽遁」と「陰遁」に分けて掲載しています。前半のツメが赤いページが陽遁、後半の青いページが陰遁です。このツメの色は、暦（p.159 〜 179）に記載されている数字の色とリンクしているので、参考にしてください。さらに、陽遁は陽一局〜陽九局、陰遁は陰一局〜陰九局まであります。そして、それぞれ60種類の干支の分、方位盤が割り振られています。

　例えば、p.181の左上の方位盤は、「陽一局（陽遁）の甲子の方位盤」ということがわかるでしょう。方位盤は全部で1080種類ありますから、このなかから願いによって割り出された方位盤を探していくわけです。

　さて、「陽一局 甲子」の方位盤をもとに説明をしていきます。

　方位盤は９つの区画に分割されています。中央を除く８つの区画には八方位（南、南西、西、北西、北、北東、東、南東）が割り振られています。なお、一般の地図では北が上ですが、奇門遁甲の方位盤は南を上にするというルールがあります。したがって巻末の方位盤はすべて南が上です。

　そして、各区画には最大６つの星が入っています。p.12 〜 19でも解説したように、左列の上が天盤、下が地盤。中央の列の上が九星、下が八門。右列の上が九宮、下が八神です。星の名前は略記号で記載してあります。

　これらの配合（組み合わせ）によって、各方位の吉凶を判断していくのです。天盤と地盤、九星と八門、九宮と八神の相性はp.154の「吉凶判定表」で確認します。**３組のうち、２組が「○」であれば「大象吉」で「全体の傾向として吉」、２組が「×」であれば「大象凶」で「全体の傾向として凶」と判断します。**

また、特定の配合によって「格」というものがあります。これは、特に大きな効果が期待できる方位で、二章で配合とともに解説しています。そのほかの配合の吉凶や効果については、三章で解説していますので、参考にしてください。

　使う頻度としては日盤と時盤が多いはずです。日盤より時盤のほうが効果の威力が強いので、凶方位には注意してください。**恒久的なツキを得るためには日盤を使い、ここ一番の勝負で時盤を使うのが、正しい方法です。**

❀ 方位盤の見方

西に出かける場合は西の区画を見る。縦に並ぶ星同士の組み合わせで吉凶を判断する。

❀ 各方位の吉凶の判断方法

①p.154「吉凶判定表」を参考に、「天盤×地盤」「九星×八門」「九宮×八神」の吉凶を見る。

②記入欄にそれぞれの吉凶を書き込み、方位の吉凶を判断する。

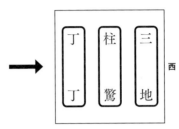

天盤「丁」×地盤「丁」の組み合わせは「○」。

2つ以上「○」なら総合判定「○」。2つ以上「×」なら総合判定「×」。

引っ越しに最適な方位は「月盤」で探す

吉方位になるタイミングを待つ方法もある

　自宅やオフィスなどの引っ越しの際には、月盤で方位の吉凶を確認しましょう。

使用条件

　原点に５カ月以上住んでいることが条件です。奇門遁甲における原点とは、出発地点のことです。月盤の場合は、引っ越し前の住まい（拠点）となります。

ポイント

・引っ越し先は、遠ければ遠いほど効果があります。

・効果は５年間続きます。

・引っ越しの吉方位はなかなか巡ってきません。引っ越し先が悪い方位なら、まず物件を押さえておき、吉方位になるときを待って住む方法もあります。

月盤の作成法

「2023年４月10日に西の方位へ引っ越す」というケースを例に、月盤の作成法を見ていきましょう。

① 該当する月の暦の「立陰」欄を調べて書き留める

　2023年の暦（p.159）を見ると、４月の立陰欄に「丙辰八⑥」とありますが、ここで注意点があります。奇門遁甲における月の変わり目は、節入りの日[※1]です。その法則に則ると、表の右端より、2023年４月は５日の清明から始まることがわかります。仮に４月２日に引っ越す場合は３月の立陰を調べましょう。その場合、立陰は「乙卯九⑦」となります。

※1 節気の入り日とは、二十四節気の始まりの日のこと。二十四節気は、立春、雨水、啓蟄、春分、清明、穀雨、立夏、小満、芒種、夏至、小暑、大暑、立秋、処暑、白露、秋分、寒露、霜降、立冬、小雪、大雪、冬至、小寒、大寒。p.159〜179「暦」では、右端の列に節気の入り日を記載しています。

② ①で得た情報をもとに方位盤を探す

「丙辰 八 ⑥」のうち「丙辰 八」に注目してください。「丙辰」は干支、「八」は方位盤の局数です。巻末の方位盤から同じものを探し（この場合はp.265）、吉凶を見たい方位だけをメモします。立向盤は陰遁となるため、「陰八局の丙辰」の方位盤を探しましょう。二章で解説しますが、「陰八局の丙辰」の方位盤の西を見ると、「星門反吟（p.71）」の配合になっています。

③ 方位盤を完成させる※2

最後に九宮を求めます。「丙辰八⑥」の丸数字「⑥」に注目してください。p.155「九宮一覧表」から該当する数字の盤を見つけ、目指す方位の枠にある漢数字が九宮の略になります。この場合は「八」です。

④ 吉凶を判定する

p.154「吉凶判定表」を見て、方位の吉凶を判断します。例の場合、天盤と地盤が「丙×己」で○、九星と八門が「英×休」で×、九宮と八神が「八×陰」で○となり、総合判定は「○」です。「星門反吟」の悪作用に注意したうえで引っ越しをしましょう。

❀ 月盤の作成方法

①該当する月の暦の「立陰」欄を調べて書き留める。

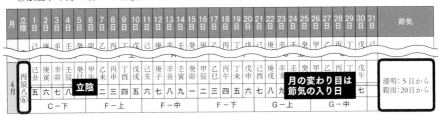

②①で得た情報をもとに方位盤を探す、③方位盤を完成させる。

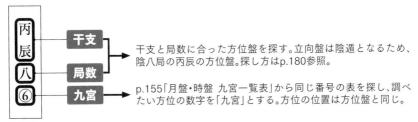

干支と局数に合った方位盤を探す。立向盤は陰遁となるため、陰八局の丙辰の方位盤。探し方はp.180参照。

p.155「月盤・時盤 九宮一覧表」から同じ番号の表を探し、調べたい方位の数字を「九宮」とする。方位の位置は方位盤と同じ。

④吉凶を判定する　p.154「吉凶判定表」より、天盤と地盤、九星と八門、九宮と八神の配合で吉凶を判断する(p.22参照)。

※2 盤によってはすでに九宮を示す漢字が入っているものもありますが、日盤（p.26）でのみ使うものです。月盤と時盤では方位盤に記載されている九宮は無視し、本節で紹介した方法で「九宮一覧表」で求めた九宮を使いましょう。

2泊以上の旅行は「日盤」で方位を決める

目的地が遠いほど効果は強くなる

日盤は、2泊以上の旅行や帰省、外泊をするときの方位を見るのに使います。

使用条件

・旅行に行く前日まで、原点に3日間以上連続して寝起きしていること。

・旅行中は同じ宿に2泊以上すること（それ以外の時間はどこにいても問題ありません）。

ポイント

・目的地は遠ければ遠いほど効果があります（基本は国内が条件ですが、近場の韓国や台湾ならOKです）。

・目的地へ早く到着するほど効果が強まります。

・出発日の時間で方位を取ります。到着日ではないことに注意してください。

・1日のサイクルは前日の23時から当日の23時まで※。

・出発後、凶方位に立ち寄っても目的地が吉方位であれば問題ありません。

・帰りの方位は無視して構いません（目的地から見て原点が凶方位でも問題ありません）。

・効果は2カ月間続きます。

日盤の探し方

ここでは「2023年8月15日に東の方位へ旅行をする」というケースを例に、日盤の探し方を見ていきましょう。

① 該当する年の暦を探し、月と日付が交わる欄を調べて書き留める

※ 奇門遁甲では、1日の区切りを23時とみなしています。

2023年8月15日は「乙巳 四」とあります。

② ①で得た情報をもとに方位盤を探す

上二文字「乙巳」はその日の干支。下の漢数字は方位盤の局数です。漢数字が青字なので「陰四局」となり、「陰四局の乙巳（p.244）」の方位盤を探します。

③ 吉凶を判定する

探した方位盤の目的の方位の欄に記載されている吉格や凶格から判断します。二章で解説しますが、天盤「己」と地盤「己」の配合は「干伏吟（p.68）」であり、凶方位。旅行にはあまり適していないことがわかります。

🌸 日盤の作成方法

①該当する年の暦を探し、月と日付が交わる欄を調べて書き留める。

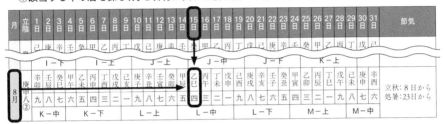

②①で得た情報をもとに方位盤を探す。

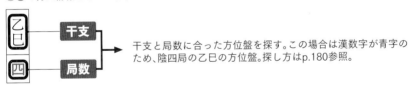

干支と局数に合った方位盤を探す。この場合は漢数字が青字のため、陰四局の乙巳の方位盤。探し方はp.180参照。

③吉凶を判定する

p.154「吉凶判定表」より、天盤と地盤、九星と八門、九宮と八神の配合で吉凶を判断する（p.22参照）。

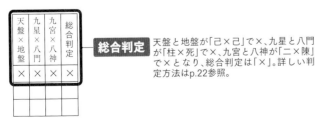

天盤と地盤が「己×己」で×、九星と八門が「柱×死」で×、九宮と八神が「二×陳」で×となり、総合判定は「×」。詳しい判定方法はp.22参照。

方位の効果は5日間持続する

日ごろの運は「時盤」でアップ

普段の生活に最も取り入れやすい方位盤

　最も使う頻度が高い時盤。ショッピングやデート、映画、飲み会の場所を選ぶ際など、1日のなかのイベントにおいて利用すると効果的です。

使用条件

・出かける前に原点に3時間以上とどまり、「時の境※1」を2つ以上越すこと。
・目的地にも3時間以上とどまり、「時の境」を2つ以上越すこと。

ポイント

・目的地は遠ければ遠いほど効果があります。
・目的地へ早く到着するほど効果が強まります。
・1日のサイクルは前日の23時から当日の23時まで。
・目的地に到着する時間ではなく、原点を出発する時間で方位の吉凶を見ます。
・出発後、凶方位に寄っても問題ありませんが、3時間以上滞在しないこと。
・帰りの方位は無視して構いません（目的地から見て原点が凶方位でも問題ありません）。
・効果は5日間続きます。

時盤の作成法

　ここでは「2023年12月20日の9時40分に北西の方位に出かける」というケースを例に、時盤の作成法を見ていきましょう。

① 暦を見て使用する時盤が陽遁か陰遁かを調べる

　p.159を見ると、12月の冬至から6月の夏至の前までが陽遁、夏至から冬至の

※1 時の境とは、1時、3時、5時、7時、9時、11時、13時、15時、17時、19時、21時、23時ジャストの時間のこと。例えば、14時50分～17時50分までの3時間を同じ場所で過ごした場合、時の境を2つ越しますが、13時30分～16時30分までの場合は時の境をひとつしか越さず、原点にはなりません。

前日までが陰遁です。夏至と冬至の日付は、暦の一番右の欄に記されています。このケースの場合は陰局の方位盤を使用します。また、奇門遁甲では23時を1日の始まりとしているため、23時以降に外出するなら翌日の暦を見てください。

② 月と日付が交わる欄を調べて書き留める

2023年12月20日は「壬子 三」とあります。「壬」は日干、「子」は日支です。漢数字が青字なら「陰」、赤字なら「陽」とメモしてください。数字そのものは無視します。また、その下の欄にある「P－下」もメモしてください。

③ 日干をもとに時干支ナンバーを求める

p.156「時盤表1」の「表A」を見て、②で調べた日干を探し、日干と出かける時間が交わるところを見て時干支ナンバーを探します。例の場合、日干は「壬」なので「丁・壬」の欄を下に見ていき、午前9時から午前11時の欄と交わるところに記載されている数字は「42」。これが時干支ナンバーです。

④ 時干支ナンバーをもとに時干支を求める

p.157「時盤表2」の「時干支一覧」を見て、③で求めた時干支ナンバーを探します。そこに書かれているのが時干支です。例の場合は、時干支ナンバーが42なので時干支は「乙巳」となります。

⑤ 時干支をもとに時盤の局数を求める

p.157「時盤表2」を使い、④で求めた時干支を下に見ていくと「上中下」という欄に突き当たります。左側にはアルファベットがあります。④で求めた時干支の下で②でメモしたアルファベットと、上・中・下が交わるところに記載されている漢数字が時盤の局数です。例の場合は、時干支が「乙巳」、②のメモは「P－下」。「P」と「下」が交わるところに「六」とあります。したがって、求める方位盤は「陰六局の乙巳」となります。

⑥ ⑤で得た情報をもとに方位盤を探す

「陰六局の乙巳（p.254）」を探します。出かける方位が北西なので、北西の欄を見ます。欄にある要素をメモします。

⑦ 日支から九宮ナンバーを求める※2

p.156「時盤表1」の「表B」を見ます。②で求めた日支と出かける時間が交わるところに記載されている数字を調べます。このとき、②で調べた漢数字が赤字なら陽遁、青字なら隠遁の欄を見ます。例の場合は、漢数字が青字なので陰遁の欄を見ます。日支が「子」なので「子・卯・午・酉」の欄と、出かける時間の「9時〜11時」の欄が交わるところに記載されている数字は「④」。これが九宮

※2 盤によってはすでに九宮を示す漢数字が入っているものもありますが、日盤で使うものなので、時盤では無視し、先の方法で「時盤表1」の「表B」から求めてください。

ナンバーです。

⑧ 方位盤を完成させる

p.155「月盤・時盤 九宮一覧表」を見て、⑦で得た九宮ナンバーの表を探します。出かける方位の数字を、⑥でメモした方位盤に追記しましょう。

⑨ 吉凶を判定する

⑥〜⑧で得た結果を、p.154「吉凶判定表」に照らし合わせて吉凶を判断します。例の場合、天盤と地盤が「乙×戊」で〇、九星と八門が「蓬×景」で×、九宮と八神が「五×天」で×となり、総合判定は×。しかし、p.153「天盤と地盤の配合一覧表」より、天盤「乙」×地盤「戊」の配合は「鮮花名瓶（p.84）」と大吉であることが導き出されるため、出かけても問題ないといえます。

🏵 時盤の作成方法

①暦を見て使用する時盤が陽遁か陰遁かを調べる。
②月と日付が交わる欄を調べて書き留める。

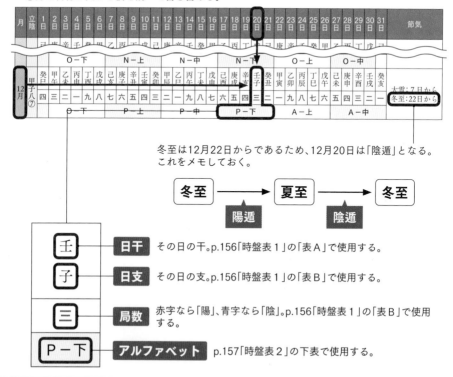

冬至は12月22日からであるため、12月20日は「陰遁」となる。これをメモしておく。

日干　その日の干。p.156「時盤表1」の「表A」で使用する。

日支　その日の支。p.156「時盤表1」の「表B」で使用する。

局数　赤字なら「陽」、青字なら「陰」。p.156「時盤表1」の「表B」で使用する。

アルファベット　p.157「時盤表2」の下表で使用する。

30

③日干をもとに時干支ナンバーを求める。　　④時干支ナンバーをもとに時干支を求める。

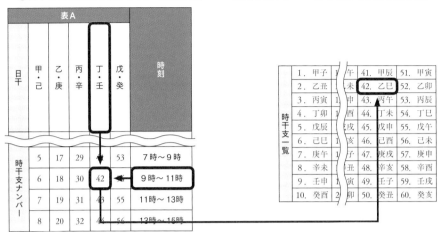

表A

日干	甲・己	乙・庚	丙・辛	丁・壬	戊・癸	時刻
時干支ナンバー	5	17	29		53	7時～9時
	6	18	30	42		9時～11時
	7	19	31	43	55	11時～13時
	8	20	32	44	56	13時～15時

時干支一覧

1．甲子		41．甲辰	51．甲寅
2．乙丑		42．乙巳	52．乙卯
3．丙寅		43．丙午	53．丙辰
4．丁卯		44．丁未	54．丁巳
5．戊辰		45．戊申	55．戊午
6．己巳		46．己酉	56．己未
7．庚午		47．庚戌	57．庚申
8．辛未		48．辛亥	58．辛酉
9．壬申		49．壬子	59．壬戌
10．癸酉		50．癸丑	60．癸亥

⑤時干支をもとに時盤の局数を求める。

時干支一覧

1．甲子	11．甲戌	21．甲申	31．甲午	41．甲辰	51．甲寅
2．乙丑	12．乙亥	22．乙酉	32．乙未	42．乙巳	52．乙卯
3．丙寅	13．丙子	23．丙戌	33．丙申	43．丙午	53．丙辰
4．丁卯	14．丁丑	24．丁亥	34．丁酉	44．丁未	54．丁巳
5．戊辰	15．戊寅	25．戊子	35．戊戌	45．戊申	55．戊午
6．己巳	16．己卯	26．己丑	36．己亥	46．己酉	56．己未
7．庚午	17．庚辰	27．庚寅	37．庚子	47．庚戌	57．庚申
8．辛未	18．辛巳	28．辛卯	38．辛丑	48．辛亥	58．辛酉
9．壬申	19．壬午	29．壬辰	39．壬寅	49．壬子	59．壬戌
10．癸酉	20．癸未	30．癸巳	40．癸卯	50．癸丑	60．癸亥

陰陽	節気	上	中	下	上	中	下	上	中	下	上	中	下	上	中	下
	冬至　啓蟄	A	一	七	四	二	八	五	三	九	六	四	一	七	五	二
	穀雨															
	芒種	H	六	三	九	七	四	一	八	五	二	九	六	三	一	七	四	二	八	五
陰局	夏至、白露	I	九	三	六	八	二	五	七	一	四	六	九	三	五	八	二	四	七	一
	小暑	J	八	二	五	七	一	四	六	九	三	五	八	二	四	一	三	六	九
	大暑、秋分	K	七	一	四	六	九	三	五	八	二	四	七	一	三	六	二	五	八
	立秋	L	二	五	八	一	四	七	九	三	六	八	二	五	七	一	四	六	九	三
	処暑	M	一	四	七	九	三	六	八	二	五	七	一	四	六	九	三	五	八	二
	寒露、立冬	N	六	九	三	五	八	二	四	七	一	三	六	九	二	五	八	一	四	七
	霜降、小雪	O	五	八	二	四	七	一	三	六	九	二	五	八	一	四	九	三	六
	大雪	P	四	七	一	三	六	九	二	五	八	四	七	九	六	八	二	五

⑥⑤で得た情報をもとに方位盤を探す。

出かける方位の配合をメモしておく

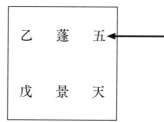

乙	蓬	五
戊	景	天

⑦日支から九宮ナンバーを求める。
⑧方位盤を完成させる。

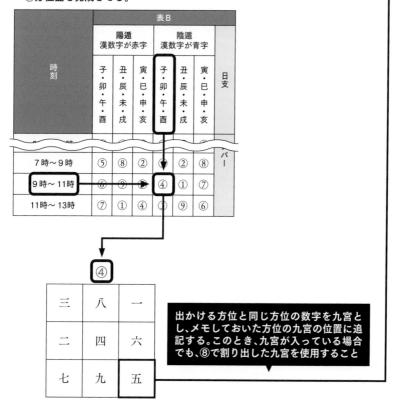

	表B					
	陽遁 漢数字が赤字			**陰遁** 漢数字が青字		
時刻	子・卯・午・酉	丑・辰・未・戌	寅・巳・申・亥	子・卯・午・酉	丑・辰・未・戌	寅・巳・申・亥
7時～9時	⑤	⑧	②	⑦	②	⑧
9時～11時	⑥	⑨	③	④	①	⑦
11時～13時	⑦	①	④	①	⑨	⑥

④

三	八	一
二	四	六
七	九	五

出かける方位と同じ方位の数字を九宮とし、メモしておいた方位の九宮の位置に追記する。このとき、九宮が入っている場合でも、⑧で割り出した九宮を使用すること

二章

特別な「37格」とその象意

天盤や地盤などの配合によって成立する、特別な「格」というものが存在します。

格は、願いを叶えるための効果が凝縮されたもので、全部で37種類あります。

その37格の配合や効果、気をつけるべき点を見ていきましょう。

極めて強い威力を持つ 特別な「37格」

開運効果が凝縮した血統書つきの方位

ここからはいよいよ方位盤に現れる特別な「格」について解説していきます。格を知り、日々の生活のなかで、あるいは旅行などで利用して幸運を手に入れる。これぞ奇門遁甲の醍醐味といえるでしょう。

格とは天盤と地盤、あるいは八門と八神などの配合によって成立する特殊な組み合わせのこと。全部で37種類あり、それぞれの配合によって「吉格」と「凶格」に分かれます。吉格は良い効果を、凶格は悪い効果をもたらすのです。効果の強弱は格によってことなりますが、吉格を使っていると自ずと良い効果が生まれます。また、凶格は例えばライバルなどに使うことで、蹴落とすこともできるのです。

そもそも奇門遁甲は「好きな人と相思相愛になりたい」、「ビジネスや副業で成功したい」といった望みを叶える方位術。格は、そうした望みを叶えるための恋愛運や金運、勝負運などの効果が凝縮している配合なのです。「血統書つきの方位」といっても良いでしょう。ですから、目的に適った方位を使うと、効果が鋭く出るのが特徴です。

ただし、副作用があることを決して忘れてはいけません。

例えば、お金儲けで有名な「丙奇昇殿（p.42）」という格を使うと、確かにお金は入ってきますが、妙に図々しくなって恋愛関係では異性から嫌われてしまいます。このように、**吉格であっても良いことだけをもたらす格はほとんどないということを留意しておきましょう。**

天盤と地盤、八門と八神の組み合わせによる吉凶の判断方法は、p.154の吉凶判定表を参考にしてください。作成した方位盤に吉格または凶格があれば、右図（またはp.152）の一覧表で掲載ページを確認し、解説を読んでみましょう。

◈ 37格の配合一覧表

格の名称	吉凶	配合	掲載ページ
青竜返首	吉	天盤「甲」×地盤「丙」	p.38
飛鳥跌穴	吉	天盤「丙」×地盤「甲」	p.39
玉女守門	吉	天盤「丁」、八門は特殊な出し方で定める	p.40
乙奇昇殿	吉	天盤「乙」が東に入る	p.41
丙奇昇殿	吉	天盤「丙」が南に入る	p.42
丁奇昇殿	吉	天盤「丁」が西に入る	p.43
乙奇得使	吉	天盤「乙」×地盤「己」	p.44
丙奇得使	吉	天盤「丙」×地盤「戊」	p.45
丁奇得使	吉	天盤「丁」×地盤「壬」	p.46
天遁	吉	天盤「丙」×地盤「戊」×八門「生」	p.47
地遁	吉	天盤「乙」×地盤「己」×八門「開」	p.48
人遁	吉	天盤「丁」×八門「休」×八神「陰」	p.49
神遁	吉	天盤「丙」×八門「生」×八神「天」	p.50
鬼遁	吉	天盤「丁」×八門「開」×八神「地」	p.51
竜遁	吉	・天盤「乙」×八門「開」 ・天盤「乙」が北西に入り、八門が「休」か「生」	p.52
虎遁	吉	・天盤「乙」×八門「生」 ・天盤「乙」が北東に入り、八門が「休」か「開」	p.53
風遁	吉	天盤「乙」が南東に入り、八門が「休」か「生」か「開」	p.54
雲遁	吉	天盤「乙」が南西に入り、八門が「休」か「生」か「開」	p.55
大格	大凶	天盤「庚」×地盤「癸」	p.56
小格	凶	天盤「庚」×地盤「壬」	p.57
刑格	凶	天盤「庚」×地盤「己」	p.58
戦格	凶	天盤「庚」×地盤「庚」	p.59
飛宮格	凶	天盤「甲」×地盤「庚」	p.60
伏宮格	大凶	天盤「庚」×地盤「甲」	p.61
青竜逃走	凶	天盤「乙」×地盤「辛」	p.62
白虎猖狂	凶	天盤「辛」×地盤「乙」	p.63
熒惑入白	凶	天盤「丙」×地盤「庚」	p.64
太白入熒	凶	天盤「庚」×地盤「丙」	p.65
朱雀投江	凶	天盤「丁」×地盤「癸」	p.66
螣蛇妖嬌	大凶	天盤「癸」×地盤「丁」	p.67

格の名称	吉凶	配合	掲載ページ
干伏吟	凶	天盤と地盤が同じ（「甲」と「丁」を除く）	p.68
星門伏吟	凶	・九星「蓬」×八門「休」 ・九星「芮」×八門「死」 ・九星「冲」×八門「傷」 九星「輔」×八門「杜」 ・九星「心」×八門「開」 ・九星「柱」×八門「驚」 ・九星「任」×八門「生」 ・九星「英」×八門「景」	p.69
干反吟	凶	・天盤「戊」×地盤「辛」 ・天盤「辛」×地盤「戊」 ・天盤「己」×地盤「壬」 ・天盤「壬」×地盤「己」 ・天盤「庚」×地盤「癸」 ・天盤「癸」×地盤「庚」	p.70
星門反吟	凶	・九星「蓬」×八門「景」 ・九星「任」×八門「死」 ・九星「冲」×八門「驚」 ・九星「輔」×八門「開」 ・九星「英」×八門「休」 ・九星「芮」×八門「生」 ・九星「柱」×八門「傷」 ・九星「心」×八門「杜」	p.71
八門受制	凶	・八門「休」が南に入る ・八門「景」が西に入る ・八門「生」が北に入る ・八門「開」が東に入る	p.72
六儀撃刑	凶	・天盤「己」が南西に入る ・天盤「辛」が南に入る ・天盤「壬」が南東に入る ・天盤「癸」が南東に入る ・天盤「戊」が東に入る ・天盤「庚」が北東に入る	p.73
三奇入墓	凶	・乙奇入墓：天盤「乙」が南西に入る ・丙奇入墓：天盤「丙」が北西に入る ・丁奇入墓：天盤「丁」が北西に入る	p.74

※ 天盤、地盤、八門、九星、八神は略記号で示している。

希少な格ほど スペシャルな効果がある

成立条件の厳しい格はチャンス

p.34で、格には良い作用をもたらす吉格と、悪い作用をもたらす凶格があると説明しましたが、**配合条件が厳しい、つまり出現しにくい格ほどスペシャルな効果を発揮するのです。**

例えば、吉格の「丁奇昇殿 (p.43)」は、天盤の「丁」が西の方位にあるだけで成立します。しかしその効果は、丁奇の「頭脳が明晰になる」という吉作用を強調するのみに留まります。

これに対して「鬼遁 (p.51)」は、天盤が「丁」、八門が「開門」、八神が「九地」と、3つの要素が整わないと格として成立せず、出現頻度も低くなります。それぞれの要素を見てみると、丁奇＝頭脳明晰、開門＝あらゆる物事のスムーズな進捗、九地＝ある種のずる賢さとなります。成立条件が厳しい分、これらの要素が絡み合い「相手を失敗させ、自分が成功する」という強い効果が発揮されるのです。

一方、凶格は基本的に天盤と地盤の配合で構成され、吉格に比べて成立条件が緩く、出現頻度が高いのが特徴です。そのため、37種類の格のうち、凶格の数のほうが多くなっています。このことは「現実社会では良い出来事よりも悪い出来事のほうがはるかに多い」ことを示唆しているのかもしれません。

しかし心配はご無用です。この本で奇門遁甲をひも解いたからには、たとえ**凶格を使ってしまったとしても運命を修復することができます。**

また、吉格で成功しても思わぬ副作用により足をすくわれることがありますが、これも予防できます。

p.38から37格の解説をしていきますが、それぞれの格を使うにあたり、気をつけるべきことも書き添えました。ぜひ行動の指針としてください。

❀ 丁奇昇殿の成立条件

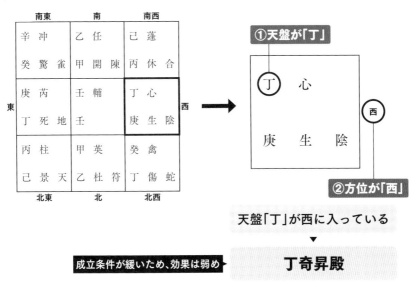

天盤「丁」が西に入っている

▼

成立条件が緩いため、効果は弱め ▶ **丁奇昇殿**

❀ 鬼遁の成立条件

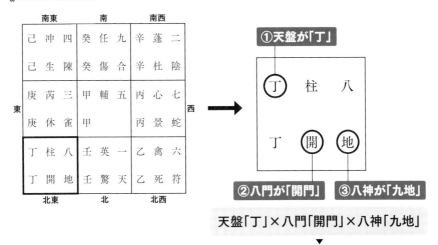

天盤「丁」×八門「開門」×八神「九地」

▼

成立条件が厳しいため、効果は強い ▶ **鬼遁**

厚い信頼を得て、成功へと駆け上がる

青竜返首
(せいりゅうへんしゅ)

配合 天盤「甲」×地盤「丙」

恋愛
真面目さが認められ、将来有望な男性との結婚につながる可能性が出てきます。相手の親からも素直さや可憐さ、芯の強さを認めてもらえ、嫁として好感触を得られるでしょう。男性の場合も積極的に動くと良い結果を得られます。ただ遊びやセックスが目的の場合は、生真面目さが裏目に出て楽しめなくなります。

仕事
この格の良さを最高に発揮できるのが仕事運です。上司に認められ、着実に昇進していくでしょう。取引先や同僚からも厚い信頼を得て、それまで目立たない存在だったとしても、次第に社内で頭角を現しているはずです。本来は公務員や大企業に勤める人に向く方位ですが、個人のビジネスを大きくしたい場合にも最適です。

金運
日の出の太陽はかすかな光ですが、時間とともに輝きを増していくように、これから成功していく吉格です。あなたに明るさと気品が備わって、周囲の人たちからの尊敬を集めるようになるでしょう。ワンランク上の人たちとも積極的にコミュニケーションがとれ、仕事や取引先を紹介してもらうなどして、金運が上昇していきます。

勝負
ここ大一番の勝負には不向き。体裁を気にしたり、本命ばかりに注目してしまうため、大穴を当てるのはかなり難しくなります。もともとこの方位は、目上の人から可愛がられるようになって運が好転していくのがセオリー。一発逆転を狙うような勝負に賭けるより、コツコツと誠実に行動したほうが、結局はうまくいきます。

健康
健康志向が高まり、バランスの良い食事や適度な運動、十分な睡眠を心がけるようになります。有名人御用達のジムなどに通ったり、サプリメントを購入したりする場合も。病気になっても、総合病院で腕の良い医師の治療を受けられます。

対人
きちんとした先輩や上司からの信頼が厚くなり、目をかけてもらえます。愚痴や噂話ばかりの人との縁を切ってステップアップしたいならおすすめの格。気持ちの良い人たちが集まってきますが、おもしろ味のある人たちとのつながりは切れそう。

ココに気をつけたい

・誠実さは増しますが、ユーモアはなくなります。

・人を切り捨てたり、尊大になったりして信用失墜の危険あり。

突然の幸運が訪れ、運命が激変する予感

飛鳥跌穴
（ひちょうてっけつ）

 天盤「丙」×地盤「甲」

恋愛
男女ともにお金持ちの異性と出会えます。相手の年齢や容姿はさておき、経済的に裕福な相手が現れることがポイントです。この格を使ったら、自然体のあなたでいてください。あなたが派手なタイプなら相手はあなたの陽気さを好きになりますし、あなたが真面目なタイプなら相手はあなたの堅実さを好ましく思うでしょう。

仕事
この格を使ったらチャンスに敏感になってください。そしてチャンスが巡ってきたら迷わずつかむこと。いきなり大役に抜擢されたときは、たとえ実力不足だと感じたとしても、「やります！」と即答しましょう。また、格を使うと同時に自ら積極的に動くことも非常に大切。チャンスをくれそうな人とどんどんつながって。

金運
飛ぶ鳥が罠にかかるかのごとく、努力せずに思いがけない金運に恵まれるのがこの格の最大の特徴。宝くじや遺産など思いがけない大金を手にしたり、SNSに投稿していた趣味が人気を集め、年収が10倍以上になったりすることも！　一夜にして大富豪になることも夢ではありません。突然有名になる可能性すらあります。

勝負
一発逆転を狙うなら使うべき格です。大穴を当てたり高額のくじに当選したりできるかも。試験に使えば、山勘が当たって奇跡的に合格を勝ち取ることも夢ではありません。ただしそうやって得た幸運も、いい気になっているとすぐに消えてしまいます。労なく得た幸運をいかに大事に育てていけるかが、人生を左右します。

健康
活動的になり、トレーニングを始めたくなります。健康と美貌を手にできるでしょう。ただ、病にかかっている人は活動的になることでむしろ体力を消耗し、症状が悪化します。健康状態によって正反対の作用をもたらすので、使い方に注意を。

対人
幸運な自分に酔って周囲の人を見下すように。偉そうな態度から嫌われたり悪口をいわれたりします。また、嫌われていることに気づかず、しつこく誘うなどしてさらに敬遠されることも。誘いを断れない気弱な人たちだけがまわりに残ります。

ココに気をつけたい♦

• 手にできる幸運は一回。一時的なものであることを忘れずに。

• 何度も使うと「傲慢になる」という副作用が強く出るので要注意。

吉

研ぎ澄まされた判断力で、賢く立ち回る
玉女守門
（ぎょくじょしゅもん）

 配合 　天盤「丁」、八門は特殊な出し方で定める

恋愛

女性にとって最高の恋愛・結婚を叶える格です。相手の人間性や才能を冷静に見極める判断力が身につきます。男運に恵まれず、泣いてばかりいた女性も、将来性のある男性との恋ができるように。相手の心の動きがわかるようになって、楽しい恋愛を謳歌できるでしょう。もちろん「玉の輿」の結婚だって夢ではありません。

仕事

複雑な人間関係のなかで、生き残るための頭の良さを発揮できる格です。相手の心理を読み取り、自分に有利に運ぶようにうまく立ち回ることができるでしょう。口だけの人と本当に頼りになる人とを見抜き、信頼できる人と組むことで、困難な仕事も成功を収めます。結果、周囲から大きな評価を得たり、一目置かれたりする存在に。

 金運

鋭い判断力で冷徹に物事を見極め、自分に有利なものを選び取れるようになる格です。要領の良さも備わるので、効率良くお金を得ることができるようになります。たとえクレジットカードの返済に追われるような日々を送っていたとしても、ピンチをチャンスに変換できるようなアイデアがひらめいて、金運を盛り返せます。

 勝負

賢く立ち回って勝つのがこの格の特徴です。勝負の前に根回しをして、こっそり勝利を手にしてしまうような、ズルさが出ます。ただし、たまたま勝つ、瞬間的に勝つといったことには向きません。また、宝くじやギャンブルには、そもそも手を出さないほうが賢いと気がつくので、興味を失うこともよくあります。

 健康

体質に合った食事法やトレーニング法を選べるようになり、ダイエットでは効果的に減量できます。病気になっても情報を精査して腕の良い医師を見つけられそう。ただ自分で調べすぎると、病気の状態や進行具合がわかって絶望してしまうことも。

 対人

人の良さを装いながら、自分に有益な人を選別し、有利な人間関係を築いていけます。まわりの人が愚かに見えても、それを態度に表さずつき合っていけるのが特徴。感情よりも理屈を優先するため、どこか距離のある冷たい人間関係になりがち。

ココに気をつけたい♦

・冷静さから相手の欠点が目について、やがて人嫌いになることも。

・女性の場合、玉の輿に乗っても自ら家庭を豊かにする行動が必要。

吉

精神的な安らぎを得て、穏やかな運気に

乙奇昇殿
（おつきしょうでん）

 天盤「乙」が東に入る

恋愛
優しく穏やかな性格になり、異性が話しかけやすい雰囲気に変わります。あなたの気持ちが安定するので、些細なことでのケンカが減り、恋愛が長続きするようになります。思いやりのある温かな関係をつくるには欠かせない格で、安定的な結婚生活を送るためにもおすすめ。何度も使うことでより効果がアップ・持続します。

仕事
職場の人たちと和やかなチームワークのなかで仕事ができる暗示です。相手の意見を尊重することで、あなたへの信頼度が増していきます。効き目はマイルドなので、繰り返し何度も使うと良いでしょう。ただ、ここ一番のプレゼンや取引などでは効果を期待できません。出世や経済力よりプライベートの生活を重視する格です。

金運
安定、安心の意味を持つ乙奇の効果が発揮される格。物質的ではなく精神的な作用もたらすため、目立った効果は現れません。むしろボランティア的な行為や寄付などでお金が出ていくことが考えられます。しかし、そうした活動を通じてあなたの人間性が認められ、結果的に仕事や商売にプラスとなり、お金が入ってきます。

勝負
この格は精神面に働きかけるため、物質面で目に見えるような効果は期待できず、勝負にも残念ながらまったく効果がありません。それどころかあなたの優しさがかえって仇となり、ライバルに勝ちを譲ってしまうことすらあります。一時の勝ち負けに使うよりも、長期的に使って全体的な運を底上げするための格です。

健康
何度も使えば健康や美容に効果あり。ストレスが緩和され、メンタル面の改善も期待できます。安全を約束してくれる格なので、旅行にもおすすめです。登山やスポーツの危険も回避できるでしょう。旅行やレジャーの前に試してみてください。

対人
温かい友情で結ばれた良き人間関係を築けます。相手が強い口調でも、穏やかに聞き流せるはず。何事にも慈しみの心で対応できるので、老若男女問わず多くの友だちができます。優しい性格につけ込んでくる人やお金の貸し借り、詐欺には注意。

ココに気をつけたい

・詐欺や借金など金銭トラブルに要注意。相手をよく選びましょう。

・迫力に欠け、怠け心が出ます。それに負けない強さが必要に。

意欲的に自分を売り込み、望んだ名誉を得る

丙奇昇殿
（へいきしょうでん）

配合 天盤「丙」が南に入る

恋愛
恋愛・結婚をしたい女性が使うのは、やめておきましょう。迫力で自分を売り込むのが丙奇の特徴なので、好きな相手に強引なアプローチを繰り広げ、結果的に敬遠されることは目に見えています。色気もなくなり、本当の愛情は育てられません。もしこの格を用いて恋愛・結婚が成就した場合、相手はお金目当ての可能性が。

仕事
並外れた努力によって出世はできます。ただしライバルを押しのけ、強引なやり方で自分を売り込んだ末の出世なので、同僚や部下からは嫌われてしまいそう。まわりの人があなたに従う姿勢を見せたとしても、それは心から慕っているのではなく、表面的なポーズ。傲慢態度が続けば、組織のなかで孤立してしまうでしょう。

金運
丙奇はパワーや金運を象徴します。積極的に自分を売り込めるようになり、名誉や財産を得られるでしょう。ですから金運アップを目的にこの格を使うのはOK。さほど強い金運ではないものの、お金儲けのセンスが備わります。何事もお金に換算して考えるような人格となり、効果的に利益を得ることができるでしょう。

勝負
「欲しいものは何が何でも手に入れる」という粘り強さから、勝負に負けていても勝つまで撤退できません。血のにじむような努力の末、結果的に勝利を手にしますが、それはあなたのしつこさに相手が根負けしたからです。またどうしても勝ちたいと思うがあまり、やってはいけない不正に手を染めることもあるのが特徴です。

健康
パワーがあり余っているので体力を使うスポーツに向いています。しかし、体力が弱っているときにこの格を使うと、パワーを放出した分、疲弊してしまいます。丙奇が表す目や心臓にストレスがかかることも。高血圧にも注意してください。

対人
支配欲が高まります。あなたの意に添わない言動を許せなくなり、相手に対して怒りを向けるため、友だちを失う確率が高まります。友だちとの旅行前に使うと、旅先でケンカする可能性大。安定した人間関係を求めるなら使用しないでください。

ココに気をつけたい
・傲慢になることで富と名声を得ますが、家庭面では恵まれないかも。
・自らの傲慢さに気づき人に尽くす心を持てば、事態が好転します。

堅実さと合理性で、願った通りの結果に

丁奇昇殿
（ていきしょうでん）

 配合 天盤「丁」が西に入る

恋愛
その賢さで相手が求めていることが本能的にわかるようになるので、恋愛運も上々。相手の感情を逆なでするような言動をしなくなるので、「一緒にいると心地良い人」として相手から歓迎してもらえます。その結果、あれこれテクニックを駆使しなくても、あなたの魅力を十分相手にわかってもらえるようになるでしょう。

仕事
効率良く仕事をこなせるようになります。会社内の人間関係も上手に築き、うまく世渡りしていけるでしょう。上司からも部下からも高評価をもらえます。副業をしている人も、うまく本業とかけ持ちをしていけるはずです。自分でビジネスをしている人はクライアントとの駆け引きのコツがわかり、手堅く仕事を続けていけます。

金運
賢さを象意とする丁奇の作用により、現実的なものの見方ができるようになります。「儲かる」という言葉に踊らされていた日々がうそのように堅実な性格に変わり、無駄遣いがなくなります。「一攫千金を夢見るよりも貯金をしよう」「自分のスキルを使って収入に結びつけよう」などと考えることで、金運が上がっていきそう。

勝負
真剣勝負で勝つのではなく、うまく立ち回ることで、勝負する前に勝利を手にできるような流れが生まれます。ただし、試験当日に使う場合は要注意。本番で緊張してしまい、準備してきたことや日ごろの実力が発揮できない場合があるのでおすすめできません。試験の1年前から計画的に使えば、成績アップにつながります。

健康
日ごろから食事、運動、休養に気を配り、健康的な体になります。病気になっても適切な医師や病院を選べるので、治療効果も良いはずです。ただし賢さがかえって仇となり、自分で医学書を読んで素人判断をしてしまう可能性があります。

対人
性格が改善されます。自分の欠点をカバーしながら誰とでもうまくやっていけるでしょう。その分、あなたの個性は出にくくなりますが、広く浅く、ほど良く人とつき合うには適した格です。損得勘定を抜きにした友だちが運の下支えをしてくれます。

ココに気をつけたい

・情報過多により、大事な場面で優柔不断になってしまうことが。
・恩人を裏切ると、生涯取り戻せないダメージを受ける可能性あり。

可憐な花が開くように恋が叶っていく

乙奇得使
おつ き とく し

配合　天盤「乙」×地盤「己」

恋愛
養分たっぷりの大地に可憐な草花が咲く幸せな光景が、この格のイメージ。恋愛成就には最強の格といって良いでしょう。基礎運が安定し、心に余裕が生まれることから、特に結婚面において最大の効果を発揮します。ただし、2人の関係が公になっても良い場合に限ります。秘密の関係には、効果は期待しないようにしましょう。

仕事
チームワークで動く仕事はうまくいきます。ただ、どうしても軽く見られがちなので、ボス的な存在になることは難しいでしょう。仕事よりもプライベートを優先したくなり、残業や転動の命令に従わなくなる可能性も。仕事や地位を人生の目的にするよりも、私生活を充実させることによろこびを感じるようになります。

金運
乙奇は精神面の安定やよろこびを司ります。そのため金運や物質面では目立った効果は期待できません。しかし心に余裕が持てるため、ストレスによる浪費などがなくなり、結果的に手元に残るお金が増えるかも。その一方、人の良さにつけ込まれて損をする可能性がありますが、不幸中の幸いで、精神的なダメージは低めです。

勝負
勝負運は期待できません。相手に有利なことをしてしまったり、せっかく勝っても相手に勝利を譲ってしまったりして、結果的に敗北を喫することになるのです。試験当日に使うべきではありませんが、落ち着いて机に向かう気持ちになるので、試験前に仲間同士で教え合って、成績アップを狙うような場合に使うのがおすすめ。

健康
健康的な生活を送るようになります。暴飲暴食、夜更かしなどを改め、ヘルシーな生活習慣が身につきそう。また病気にかかりにくくなり、メンタルが安定するでしょう。生活を見直し、健康を呼び込む土台をつくり上げることがおすすめです。

対人
穏やかな仲間に囲まれ、和気あいあいとした関係を築いていけます。趣味などで交友関係が広がり、仕事では経験できなかった幸福感を味わえます。オフ会、推し活などに参加する場合にこの格を使えば、より豊かな人間関係に恵まれるでしょう。

ココに気をつけたい
- 目立った副作用は少ないが、人の良さにつけ込まれないように。
- 不倫など隠さなければいけない関係には、効果を発揮しません。

周囲を圧倒するパワーで、獲物を仕留める

丙奇得使
へい　き　と　く　し

 天盤「丙」×地盤「戊」

恋愛
恋愛には不向きの格。あなたに威厳が備わるということは、言葉を変えれば迫力が増すということであり、図々しくなるということ。相手の心を無視してアプローチを続け、相手から嫌われてしまうような、ストーカーまがいの恋愛をしがちです。つき合えたとしても、相手を支配したくなり、煩わしいと思われてしまうかも。

仕事
起業するなら使うべき格。威厳と迫力、図々しさを持って仕事をすることで、業績は上向いていくでしょう。格上のクライアントにも臆せずぶつかっていけるので、大口の仕事をゲットできる可能性も。ただ大企業の社員や公務員には逆効果です。上司や同僚からはあなたの個性が暑苦しく見え、人望を失ってしまう危険が。

金運
ズバリ金運を司る格。太陽の光が大地に降り注ぐように、金運が上昇していきます。あなたに一種の威厳が備わり、クライアントや取引先が迫力負けをしてあなたにお金を出してしまうのです。この格が有効なのは、正攻法に限りません。場合によってはグレーゾーンの使い方をすることで、狙った獲物を逃さず仕留めます。

勝負
会議やプレゼンなどでは、あなたの圧倒的なパワーで相手をねじ伏せ、勝利を手にできます。しかし試験になると話は別。準備をしていても冷静さを失い、失敗することがあります。試験当日よりも、学習期間に使うのがおすすめ。ライバルに勝ちたい一心で、信じられないほどの根性と努力を発揮し、成績を上げられるでしょう。

健康
あり余るパワーによって無理をしてしまい、健康を損ねることが。この格を使う場合は体力的な自信があるときでないと、かえって疲弊してしまうので要注意。体力のある限りは繊細な感情が呼び起こされることは少なく、精神が安定します。

対人
この格を使うとすべてを金銭で勘定する性格になるため、誠実につき合っていけるような、情緒的な人間関係は期待できません。あなたに経済的な余裕があれば、義理でつき合ってくれる人はいますが、貧しくなったとたんに姿を消してしまいそう。

ココに気をつけたい

・金運の吉格ですが、一瞬では儲からないため継続的な努力を。

・優しさや色気がなくなるので、恋愛関係で使うのは控えましょう。

吉

知能、要領の良さが備わる「参謀」の格

丁奇得使
てい き とく し

配合 天盤「丁」×地盤「壬」

恋愛
男女とも素晴らしいパートナーに恵まれるなど、恋愛に効果がある格です。特に女性は独特の色気が備わり男性の心をとらえます。また頭が良くなり感情もコントロールできるようになるので、「彼女と話すのは楽しい」と男性が集まってくるでしょう。遊び目的の関係でも、この格を使えば後腐れなく別れることができます。

仕事
どんな職種であれ、成功できます。物事を広い視野で見渡して解決法を見出せるため、トラブルが発生してもうまく切り抜け、プレゼンでも論理的に相手を説得するでしょう。そんなあなたの力量を見込んで上司が重用し、トントン拍子に出世コースを駆け上っていきます。ただし、参謀として期待されていることを忘れずに。

金運
星の瞬きが湖面に美しく映えるように、あなたの才能が周囲から称賛され、引き立てられる格です。ずば抜けた知能や要領の良さが備わり、金運を上げるにはどうしたら良いのかが明確に見えてきます。この格を使えば、時と場合、相手によって接し方を調整しながら、最後には大きなお金を手にすることができるでしょう。

勝負
要領良く勝ち進んでいけますが、本来、真の勝負強さをもたらす格ではないことに注意。試験当日に使うと迷いが出て失敗するリスクがあります。試験の準備期間に使えば「遊んでいる場合ではない」などと理性的に判断して勉強に集中できるようになり、成績アップにつながります。難関校や難関資格の合格も夢ではありません。

健康
自分の体力を理解できるようになり、健康管理に気を配り、無茶なことは避けるようになります。感情に振り回されることなくメンタルも安定します。入院すると、医師や看護師から特別扱いを受けますが、医師の措置に疑問を持つこともあります。

対人
トラブルが発生した場合にこの格を使うと、調整能力を発揮して見事に事態を収め、対立している関係者を仲直りさせることができます。その結果、周囲の人からの評価はうなぎ登りになるでしょう。トップを目指すより、ナンバー2で安定します。

ココに気をつけたい

・副作用はほぼありませんが、世間に迎合する自分に嫌気がさすかも。

・身の程をわきまえすぎて、意外と人生が小さくまとまる可能性が。

降り注ぐパワーで、金運と恋愛運は最高潮に
天遁
（てんとん）

配合 天盤「丙」×地盤「戊」×八門「生」

恋愛
入れ食い状態といえるほど、出会いが頻発する格です。より良い相手を選び、楽しくて華やかな恋愛を楽しめます。さらに、お互いの知人が仕事面でサポートしてくれたり、有力者を紹介してくれたりするなど、恋をすることで金運にも恵まれるというダブルの効果が期待できます。ただ、結婚は一度では済まなくなる可能性も。

仕事
現実的なアイデアを生かしつつ、おもしろ味のある企画が高評価を得て、仕事での成功は間違いなし。ビジネスで必要な人脈もでき、相手からも好意的に迎えられます。格上の相手との大きな取引にも向いているので、業績を伸ばし、会社を発展させたいなら絶対に使うべき格。フリーランスは、良いクライアントに恵まれます。

金運
太陽が燦々と大地に降り注ぎ、万物がすくすく育っていく。これがこの格のイメージです。パワーを象意に持つ丙のなかでは吉格中の吉格で、もちろん金運の恩恵も大。お金儲けの斬新なアイデアを次々に思いつき、それが当たります。有力者とのつながりができ、実入りの良い仕事を回してもらえるようになることも。

勝負
悪くはないですが、負けても諦めきれず何度もチャレンジすることに。そのためギャンブルでこの格を使うのは危険です。一方プレゼンや会議では、あなたの真剣な迫力で勝利を収めることができます。試験については、試験当日よりも準備期間に使うのがおすすめ。やる気が出たり、自信を取り戻したりすることができます。

健康
健康体の人が使えば、心身の健康が増長。しかし体力がない人や長患いの人が使うと、かえって病気が悪化し長引くかも。また、あえて危険なスポーツやレジャーをしたくなり、ケガを負う可能性が。加えて味の濃い食事を好むようになります。

対人
信頼できる存在としてまわりの人から称賛され、頼りにされます。ボス的な立場になりますが、弱い立場の人に寄り添うことはなく、自分の金運にプラスになる人たちとだけ親しく交流しようとするため、一部の人からは打算的な人と思われることも。

ココに気をつけたい✦

・金運と恋愛運に最適ですが、なかなか現れず、使いにくい格です。

・メリットにならない人にも温かく接すると、より効果がアップ。

吉

メンタルの不調に効果抜群。精神を助ける格

地遁
（ち　とん）

配合　天盤「乙」×地盤「己」×八門「開」

恋愛
恋人募集中の人は使うべき格。多くの異性と出会い、そのなかから好きな人を選ぶことができます。現在恋人がいる人が使えば、あなたの出会いが増えることにより、恋人との間に一波乱あるかもしれません。しかしその波乱がかえって2人の絆を深め、愛を強くします。ケンカ別れした相手との復縁の可能性も出てきます。

仕事
下積みが終わり、やっと世の中に出ていける運が巡ってきます。努力が認められ、実力が評価されて地位を固めることができるでしょう。何かの事情で左遷された場合、この格を使えば誤解が解けて出世コースに戻れる可能性も。これまでどの方位を使っても良くならなかった人がこの格を使えば、はじめて開運に向かうのです。

金運
吉格中の吉格ですが、実感を伴うほどの強い効果というよりも、精神面での吉作用がある格。金運は少しずつ上昇します。ただし開門には「浪費」という意味があり、せっかく儲けたお金も手元に残らないかもしれません。それでも、寄付や人へのご馳走といった使い道をすることで徳を積み重ねれば、金運の基礎固めとなります。

勝負
勝負やギャンブルには向いていません。勝つことよりも話し合いで痛み分けを図るようになるからです。また、夢見がちだった人も現実に目覚めるので、そもそもギャンブルをしようと思わなくなります。緊張しやすい人が試験などで使うと、リラックスして問題を解けるでしょう。ただ楽観視しすぎて油断する危険があります。

健康
精神的な安定感を得るには最適の格。メンタルの不調に効果を発揮します。さまざまなストレスが緩和され、心身の健康を維持できます。金運や恋愛運が良くても、健康でなければ幸運を享受できません。そういう意味でもこの格が出たら使うべき。

対人
素晴らしい仲間に囲まれ、楽しい日々を送れます。たとえピンチに陥っても、助けてくれる救世主が現れるはずです。長年の誤解や行き違いが解けて、人間関係が好転するのもこの格の特徴です。ただ、優しさが仇となり、騙されてしまうことも。

ココに気をつけたい

・副作用はほとんどありませんが、滅多に出ないのが難点の格。

・危機感が不足し、損だとわかりつつ人助けをしたりすることも。

人の心理を巧みに操り、縁や名誉を得る

人遁
（じん　とん）

 天盤「丁」×八門「休」×八神「陰」

恋愛
女性が使うと、玉女守門（p.40）と同様、良き結婚相手が現れます。この格を使って恋愛をすれば、あなたの魅力にますます磨きがかかるでしょう。男性を見る目が確かになることで、質の悪い相手との恋愛を避け、将来有望な人と結ばれます。結婚をすれば現在の生活よりも経済状態が向上することは間違いありません。

....

仕事
まわりの人を上手に頼れるようになり、事務処理能力が上がります。相手がよろこぶようなことをいって、結果的に相手があなたのために動いてくれるようになるのです。問題が発生してもまわりがカバーしてくれることで解決でき、名誉を手にするでしょう。さらに本音をうまく隠せるので、暴言や失言の心配もありません。

....

金運
丁奇は頭の良さを象徴します。金運においては、波風を立てずにまわりの人を納得させながら、上手に金運の流れを自分に向けていくことができます。瞬発的な作用ではなく、確実で永続的な金運の道をつくれます。また、理性的な思考回路になってギャンブルやあやしい投資話への関心が薄れ、浪費が減ってお金が貯まるように。

....

勝負
周囲の人と協力しながら味方を勝利に導くことができます。個人プレーでも負けはしませんが、大勝利を収められるとは限りません。巧みに人を使いこなすことによる勝利が、この格を使う場合の特徴です。理性が勝って論理的に物事を考えるようになるため、そもそも一発勝負やギャンブルには興味を持たなくなるでしょう。

....

健康
病気のリスクはかなり低め。支障が出るなら視力や循環器系が考えられますが、早期に発見し、名医にかかることができるため、軽度で済む場合が多くなります。危険なレジャーやスポーツには無関心、事故に巻き込まれる心配も低そう。

....

対人
頭脳や理性で感情をコントロールできるようになるので、好かれることはあっても嫌われることはまずないでしょう。相手の心理を巧みに利用しながら、面倒なことを自然にお願いできるようになります。人間関係からの吉作用が期待できる格です。

ココに気をつけたい

・アルコールが入ると暴言や失言をしやすくなるので注意して。

・知的になりすぎ、内心、人を見下してしまうことも。

ダイナミックに儲け、金運急上昇

神遁
しんとん

配合 天盤「丙」×八門「生」×八神「天」

恋愛

丙奇の副作用である厚かましさや図々しさが程良く抑えられる配合です。色気も損なわれず、かえって異性を引きつける魅力が備わり、金運がアップするような交際が期待できます。女性が使った場合は前途有望な男性と知り合い、激しい恋に落ちることも。恋愛をしたい女性にとっては、使わなければ損な格。

仕事

威厳が備わって周囲から一目置かれ、内外からの評価が高まります。その結果、仕事は確実に成功するでしょう。上司や得意先から可愛がられ、自分ではこれといった努力なしに、出世していたということも。独立してフリーランスになったとしても、同業者から実入りの良い話を紹介され、大発展していく可能性があります。

金運

金運をメインターゲットとする天盤「丙」における最高の格です。当然金運にも大きなメリットがあり、ダイナミックに儲けることができます。他人の成功が自分の成功につながる作用もあるので、友人だけでなくライバルとの人間関係も緊密にしておくと良いでしょう。彼らから金運につながる情報を入手できるからです。

勝負

人から有益な情報がもたらされ、確実に勝利を収めます。試験の場合は、事前にどのような問題が出るのかを密かに教えてくれる人が現れそう。試験の準備期間にこの格を使えば、勉強のポイントをつかんで効率良く成績を上げられます。勉強すればするほど楽しくなり、いつの間にかトップクラスに入っているでしょう。

健康

口コミで良い医師を教えてもらえます。たとえ難病であっても、回復に向かう可能性が。女性の場合は、自分にあった美容法やダイエット法を教えてくれるコーチ的な人物が現れるかもしれません。美しさに磨きをかけたいなら、おすすめな格です。

対人

あなたの人気が自然と高まります。相手から親切にしてもらえ、スポーツやレジャーなどに誘われることも多くなります。思わぬ人との会話から新しい幸運が始まることも。そうした周囲からの人気によって、苦労なしに幸運を手にできます。

ココに気をつけたい

・お金が入っても出費が多く、内実は火の車なことも。

・見栄を張り大物ぶりたくなると転落が始まります。謙虚さ第一で。

他人の失敗の上に幸せを築く、禁断の格

鬼遁
（きとん）

 配合　天盤「丁」×八門「開」×八神「地」

恋愛

煩わしいライバルがいても、恋の勝者はあなた。恋愛の醍醐味は、好きな相手を幸せにすることでもあります。この格を使うとまず意中の人に不幸が訪れるので、あなたが手を差し伸べれば彼の心は一気にあなたに傾きます。こうして、ほとんど努力もせず、どんな相手だろうといつの間にかあなたの虜になっているのです。

仕事

ライバルがミスを連発して自滅することで、あなたが成功できます。あなたの成功とライバルの消滅という、ダブルの効き目が生まれるのです。昇給も出世ももちろん叶います。あなたを窮地に陥れた相手がいるなら、逆襲するのには最適な格。また、困っている人をお客さんにすることが、ビジネス成功のコツとなります。

金運

知性を司る丁奇の最上級の格です。幸運は有限であり、他人の失敗が自分の成功につながるという考え方のもと、相手に損をさせて自分が利益を独占することで金運を上げていきます。お金を得る要領をマスターし、法律すれすれのところで大きな財をつくることも可能。天盤「丙」にも勝る、最強の金運をもたらす格。

勝負

勝てます。たとえ負けてもあなたが損をするような負け方にはなりません。勝っても負けても、実利的に大勝利となる格だからです。宝くじの当選などにより人生が一変し、一気にセレブの仲間入りをする人も。このような勝負強さから、入試や資格試験には絶対に用いるべき格です。ツキに守られていることを実感できるはず。

健康

他人に病気を移して自分が回復する運気。危険なレジャーやスポーツをしても、仲間が被害を受けてあなたは命拾いをするでしょう。孤独になったとしても、メンタル的には落ち込むことがありません。入院した場合、医師を信じられなくなることが。

対人

孤独になるのは避けられません。仕事では必要なメンバーに恵まれますが、プライベートではひとりぼっちということもよくあります。しかし異性運には恵まれているので、寂しくはないはず。その状況を謳歌できるのであれば問題ありません。

ココに気をつけたい

・あなたの成功の陰で不幸になった人たちから悪口をいわれます。

・切り捨てた異性から思わぬ仕返しを受けるかもしれません。

吉

周囲からの信頼と尊重を得て、心が満ちる

竜遁
（りゅうとん）

 配合　天盤「乙」×八門「開」　／天盤「乙」が北西に入り、八門が「休」または「生」

恋愛
相手から尊敬され、それが恋愛に結びつきます。普段は知り合うのが難しいような相手ともなぜか簡単に出会うことができるのも、この格の特徴です。結婚にも向いていて、優しさを持ちつつも、要所要所でしっかりとネジを締めるため、理想的な家庭を築いていけます。恋愛運がアップし、大恋愛が結婚に結びつく可能性も。

仕事
手柄を自慢することがないので好感度が高まり、まわりから信頼されます。落ち着いて事態収束に努めるため、面倒な問題もスムーズに処理できるはず。ピンチになったときに能力を発揮するあなたは、職場にとって必要不可欠な存在として大切にされるでしょう。この格を使えば、昇給や昇進は約束されたも同然です。

金運
天盤が「乙奇」であることから、物質的に恵まれるよりも、精神的なよろこびとしての吉作用が働きます。金運においては、優しい顔をしつつ冷徹にお金を稼ぐ格です。お金の計算にシビアになるため損をすることはありません。金銭トラブルが生じたときにも、すぐに問題が解決し、お金の流れが自分に向くようになります。

勝負
勝負強さはありません。この格は精神的な面での恩恵が大きいため、日々の生活で使うべき。ここ一番の勝負ではこの格の良さを発揮できません。負けるわけではないのですが、勝てる保証もありません。努力せずにある程度成功すると世の中を甘く見るようになり、ギャンブルにのめり込んで破滅することもあります。

健康
さまざまなトラブルや問題を解決に導き、その結果として生活が安定してメンタルも落ち着いてきます。慢性的なストレスを抱えている人におすすめ。悩みが解消され自信を持てるので、心身の健康につながります。病気やけがの悪化もなさそう。

対人
問題に立ち向かう勇敢さが、まわりの人たちから一目置かれます。プライベートでは旅行やレジャーに誘われて楽しい時間を過ごせそう。趣味やコミュニティで充実した日々を送れます。ただ、労せずして成功すると自分を過信しがちに。

ココに気をつけたい

・自己評価が高くなりすぎると、そこから運が崩れていきます。

・成功が続くと怠惰な生活になりやすいので、常に目標を持って。

果敢な挑戦心をサポートしてくれる格

虎遁
(ことん)

配合 天盤「乙」×八門「生」 ／天盤「乙」が北東に入り、八門が「休」か「開」

恋愛
自然に相手との距離が縮まり、親密な関係を築いていけます。たとえあなたに性格的な問題があったとしても、それが中和されるので、嫌われることはないはず。また何度か恋のチャンスが訪れるので、そこで踏み込めば恋愛関係が成立します。何もせずに見ているだけでは何も起こりません。そこにこの格の弱さがあるといえます。

仕事
仕事は順調に進みます。「自分には無理！」と思う案件が到来しても、積極的に引き受けてください。実力を遥かに超えた課題でも、あえて挑戦する覚悟と踏ん張りがあれば、きっと成功に導かれるでしょう。努力をサポートしてくれる作用があるので、強引に行動することが、この格の吉作用を最大限に引き出すコツ。

金運
ダイレクトに金運を良くする効果はありません。しかし強引な行動力が出てくるので、交渉事が有利に進み、結果的にお金が入ってきます。特に損をするような作用はないので使っても問題ありませんが、大金運を望んでも期待外れに終わります。金運の方位である丙奇の格を使いながら、補助的にこの格を使うのがおすすめです。

勝負
効果は期待できません。この格は勝負時の緊張を緩和する働きしかもたらさないので、たとえ勝負に勝ったとしても、それはこの格の作用ではないでしょう。一か八かの勝負に使うなら「飛鳥跌穴（p.39）」や「鬼遁（p.51）」などを使うべき。あくまでも本人の努力をサポートするのが、この格が持っている吉作用です。

健康
精神的な落ち着きを与えてくれるので精神面が安定します。ストレスを緩和してくれる作用はありますが、それ以上の効果はありません。健康運を底上げしたいなら天盤「乙奇」の吉格を、良い病院や医師を見つけたいなら天盤「戊」の吉配合を。

対人
トラブルなく仲間と楽しい時間を過ごせます。お互いが相手の身になって行動でき、嫌がらせやケンカなどとも無縁です。狭い人間関係に縛られると努力が空回りしたり、「この程度で良いや」と思うと、運気にブレーキがかかったりします。

ココに気をつけたい

・お人好しの性格が多少災いになるくらいで、副作用はほぼなし。

・決まりきった人間関係に安住せず、常に自分を高める意識を。

吉

出会いに恵まれるが、「足るを知る」が鍵に

風遁
ふうとん

配合　天盤「乙」が南東に入り、八門が「休」か「生」か「開」

恋愛
相手の気持ちがよく理解できるようになります。どんなものを求めているのかが直感的にわかるため、プレゼントを贈る作戦でアプローチするのがおすすめ。ただ、すでに相手から嫌われている場合は、この格を使っても振り向かせることはできません。多くの出会いに恵まれ、そのなかから最良の人を選択する場合に有効です。

仕事
人脈によって仕事運が発展していきます。要領が良くなるので仕事はスムーズに進むはずです。しかし実力以上の仕事にチャレンジするのは、やめておいたほうが無難。強引さが出ると必ず失敗します。あくまでもノウハウをしっかり理解して、段取り良くこなしていくことが、この格を使う際の条件です。高望みはしないで。

金運
お人好しになって予定外の出費が続きますが、大きな損失にはなりません。計算高くなるので裏工作によってお金を得ることができますが、ほどほどのところでやめておきましょう。深追いすると損をします。この格は直接お金を得ようとするよりも、人脈を広げ、自分に向かうお金の流れをつくることに適しています。

勝負
残念ながら勝負運を強める効果はありません。相手の裏をかいて欲しいものを手に入れることはできますが、効果が微弱なため、試験などの「ここ一番」という勝負事には向いていないのです。この格を使ったら、自分の実力を見極め、一か八かの無謀な賭けなどはしないこと。目標の半分程度で良しとするのが、幸運の鍵です。

健康
精神的にくつろげます。また、病気にかかるリスクも低め。健康をキープしたいならおすすめの格です。自分の体力以上のレジャーやスポーツ、トレーニングに手を出すと体調が悪くなったり、けがをしたりするので要注意。現状維持を心がけて。

対人
交友関係が広がります。いろいろな人たちとつき合って新しい人間関係が築けると、そこから思わぬチャンスが舞い込むことも。レジャーや旅行などにも最適です。ただし、強引さが出ると人間関係が台無しになるかもしれません。

ココに気をつけたい

・ほぼ副作用はなし。気軽に用いることができる格です。

・身の丈以上の幸せを求めてしまうと、せっかくの努力が水の泡に。

相手の庇護欲をくすぐり、ピンチをしのぐ

雲遁
（うんとん）

配合 天盤が「乙」で南西に入り、八門が「休」か「生」か「開」

恋愛
意外に強い効果があります。相手の同情や哀れみを誘い、「この人を助けてあげたい」という気持ちを起こすためです。疲れたり、困ったりしている様子を演出できればさらに◎。「乙奇入墓（p.74）」と重なるため、乙奇の良さである安定感は失われます。恋が長続きする保証はないので、早めに次の吉方位を使って。

仕事
ピンチを一時的にしのぐ作用しかありません。もし使うとしたら、例えば倒産寸前のタイミングなどがおすすめ。債権者などから同情が集まり、破産の時期を遅らせることができるでしょう。その間にできる限り損失を抑える手立てを講じることもできます。使い方次第で、自分を有利な立場に持っていくことのできる格です。

金運
「乙奇入墓」という凶格と重なるため、吉作用は微弱ですが、人の助けを借りるときに効果を発揮します。借金の申し込みをするときに使うと、同情心を刺激することで高確率でお金を貸してもらえるでしょう。反対に積極的にビジネスをしたい、お金儲けをしたいという場合に使っても、効果は期待できません。

勝負
この格を使っても勝てません。面接試験であなたの現状を話すと、試験官の同情を買えるかもしれません。しかし期待するのは禁物。残念な結果が待っています。ピンチに陥ったときはどこからか救いの手が差し伸べられるので、それを勝負強さといえなくもないのですが、いつまでも人の助けに甘えることは許されないのです。

健康
病気の人が使っても気休めに終わり、お祓いなどをしても効果は期待できません。健康な人が使っても何の作用もありません。メンタルの安定を象徴する乙奇の作用が「乙奇入墓」によって損なわれるため、精神的にも満たされないでしょう。

対人
凶作用が起こる恐れを念頭に置きながら、他人にすがるしかないときに使う格です。頼み事は地位の高い人か押しの強い人に。ただ、周囲の人が優しくしてくれても、それは一時的なこと。すぐに厳しい現実に直面するため、過剰期待は禁物。

ココに気をつけたい

・九星と八門、九宮と八神の配合がいずれも吉であることを要確認。
・運気が安定せず、目標に向けて努力しても達成は難しくなります。

大凶

些細な失態から重大な運気損失を招く危険が

大格
（だいかく）

配合 天盤「庚」×地盤「癸」

恋愛

何気ない一言が相手の逆鱗に触れ、嫌われてしまうかもしれません。初対面の人にさえなぜか拒絶されることも。存在自体が否定されたように感じ、深く傷ついて自信を喪失し、恋愛恐怖症となるかもしれません。今はどんなにラブラブでも、ひとたびこの格を使えば別れが訪れることになります。過去の浮気なども発覚するでしょう。

仕事

鉄の板が雨水によってぼろぼろと錆びていくように、ちょっとした不注意から取り返しのつかないことになります。例えば、一度の失言で今の地位を追われるような大問題に発展します。得意先との商談は当然ストップ、出入り禁止となるでしょう。オフィスでも同僚や部下から軽蔑され、上司からは厳しく叱責されます。

金運

じわじわと運気が悪くなり、それが長く続く暗示です。金運においては、些細なミスが巨額の損失につながります。手違いがあったり、詐欺的な話に乗ってしまったりして、大きな出費を被ることも。一度金運に見放されると、後々まで苦しむことになります。あらゆる契約事には要注意。押印前に何度も契約書を確認してください。

勝負

試験、ギャンブル、商談などにおいてつまらないミスから敗北します。この一度の敗北によって人生が大きく狂い、今まで問題なくできていたことができなくなったり、どんなに努力しても這い上がれなくなったりします。ちょっとした判断ミスが原因で再起不能に陥る可能性さえあるのが、この格の非常に恐ろしいところです。

健康

食べたものが原因でお腹を壊したりします。お酒を飲めば悪酔いし、思いがけない事故につながることも。しかしすべては「身から出た錆」。せっかくの美貌が失われる暗示もあります。危険なレジャーやスポーツには手を出さないように。

対人

失言によって争いが起こります。些細な口論から取り返しのつかない大ゲンカに発展し、長年の友情を失ってしまうでしょう。密かに隠していた悪事がバレることも。周囲の人たちが愛想を尽かしてあなたから離れてしまい、孤立しがちに。

ココに気をつけたい

・失言に注意。余計な一言ですべてを失い、回復できなくなります。

・不注意な言動が不幸のはじまり。じわじわと悪さが長く続きます。

混乱した運気が去るまで、ひたすら忍耐を

小格
しょうかく

配合 天盤「庚」×地盤「壬」

恋愛
女性がこの格を使うと、かえって魅力的になることがあります。しかしなぜか男性からはその魅力が鼻につき、相手にしてもらえません。あるいは、質の悪い男ばかりが集まってきます。軽率にもやすやすと関係を結び、我に返って大後悔……なんていうことも起こり得るでしょう。恋愛や結婚にはまったく向いていない格です。

仕事
なぜか歯車が狂いだします。道に迷って約束の時間に遅刻し、相手を怒らせて門前払いされてしまうことも。あるいは認めてもらおうと焦るあまり無理をして、商談をこじらせてしまう場合も。こうした失敗の責任を取らされ、降格や左遷される可能性も大いにあります。この格を踏んだら、目立たずにやり過ごすのが一番です。

金運
「大格」に比べて一気に悪くなるのがこの格の特徴です。冷静さを欠いて正しい判断ができなくなり、あらゆる決断がすべて裏目に出て、大きな損害が出るでしょう。そこですぐに手を引けば浅い傷で済みますが、諦めきれず、焦って損を取り戻そうと躍起になるのが人間というもの。そうなると、損失が拡大してしまいます。

勝負
日ごろは勘がさえていたとしても、勝負ではそれをいかすことができません。勝負事には勝てないでしょう。また試験合格も困難を極めそう。実力があっても、試験会場でその実力が発揮できず、普段なら難なく解ける簡単な問題にすら引っかかってしまうからです。焦りからさらに混乱して判断ミスを繰り返すという、悪循環に。

健康
体調の悪化が暗示されています。虫に刺されて顔が腫れるなど、美貌が損なわれることも。病院に行けば受付でミスが起こったり、長く待たされたりするでしょう。自分で調べて薬やサプリメントを飲んでも効果が出ないか、逆効果に終わります。

対人
嫌われることはあっても好かれることはなさそう。周囲の人たちがよそよそしくなったり、無視してきたりします。無理に仲良くしようとすると、トラブルを招くことも。好意的な態度を示してくる人は、詐欺などの悪事に巻き込もうとしています。

ココに気をつけたい♦
・チャレンジ精神は一旦封印し、消極的な姿勢で過ごすこと。
・悪運に逆らわず、受け入れることが開運の糸口になる。

凶

色情に惑わされ、歯車が狂い出す

刑格
けいかく

配合 天盤「庚」×地盤「己」

恋愛
真面目に生きてきた人も、ふしだらになります。普段は見向きもしないような相手に魅力を感じるようになり、深い関係になってしまうことも。また、男女ともにストーカーになったり、ときに刑罰に触れるような行為をしでかす可能性も。世間で「魔が差した」というような事件のほとんどは、この格が発端となっています。

仕事
異性関係で仕事を失う危険が。異性から色気で迫られ、不利な契約書にサインをしたり、会社の機密情報を漏らしてしまったりする場合も。オフィスでひっそりと楽しんでいた恋愛関係が明るみに出て、左遷されたり、解雇されたりといったこともあるでしょう。色恋沙汰で信用を失い、すべてを台無しにしてしまう危険な格です。

金運
己が象徴する「求情」、つまり色気によって災いがもたらされます。女性は男性に騙されてお金を失い、男性は夜のお店に通い詰めるなどして散財します。お金がかかる相手に出会う可能性も。手切れ金を要求されたり、不倫がバレて慰謝料を請求されたり、異性関係で問題が起こり、金銭的にも大損害を被る格です。

勝負
勝てません。異性のことを考えた瞬間、緊張の糸が切れて勝負のことを忘れ、勝とうとする意欲すら失われてしまうからです。合格するはずの試験でも、異性に気をとられて失敗してしまいそう。試験勉強も、異性のことばかり考えてはかどりません。成績は急降下し、授業についていけなくなるなど、転落を招く格です。

健康
性感染症にかかりやすくなります。症状が悪化し、治療が長引くか、最悪の場合は治らないこともあります。また、過剰なセックスによって健康を損なう可能性もあります。恋愛優先で衣食住が乱れ、生活全体がだらしない状態になっていきます。

対人
下品な話ばかりするようになり、まわりから人が離れていきます。女性は男性とのつき合いを優先し、同性の友だちと疎遠になってしまいそう。あなたを思っての真摯なアドバイスもうるさく聞こえて耳を貸さず、さらに事態を悪化させてしまうのです。

ココに気をつけたい♦

・大事な時期を異性問題で棒に振るかも。異性に近づかないこと。

・お酒を飲むと理性が奪われるので、禁酒、断酒がおすすめです。

凶

極力回避すべき、破壊を招く危うい格

戦格
（せんかく）

配合 天盤「庚」×地盤「庚」

恋愛
必ず別れることになります。お互いに罵り合い、最低の別れ方になるでしょう。別れ話の際に暴力沙汰となり、警察が介入することさえあります。自制心が効かなくなるので、暴言や暴力に発展しやすいのです。恋愛・結婚には絶対に避けるべき方位ですが、日常的に表れるので、うっかり踏んでしまわないように注意が必要です。

仕事
利権を巡って対立が起こります。あるいは上司に楯突いて解雇され、路頭に迷うかもしれません。行動が粗暴になり、暴言や失言を繰り返すため、取引先やクライアントからは「危ない人」とレッテルを貼られ、距離をとられてしまいそう。ただ、ライバルに使うと相手を自滅させ、念願のポストを手に入れることが可能に。

金運
「庚」という刃物が戦い合う、奇門遁甲随一の恐ろしい格。事故、病気、けが、争いなどあらゆる破壊作用が込められています。金運では、ケンカ腰になって相手からお金を奪い取りたくなります。トラブルになってもお金を得られればまだ良いほうで、むしろ相手に騙されて終わるのが関の山。犯罪に発展する可能性さえあります。

勝負
やる気満々で勝負に臨むものの、勢い倒れに終わり、結果は惨敗となります。まれに勝負に勝った場合にも注意が必要です。帰路で事故に遭い、大けがをする例が多くあるからです。試験には向かない格ですが、勉強に関しては、意外と凶作用は少なめ。勉強に集中できますから、この格で図書館に行くなどしてもOKです。

健康
「この格を用いれば人を死に至らしめることもあり得る」といわれていることを忘れずに。危険なスポーツやレジャーに安易に手を出すと大けがをするでしょう。車の運転をする場合は事故に遭うリスクが跳ね上がります。男性は精力減退の作用が。

対人
争い、闘いをもたらす格です。短気から粗暴な言動になり、人間関係を自ら壊してしまいます。友だちと絶交に終わればまだ良いほうで、殴り合いのケンカの末に裁判沙汰に発展したりする可能性も。旅行では、途中で揉めて別行動になります。

ココに気をつけたい

・軽はずみな行動は慎み、危険な場所には近づかないようにしましょう。

・感情的になりかけたら、その場を去ると不運を回避できます。

凶

運気を奪う格。謙虚な生き様で害を最小限に

飛宮格
（ひきゅうかく）

配合 天盤「甲」×地盤「庚」

恋愛

愛されてもいないのに愛されていると勘違い。そこから大きな悲劇が始まります。女性は好きな男性から愛されたいと願うあまり、男性に頼まれるがままお金を与えてしまうでしょう。男性も女性に高額を貢ぐことになります。この格を使ったときに出会う異性は、全員がお金目的であることを覚えておいてください。

仕事

今まで自分よりも下だと思っていた人からの裏切りによって悪運が始まるのが、この格の特徴です。後輩や部下の裏切りによって左遷や降格などの憂き目に遭い、今まで築き上げてきたものをすべて失います。誰からも助けてもらえず、職場は針のむしろ状態です。さらに悪いことに上司からのパワハラを受ける可能性もあります。

金運

樹木が鋸で根元から切り倒されるように、運気が奪われ再起不能に陥るという恐ろしい格です。金運においても、読みの甘さが大損害につながり、全財産を失いかねない危険が待ち構えています。あやしい投資話や儲け話に乗りやすく、気がついたら貯金がすべて消えていた……ということも。冷静さを欠いてすべてを失うのです。

勝負

あらゆる勝負に勝つことが困難に。試験会場では覚えているはずのことを思い出せず、不合格に。この方位を使って勉強しても、成果が出るどころか成績が下がり、今まで自分よりも下の順位だった人たちに追い抜かれていくでしょう。得意分野の勝負でもつまらないミスで勝利を逃しそう。完全にツキに見放されてしまいます。

健康

非常に危険。たちの悪い病気にかかりやすい暗示です。重篤な症状であるにもかかわらず、発見が遅れて後遺症に苦しむかもしれません。骨折や頭のけがなどの可能性も。この格を使った場合、危険なレジャーやスポーツには手を出さないこと。

対人

周囲から孤立し、好かれるのは困難に。自分からコミュニケーションを求めてはいけません。近づいてくる人がいたとしても、あなたからお金を巻き上げようとしているなど、悪い思惑を持っていそう。目的を果たせば簡単に切り捨てられます。

ココに気をつけたい

・近づいてくる人に注意。貸し借りをつくらないように。

・うぬぼれや慢心が原因ですべてを失います。目下の人にも謙虚に。

大凶

絶望的な窮地に立たされてしまいそう

伏宮格
（ふっきゅうかく）

配合 天盤「庚」×地盤「甲」

恋愛
愛する人から突然別れを告げられるでしょう。相手を思って優しく接しても、かえって迷惑がられ、嫌われてしまいます。特に女性は、信じていた男性から利用された挙句に裏切られ、DVを受ける危険も。恋愛・結婚の問題で立ち直れないほどの人間不信に陥る可能性もありますが、助けてくれる人の出現には期待できなそう。

仕事
大切な得意先に逃げられたり、仕事にとって欠かせない何かがバッサリと切られたりしそう。良かれと思ってしたことが裏目に出やすくなるのです。目をかけてくれていた人や、応援してくれていた人もいなくなり、孤立無援になるでしょう。上司の機嫌を損ねて社内で窓際に追いやられ、退職に追い込まれることもあります。

金運
鉄の斧で切り倒された樹木が再生できないように、この格を使うとすべてにおいて大きなダメージを被ります。当てにしていた援助者から切り捨てられ金運が急降下、予想もしていなかった事態に追い詰められます。収入が断たれ、大損害に対してなすすべもありません。現在貯金があっても、あっという間になくなる可能性が。

勝負
敗北の運命です。たとえギャンブルで勝ったとしても、賞金を持ち逃げされる場合があります。試験に合格しても入学金を払えず、合格が取り消される可能性もあるのです。勉強する環境も悪化します。何らかの理由で授業料の支払いに苦しみ、退学の危機に直面するかもしれません。奨学金といったサポートも期待できません。

健康
この方位を使って事故に遭うと、最悪の場合、死に至ります。ケンカに巻き込まれて大けがをするリスクも高め。持病も再発するでしょう。突然死や、医療ミスによってダメージを受ける気配もあります。自動車の運転なども避けたほうが無難です。

対人
恩を仇で返されます。信頼していた友だちから裏切られ、深く傷つくでしょう。他人に助けを求めると、逆に利用されます。気力がなくなり、現実から逃げたくなることも。精神的なダメージから立ち直るには長い時間がかかります。

ココに気をつけたい♪

・他人を当てにしない。自分の実力や財力に見合った行動を。

・定期的に健康診断を受け、安全運転を心がけましょう。

凶

些細なミスが命取りとなり、打撃に喘ぐ

青竜逃走
せいりゅうとうそう

 配合 天盤「乙」×地盤「辛」

恋愛
この格を使うと、あと一歩で恋人関係になれるはずだったのに、些細な出来事から相手が心変わりをして嫌われてしまうでしょう。また、どんなに2人の仲が固い絆で結びついていたとしても、一瞬のうちに関係が崩れてしまうような出来事が起こります。すべての異性から嫌われていると感じ、自信喪失に陥ってしまうかも。

仕事
まわりの人たちが結託して、あなたに向かって反逆してくるでしょう。たとえあなたに正義があろうと、いくらあなたが正論で説得しようと、相手には通用しません。これによりせっかく築いた立場を追われてしまうでしょう。長く続いた信頼関係も崩壊し、仕事が立ち行かなくなることも。支援者の出現にも期待できなそう。

金運
安定を司る天盤の「乙奇」がダメージを受ける格です。目の前のチャンスが手に入らないことを暗示します。金運では勘違いやミスから本来受け取れるはずのお金が受け取れないことが。横領や詐欺による多大な損害の暗示もあるので注意が必要です。同僚や上司など信じていた人からの裏切りによる損失も覚悟しておきましょう。

勝負
つまらないミスによって勝てるはずの勝負を逃します。受験でも、合格間違いなしといわれていたとしても、本番では基本的な問題でつまずいて失敗する危険性も。勉強しても効果が出ず、むしろ成績が下がっていく一方です。この格を使った場合は成績の下降を止めることができず、志望校のランクを下げざるを得なくなります。

健康
安定を求めているのに病気になったり、事件や事故に巻き込まれたりします。かすり傷程度の小さなケガから思わぬ大病を招くでしょう。病院に行けば診断ミスをされる可能性も。期待外れが続いて自信を喪失し、精神的なダメージを受けることも。

対人
利用されるだけ利用されて、最後は裏切られ、捨てられる運命をもたらす格。この格を一度でも踏んでしまったら、まわりのすべての人を疑ってかかるくらいの気持ちが必要。あなた自身のコミュニケーション能力も衰え、場の空気が読めなくなります。

ココに気をつけたい

・相手をたやすく信用せず、常に最悪の事態を想定して行動を。

・かすり傷程度の傷を負った場合でも、必ず病院で見てもらうこと。

蛇足に要注意。慎重な言動で身を守って

白虎猖狂
（びゃっこしょうきょう）

配合 天盤「辛」×地盤「乙」

恋愛

女性の場合は男性の甘い言葉を真に受けて自分を見失い、大失敗する暗示です。なぜか開放的な気持ちになって簡単に肉体関係を結んでしまい、結果的に後悔するでしょう。女性がこの格を使うと自分の魅力を汚されてしまう、危険な格です。男性は女性の興味を引こうとしてつまらない冗談を連発し、かえって嫌われます。

仕事

調子に乗って上司やクライアントに対して失言をしたことから、立場を追われ、仕事を失うことになります。たとえ良い仕事が来たとしても、計画が頓挫し、ぬか喜びに終わることも。さらにそうした仕事の責任をすべて負わされてしまう気配もあります。間に立ってくれる人がいても、失脚したり寝返ったりするので注意しましょう。

金運

なぜか相手を傷つけたくなって余計なことをいってしまい、お金儲けのチャンスを逃します。冗談のつもりでいった言葉が、相手の怒りを買ってしまうのです。せっかく味方になってくれる人が現れても、その人の個人情報を別の人に流すなどしてトラブルに発展し、やはりお金が入ってこなくなることも考えられます。

勝負

勝負事は迷うことばかりで決断力が狂い、勝つのは困難に。試験も、事故などで電車の到着が遅れたり事故に巻き込まれたりし、試験会場にたどり着けない事態になることも。試験を受けられたとしても実力を発揮することは難しく、不合格の気配が濃厚です。あるいは病気やけがにより、勉強するところではなくなってしまうかも。

健康

しなくてもよかった行動が凶となって、我が身に返ってきます。健康体でも、事故や病気で苦しむことになるでしょう。回復も遅れ、場合によっては不治の病に苦しむことも予想されます。この格を踏んでしまったら、すべてにおいて慎重な行動を。

対人

褒められると個性を発揮したくなり、軽はずみな行動をとりがち。論争から不仲になった相手との関係修復は困難です。この格で旅行すると、交通違反で捕まったり、事故を起こしたりするかもしれません。善意からの行動も嫌われてしまいそう。

ココに気をつけたい

・調子に乗らないこと。気持ちが盛り上がったら全力で抑え込む。

・過ぎた善意は余計なお世話。良かれと思っても行動に移さないこと。

凶

肥大する虚栄心で身を滅ぼすかも
熒惑入白
えいわくにゅうはく

配合 天盤「丙」×地盤「庚」

恋愛

自分でついたうそを取り繕おうとして墓穴を掘る格です。女性は過去の男性遍歴をごまかそうとしたり、男性は自分を大きく見せようとして学歴や職歴などを盛ったりします。それらのうそがバレて嫌われたり、とんでもない事態を招いたりし、せっかくの関係も台無しになるでしょう。恋人を誰かに奪われる危険もあります。

仕事

仕事上のライバルと競い合いますが、あっけなく負けてしまうでしょう。あるいは取るに足らない企画に手を出したために、面倒な問題が次々に発生して処理に追われます。見栄を張ろうとしてついたうそで、逆に立場を危うくする人も出てきそうです。リーダーに担ぎ上げられても必ず失敗します。目立たないのが一番の対処法に。

金運

「熒惑」は火星の別名であり、「白」は金星の別名。つまり火星が金星を侵略するという意味です。強引さから失敗に至る格で、金運では交際費、慶弔費など臨時出費がかさむくらいならまだ良いほう。投資で大きな損失を出し、それを補てんするために出資し、さらに傷口を広げてしまうことも。偽物をつかまされる暗示もあります。

勝負

実力以上の勝負に挑み、負けることになるでしょう。試験では「合格しなければいけない」というプレッシャーに翻弄され、回答に集中できません。この格を使った場合、合格はかなり難しくなりそう。試験勉強においても、心配事が次々に出てきて身が入らなくなります。成績が下がって焦り、さらに低迷するという悪循環に。

健康

無理をして多忙を極め、疲労困憊。ライバルに苦しめられ、悩みや心配事が絶えず、精神的にも疲弊しそう。症状を和らげようとして強い薬を求めるようになり、依存症すれすれになることも。表情が険しくなり、魅力に陰りが出そうです。

対人

まわりの人すべてに勝とうという気持ちが強くなります。レジャーなのにライバル意識を剥き出しにしてくるあなたに、周囲の人たちは呆れ果て、離れていきます。気持ちをフラットにしようとしても、なぜかできないのがこの格の怖いところ。

ココに気をつけたい

・リーダーにはならず、責任を負ってくれる相手を探しましょう。

・虚栄心がすべての災いのもと。見栄が出たら封じ込めること。

凶

大切なものが盗まれぬよう、用心を

太白入熒
たいはくにゅうえい

 配合 天盤「庚」×地盤「丙」

 恋愛

安心して恋の気分に浸ることはできません。高額なプレゼントを要求されたり、訪れた場所に貴重品を置き忘れたりするなど、デートの最中にお金や貴重品を失う可能性があります。食事やレジャーの費用も思いのほかかさみ、支払いを巡ってトラブルになることも。また、友だちに恋人を紹介すると横取りされるでしょう。

仕事

税務署など「署」のつくところとのトラブルになる気配が濃厚です。官公庁による横やりによって被害や損害を受け、仕事が立ち行かなくなります。権力によって仕事が抑えつけられ、これまで恩恵を受けていた利権を失うでしょう。立ち入り調査が入って過去の書類の不備を見つけられて公表されるなど、散々なことになるかも。

金運

「熒惑入白」とは逆に「金星が火星を侵略する」という意味。ほかからの理不尽な侵入によって被害を受ける暗示です。詐欺や泥棒によって思わぬ損害を被ることになるかもしれません。身に覚えのない請求書が届いたり、振り込め詐欺に引っかかってしまったりします。「自分は大丈夫」と甘く見ず、十分に用心してください。

勝負

勝負にはことごとく勝てません。国公立の試験や各種の国家試験のパスも難しそう。そもそも手続き上のミスがあり、落ち着いて試験を受ける雰囲気にすらならないかも。勉強においても、他人に研究の成果を漏えいされたり、教師から快く思われず大切な情報を教えてもらえなかったりと、何かの邪魔で苦労が水の泡になることも。

健康

他人のミスに巻き込まれてダメージを受けるのが、この格の特徴です。感染症、特に性感染症に注意しましょう。女性の場合は、安易にセックスをすると子宮に関する病気を起こして取り返しのつかない事態に。追突事故などもこの格の悪作用です。

対人

ケンカを売られるでしょう。飲み会に行けば、支払いについてトラブルになります。友だちにお金を盗まれることもあります。「盗まれる」という意味には「浮気される」ことも含まれます。男性は遊びのつもりの相手から訴えられることも。

ココに気をつけたい

- 泥棒に入られやすいので戸締りを厳重に。貴重品にも注意を。
- 「恋愛にトラブルはつきもの」という諦めで楽になれるかも。

凶

知恵が曇り、トラブルに巻き込まれる暗示
朱雀投江
<small>すざくとうこう</small>

 配合 　天盤「丁」×地盤「癸」

 恋愛

理性が働かなくなることによるトラブルが暗示されています。恋愛に酔いしれてスキャンダルが発生するでしょう。浮気相手との快楽に身をゆだね、恋人や配偶者と別れる事態を招くかもしれません。自分の気持ちは燃え上がっていても、相手から見ればただの遊びだったりすることも。恋に溺れ、冷静さを欠いてしまうのです。

仕事

書類のミスが暗示されています。クライアントとの契約上のトラブルから訴訟問題に発展するかもしれません。さらに、こうした煩わしい出来事の責任を、あなたが負わされることになるのです。新しいアイデアが浮かばずにビジネスが低迷したり、儲けるチャンスをつかみ損ねたりします。社内不倫で職場を追われることも。

金運

才能や理性の象徴である丁奇の炎が癸の雨で消されています。文書の間違いから大きな問題に発展するのがこの格の怖さです。契約のミスにより、順調だった金運も音を立てて崩れてしまいそう。何の気なしにしたサインや押印によって大損害を被ったり、他人の保証人になって財産を奪われたりする可能性もあります。

勝負

一切の訴訟には勝てません。受験では、自分よりレベルの高い難関校を受けたくなりますが、失敗に終わる気配が濃厚。第一志望の学校だけでなく、滑り止めの学校も不合格になってしまうかも。勉強をしても成績は下がる一方です。これらはすべて「知恵が曇る」というこの格の悪作用によるものです。

健康

「水難」を暗示する格。水難とは水の事故だけを表すわけではなく、アルコールや、色事も水に通じています。過度なセックスによって体力が失われたり、過度な飲酒で健康を害したりする可能性もあります。大人しく過ごせば凶作用を免れるかも。

対人

仲間の会話についていけなくなります。相手にしてくれるのは、自分より程度が低いと思っていた人たちだけ。そんな自分に嫌気がさすかも。女性の場合は愛情問題がつきまといます。一時の遊びのつもりから深みにはまり、婚期を逃すことも。

ココに気をつけたい

・あらゆる契約書にサインしてはいけません。

・お酒を飲まなければ、健康や色事の問題を回避できるかも。

大凶

あらゆる罠が待ち受ける、強烈な悪作用
螣蛇妖嬌
とう だ よう きょう

 天盤「癸」×地盤「丁」

 恋愛

不倫を楽しむことになるでしょう。女性の場合は好きになる人が既婚者である可能性が高いのです。しかし、その秘密が誰かによって告発され、大問題に発展します。その結果、すべてが嫌になるほどの苦渋を味わうかもしれません。また男性の調子の良い言葉に騙されやすく、遊ばれて終わりということも考えられます。

仕事

面倒な問題に引きずり込まれます。全責任を負わされ、左遷や降格、最悪の場合は解雇されることすらあります。社内で問題が起きれば濡れ衣を着せられて犯人扱いされることも。なぜか誤解されやすく、周囲からの非難を一心に浴びてしまうのがこの格の特徴です。社内不倫をしている人は、バレて大騒ぎになることも覚悟して。

金運

「朱雀投江」と同様、丁奇の良さが失われる格で、悪作用はより強烈です。金運では濡れ衣を着せられ、その賠償に大金を払うことになるでしょう。身内の失敗による損害を被るかもしれません。隠し事が明るみに出る暗示もあります。不倫がバレて慰謝料を払わされるかも。金銭問題がこじれて刑罰を受ける可能性も。

勝負

あらゆる勝負で負けてしまいそう。裁判では多くの場合、敗訴となります。ギャンブルでも他人の噂話を真に受けて負けてしまうかも。試験会場ではカンニングなど、身に覚えのない誤解を呼び、試験を受けるどころではなくなるかもしれません。勉強する場合は、異性のことばかり考えて一向に身が入らず成績が下降します。

健康

病院では誤診される可能性があります。過度な飲酒によって体を壊すでしょう。突発的な事件・事故に巻き込まれるリスクも高く、特に水難事故には注意してください。命の危険に及ぶ可能性が高いのです。火事の暗示もあります。

対人

友だちに騙されます。悪意を持った第三者があなたの悪口をいいふらし、友だちから誤解を受けて絶交されるかもしれません。友だちのトラブルに巻き込まれ、罪を着せられて警察沙汰になることも。他人の後始末で自分の生活が脅かされるのです。

ココに気をつけたい

・危険な人間関係には近づかないで。二股、不倫も御法度です。

・あえて無関心・無責任な態度を見せると、引責から免れます。

庚と辛の伏吟には特に要注意

干伏吟
（かんふくぎん）

配合 | 天盤「乙」×地盤「乙」／天盤「丙」×地盤「丙」／天盤「戊」×地盤「戊」／天盤「己」×地盤「己」／天盤「庚」×地盤「庚」／天盤「辛」×地盤「辛」／天盤「壬」×地盤「壬」／天盤「癸」×地盤「癸」

同じ「干」同士が争う

　干伏吟は天盤と地盤が同じ配合になる※方位で、「伏吟」とは「同じものが争う」という意味で、特に人間関係に注意が必要となります。特に注意が必要なのは、「庚」と「辛」の伏吟。凶作用が強いため、絶対に自分で使ってはいけません。

干伏吟の象意

配合	象意
天盤「乙」× 地盤「乙」	ちょっとしたことにイライラしたり、意志が弱くなったりします。
天盤「丙」× 地盤「丙」	我が強くなり、極端な行動に出がちになります。
天盤「戊」× 地盤「戊」	八方美人になり、調子に乗りすぎて孤立することも。
天盤「己」× 地盤「己」	色恋沙汰にのめり込んで、生活が破綻します。
天盤「庚」× 地盤「庚」	あらゆる方面で破壊作用が働きます。詳しくは戦格（p.59）を参照。
天盤「辛」× 地盤「辛」	事故に注意。悲観的になったり、逆に冷酷になることも。
天盤「壬」× 地盤「壬」	やたらと好戦的になりケンカをしかけたくなります。
天盤「癸」× 地盤「癸」	気持ちがふさぎ込み、陰キャラになりがち。

※「甲」と「丁」は、天盤と地盤が重なっても伏吟にはなりません。

長期的な不運に見舞われる可能性が
星門伏吟
せいもんふくぎん

 配合　九星「蓬」×八門「休」／九星「芮」×八門「死」／九星「冲」×八門「傷」／九星「輔」×八門「杜」／九星「心」×八門「開」／九星「柱」×八門「驚」／九星「任」×八門「生」／九星「英」×八門「景」

不穏な運気が続く

　九星と八門が互いの良さを打ち消し合うことから、悪い境遇から長く抜け出せず、慢性的な不幸に陥るかも。しかし、さほど強い凶作用ではないので、ほかの条件次第では無視してもOKです。

星門伏吟の象意

配合	象意
九星「蓬」× 八門「休」	トラブルに対して解決方法を見出せなくなります。恋愛では倦怠ムードが漂い、「本当にこの人が好きなのかな？」などと迷いだすことも。
九星「芮」× 八門「死」	勘が鈍くなってチャンスを逃します。引きこもりたくなったり、無駄遣いが増えたりします。恋愛では相手への不満が爆発し別れたくなります。
九星「冲」× 八門「傷」	夢見がちになり、ちょっとしたことで涙ぐんだりします。お金も稼げません。恋愛ではあなたの誠意が相手に通じず、別れを考えるでしょう。
九星「輔」× 八門「杜」	正義感が募るあまり、相手に対して不信感を抱くように。恋愛では表面的に誠実さを装いますが、相手に気持ちが伝わりません。
九星「心」× 八門「開」	臆病になり、ちょっとしたことでも不安になります。小さな出費にもやたらとこだわり、そうしたところが周囲の人から嫌われてしまうかも。
九星「柱」× 八門「驚」	些細な問題が発生しただけで自信喪失。浪費をしては後悔することを繰り返します。恋愛相手にも最初は優しくできますが、次第に横暴になっていきます。
九星「任」× 八門「生」	無駄な責任感から面倒事を引き受けます。行動が空回りし余計な出費が。愛していない相手と結婚の約束をして後悔しそう。
九星「英」× 八門「景」	本質を見抜けなくなるため、見た目で人や物を判断しがち。派手な相手に心を惹かれ、大切な人に冷たくしてしまいます。

同じような出来事が繰り返され、運気は低空飛行

干反吟
(かんはんぎん)

配合 天盤「戊」×地盤「辛」／天盤「辛」×地盤「戊」／天盤「己」×地盤「壬」／天盤「壬」×地盤「己」／天盤「庚」×地盤「癸」／天盤「癸」×地盤「庚」

チャンスを逃し、運気が停滞する

「反吟」とは同じような出来事が繰り返し発生し足踏み状態になることで、干伏吟よりも強い凶作用があります。第三章にある個々の組み合わせの解説も参考にしてください。これらに共通しているのは、争いに巻き込まれ、互いに傷つけあうようになることや、恨みを買ったり敵対する人が現れたりし、常に緊張を強いられることです。

干反吟の象意

配合	象意
天盤「戊」× 地盤「辛」	強情になってチャンスを逃します。
天盤「辛」× 地盤「戊」	能力や魅力を誰からも認められません。詳しくは「反吟埋金 (p.107)」を参照。
天盤「己」× 地盤「壬」	恋愛にのめり込み、才能を発揮できません。
天盤「壬」× 地盤「己」	周囲から迷惑をかけられる暗示が。詳しくは「反吟濁泉 (p.112)」を参照。
天盤「庚」× 地盤「癸」	身から出た錆に苦しみます。
天盤「癸」× 地盤「庚」	言動が裏目に出て物事が停滞します。詳しくは「反吟白錆 (p.117)」を参照。

タイミングを見極めることで運気好転

星門反吟
<small>せいもんはんぎん</small>

九星「蓬」×八門「景」　／九星「任」×八門「死」　／九星「冲」×八門「驚」　／九星「輔」×八門「開」　／九星「英」×八門「休」　／九星「芮」×八門「生」　／九星「柱」×八門「傷」　／九星「心」×八門「杜」

問題の原因を突き止めれば好転する

　九星と八門が互いに反発し合い、双方の悪さを強調します。同じような出来事が繰り返し起こり、足踏み状態に。タイミングを待つことと原因究明することで運を好転させられます。前掲の「星門伏吟（p.69）」に比べて凶作用は強いものの、天盤と地盤の組み合わせやそのほかの配合が吉である場合は使えない格ではありません。ただ凶作用が消えることはないことを念頭に置いて行動を。

星門反吟の象意

配合	象意
九星「蓬」×八門「景」	落ち着きを失ってあくせくと動き回るも、成果はゼロ。収入につながらない情報を当てにして徒労に終わることも。可能性のない恋愛に夢中になって自己嫌悪に陥ったりします。
九星「任」×八門「死」	頑固になったり優柔不断になったりと、周囲の人から嫌われそう。身内の借金を肩代わりさせられることもあります。好きな人からの信用も失います。
九星「冲」×八門「驚」	むやみに焦るも結果は出ません。かえって細かい出費が膨らみます。思わぬ被害を受けてお金が出ていくことも。恋愛ではケンカが増え、突然の別離の可能性。
九星「輔」×八門「開」	素行に問題のある人たちが集まり、生活が乱されます。ギャンブルに興味を持ってお金が出ていくでしょう。やたらと気が多くなり大切な人から嫌われるかも。あなたの美貌も魅力も台無しに。
九星「英」×八門「休」	真面目に働くことがバカバカしくなり、投機や投資で一儲けしたくなりますが、かえって損をします。恋愛では浮気心が芽生え、どんな相手とも真剣に交際できなくなります。
九星「芮」×八門「生」	理想からどんどん離れていき、やることなすことすべてが裏目に出ます。仕事もお金も恋も、最悪の事態を迎えることになるでしょう。判断力が鈍り本来避けるべきものに頼ったりして危険に陥ります。
九星「柱」×八門「傷」	物質的にも精神的にも、これまで築き上げてきたものを破壊してしまいます。性格がガサツで怒りっぽくなり友だちから敬遠されるように。恋愛でも相手から怖がられてしまいます。家庭崩壊の危機さえあります。
九星「心」×八門「杜」	なぜか大胆になり、大博打を打ちたくなります。しかも負けても潔く諦めることができません。あやしい宗教に入信することもあるでしょう。恋愛では才能も将来性もない相手に入れ込んでしまう傾向にあります。

自由を奪う軽度の凶作用が発生

八門受制
はちもんじゅせい

配合

八門「休」が南に入る／八門「景」が西に入る／八門「生」が北に入る／八門「開」が東に入る

隠し事がバレて災いが降りかかる

目上の人から抑えつけられて、自由に振る舞えなくなります。しかし軽微な凶作用であるため、致命的なダメージを受けることはありません。

例えば、強い金運を持つ天遁（p.47）が北の方位に巡ってきたとき、北に生門が位置するため八門受制となります。この場合は「天遁の良さが長続きしない」と解釈します。天遁の恩恵でお金は入りますが、異性問題など今まで隠していたことが明るみに出ると判断してください。それらの問題に心当たりがあるなら、事前に対策を打てば八門受制の凶作用を防げます。

八門受制の象意

配合	象意
八門「休」が南に入る	それまで順調に入ってきた収入がストップし、財産を増やせなくなります。目上の人からの横やりで地位向上や昇進の可能性を失います。
八門「景」が西に入る	望みが叶わなくなります。SNSのフォロワー数が頭打ちになったり、恋愛をはじめとした人間関係がうまくいかなくなったりします。成績も不振に陥るでしょう。
八門「生」が北に入る	今まで隠れていた悪さが表面に出てきて、次々に災いが降りかかってくるでしょう。異性問題がこじれ、面倒な事態に発展する可能性もあります。
八門「開」が東に入る	頼りにしていた目上の人が失脚し、昇進・昇給の夢が絶たれます。お金を儲けても出費のほうが多くなります。望まない妊娠の問題が出る可能性も。

行動を阻む軽めの妨害に注意

六儀撃刑
りくぎげっけい

配合 天盤「己」が南西に入る／天盤「辛」が南に入る／天盤「壬」が南東に入る／天盤「癸」が南東に入る／天盤「戊」が東に入る／天盤「庚」が北東に入る

ちょっとした凶作用に邪魔される

　古伝には「口舌相争懇是煩」とあります。小言や多弁からトラブルが起こるという意味です。ただし、凶作用は軽めで、大きな悪さに発展する心配はありません。行動を起こしたときにちょっとしたゴタゴタが起きる程度で済みます。

六儀撃刑の象意

配合	象意
天盤「己」が南西に入る	決断力が鈍りグズグズしているうちにチャンスを逃します。周囲からのいじめに遭ってしまうかもしれません。
天盤「辛」が南に入る	虚栄心が強まり、見栄を張って失敗します。
天盤「壬」が南東に入る	孤独になるでしょう。またはその場その場で態度を変えるため、「信用できない人」「裏切り者」と陰口をいわれるようになります。
天盤「癸」が南東に入る	周囲の人との間に争いが生まれ、傷つけあうことになります。
天盤「戊」が東に入る	不倫など異性問題が生じやすくなります。舌禍事件にも注意。
天盤「庚」が北東に入る	肩に力が入り過ぎて空回りし、失敗します。人から騙されることもあります。

吉の効果が封じ込められる状態に

三奇入墓
（さんきにゅうぼ）

 配合　天盤「乙」が南西に入る（乙奇入墓）／天盤「丙」が北西に入る（丙奇入墓）／天盤「丁」が北西に入る（丁奇入墓）

ほかの配合が良ければ問題なし

　三奇（乙奇、丙奇、丁奇）が墓に入るという意味で、それぞれの干の良さがうまく発揮されなくなる格です。

　ただし、吉作用が破壊されるというわけではなく、いわば、墓という箱に閉じ込められているような状態を表します。そのため、そのほかの配合が良ければ、特に問題はありません。気持ちに余裕を持って行動しましょう。

｜ 三奇入墓の象意 ｜

配合	象意
天盤「乙」が南西に入る （乙奇入墓）	「安定」が脅かされます。「雲遁（p.55）」と重なりますが、雲遁の吉作用が弱まります。
天盤「丙」が北西に入る （丙奇入墓）	「金運」が停滞します。
天盤「丁」が北西に入る （丁奇入墓）	「頭の良さ」が効果的に出せなくなります。

二章

天盤と地盤の配合

天盤と地盤はともに10種類。
そしてそのすべての組み合わせは100種類となり、効果はまさに百人百様。
ここでは、37格以外のすべての組み合わせの配合と、それが意味するものを解説します。
願いに沿う適切な組み合わせを見つけてみましょう。

運命の鍵を握る天盤とそれをサポートする地盤

方位盤で最初に見るところは「天盤」

この章では天盤と地盤の配合の良し悪しを見ていきましょう。

天盤と地盤はともに十干であり、その組み合わせは100パターンあります。これらの意味を知ることで、奇門遁甲の全貌が明らかになっていくでしょう。

方位の目的を示す天盤は、いうなれば舵を取る船長のような役割です。目的は恋愛運アップなのか、仕事運アップなのか、金運アップなのか……あなたの望みに合致した天盤のある方位を選びます。つまり、**方位盤で最初に目をつけるべきは天盤**というわけです。

天盤の目的に影響を及ぼす地盤は、いわば船長をサポートする航海士といっても良いでしょう。天盤と配合が良ければ「吉」、悪ければ「凶」です。**相性によっては天盤の目的を凌駕し、とんでもない悪作用をもたらすものもあります。**

例えば、甲尊の目的は出世など地位の向上です。甲尊と相性の良い丁奇が地盤にくる「乾木烈炎（かんぼくれつえん）(p.79)」は、目的に向かって勢い良く進むことになります。しかし、地盤に乙奇がくる「藤草巻木（とうそうかんぼく）(p.78)」になると、妨害者が現れ、出世の妨げとなります。さらに地盤に辛儀がくる「棍棒玉砕（こんぼうぎょくさい）(p.80)」になると、凶の意味が爆発的に拡大し、財産が危機にさらされるかもしれません※。

こうした天盤と地盤の配合の妙を体得するために、過去の旅行や引っ越しを思い出し、そのときの方位盤を見ながら本章、あるいは前章の解説と比較してみてください。旅行から帰ったタイミングや、引っ越し後に起こった出来事に思い当たる節はありませんか？　突然恋人から振られたり、仕事でおもしろいように成功したりした経験があるはずです。なぜか失敗した、うまくいったということが、吉方位や凶方位の作用だとわかり、腑に落ちるでしょう。そうなればしめたもの。方位の作用を素直に受け入れ、使いこなせるようになるはずです。

※ 配合の説明はこの後のp.78から始まります。自分で調べた方位盤での組み合わせが、どんな格や配合に当てはまるのかを知りたい場合は、p.152 〜 153を参照すると良いでしょう。

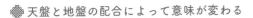

天盤と地盤の配合によって意味が変わる

天盤（または地盤）が同じ

天盤（または地盤）が同じ十干であっても、地盤（または天盤）の十干が変わることによって意味が変わる。

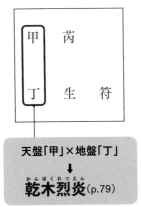

天盤「甲」×地盤「丁」
↓
乾木烈炎(p.79)
（かんぼくれつえん）

自分の誠意が倍返しとなって返ってくるように、運勢が大きく発展。

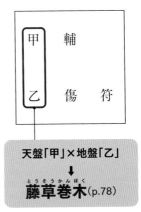

天盤「甲」×地盤「乙」
↓
藤草巻木(p.78)
（とうそうかんぼく）

まわりの人に邪魔されて、物事が思うように進まなくなっていく。

十干のペアが同じ

十干のペアが同じであっても、天盤と地盤が異なれば意味が変わる。

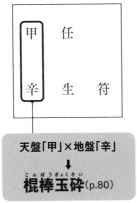

天盤「甲」×地盤「辛」
↓
棍棒玉砕(p.80)
（こんぼうぎょくさい）

やることなすこと、すべてが空回りしてしまう結果に。

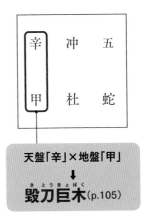

天盤「辛」×地盤「甲」
↓
毀刀巨木(p.105)
（きとうきょぼく）

妙な自信によって挑戦をするも、失敗か自滅をしてしまう。

大吉 双木盛森 （そうもくせいしん）

周囲からの信用を得て飛躍的にステージが上がる

天盤「甲」×地盤「甲」

【意味】

木が生い茂り森を形成していくように、信用を得て勢い良く開運する暗示。良きサポートに恵まれます。女性は気品に満ちた雰囲気が備わり、恋人や良い結婚相手に恵まれるでしょう。ただ汚い手を使って成功しようとすると人生が狂い、転落してしまいます。品のある身だしなみを心がけるとさらに効果がアップします。

【仕事】

特に官公庁や大企業などでの出世が約束されるでしょう。上司、目上の人など地位の高い人が目をかけてくれたり、後押ししてくれたりと、強い味方になってくれます。また、普段から高齢者に親切にしておくと、思わぬタイミングでチャンスを運んできてくれることも。資格試験を受験する場合、良い教師に恵まれます。

【恋愛】

この方位を使って出会う相手は、育ちが良かったり、一流企業に勤めていたりする可能性大。誠実な態度が相手に好印象を与えます。格式のあるレストランでのデートもおすすめです。ただし、早く関係を進めようと焦ったり、ボディタッチをしたりするのはNG。品のない人だとみなされ、パートナー候補から外されます。

【金運】

有名な大企業など、格上の会社との取引に向いている方位です。ただし、相手に対して強気で出ると嫌われてしまい、かえってマイナスに。あくまでも目上の人から信用を得て可愛がられ、それがお金につながるのだという基本的な流れを忘れてはいけません。一般的な商売で使うとセレブなど良質なお客様に恵まれます。

凶 藤草巻木 （とうそうかんぼく）

大事なときに厄介な人たちに囲まれて苦労する

天盤「甲」×地盤「乙」

【意味】

恋愛や仕事では、木が草に巻きつかれるように、足手まといな人たちが現れてチャンスを逃したり、実力を発揮できなくなったりします。また、家族から邪魔をされたり、世話をしなければいけなくなったりすることも。仲間に勉強を教えてかえって自分の成績が落ちてしまう場合も。試験でも避けるべき方位です。

【仕事】

お人好しが裏目に出ます。部下や同僚から持ちかけられた面倒事を引き受けてしまい、自分の仕事に支障が出る暗示。相手に出し抜かれたり、手柄を横取りされたりする可能性もあり、良いことはありません。出世レースでも後れを取りそうなので、仕事においてこの方位は使わないに越したことはありません。

【恋愛】

恋愛では良いこともあります。この方位によって気さくで人懐っこい性質が出て、そこが相手には魅力的に映ります。また、相手の魅力を引き立てる存在に徹することになりますが、むしろ強い信頼で結ばれるでしょう。ただ、友だちに恋人を紹介するのは危険です。その友だちに恋人を奪われるので、2人の関係は秘密のままに。

【金運】

困っている人を助けようと奔走して、逆に金運を横取りされてしまいます。面倒を見たり世話を焼いたりしても、かえって損をする可能性大。「情報交換しよう」などと誘われて、自分の情報をごっそり持ち去られ、さらに食事代まで払わされたりします。ただ、大損に至ることはないのが不幸中の幸いといったところです。

大吉

乾木列炎
（かんぼくれつえん）

親切心や誠意は倍返しとなり、運勢が大躍進

天盤「甲」× 地盤「丁」

【意味】
乾いた木に燃え上がる炎のように、トントン拍子で開運する暗示。困っている人に手を差し伸べたり、お世話をしたりすると、その誠意が倍増してあなたに返ってきます。尊敬されて人気が急上昇するでしょう。国家試験や国公立の学校の受験もOK。選挙運動でも効果がありますが、勝負運ではないので別方位との併用を。

【仕事】
相手にしたサービスが、あなたの出世や成功となって戻ってきます。周囲の人から厚い信頼を得て、より良い仕事を紹介してもらえることも多々あるでしょう。そこで自分の才能や能力を思う存分発揮できるはずです。愛される人柄から、サポートしてくれる人も多数現れます。信用を落とさないよう、発言や行動には慎重に。

【恋愛】
恋が燃え上がる方位です。相手から好かれ、あなた自身も相手に優しく接することができます。理想の相手と巡り会うことが約束されているのです。たとえ最初はその気がなかったり、誠実ではない気持ちで近づいてきたりしたとしても、気がついたら恋愛関係に発展していることも。2人は大恋愛の末に結ばれるでしょう。

【金運】
周囲の人から信用されることがダイナミックな利益につながります。一流企業や官公庁との交渉も成立し、莫大なお金を得ることになるでしょう。ただし、あくまでもきちんとした仕事によってお金をもらわなければいけません。詐欺まがいなことや法律すれすれの際どいことで儲けようとすると、たちまち転落するでしょう。

凶

岩山孤松
（がんざんこしょう）

自分の頑固さで成功を遠ざけ、孤独に陥る

天盤「甲」× 地盤「戊」

【意味】
岩場に痩せた松が1本生えて、風に吹かれている。これがこの方位のイメージです。環境の悪さや自分の頑固さのために成功運を遠ざけます。頼りになる味方もほぼいない状態で、孤軍奮闘を強いられるでしょう。納得のいかないことに憤慨して、感情的に辞表を叩きつけて出ていくようなことをしてしまうかもしれません。

【仕事】
理解してくれる人や味方になってくれる人が少なく、厳しい状況に追い込まれそう。企画を出しても賛同を得られないし、プレゼンをしても否決に終わります。職場で孤立し、身動きが取れなくなることも。社会的に成功するためには多くの苦労が必要となります。1人でコツコツと行う研究職などが良いかもしれません。

【恋愛】
あなたの変な頑固さが出てしまいで恋人とのトラブルが多発しそう。あなたが誠意を示しても、相手が理解してくれると期待しないほうが良いでしょう。心がすれ違っていくばかりです。あなた自身が変わった考え方をするようになるので、独特な感性を持った異性ばかりが集まってくるようになります。恋を楽しむのは難しそう。

【金運】
チャンスに恵まれません。自分の考えに固執するあまり、カンも鈍ってしまいます。投資をしても利益を出すのは難しいでしょう。大きな損失を被ることになるので、早めに切り上げることを考えてください。ギャンブルなどで一発勝負に出たくなる方位ですが、結果は敗北と決まっていますので、手を出してはいけません。

生木養土
せいぼくようど
周囲のサポートで幸運が数珠つなぎに舞い込む

天盤「甲」×地盤「己」

【意味】
大地から養分を摂取して大木へと成長していくイメージです。この方位を使うと周囲から支えられ、幸運が連続して訪れるでしょう。さまざまなジャンルの人との交流によって、成長していきます。ただし、周囲の人々は玉石混交です。要注意人物と関わると、異性問題のスキャンダルに巻き込まれるなど運が傾いていきます。

【仕事】
かなりの確率で成功するでしょう。この方位を使って得意先やクライアントと会食をすれば、相手と気心が知れた仲になり、大きなビジネスチャンスをつかめます。上司など目上の人からの援助だけでなく、接客業の人たちの支えもあるでしょう。女性は仕事でも粒ぞろいの男性に囲まれ、まるで女王様のように仰がれるかも。

【恋愛】
この方位は今まで恋愛に恵まれなかった女性が使うと抜群の効果を発揮します。新しいタイプの男性が現れ、恋愛に発展します。育ちの良い男性と恋愛し、玉の輿的な結婚相手が登場する暗示も。一見真面目な雰囲気のなか、ウィットに富んだ会話ができるようになるので相手の心をつかみます。結婚にも恋愛にもおすすめです。

【金運】
金運の流れをキャッチできます。女性の場合は男性を相手にした商売で大儲けできるでしょう。男性も女性を味方につければ予想をはるかに超えた利益を得られるはずです。多岐にわたる人脈からお金儲けの話が舞い込んできそう。ただし、異性問題でチャンスを潰す可能性も。乱れた男女関係は命取りと覚えておいてください。

棍棒玉砕
こんぼうぎょくさい
積極的な行動がすべてを台無しにしてしまう

天盤「甲」×地盤「辛」

【意味】
固い木の根で宝石を破壊するという意味です。下手に動くととんでもない結果になり、願いを叶えるどころか、物事が台無しに。何もせずに静かにしていれば良いのですが、この方位を使うとどうしても何かをせずにはいられなくなり、あちこちに首を突っ込んではやることなすことすべて裏目に出してしまうのです。

【仕事】
今まで積み上げてきた成果や実績が、すべて台無しになってしまう可能性が。正しいと思った行動が、かえって墓穴を掘ることになるのです。部下からの裏切りも十分考えられます。裏切りによるダメージはさほど大きくはありませんが、魚の小骨が喉に刺さったような苛立ちが、さらにほかの失敗を誘発してしまいます。

【恋愛】
ちょっとした口論が破局につながる暗示です。特にメールでのやりとりが噛み合わず、別れにつながることが多くなります。本人は軽い冗談のつもりでも、相手の感情を逆なでして犬猿の仲になってしまった実例もあります。女性は些細なことにくよくよと悩み、それが足かせとなって恋愛のチャンスを潰すことになりそう。

【金運】
投資や投機はすべて失敗し、損害を被ります。それどころか、財産を奪われる悲惨な結果になるケースもあるのです。商売でもなぜか不用意な行動を取ってしまい、それが損害となって返ってきます。何もしなければ何も凶現象は起こらないのに、リスキーな財テクに手を出したくなってしまうという、困った方位です。

凶 廃舵漂洋（はいだひょうよう）

孤独に苦しみ、不安にさいなまれる

天盤「甲」×地盤「壬」

【意味】
舵の壊れた小舟が大海原を当てもなくさまよっているイメージです。目的を達成するどころか、その目的自体を見失ってしまいそう。精神的な支えを失い、悲嘆に暮れる……そんな姿が浮かんできます。病気の人がこの方位を使うと、病院や医師のたらいまわし、院内感染などの恐れもあるので注意してください。

【仕事】
ひとつのことに集中できず、無計画な行動により失敗を招いてしまいます。仕事に関して突然情熱を失い、投げやりになったりほかに適職があるのではないかと考えたりします。実際に退職しても次の当てもなく、あったとしても条件の悪い臨時の仕事しか見つかりません。転職のたびに生活水準が低下していくでしょう。

【恋愛】
理由もなく不安になります。誰でも良いから肉体的につながっていたいと思ってしまい、浮気心が湧いてきそう。次々とパートナーを変えますが、愛することも愛されることもなく、生活も乱れがちになってしまいます。自堕落に遊びたいのならこの方位を使っても構いませんが、大切な人を失う危険があることを忘れないで。

【金運】
多少の金利では満足できなくなりますが、大勝負に出て損害を被るのは目に見えています。全財産を剥ぎ取られ、路上生活を強いられることさえあるでしょう。悪い仲間の考えこそが正しいと思い込むようになり、誤った投資判断をしてしまうのです。着実な利益を出す方法を見失うため、経済的に困窮の一途をたどります。

吉 樹根甘雨（じゅこんかんう）

基礎運が固まり満を持して成功への道を歩む

天盤「甲」×地盤「癸」

【意味】
木の根に程良く雨水が染み込み、すくすくと大木に育っていくように、基礎運が固まり、運勢がゆっくりと上昇していくでしょう。知識や人材を得て、ようやく成功へと向かう方位です。出世だけでなく、あらゆる基礎をつくるために使える方位。病気を治してくれる名医との出会いやメンタルの安定が期待できる方位です。

【仕事】
「適材適所」という表現がぴったりの方位。今までちぐはぐだった歯車がカチッと噛み合い、成功へと向かい始めるでしょう。タイムリーな企画が浮かび、上司からも期待されるはず。出世や名声の足がかりとして、また小さな商売を大きく発展させたいときにも使いたい方位です。好きな職業で才能が開花する暗示もあります。

【恋愛】
愛を確かめ合うことになるでしょう。相手の存在が自分にとっていかに大切か、深く実感できることに。出会いにも有効な方位で、長い間求めていた理想の相手と巡り会い、結婚へとつながることも。ただし、既婚者の場合は要注意。「家庭を壊してでも愛を貫こう」と考えてしまう副作用があるので、よく考えて使用を。

【金運】
すぐにお金になるわけではありませんが、着実に金運が伸びていきます。この方位を使って得た情報は信頼性が高く、金運のもとになることも多いのです。ただし、一獲千金を求めている場合は期待外れに終わることも。他人任せの投資をしていると、カモになってしまう可能性があります。あなた自身の主体性を損なわないで。

吉

錦上麗花
きんじょうれいか

努力なしに花開き、喜び事が重なる

天盤「乙」×地盤「甲」

【意味】
大木に巻きついた蔓草が高い場所で開花するイメージです。よろこばしい事柄が重なるという吉意となります。乙奇は精神的な安定を司りますが、この方位は社会的な名誉にも恵まれる暗示が強いのが特徴です。ただ、勝負の方位ではないので闘志は弱まります。平和的な気持ちになって勝ちを譲ることもあるでしょう。

【仕事】
上司など目上の人の支援によって、がむしゃらにがんばらなくてもエリートコースに乗っていけます。派閥間の競争に勝利し、名声を得るでしょう。所属グループの成功が自分の幸運に直結します。地域振興に注目すると、自分の仕事や商売に役立つはず。官公庁の後ろ盾を得て、仕事がスムーズに進むこともあるでしょう。

【恋愛】
恋愛運や家庭運は安定します。パートナーとの関係を温めながら将来設計を立てることも可能です。相手の親に会う場合にも効果的な方位です。女性は社会的にも経済的にも恵まれた男性と結ばれるでしょう。一方で積極性に欠けるため、片思いやプラトニックな関係で足踏みが続くなど、焦れったい思いをするかもしれません。

【金運】
意外にも金運にはさほどの効果は期待できない方位です。お金がなくても不自由さを感じなくなったり、お金よりも人間関係を大切にする意識が強くなったりするでしょう。しかし、そのお金に控えめなところがかえって評価され、お客さんが集まってくるという意味では、金運の種を蒔く方位といえるかもしれません。

凶

伏吟雑草
ふくぎんざっそう

程度の低い人たちに足を引っ張られて運が低迷する

天盤「乙」×地盤「乙」

【意味】
せっかくの庭園に雑草がはびこり、景観を台無しにしているイメージです。将来性のない仲間と過ごすなど、気がつかないうちに人間関係の質が低迷するのがこの方位の特徴です。役に立たない者たちが集まり、失敗してしまうことが告げられています。もしくは無用な考えに囚われて大事なチャンスを逃すのかもしれません。

【仕事】
数人の仲間で起業しようという話が持ち上がる可能性がありますが、実際は進展しません。起業したとしても、うまくいくはずがないのです。以前頓挫した企画を素晴らしいものと錯覚する場合も。積極的な行動は裏目に出やすくなります。怠け心のある人や負け癖のついた人から遊びに誘われ、本業を見失う暗示です。

【恋愛】
相手の程度の低さに嫌気が差しながらも、別れることができずに惰性でつき合ってしまいそうです。特に女性の場合は、情けない男性と恋愛をして自分の将来を棒に振ってしまう可能性大。出会いはありますが、どれもパッとしません。デートに使ったお金や体力、時間がもったいなかったと、後から悔やむことになりそう。

【金運】
まったく儲けられません。儲け話にうっかり乗ってしまう方位ですが、期待はできません。さほど大きな損害は出ないものの、この方位を使うと損をすることが習慣に。現状から脱皮するために自意識を高く持ち、競争意識に目覚めれば、金運を含め全体の運が上がっていくはず。向上心を育てることが開運につながります。

開花陽光
ツキに恵まれて人生に眩しい光が溢れる

吉

天盤「乙」× 地盤「丙」

【意味】
溢れる太陽の光のなかで蕾がほころび、大輪の花が咲くというのが、この配合のイメージです。あらゆる物事が順調に進み、ツキに支えられながら地位を確立するでしょう。家庭には明るさが満ちることになります。人間関係も悪くない運気になりますが、家族の利益を優先するあまり、親友はつくりにくくなりそうです。

【仕事】
職場では誰にでも明るさを振り撒き、好感度が上がりそう。上司からはもちろん、同僚や部下からも支持され、予想以上の成果を挙げられるでしょう。ただ、少々依存心や不平不満が出やすいところがあります。仲間に対して傲慢さが出ると、表面上は和気あいあいとしつつも、内心では仲間への不満が溜まるかも。

【恋愛】
男女間についてはおもしろくない出来事が起こりそうです。一時的には楽しく過ごせても、あなたの優しさが、逆に図々しさや横暴さなどと受けとめられ、相手の機嫌を損ないがちに。自分自身には自覚がなく、突然パートナーから怒りを表明され、驚いてしまうかもしれません。女性は内面的に不満を抱えそうです。

【金運】
金運の基礎固めとしておすすめの方位です。瞬間的な金運というよりも、将来のために収入の道を増やすことに効果を発揮します。こうしたことを踏まえると、「あらゆる手段を使ってでも儲けよう」という商売には不向きといえるでしょう。身内にだけ優しく、他人には厳しいという面が出ると金運が急下降。利他の精神を忘れずに。

草花温順
頭脳とハートで成功。試験、執筆に効果大

大吉

天盤「乙」× 地盤「丁」

【意味】
厳しい自然環境とは別世界の、温室のような環境で植物が花を咲かせるがごとく、この配合は「調和」と「安定」を意味しています。特に頭脳を使うことに関してパワーを発揮し、勉強や執筆には良い効果が期待できる方位です。勝負運はないものの、試験の本番では緊張せず、覚えている問題をすらすら回答できるでしょう。

【仕事】
相手の趣味や嗜好、思考回路を理解する力が備わり、相手が好む方向に話を振ることができるので、他者からの協力をうまく取りつけられます。契約などを交わす場合も、あなたのペースで進められるでしょう。難しい仕事でも失敗するリスクは少なめで、人並み以上の成果を出せますが、大成功を目指すと足をすくわれます。

【恋愛】
愛が育つ方位。音楽やスポーツといった趣味を通じてパートナーが見つかり、恋愛が成立するでしょう。初対面の相手でも話題が尽きず、短時間で親しくなれるはず。手紙やメールで相手のハートをキャッチすることがこの方位の特徴です。女性は知性と優しさが備わり、多くの男性が理想とするような女性になれそう。

【金運】
副業を考えているなら、この方位を使って小説などを執筆して投稿すると、お金になって返ってくることが。マスコミや芸能関係に携わっているなら、収入面で安定がもたらされるでしょう。ただ早とちりや思い違いによって、大損害にならないものの思わぬ出費を招くことがあるので要注意。賭け事による収入は期待できません。

鮮花名瓶
せんかめいびん
選ばれし者に約束される強運な未来

天盤「乙」×地盤「戊」

【意味】
花瓶に生けられた花が鮮やかに咲き誇っている姿が、この配合のイメージです。あなたの魅力や才能がさえわたり、「選ばれし者」として自信を得て、飛躍していくことは間違いありません。ファッションセンスや美貌も注目を集め、その場に欠かせない存在として多くの人から支持されます。すべてにおいて有効な方位です。

【仕事】
例えば、クライアントが抱える難問の解決にあなたが一役買うような出来事が起こり、信頼関係を構築することになるでしょう。そこでできた絆によって、仕事が成功へと導かれます。上司など目上の人の悩み相談に乗ることにより、出世の道が開かれることもありそう。一歩踏み込んだ人間関係が飛躍のきっかけになります。

【恋愛】
憧れの人との恋が実るでしょう。運命的な出会いにも恵まれます。心と心が通い合うような相手と結婚に進む暗示です。男性は美しい女性と縁があり、女性も優れた才能を持つ男性と結ばれます。人が羨むようなラブストーリーを地で行けるのが、この方位に現れる効果です。望みどおりの恋愛・結婚をしたいなら使うべき。

【金運】
「自分だからこそできる」というジャンルに出会い、そこで金運の基礎が固まる方位です。芸能界にスカウトされることも十分に考えられますし、文芸などの分野で認められることも夢ではありません。独立した仕事で才能を発揮しながら、やがて大きな金運に育てていける可能性があります。チャンスが来たら逃さないように。

紅蕾無残
こうらいむざん
努力が実らぬまま終わり、行き詰まりを感じる

天盤「乙」×地盤「庚」

【意味】
美しく咲くはずだった花が蕾のまま腐ってしまうように、これまで努力してきた分野で挫折し、積み上げてきたものが無残にも壊されてしまう方位です。トラブルが続いて、泣くに泣けないという状態が続くでしょう。人間関係で痛手を被ることも多くなります。健康であればまだ救いがあるので、しっかりと健康管理を。

【仕事】
将来性を閉ざされるようなショッキングな出来事が発生する暗示です。懇意にしていた得意先が倒産する、上司が病気になるなど、仕事上で大きなダメージを受ける可能性は非常に高くなります。また、争いが勃発することも。退職したくても辞められないという悲劇も起こりそう。八方塞がりと感じてしまうような方位です。

【恋愛】
金銭関係の問題からトラブルになり、言い争いになるケースが多く見られます。一度でも関係が悪化すると、修復は難しくなってしまいそう。男女とも最悪の相手と結ばれ、腐れ縁となって別れられなくなるかもしれません。相手への思慕が憎しみに変わることは不可避。女性はDVの危険も覚悟するべき方位となります。

【金運】
高確率で金銭のトラブルが起こるとして、非常に恐れられている方位です。金運が上昇するどころか、金銭面で苦しむ暗示があります。うっかりこの方位に旅行してしまったために、取引先の社長が軽犯罪で検挙され、収入の道が閉ざされてしまったという実例もあります。運命全般に凶作用をもたらす、要注意の方位です。

蓮花清泉（れんかせいせん）

吉

澄んだ泉に咲く蓮の花のような気品が備わる

天盤「乙」× 地盤「壬」

【意味】

清らかに澄んだ泉に蓮の花が開いているイメージ。ワンランク上の幸運に上っていくことでしょう。あなたの良さを自然にアピールできるだけでなく、社会的にグレードの高い人たちとつき合えるようになるのも、この方位の素晴らしい特徴です。才能をいかんなく発揮し、一躍注目を浴びるようになるかもしれません。

【仕事】

周囲が勝手に成功のお膳立てをしてくれるので、あなたは何もせず、自然に振る舞っていてください。特に出世を目指していなくても、昇進の話が舞い込んできそう。自営業でも悪くはないのですが、官公庁や大きな企業に勤めているほど、効果は大きく発揮されます。ただ、色事で躓く危険があるので、自戒して。

【恋愛】

女性にとって最高の方位。社会的にも経済的にも恵まれた男性と知り合い、恋愛へと発展していくので、「玉の輿の方位」のひとつともいわれています。男性にとっても魅力的な女性との恋を体験できたり、女性のサポートによって社会的な地位を上げたりできるでしょう。恋愛成就をきっかけに、さらに開運していきます。

【金運】

この方位は品格に比例してお金が流れ込むという特徴があります。そのため、ガツガツとした態度は禁物。ギャンブル的な商売にも不向きです。本質的に勝負運を上げる方位ではないのですが、戦わずして勝つという秘策を思いつくかもしれません。それゆえ、裁判で示談に持ち込めるなど、大きな損失を食い止められそう。

沃野朝露（よくやちょうろ）

小凶

希望は潰えて運気が低迷してしまう

天盤「乙」× 地盤「癸」

【意味】

大地に降りた朝露が、太陽が昇るとともに消えていくイメージです。この方位を使うと希望も可能性もあっけなく消えてしまう可能性が。安定していたものが傾く予兆に満ちているのです。厳しい現実を前に、不安に駆られるようになります。精神的にダメージを受け、新興宗教などに救いを求めたくなるので注意が必要です。

【仕事】

理由もないのに絶望的な気持ちになります。対人恐怖症に陥り、職場に行くのが怖くなることもあるでしょう。上司や同僚など、周囲に気を遣いすぎて疲れてしまったり、精神的に追い詰められて仕事をするどころではない状態になったりも。悲観的になるあまり、周囲が理解できないような発言をして信用を落とすケースも。

【恋愛】

相手の気持ちを極端に考えすぎて、疑心暗鬼になりがちです。嫌われてもいないのに「もう愛されていないかも」と思い込んだりして、なかなか恋を楽しめないかもしれません。素敵な人と出会っても、相手の欠点を無理やり探し、「やっぱりこの人とは合わない」と結論づけるなど、無意識に孤独を求めたりすることも。

【金運】

出費することに恐怖を感じるようになります。暇があると預金通帳を眺め、小銭を数えては「もう終わりかも」などと暗い気分になるのです。慶弔費も出し渋るほどケチケチした気持ちになっていくでしょう。チャンスが来ても思い切った投資ができないため、せっかくの金運の道も閉ざされ、より一層お金を出し渋るように。

順陽豊作
じゅんようほうさく
恋もお金も思いのままで極上の気分に

天盤「丙」×地盤「乙」

【意味】
燦々と降り注ぐ温かな日差しのなか、農作物がたわわに実っているように、あなたの努力が認められ、物質的に大きな成果が上がるでしょう。天盤の丙奇によって経済的な効果が約束されているだけでなく、地盤の乙奇によって精神的な安らぎも得られるという、文句なしの方位です。利他の精神でさらに飛躍していくでしょう。

【仕事】
大成功間違いなし。さらにその成功が次の仕事のよろこびにつながるという暗示も。仕事上でのつき合いがプライベートでのつき合いへと広がることもあり、未来が拓けていくはずです。官公庁や大きな企業の勤め人だけでなく、個人事業主の人も大きな成果を得られます。人間関係では中心的な人物として活躍します。

【恋愛】
女性にとっては恋のパラダイスが待っています。あなたの明るさや優しさが効果的に発揮され、あらゆる男性のハートを独占するはず。華やかだけれど上品で優しく、存在感があるという複雑なギャップに男性陣は魅了されます。ただし、お節介過ぎると飽きられる危険が。男性も最高の女性と出会い、恋愛を堪能できます。

【金運】
とめどなくお金が入ってくるでしょう。一気に富を築くことも夢ではありません。チャンスを見極めて積極的に打って出れば、努力の千倍以上の成果が金運となって返ってくるはずです。投資でも巨額の収入が期待できます。ギャンブル全般に勝利する確率も非常に高くなりますが、同じミスを繰り返す可能性があるので要注意。

伏吟烈光
ふくぎんれっこう
傲慢さによってチャンスを逃す

天盤「丙」×地盤「丙」

【意味】
まるで2つの太陽が存在するかのように、強すぎる日射しに万物が枯れてしまうイメージです。強引、傲慢、無神経になるため何事にも失敗し、人に迷惑をかけてしまいそう。自分を大きく見せようとして周囲の人から失笑を買いますが、それすらも称賛と勘違いし、さらに図々しくなるという悪循環。軽率な行動は御法度です。

【仕事】
あまりに強引に成功を欲しすぎて失敗するでしょう。スタンドプレーで上司から嫌われ、取引先からも要注意人物としてマークされてしまいそう。何ひとつとしてうまくいかず、行動するたびに敵をつくってしまいます。自分だけが偉く、周囲の人間が劣って見えるようになるため、勤め人には極めて不向きの方位です。

【恋愛】
出しゃばりすぎて相手から嫌われる方位です。良かれと思ってしたことが、相手にとってはことごとく迷惑に思われてしまいます。場違いな告白や独りよがりの誠意、相手の気持ちを無視した無神経な発言などで、敬遠されることはあっても好かれることはありません。女性は理想が高くなりがちで、アプローチは空振りに。

【金運】
丙奇のなかで最も損失が大きいといわれている方位で、大損害が待っています。損を補填しようと奮闘しますが、傷口を広げるだけになるかも。商売でも損をします。ギャンブルでは必ず大きなダメージを受けるので、すべての賭け事はNG。多額の借金を背負って身動きが取れなくなるのは、時間の問題といえるでしょう。

麗陽明知
（れいようめいち）
知性と積極性で物事は順調に発展

天盤「丙」×地盤「丁」

【意味】
うららかな陽光のもとで焚き火をしているイメージです。丙奇の積極性と丁奇の頭脳活動がうまくかみ合い、物事が順調に推移していくでしょう。特に一定の地位があり、成功の途上にある人にとってはさらなる発展が期待できるラッキーな方位です。わがままなところをうまく抑えれば、順調に成功の道をたどっていけます。

【仕事】
機知に富んだ行動で成功します。あなたの知識を無駄なく活用できるのです。スポーツや芸術などの趣味が仕事関係での交友に活用され、人望が高まり、さらに仕事が発展していきます。就職活動をする場合は、一流企業を狙ってみても良いかもしれません。最初にしっかり努力すれば人生に弾みがつき、運が拓けていきます。

【恋愛】
男女ともに楽しい恋を満喫できる方位です。おしゃれや会話のセンスの良さが、相手を自分のペースに乗せ、スムーズな恋愛につながります。ただ、時に相手の存在を無視した会話になる場合があるので、その点は注意しましょう。女性の場合、この方位を使うと美しさに磨きがかかり、周囲の男性が殺到するでしょう。

【金運】
金運の好機を逃さない行動力と、それを支える賢さが大きな利益につながるでしょう。クライアントの心を巧みにとらえ、楽しみながら儲けていけるはずです。ギャンブルでも冷静さを失わず、的確に判断できるため損はしません。ただ、自分の頭の良さにおごりが出ると間違った思い込みをしやすく、ミスにつながります。

緑野普照
（りょくやふしょう）
迫力で圧勝するも、恋愛には不向きな方位

天盤「丙」×地盤「己」

【意味】
緑の大地を陽光があまねく照らすように、あなたの行動が世間から認められるでしょう。リーダーとしての威厳が備わり、財運が拓けていく暗示があります。周囲を従えてしまうほどの堂々たる貫禄が身につき、相手はあなたの圧倒的な存在感に畏怖の念を抱いて、譲歩してしまいます。迫力で成功を勝ち取ることができる方位です。

【仕事】
強気に出て成功します。時と場合によっては睨みつけるような態度に出てもOKです。あなたの迫力に気圧されて、相手はいいなりになってしまうでしょう。上司は自分の立場が脅かされるような恐怖をあなたに感じるはず。女性も恋や家庭より仕事に専念しそう。勤め人よりも独立した仕事をしている人に向く方位です。

【恋愛】
成功が約束される方位ですが、恋愛は不得手。周囲を圧倒するようなあなたの迫力に、相手は脅されているような気持ちになるかもしれません。あらゆる手段で積極的にアプローチをして、ついに意中の人が振り向いてくれたと思いがちですが、それは錯覚です。相手の本心は、あなたのしつこさに根負けしただけなのです。

【金運】
その強引さを武器に、力ずくでお金を手に入れることができます。あなたの威厳と迫力に、相手はつい財布を開いてしまうのです。自営業者なら、この方位を使って濡れ手で粟のもうけが期待できます。ただしギャンブルではその強気が裏目に出がちです。パワーを放出する方位なので、使った後は病気になりやすい点に注意を。

日月相会
じつげつそうかい
着実に運気が上昇して天体のように輝く

天盤「丙」×地盤「辛」

【意味】
昼には太陽が、夜には月が煌々と輝くイメージです。太陽と月、つまり陽と陰が秩序正しく回るように、運勢も順調に上昇するという方位。ピンチに陥っても行動力と思いやりによって切り抜け、着々と成功に向かうでしょう。治療にも最適な方位で、名医を紹介されるほか、湯治などに利用すれば抜群の効果が期待できます。

【仕事】
目標を達成するための起爆剤となるような方位。飴と鞭のさじ加減が絶妙となり、仕事は順調に進みます。チームの団結力も強まるでしょう。成果を認められ、地位が向上することは間違いありません。商談などの際は、相手側への手土産が功を奏します。実力はなかったとしても不思議とうまくいき、成功を収められそう。

【恋愛】
恋愛成就の方位です。多少図々しいくらいの態度が、むしろ相手に好感を持ってもらえそう。陽と陰が結びつくように、相手と気持ちが一致します。豊富な出会いにも期待できそう。男女とも異性から特別な意識で迎えられるはずです。特に女性は容姿に自信のない人も人気者となり、最高の結婚につながる恋愛ができそう。

【金運】
苦手な相手との交渉に適している方位です。意気投合し、巨額の資金を調達できるでしょう。相手の弱点を瞬時に察することができるので、そのウィークポイントをうまく利用するのが鍵となります。ギャンブルにおいても不思議な霊感が働きそう。迷ったときには勘にしたがい、チャンスを逃さないようにしましょう。

輝陽湖水
きょうこすい
華やかな成功を収めて一躍スターに

天盤「丙」×地盤「壬」

【意味】
太陽の光が湖面にキラキラと反射している美しい様子です。周囲の人たちが振り返るような華が備わるでしょう。うらやましがられるような成功が待っています。面倒な問題を一気に片づけられる方位でもあります。ただし、見栄を張りすぎると、人間関係が長続きしないなどの思わぬトラブルも。堅実さを心がけて。

【仕事】
誰もが怖気づいてしまうような仕事も、ガッツでクリアしていけるでしょう。会社間のゴタゴタも解決し、一躍スター的な存在として称賛されるはず。しかし一方で周囲から妬まれるため、期待したほどの昇進や昇給はないかもしれません。ただし自営業者の場合はむしろ吉。仕事に弾みがつき、業績を大きく伸ばせるでしょう。

【恋愛】
一夜限りの恋に最適です。あなたの華やかな雰囲気が相手の心を陶酔させるでしょう。ベッドでも情熱的になります。しかし、それ以上の関係を求めてはいけません。相手が見かけ倒しであることに気づき、幻滅してしまいそう。かといって堅実すぎる人を相手にすると飽きてしまうので、広く浅い人間関係を楽しむために使うべき。

【金運】
派手に稼ぐ一方、出費も多くなり、結局はプラスマイナスゼロという結果に終わるのがこの方位の特徴です。特に装飾品や車などにお金が出ていくなど、見栄による出費がかさみそう。ギャンブルでは大儲けする代わりに、大損も覚悟しなければいけません。深追いせず、冷静に勝ち逃げの時期を見極めることが必須です。

黒雲覆日
こくうんふくじつ

凶

突然何もかもが暗転し、夢を絶たれる

天盤「丙」×地盤「癸」

【意味】
太陽が黒い雲によって覆われてしまうように、良いことが突如として終わり、悲惨な出来事が発生する方位です。あらゆる物事が悪い方向へと進み、止めようにも止められません。悪意を持った人たちの罠にはまり、利用されるでしょう。体調を崩すと長引きます。事故や怪我の暗示もあるので、用心しなければいけません。

【仕事】
突然の取引停止、降格、左遷、解雇が待っています。将来への夢も絶たれ、希望を失い、同僚からは冷たい目で見られ、絶望してしまうかも。あなたに悪意を持つ誰かが、陰で仕組んでいる可能性もあります。自営業者も仕事を失うことは必至です。危険な案件や危険人物には絶対に関わらず、慎重さと冷静さを大切に。

【恋愛】
恋の邪魔者が出現するでしょう。この方位を使ったら大事な人を略奪される危険性も極めて高く、今まで順調だった恋愛がズタズタに寸断されてしまうかも。新しい出会いはありますが、つき合うとあなたの運勢を傾ける原因をつくることになります。男女とも浮気は厳禁です。離婚に発展するなど、重大な結果を招くでしょう。

【金運】
大損が暗示されています。仕事の責任を取らされて賠償金を支払うことになったり、家族の起こした事故の慰謝料を請求されたりといった事態が想定されます。株の売買などの投資で全財産を奪われる危険さえあります。うまい儲け話は破滅の元凶だと考えて間違いありません。泥棒、詐欺に遭う可能性もあります。

青竜援軍
せいりゅうえんぐん

吉

明晰な頭脳により、すべてが調和されていく

天盤「丁」×地盤「甲」

【意味】
燃料を得て、炎が勢い良く燃え上がるイメージ。丁奇の頭脳の良さがいかんなく発揮され、すべての物事が調和されていくでしょう。多くの人たちに支持され、王道を歩みます。世間の荒波を渡っていけるだけの賢さが備わり、富と名声の両方を手に入れられそう。知的さと高いセンスで、憧れの世界へ仲間入りができるかも。

【仕事】
契約など、文書に関係することで特に効果が発揮されます。特に官公庁に勤めている人は、昇進の暗示が。そのほかの人も得意先から気に入られるなどして、仕事のすそ野が広がり発展していきます。なお、趣味の集まりでこの方位を使えば、またとない情報を得て、それが仕事に役立つ場合もあります。

【恋愛】
恋に没頭できるでしょう。会話が盛り上がり、相手の心を惹きつけられるはず。恋愛モードが高まるあまり、「あばたもえくぼ」となる場合も。ただ悪い相手と出会うことはなく、エレガントな相手が集まってくるのでご安心を。男女とも知性が備わるのでセンスが洗練され、自分の魅力をうまく活かすことができます。

【金運】
頭脳プレーによって大きな利益を得ることができます。あなたが思い描いた筋書きどおりに事が運ぶでしょう。文芸面で活躍する、ネットを使ったビジネスで大きな収益を上げるなどといったことが期待できますが、ギャンブルに使っても効果は期待できません。あくまでも頭脳とセンスでお金を呼び込む方位です。

焼田撒種
しょうでんさっしゅ

吉

短期的な喜び事に期待できる

天盤「丁」× 地盤「乙」

【意味】
焼き畑をして、害虫がいなくなり、肥料の行き届いた畑に種をまくイメージです。丁奇は火を、乙奇は草を意味します。火は燃えますが、草はすぐに燃え尽きます。このことから喜び事はあるものの、一時的に終わると解釈できる方位です。とはいえ、高望みさえしなければ平和で安全な毎日が約束される、吉配合となります。

【仕事】
良い仕事が舞い込んできますが、早めに片づけるのがポイントです。この方位は長期的な仕事より、短期的な仕事に向いているからです。大きな栄光を狙うと失敗するかもしれませんが、それなりの成果は間違いなく出ます。仕事における人間関係は、争いもなく平和でしょう。悪いことが続くなら、魔除けに使ってもOK。

【恋愛】
繊細さが加わるので、男性は女性の気持ちがよく理解できるようになります。ただし、ここぞというときに勇気を出せなくなるかも。また出会いは多くありますが、後半になるにつれ自分の理想から離れていくのも、この方位の特徴です。三角関係に悩んでいるときはこの方位を使えば、意中の人の心はあなたのものに。

【金運】
ひらめきを大切にすることで利益を得るでしょう。一瞬で終わるギャンブルになら向いており、例えばパチンコより競馬に勝機があるといえます。女性を相手にする商売も悪くありません。儲ける方法を思いついたなら、すぐ実行に移す行動力が必要です。頭で考えているだけではチャンスを逃してしまいがちに。

白昼蛾涙
はくちゅうがるい

凶

手柄を奪われて存在感が薄まっていく

天盤「丁」× 地盤「丙」

【意味】
真昼に蛾が飛び回り、己の醜さに涙をこぼすイメージ。丁奇は灯し火であり、丙奇は太陽です。いわゆる「昼行灯」のように、自分の存在感を失う暗示が。楽しみが終わり、ここから悲しみに向かっていくという方位。男女とも過去の栄光を振り返り、不満が募ります。日々の努力はいつか報われることを忘れずに。

【仕事】
ライバルの成功の陰に隠れて、あなたの業績を認めてもらえなくなります。手柄が奪われるかもしれません。いくらがんばっても昇進や昇給は難しいでしょう。あなたが自営業者なら大型店舗などのメジャーなライバルによってシェアを失い、行き詰まることが目に見えています。これまで順調だったとしても人気に陰りが出ます。

【恋愛】
恋のバトルに敗北してしまいそう。魅力のあるライバルに恋人を奪われてしまう暗示です。この方位を使ってパーティーに参加しても、出会いはあるものの一緒にいた友だちに人気が集まり、誰からも相手にされなくなる可能性が。こともあろうに、片思いの彼から恋の橋渡し役を頼まれたという実例もあるので要注意です。

【金運】
収入が目減りして生活が追い込まれそう。資金的ににっちもさっちもいかなくなるはずです。投資や投機も儲けがストップし、損害を被ることは避けられそうにありません。勝負運もさえず、実力を超えた難問に立ち行かなくなります。ギャンブルでも情報収集に躍起になるものの、結果がついてこず、惨敗してしまいそう。

吉

両火盛炎
りょうかせいえん

学問や文筆業での成功は間違いなし

天盤「丁」×地盤「丁」

【意味】
火が勢いよく、美しく燃え盛っている様子。高い頭脳で成功を勝ち取っていくでしょう。ただし、火は単独では燃えません。燃料があってこそ燃え盛ることができます。周囲の協力がなければ、あなたがどんなに賢くても成功するのは難しいということを忘れずに。目的に合った人たちとつき合い、上手に力を借りましょう。

【仕事】
頭脳がさえわたる方位ですから、成功するための方法を一瞬にしてひらめくでしょう。交渉事に関しても、クライアントの狙いや立場を瞬間的に察知し、かゆいところに手が届くような提案をすることで、契約を勝ち取るのです。上司や同僚や部下への態度も巧みに使い分けられるため、昇進、昇給、栄転には持ってこいの方位。

【恋愛】
スタンダードな恋愛でも効果は抜群ですが、なぜか背徳的な恋に心を動かされるようになるはず。禁断の恋に足を踏み入れる可能性もあるでしょう。ただし短期間の関係になりやすく、二股、三股も平気でしてしまうかも。このように恋のおいしいところだけを堪能しようという意識が強まり、実際にそれができてしまう方位です。

【金運】
賢く儲けられそう。発明や特許で巨額の富を独占することも可能です。投資でも相場をうまく見極め、大きな利益を手にするでしょう。ただ、ギャンブルなどリスキーな分野に手を出すと結果的にお金を無駄にし、手痛い勉強料を払う場面も。大学教授、文筆業、医師などの自由業で幸運がさらに加速します。

吉

守火有炉
しゅかゆうろ

人間関係の機微を見抜き、上手に世を渡る

天盤「丁」×地盤「戊」

【意味】
いろりのなかで、程良く火が燃えている様子。火は燃えすぎると火事になって害を及ぼし、弱すぎてもすぐに消えて使い物になりません。ほどほどの火力で燃えてこそ、煮炊きする役目を果たすのです。知恵や才能が人の役に立つということを意味しています。人気が上がり、世渡り上手になるでしょう。

【仕事】
明敏な処理によって、どのような問題にも対応できるでしょう。自分の役割を的確に理解し、決して出しゃばった真似をせず、目的を達成するはず。そのような態度により上司からも可愛がられ、栄転への道を邁進することになるのです。自営業の人も高望みせず、自分の持ち場で着実に業績を伸ばせる方位となります。

【恋愛】
どんな相手にも調子を合わせられるようになります。自己主張を抑え、聞き役に回るようになるため、相手は気分を良くし、恋愛感情を芽生えさせるでしょう。真面目な恋愛にも、一夜限りの恋にも対応できる方位です。女性は「男性運が悪いかも？」と思いきや、最高の恋人と出会い、結婚につながる可能性があります。

【金運】
頭脳と要領の良さを最大限に発揮できる方位。相手が望むものを瞬時に把握し、提供する能力が備わります。外交手腕も上がり、着実に利益を出せるでしょう。ギャンブルでも大勝負に出るようなことはせず、絶妙なバランス感覚により、トータルでプラスに持っていけそう。周囲の人を楽しませつつ、ちゃっかり大儲けすることも。

星堕零落
せいだれいらく
スキャンダラスな方位。愛欲に負けない自制心を

天盤「丁」×地盤「己」

【意味】

泥をかけられて火が消えてしまうイメージ。この「泥」とは「色事」、つまり異性問題で苦しい立場に追い込まれるという意味を持ちます。この方位は別名「色ボケの方位」とも呼ばれ、誘惑に弱くなり、性欲が理性に勝ることで、正しい判断ができなくなってしまうのです。異性とのスキャンダル抜きには語れない方位。

【仕事】

異性と接することで仕事を忘れてしまう方位です。職場や得意先の異性とみだらな関係を持ち、スキャンダルに発展するでしょう。左遷ならまだ被害が軽いほうで、懲戒処分を受ける可能性も。男性は酔って痴漢行為に及び、警察沙汰になる暗示もあります。性衝動をコントロールできなければ破滅が待っています。

【恋愛】

愛欲に悩まされることになります。恋人だけでは満足できなくなり、肉体関係のためだけの相手をつくる可能性も。不倫に溺れて将来を台無しにすることも、この方位の典型的な凶作用です。自分では正しい恋だと信じきってしまうため、異性関係が泥沼化するのです。痴漢、強姦などといった性被害にも遭いやすくなります。

【金運】

色事が災いし、予期せぬ大金を失います。浮気が露呈し、慰謝料を請求されることもあるでしょう。男性はお金目的で近づいてきた女性に貢いでしまうかもしれません。女性も好きな男性から借金を頼まれ、自分の貯金通帳を渡してしまったり、会社のお金に手をつけてしまったりする暗示もありますから、油断は禁物です。

鍛冶錬金
かじれんきん
天才級のマネーテクが光る錬金術師に

天盤「丁」×地盤「庚」

【意味】

鉄の塊を火で溶かし、有用な刀に変えるイメージです。改革や改良をして現状を刷新する意味があります。文書の作成、人材育成にも抜群の効果を発揮します。この方位で旅行すると、最初はちょっとした試練で苦しむかもしれません。自分を鍛える方位だからです。人に尽くした後に幸運がやってくるのが特徴となります。

【仕事】

古い習慣を打破し、時代にマッチするよう社内改善をしていくときに最適な方位。新時代の先駆者として大いに評価されるでしょう。低迷していた商品をヒットさせるためのアイデアが浮かんだり、新しい得意先が増えたりするのもこの方位の作用。教育的な仕事に携われば、水を得た魚のように運勢が飛躍的に伸びていきます。

【恋愛】

女性が使えば「あげまん」と呼ばれるようになるでしょう。恋人や夫の能力を磨き、一流の人物に育て上げるからです。男性なら平凡な人を洗練された女性に変身させることもできます。性のよろこびを教える方位でもあり、相手から愛されて関係は発展するでしょう。結婚へとつながれば、安定した生活を送っていけるはず。

【金運】

金運に対する賢さが天才級になります。まさに錬金術師としての才能が備わり、「まさか」というものを商品に仕立てるような、抜群のアイデアが湧いてきます。アイデア商品で財産を築くのも夢ではありません。資金を上手に運用し、大金へと変換させる場合もあります。周囲の人を教育し、そこから利益を得るケースも。

火炎珠玉
大切に培ってきたものの崩壊を招く

凶

天盤「丁」× 地盤「辛」

【意味】
貴重な宝石を炎で焼いて壊してしまうイメージです。人から迷惑をかけられたり、無理難題を押しつけられたりして、チャンスを逃すでしょう。あるいは自分の軽率な行動で周囲を傷つけてしまったり、長年の友情関係が口論で壊れたりする可能性も。いずれにしても取り返しのつかないことをして、将来の可能性を失います。

【仕事】
愚かな行為で職場での地位や名誉を失ってしまうでしょう。降格や左遷の処分を甘んじて受ける事態に陥ることも。あるいは部下のミスによって引責処分を受け、これまで積み重ねた努力や実績が一瞬で水の泡となり、地位を追われるケースもあります。人の良さから失態を招くことが多いので、用心深く行動しましょう。

【恋愛】
失恋の方位です。大事に温めてきた恋が一瞬にして崩壊することになるでしょう。うっかり口にした過去の恋愛話が相手の心を冷めさせる場合もあるので、口は慎んで。理想の相手と出会っても、やはり失言により関係に溝が。女性の場合は酔ったはずみで好きでもない男性と深い関係を結びやすくなる方位なので、お酒に注意。

【金運】
詐欺や泥棒による損害もあり得る方位です。お金を貸せば二度と戻ってくることはないでしょう。ローンの返済に苦しむことになるかもしれません。金銭トラブルが暗示されているので、友人であってもお金の貸し借りは厳禁です。他人の保証人になることも絶対に避けてください。この2つを守れば最悪の事態は免れます。

大地不毛
頑固さが仇となり、あらゆるチャンスを失う

凶

天盤「戊」× 地盤「甲」

【意味】
植物がまったく育たない、荒涼とした大地のイメージです。努力も苦労も実らず、すべてが徒労に終わってしまいそう。無理や成果を急ぐと、岩に杭を打ち込まれ、岩盤が割れるような苦しみを体験する方位です。柔軟性が欠如しているためチャンスを逃しやすく、無駄な努力が不運の原因となってしまいます。

【仕事】
成功からはかけ離れ、徒労に終わってしまう暗示。頑固さと執着がすべての原因です。柔軟性が失われ、自分の考えに固執することで失敗を繰り返すのです。自分から職場を放棄することもあるでしょう。勉強も堂々巡りばかりではかどりません。がんばっても成績が上がらないので嫌気が差し、自暴自棄になる可能性も。

【恋愛】
DVなど相手から暴力を振るわれる危険があります。好きな相手からは嫌われ、嫌いな相手からはストーカー的な被害を受けることもあるでしょう。出会いがあっても適切な対応ができず、恋愛へ発展していきません。女性は一度の失敗に心が折れますが、気持ちを切り替えて柔軟に新しい恋に臨めるかどうかが重要となります。

【金運】
儲けられません。やみくもに働いて健康を害するのがオチです。損失を挽回しようとして、逆に損を大きくすることもあります。その結果、家などの不動産を手放すことにもなりかねません。ギャンブルでも全滅してしまいそうです。人間関係においても頑固さから孤立してしまい、有益な情報が入ってくることは期待できません。

吉

巨岩梅花
きょがんばいか

千載一遇のチャンスが到来し、我が世の春を謳歌

天盤「戊」× 地盤「乙」

【意味】
殺風景な岩山に梅の花が咲き誇っているイメージです。人生が一変するような、極めて珍しい僥倖運に恵まれるでしょう。苦労の連続だった人にも、ある日突然幸運が舞い込みそう。チャンスは必ず到来するので、それに備えておくことが幸運を活かす鉄則です。努力を怠っている人がこの方位を使っても効果は期待できません。

【仕事】
千載一遇のチャンスが到来するでしょう。信じられないような仕事が舞い込み、トントン拍子で成功へと結びつき、一気に知名度が上がることも。筆者は不遇時代にこの方位を使ったところ、出版やイベントの話がきて急に未来が拓け、どこまで続くのかわからなかった暗いトンネルを抜け出したような経験をしています。

【恋愛】
この方位を使うと、不思議と恋愛運から開運してスタートして驚かされるでしょう。良き理解者が現れ、たちまち恋が成就します。相手は美男美女であることも、この方位の成せる業。恋によって生活が明るくなり、いきいきと暮らせるようになるはずです。心優しいパートナーに励まされながら努力を続けていけます。

【金運】
予期せぬ大金を獲得する方位です。収入が倍増するような話が持ち上がるかも。生活が潤い始め、我が世の春を謳歌できるでしょう。セミナーや講演会に積極的に参加すると、そこで大物と目されている人物と知り合って感銘を受け、それが金運の好転につながる可能性も。宝くじなどのギャンブルで当選するかもしれません。

大吉

日昇照山
にっしょうしょうざん

人の幸運にあやかり、少しずつ運が勢いを増す

天盤「戊」× 地盤「丙」

【意味】
山々が朝日で徐々に赤く染まっていくように、次第に勢力を盛り上げていくイメージです。最初はそれほどでもないのに、だんだんと吉に向かっていく末広がりの方位です。周囲の成功にあやかって、自分も幸運を得るという意味もあります。この方位は試験においても効果を発揮し、要領の良さと勘によって合格へと導きます。

【仕事】
有益な人脈をつくり、成功者と手を組んで要領良く仕事を進めていけるはずです。あるいは、力ある人とのコネクションを巧みに使う場合もあるかもしれません。仕事は発展し、昇進・昇給するでしょう。地位の高い人にはごまをすり、そうでない人には横柄な態度をとるようになりがちですが、仕事や金運はうまくいきます。

【恋愛】
女性は男性の目を引くようなファッションを身にまとい、集まってきたなかから理想の1人とつき合うことになるでしょう。男性も女性を惹きつけられます。ただ、遊びから恋がスタートするので、最初のうちは相手から信用されないことも。また、あまりにも裏表のある態度が見え隠れすると、嫌われてしまう可能性があります。

【金運】
お金儲けに対する勘に目覚める方位です。財を築いた人の方法を研究し、柳の下のどじょうのような儲け方をすることができるでしょう。着々と収入が増え、それを資金にさらなる蓄財に励むようになります。ただし、ギャンブルでは効果が出ません。大きく勝った人を手本にして勝負に出ても、思ったほど儲からないでしょう。

火焼赤壁
（かしょうせきへき）

吉

天才的な要領の良さで絶体絶命のピンチを打開

天盤「戊」× 地盤「丁」

【意味】
三国志の赤壁の戦いに由来する、少ない兵力で多数の敵を打ち負かす方位です。要領の良さと知恵が噛み合い、難関を突破できるでしょう。天才的な要領の良さが備わり、不可能を可能にしていきますが、それを信頼に結びつけていけるかが鍵となります。成功に油断せず、真の実力を備えるための継続的な努力が必要です。

【仕事】
絶体絶命のピンチから一転、成功に導いていけるでしょう。その業績を買われ、昇給・昇進など、地位を固められるはずです。自営業者は大型店舗などのライバルが現れたとしても、ゲリラ的なアイデアで成功できます。裏工作も功を奏します。脚本家や解説者、司会者といった、臨機応変さが要求される仕事でも成果が出ます。

【恋愛】
略奪愛に効果を発揮するでしょう。あなたの魅力を相手にうまく伝えられるようになります。ただし効果は一時的なもの。本当の恋の勝利ではなく仮の勝利なので、フォローが大切になってきます。あまり八方美人な態度を取っていると、軽薄な人間とみなされ、相手が離れていくかも。相手との信頼関係を育むことを大切に。

【金運】
わずかな資金を何百倍にも増やすことができます。投資や投機、ギャンブルだけでなく、芸術や小説などでひと山当てられる可能性も。ネットなどを駆使して稼ぐ方法も有効です。短期間で効果が出やすい反面、効果が長続きしないのもこの方位の特徴です。タイミングをよく見極めて、ここぞというときに使って儲けるのが吉。

伏吟連峰
（ふくぎんれんぼう）

凶

頑固で排他的になり、嫉妬や妄想に苦しむ

天盤「戊」× 地盤「戊」

【意味】
山々に囲まれ、実力が認められないだけでなく、八方塞がりになって身動きが取れない意味が込められている方位です。周囲から孤立し、やがて頑固になったり、すねたりしてしまいそう。周囲とのつき合いを拒絶するものの、内心は誘われないことに憎しみを抱き、最終的に、まわりの人たちに対して僻んでしまうかもしれません。

【仕事】
残念ながら成功の見込みはまったくありません。内外に邪魔をされ、進むことも引くこともできない状況に追い込まれるでしょう。自営業者も偏屈さが出て、クライアントから見放されることになります。頑固で排他的な行動を取るようになるので、社会的成功からは離れますが、1人でできる研究分野では成果を出せるかも。

【恋愛】
独占欲が強まり、相手の自由を束縛したくなる方位です。嫉妬と妄想に苦しむでしょう。常に相手の浮気を疑い、あるいは過去の恋愛に嫉妬します。しつこく聞き出しては怒り出すので、相手を辟易させてしまうでしょう。こうなると恋愛が崩壊するのは時間の問題。ケチケチしたデートも、愛想を尽かされる原因に。

【金運】
ケチになります。出費を切り詰め、貯蓄に専念するでしょう。自分を高めるための勉強などへの出費も惜しくなるほどです。冠婚葬祭すら仮病を使って出費を抑えようとするはずです。交際範囲が狭まるため出費は減りますが、収入も頭打ちとなります。治療費を惜しんで病院に行かないと、気づいたときには手遅れになることも。

物以類集（ぶついるいじゅう）【凶】

愚かな仲間に足を引っ張られて運気が低迷する

天盤「戊」× 地盤「己」

【意味】
岩石と泥が混じりあうように、似たような愚か者たちが集まり、発展性もモチベーションも失われるという意味を持つ方位。怠け心が起きてひたすら楽を求めるようになります。そんな自堕落な生活に慣れるとなかなか抜け出せなくなってしまいます。たとえチャンスを得ても必ず足を引っ張られ、運勢が上昇しない暗示です。

【仕事】
仕事に対する情熱もやる気も失い、無気力になります。上司も同僚も愚かなことに一生懸命な異星人のように見え、理解できなくなります。そして、自分には別に適職があるのではないかと錯覚に陥って出社を拒否し、そのまま退職へ向かう作用も。しかし実際は有能な人たちがくだらない人々に見えているにすぎません。

【恋愛】
理想からかけ離れた相手とばかり出会うようになったと感じるかも。相手を軽蔑しながらも、ほかに良い相手が見つからないという理由でだらだらと交際を続けるようになります。あるいはパートナーを蔑むことによろこびを感じるようになる場合も。女性は愛してもいない男性に時間と労力を費やすことになりそう。

【金運】
浪費をしたかと思うとケチになるという繰り返しです。女性は広告につられて洋服やコスメ、健康器具などに散財する傾向が。男性も不要なものを買ったり、夜のお店にお金をばら撒いたりしがち。後になって悔やみ、食費などを削りますが、またしても浪費したくなってしまいます。その結果、貯金は目減りする一方に。

助鬼傷身（じょきしょうしん）【凶】

エゴにまみれた不正で転落する暗示

天盤「戊」× 地盤「庚」

【意味】
自分の身を傷つけて鬼を助けるという意味です。不正を働く気持ちが芽生え、自分の将来を崩壊させかねない事態に陥るでしょう。うまくいったとしても後で失敗し、何ひとつ成功することはありません。この方位を使ったらむしろ何もしないほうが安全です。他人を貶めることによろこびを感じ、人間関係も崩壊していきます。

【仕事】
「自分なら成功するかも」と錯覚し、立場を失うような危険な仕事に手を出しそう。しかし実際には最悪の事態を迎えることになるでしょう。汚い手を使っていたことが途中で発覚し、信用を失います。責任を取らされて懲戒処分になるかも。人を押しのけてでも成功したいという欲望に負けると、転落の一途をたどることに。

【恋愛】
愛するという心が失われ、羊の皮を被った狼のように、相手の肉体だけを貪るため悪だくみをするように。警察沙汰になるケースも考えられます。女性は自分の肉体を使って男性からお金をもぎ取ろうとする方位です。恋愛関係は暴力によって終わりを迎えます。家庭でも口論や暴力が耐えなくなり、夫婦の関係が冷え切りそう。

【金運】
汚職など不正行為をしでかす方位です。出来心で万引きなどの犯罪行為に手を出すリスクもあります。多額の賠償金を払わされることになるでしょう。ギャンブルもことごとく失敗し、借金だけが残りそう。ノミ行為を素晴らしいアイデアのように勘違いしますが、すべて凶。試験でも不正行為から不合格になりそう。

凶 反吟漏気
はんぎんろうき
すべてが凶と出て空回りする自滅の方位

天盤「戊」× 地盤「辛」

【意味】
大切なものが穴からこぼれ落ちていくイメージです。無駄な行動が多く空回りしがちで、苦労ばかりに。何をやっても失敗の連続となり、災いだけがやってくるのです。実力が伴わないまま理想に向かって突っ走り、自滅する方位。無鉄砲な行動をあたかも自由な生き方だと勘違いし、混乱状態をつくり出してしまいそうです。

【仕事】
自信喪失するでしょう。対人恐怖症となって仕事どころではありません。段取りも悪く、用事を装って外出してはカフェで休憩するなど、気ままな仕事ぶりからポストを外される可能性も。また、体力が低下し、病気にかかりやすくなるため出勤そのものが難しくなりそう。精神的に不安定になり過食症や拒食症のリスクもあり。

【恋愛】
依存心が強くなります。恋愛をしているのか、ただ甘えているのか、その境界線が曖昧になるのです。現実逃避のために恋愛を利用するケースもあるでしょう。しかし、遊びの恋は不幸の始まりと思って間違いありません。つき合うなら腰を据えるべき。女性の場合は結婚を焦るようになり、合わない人と結ばれて後悔するかも。

【金運】
やすやすと詐欺的な勧誘に乗ってしまうなど、お金に関して理路整然と考えることが難しくなる方位です。振り込め詐欺の被害に遭うことも十分に考えられます。たちまち生活に困窮するほどお金に困る方位です。投資、投機、ギャンブル全般、すべて凶。何もせずにじっとしていることだけが、なんとか現状を維持する道です。

吉 山青清水
さんせいせいすい
清らかな渓流のように難題を速やかに解決

天盤「戊」× 地盤「壬」

【意味】
青々とした美しい山に清らかな渓流が流れていくイメージです。ポイントを押さえた要領の良さと知恵により、すべてが思うように進んでいくでしょう。難題を速やかに解決していく方位として非常に有効です。勉強に使えば苦手科目を簡単に克服し、成績が驚異的に上昇します。試験という勝負でも強さを発揮するでしょう。

【仕事】
どんな仕事でもスピーディーにクリアしていけるでしょう。あなたの手腕への高い評価は職場内にとどまらず、得意先やクライアントにも広まるはず。実力を買われ、有利な条件で転職を進められる可能性も。自営業者も仕事を拡大するチャンスが必ず訪れます。パーティーなどで生まれた人間関係が仕事に結びつきそうです。

【恋愛】
素敵な相手と濃密な愛の時間を過ごせます。快楽を知り、愛がより深まるでしょう。運命的な出会いも告げられています。恋愛が仕事運や金運を開くきっかけにもなるのです。女性は仕事での成功を果たしつつ華やかな恋愛をし、最後は堅実な男性と結ばれるでしょう。運命の転落は虚栄心から始まることを覚えておいて。

【金運】
着々とお金が貯まる方位です。複数の収入減を模索することに適しており、サイドビジネスがヒットする可能性も濃厚。ギャンブルに対する勘もさえわたるので、勝負に出るのも悪くないでしょう。しかし実力を過信して見栄を張ると、無駄な投資で大損害を負います。実力が伴わない挑戦は必ず失敗するのでやめておくのが吉。

凶 岩盤浸食
がんばんしんしょく
不正やミスで成功への道が閉ざされる

天盤「戊」× 地盤「癸」

【意味】
頑丈な岩が、雨水や海水で削られていくイメージです。「身から出た錆」を地で行く方位で、内面の悪さが滲み出て立場を揺るがすことになりかねません。不幸の始まりとなる出来事が発生し、確実にうまくいくと思われていたことでも、予想外の失敗に終わることが暗示されます。慎重さと自制心を持って過ごしましょう。

【仕事】
成功間違いなしとされていた仕事でミスをするかも。あるいは、仕事上の軽いミスが大問題へと発展し、将来への道が閉ざされてしまうこともあります。一度失敗すると立ち直れず、再起不能となるかも。仕事で無理が続くと持病が再発するなどして倒れてしまいますが、適切な治療を受けられないこともある方位です。

【恋愛】
あなたが隠していたことが発覚し、相手が去っていく暗示です。過去の浮気だけではなく、数々の秘密が明るみに出て相手から不信を買うでしょう。あるいは禁断の恋が明るみに出て、恋の逃避行をすることになるケースも。女性は別れた男性から嫌がらせを受ける可能性もあります。つき合う相手は慎重に選びましょう。

【金運】
隠していた不正が発覚し、それを償う事態になるでしょう。また、家族の病気の治療費に莫大なお金がかかったり、家の修理代、税金、慶弔費などの出費が増えたりし、蓄えが減っていきます。旧友から借金の申し込みや保証人の依頼があるなど迷惑をかけられる暗示も。この方位を使うとなぜか断れず承諾してしまいます。

凶 腐根落芽
ふこんらくが
身も心も堕落し、凶を招き寄せる

天盤「己」× 地盤「甲」

【意味】
木の根が腐っているせいで芽が出ず、花も咲かないために収穫が絶望的であるという意味です。どんなにがんばっても成果は期待できません。堕落した生活も暗示され、それが凶を招き寄せます。自分と同じように乱れた生活をした人ばかりが集まり、その場限りの享楽にうつつを抜かしてお互いの足を引っ張り合います。

【仕事】
努力しても実らず、すべては不首尾に終わりそう。実力者と縁を結んで自分も成功したいと期待しても、相手にされることはなさそうです。取引先との癒着を疑われて転属となるケースもあります。自営業者も、期待はすべて空振りに終わるでしょう。将来性のない人物と接すると仕事運が停滞するので、要注意です。

【恋愛】
最初から遊びだと割り切ればそれなりに楽しめるかもしれません。女性は玉の輿的な男性が現れて夢中になりますが、相手が真剣になることは残念ながらなさそう。外見や経歴だけで男性を選ぶと必ず失敗します。真面目になったら悲惨な未来が待っている方位。心を許してはいけないし、高価なプレゼントを贈るのも厳禁。

【金運】
接待費にお金が出ていきます。しかし仕事が成立することはなく、無駄な出費に終わってしまうでしょう。たとえ会社の経費だとしても、かなりの額の持ち出しとなることを覚悟して。連鎖倒産の危険も考えられます。投資セミナーで知り合った異性と遊びの恋愛関係になり、お金儲けどころか余計なお金を使ってしまうことも。

蜜意甘草
みついかんぞう

大吉

理想の恋人と巡り会い、幸せに満たされる

天盤「己」×地盤「乙」

【意味】
漢方薬となる甘草が茂っているイメージです。己儀は求情を、乙奇は安定を司ります。この2つの配合は、男女間のよろこびを意味します。また、天の時と地の利が濃密に結ばれることから、「大成の方位」とされているのです。異性を大切にすることで恋愛・結婚運はもちろん、仕事運も金運も好転していくでしょう。

【仕事】
取引先やクライアント、お客さんとの信頼関係により、予想を遥かに超える成功が約束されるでしょう。職場の空気も良く、まるで家族のような雰囲気で、意欲的に仕事に取り組めそうです。特に男女とも、飲食関係や衣料関係の仕事がおすすめ。友だちや知り合いから紹介された相手がお得意様となる可能性もあります。

【恋愛】
恋愛が重要な位置を占めている方位です。品の良い色香が備わるために、恋の相手には不自由しないでしょう。理想の相手と巡り合い、親密な関係に発展していきます。精神面と肉体面、どちらも快く満たしてくれる、大変貴重な方位です。女性は愛する男性と結ばれ、周囲から羨ましがられるような幸せな家庭を築くでしょう。

【金運】
収入が順調に増えていきます。必要なことには惜しみなく出費しますが、それ以上の収入が舞い込むでしょう。高級品などの贈り物をいただく可能性も考えられます。お金にガツガツしなくても自然とリッチになっていく方位です。ただ、闘志よりも協調関係を強める作用があるため、ギャンブルに使っても効果はありません。

落陽根蓋
らくようこんがい

凶

周囲からの妨害で損失を被る魔の方位

天盤「己」×地盤「丙」

【意味】
太陽が泥の蓋で閉ざされ、光も熱も失われるイメージです。太陽とは男性の象徴で、太陽の力が逆に作用する意味であることから、女性が男性に騙されるなどの被害が暗示されています。さらに同性から妨害され、迷惑をかけられるなどのケースもあります。同性の友人の借金の肩代わりや、パートナーを奪われる事態に注意。

【仕事】
邪魔や横やりが入り、仕事が停滞します。多くはライバルの妨害によるものです。根も葉もないうわさや中傷から降格や左遷などの憂き目に遭う場合も。職場の人間のなかに悪い考えを持った人がいそう。実例として、この方位に引っ越したため対立派閥からパワハラの嫌疑をかけられ、海外に3年間左遷された男性がいました。

【恋愛】
特に女性にとっては魔の方位です。男性に騙されて身も心も弄ばれ、挙句の果てに金銭を渡してしまうなど、悲惨な出来事が起こり得ます。男性に対して厳しい目を持つようにしましょう。男性も他人事ではなく、美人局などの被害を受けたり、不倫がバレて相手の夫から多額の慰謝料を請求されたりします。

【金運】
うまい話に乗せられ、莫大な出費をすることになりそう。実例として、同僚の勧めで投資用マンションのオーナーになったものの、一向に借り手がつかずに大きな損失を出した人がいました。相手の話を全面的に信用する限り、人生の歯車が好転することはないでしょう。いかがわしい店で大金を巻き上げられることも。

朱雀入墓
色事に溺れて人生が行き詰まる暗示

天盤「己」×地盤「丁」

【意味】
美しい鳥が泥まみれになってしまうイメージの方位で、知性や頭脳が濁ることを意味しています。契約上のミスや、訴訟などの争いごとが勃発しそう。諸悪の根源は異性関係にあります。色事のために頭の回転が鈍くなり、そのために思わぬ失敗が発生します。この方位を使ったら異性には近寄らず、何らかの契約事には慎重に。

【仕事】
例えば異性に良いところを見せようとして、ろくに内容を確認せず危険な契約書にサインしたりするなど、色事によるミスが多発します。あるいはデートの約束に気を取られ、重要な判を押し間違える可能性も。上司に叱責される程度ならまだしも、責任を問われて減給、降格、配置換えになることも大いにあり得るでしょう。

【恋愛】
あばたもえくぼに見える方位。普段は見向きもしないような相手に恋し、大切なパートナーと別れるようなことになるでしょう。相手の肉体に溺れ、正常な判断能力を失います。愛人問題や不倫騒動で家庭崩壊の危機にさらされることも暗示されます。この方位を使うと、離婚届にサインする危険性が極めて高くなります。

【金運】
この方位を使うと、たちの悪い異性に夢中になり、頼られるままにお金を貸し与えてしまうでしょう。相手はあなたの前から姿を消し、もちろんお金も返ってきません。美男美女のセールストークに乗せられて不要な高額商品を購入することも。ギャンブルでも見栄を張って大勝負に出ますが、巨額の損失が暗示されています。

青竜降臨
仲間の支えによって成功が連鎖する

天盤「己」×地盤「戊」

【意味】
力強い仲間が現れることを表しています。陰陽五行説では己儀も戊儀も同じ「土行」ですが、己は柔らかい土（陰）、戊は固い土（陽）という違いがあります。ここから性質の異なる同類が協力し合うという意味になるのです。仲間という存在が重要な鍵を握ります。仲間とのつながりを大切にしてください。

【仕事】
同僚や異性の協力や励ましを得て、思いどおりにプランが進みそう。大成功に至らないまでも、そこそこうまくいき、その信頼関係から次の成功が生まれるでしょう。仕事上のライバルから良い刺激を受け、大きな成果を出すことも。しかし共同経営はおすすめしません。仲間はあくまでもアドバイザーとして頼るのが正解。

【恋愛】
この方位を使うと相手への好意に改めて気づくため、友人関係から恋が芽生えやすくなります。男女ともにクラスメイトや同僚と恋愛し、結婚へと発展します。友だちから相手を紹介されて恋が成立するケースも。ただし、友だちの恋人を好きになり、深い関係になる場合があることも、頭に入れておく必要があります。

【金運】
ピンチに陥っても切り抜けられます。困ったときに資金を提供してくれる人が現れるでしょう。友だちや異性を頼ると力を貸してくれるので、神様のように感じられるはずです。一方、株式投資やギャンブル面では勝ち目のない方位。手を出すと手痛い損失が待っています。一獲千金を狙うのではなく、仕事で信頼を積み重ねて。

凶

伏吟泥濘
ふく ぎん でい ねい

異性関係に翻弄され、ぬかるみにはまる

天盤「己」× 地盤「己」

【意味】
泥に泥が重なり、ぬかるみができているイメージです。特に異性関係に溺れ、集中力が欠如。あらゆる面で悪さが出る方位です。頭のなかは色事でいっぱいになり、精神的に軟弱になります。また、肉体的に病弱になる可能性もあります。皮膚病、抜け毛、化膿などの暗示も。女性は望まない妊娠や感染症にも注意しましょう。

【仕事】
この方位を使うと、仕事中も異性のことが気にかかり、メッセージの送受信を繰り返したり、何度も電話をしたりして、恋愛モードから切り替えられません。仕事が手につかず、必然的にミスを連発し、遅刻や欠勤をするなど怠慢な態度も目立つようになります。同僚や部下、上司との情事にふけることも考えられます。

【恋愛】
好きな相手ならいざ知らず、誰でも良いから肌を寄せ合っていないと不安に駆られるように。一種の禁断症状に追い込まれたようなものです。不特定多数の異性と関係を持てるのは自分が魅力的だからだと勘違いし、それを吹聴したくなります。女性は結婚と恋愛とを切り離して考えるようにしないと、後悔するでしょう。

【金運】
異性のための出費が家計を圧迫する暗示です。男性はナイトワークの女性との食事やホテル代、プレゼント代などでたちまち貯金が底をついてしまうかも。女性もホストクラブに入り浸ったり、タレントの推し活などに力を入れすぎたりして、お金を使い果たす場合も。ギャンブルでも負けを繰り返し、深みにはまっていきそう。

凶

反転刑格
はん てん けい かく

色情に伴うダメージを負う、破壊的方位

天盤「己」× 地盤「庚」

【意味】
泥に埋まった鋼鉄が腐っていくイメージです。この方位は色情に伴う事件を引き起こす破壊作用がとても強いことを覚えておきましょう。色事によって迷惑をかけられる暗示があります。それが原因で運勢が狂ってしまうでしょう。また、異性を敵に回すと失敗します。人生の重大な局面で異性による妨害に遭うかもしれません。

【仕事】
セクハラ行為の責任を負わされるかもしれません。自分では軽い冗談のつもりが、大きな事件に発展する可能性があります。その噂は取引先にまで及び、築き上げてきた信用が台無しになります。あるいは性的犯罪の嫌疑をかけられ、職場を追われることもあり得ます。女性も悪い噂を流され、八方塞がりになることもあります。

【恋愛】
パートナーとの大ゲンカが示唆されています。過去の恋人から訴えられ、裁判沙汰になる場合も。新たに出会う相手は何か大きな爆弾を抱えている可能性があります。近づくと不愉快なことに巻き込まれるのは必至。この方位を使った場合、相手に貢ぐことなく、メールなどの証拠を残さないことが、凶作用を軽減するポイント。

【金運】
一時の遊びに高い代償がつくことになります。多少の金額を請求されるならまだ凶作用が軽い方です。男性なら女性から性被害を訴えられ、多額の裁判費用がかかるかもしれません。女性も不倫相手の妻から高額な慰謝料を請求される可能性もあります。収入の道を閉ざされ、夜逃げ寸前にまで追い詰められる危険も。

湿泥汚玉
しつでいおぎょく
異性問題がすべてを汚す、破滅を呼ぶ方位

天盤「己」×地盤「辛」

【意味】
宝石が泥だらけになって価値が失われるイメージです。特に女性にとっては悪い方位で、異性問題で汚される意味があります。さらに信用や名誉を傷つけられるほか、勘の狂いが失敗につながる暗示もあります。恋愛、仕事、金運の全般に色事が悪い影響を与えますが、異性関係に注意していれば凶作用は多少軽くなるでしょう。

【仕事】
異性問題で重大な処分を受け、将来を狂わせてしまう方位です。会社の名誉を汚したり、評判を失墜させるほどの失敗をしたりしてしまうでしょう。責任問題に発展することは必至で、その陰に異性問題の恨みが隠されていることは間違いありません。寝物語で異性にうっかり話した一言から、致命的な問題が起こることも。

【恋愛】
女性にとって最悪の方位といえます。危険なフェロモンを発して一時の享楽に溺れたくなり、その結果、人間関係を壊してしまうのです。あなたについての悪いうわさが瞬く間に伝播し、立ち直れないほどのダメージを受けることも。男性も悪巧みする女性に手玉に取られ、恋人と別れるか、妻と離婚することになるでしょう。

【金運】
読みが外れ、儲かるはずが大損害に終わります。その原因に異性問題があることは明らかです。ギャンブルは当たらないどころかかすりもしません。女性は男性と組んでサイドビジネスで大儲けを狙いたくなりますが、相手の男性にすべて巻き上げられる可能性もあります。色と欲がすべて裏目に出る方位です。

反吟濁水
はんぎんだくすい
異性に騙され、思い違いから人生が急降下

天盤「己」×地盤「壬」

【意味】
泥が清らかな水を濁すイメージです。泥とは己儀であり、己儀は求情を司ることから、異性に騙されるという意味になります。わずかな泥でも水を濁す素質を十分持っているように、些細な誤解が人生を暗転させてしまうことを忘れてはいけません。そのほか、思い違いによる大失敗も、この方位から引き起こされる凶作用です。

【仕事】
思い込みや勘違いによるミスが暗示されます。何事も自分に都合良く解釈しがちなのが、この方位の恐ろしいところ。ミスをしても相手は笑顔で対応してくれるかもしれませんが、決してあなたを許してはいません。甘えた態度でいると手痛い目に遭います。取引先の社員と肉体関係を持ち、それが露見することもあり得ます。

【恋愛】
女性にとっては男性に騙される方位です。独身だと思ってつき合った男性が既婚者だったり、セールスマンに恋をして高額な商品を買わされたりすることも。男性も同様に、女性に騙され、巨額の支払いをしてしまうなどの被害が予想されます。「騙されても良いから美しい夢を見たい」という気持ちになってしまうのです。

【金運】
ドブにお金を捨てるような事態が生じます。騙されて愚かな投資をし、破滅するほどの損害に膨らむ可能性があります。特に昔の仲間が持ってきた儲け話には、乗らないようにしてください。不用意に金融会社からお金を借りると利子がかさみ、大変なことになります。ギャンブルにお金をつぎ込むと家庭崩壊に至る可能性が大。

大凶

地刑玄武
ちけいげんぶ
諦めきれない頑固さが仇となって泥沼に

天盤「己」× 地盤「癸」

【意味】

泥水に雨が降り注ぐイメージ。今まで良好だったことが一転して悪化するでしょう。そして悪かったことはさらに悪くなってしまいます。精神的にも絶望し、自暴自棄になる方位です。病気の人がこの方位を使うと病状が悪化し、健康な人も体調を崩します。諦めの悪さから人生が行き詰まりますから、臨機応変な対応を意識して。

【仕事】

業績が低迷するでしょう。がんばっても事態は悪化する一方で、モチベーションは著しく低下し、夜な夜な遊んでストレスを解消することに。あるいは仕事上のミスやトラブルに対して責任を取らされて減給、降格、左遷といった事態になる可能性も覚悟しましょう。自営業者も仕事が激減し、廃業へと追い込まれるかも。

【恋愛】

不幸な出来事が連続して起こります。相手からバカにされているのに、それでも縋りつこうとする自分に嫌気が差すでしょう。あるいは、出会いがあっても恋愛する気力が起きない場合も。セックスへの情熱が消え、相手の悪さばかりが目につくようになるからです。男女ともに恋人や配偶者に去られる危険が高まる方位です。

【金運】

財布に穴が開いているかのようにお金が出ていきます。それに対して収入は増えるどころか半減以下です。追い打ちをかけるように病気の治療費などがかさみます。何もかもが嫌になり、ギャンブルで一儲けしようという気持ちにさえならないところが不幸中の幸いといったところ。勝負すれば確実に大敗北してしまいます。

凶

太白逢星
たいはくほうせい
状況は乱れ、行動するほど悪さがしつこくつきまとう

天盤「庚」× 地盤「乙」

【意味】

凶星がギラギラと輝いているイメージです。物事が乱れ、病気や怪我が多発し、家庭は不和になりやすいでしょう。しかしこれは行動することで凶星に遭うということですから、行いを慎めば悪さは出ません。腕の悪い医師にかかる危険もあるので、気になることがある場合はセカンドオピニオンを受けることをおすすめします。

【仕事】

新しいプロジェクトは失敗に終わります。内部分裂するか、途中から予想もしなかった障害が出て撤退するしかなくなるからです。その失敗について上司から厳しく叱責され責任を追及されるでしょう。嫌な上司や同僚と一緒に仕事をしなければいけなくなることも告げられています。仲の良かった同僚とは不仲になりそう。

【恋愛】

相性の悪い相手と出会って、腐れ縁になるでしょう。家庭内の乱れが告げられていますが、離婚を考えても結局別れられず、罵詈雑言を交わしながらの同居が続きます。不倫が発覚してもお互いに憎み合いつつ関係を維持するでしょう。また、関係がこじれ、どちらかがストーカーになる暗示もあります。暴力沙汰になる危険も。

【金運】

儲けるどころか負け癖がついてしまいます。まったく勝てる見込みもないのに、「がんばれば神様が守ってくれるはず」などと根拠のない見通しで突っ走り、さらに損失を拡大させてしまうのです。株やギャンブルは必ず大敗しますから、何もしないのが一番。お金絡みには積極的に関わらないのが、金運を守る唯一の道。

猛火製鉄
もうかせいてつ

すべての運を開花させる順風満帆な方位

天盤「庚」×地盤「丁」

【意味】
価値のない鉄屑が錬金術によって黄金に変わるイメージです。欠点が矯正され、良い方向へと変わっていく暗示です。良き友、良き師、良き上司に恵まれ、自分の才能に目覚めるでしょう。純粋な人となりが顔を出し、才能に磨きがかかります。ただし、悪事についても純粋になり、才能が発揮されてしまうので要注意です。

【仕事】
順調に地位が上がっていくでしょう。仕事への情熱が高まり、難しい局面にも正しく対処し、成功へ向かうことは間違いありません。自分に適さない仕事に就いている人は、もっとふさわしい転職先が見つかるはずです。学生の場合も頭脳がシャープになって勉強に熱が入り、成績は一躍、上昇しそう。試験にも使える方位です。

【恋愛】
恋愛関係が順調に育っていきます。恋愛から結婚へと発展したり、恋愛によって人間的に成長できたりするでしょう。あるいは不適切な恋を終わらせる作用もあります。尊敬から恋愛へと気持ちが高まっていくことも。これまで恋愛で苦労してきた人は、その苦労が新しい恋にプラスに働き、楽しい恋愛を謳歌できます。

【金運】
経済的なことに対する正しい判断力が備わります。本物と偽物を見分ける目も養われるでしょう。不要なセールスを断る冷静さがもたらされるのも、この方位の作用。ギャンブルでの対象も期待できます。なお、尻尾を握らせずに成功するずる賢さが備わるため、犯罪すれすれの行為でお金を儲けることも。よく考えて行動を。

廃炉無火
はいろむか

情熱が消え、すべてが面倒になって自滅する

天盤「庚」×地盤「戊」

【意味】
廃墟に火のない高炉が置き去りにされているイメージ。火のない高炉とは役立たずなものの象徴で、怠惰と無気力を意味します。情熱も根気も失せ、無為に日々を送る方位です。怠惰な生活が原因で肥満になったり、不注意から怪我をしたりする暗示もあります。ストレスを発散させ、自分に刺激を与えると凶作用を緩和できます。

【仕事】
仕事への情熱はしぼみ、怠けることばかりを考えるようになります。用事もないのに外出して時間を潰し、退社時間の間際に職場に戻るようなことを繰り返すでしょう。仕事を苦痛に感じ、責任ある仕事を命じられるのが苦痛になりそう。「給料泥棒」と陰口をいわれることも。自営業者も熱が入らず、仕事が雑になるでしょう。

【恋愛】
愛の告白をされるでしょう。しかしあなたはその愛を受け入れることができないのです。好きなのに、好意を示されることに重圧を感じてしまうからです。デートをすっぽかしたり、メールの返事が面倒になったりして、その結果、恋が終わることもあります。恋愛への気力が低下し、独り身の気楽さに甘んじたくなる方位です。

【金運】
「財布は立派なのに中身は空っぽ」という状態です。儲ける方法があるにもかかわらず、行動することが億劫になり、素早いレスポンスができなくなってしまいます。その結果、他人に儲けを横取りされるでしょう。ギャンブルも勝とうという意欲がなくなり、直前に予想に反した勝負をするため、壊滅状態になってしまいます。

鉄鎚砕玉
てっついさいぎょく

大凶

心が憎しみに支配され、不和や争いを呼ぶ

天盤「庚」×地盤「辛」

【意味】
宝石を金鎚で打ち砕くイメージ。大切なものを破壊することを意味しています。不和や争いが暗示され、誰かを傷つけなければ気が済まなくなり、仲間の困った顔を見ることによろこびを感じるかも。事故や病気に倒れることも告げられ、まさに凶現象が襲ってくる方位です。車の運転は極めて危険。ほかの人に任せてください。

【仕事】
せっかく築き上げてきた業績や地位が音を立てて崩れるでしょう。たったひとつの暴言ですべてを失うことも考えられます。有能な仲間から見捨てられるかもしれません。セクハラやパワハラから大問題になることも起こり得ます。その結果、上司や同僚、取引先から絶交され、出入り禁止を命じられる可能性も。

【恋愛】
愛する人を傷つけてしまうでしょう。もはや恋愛関係を続けていけなくなるはずです。新しく出会うのはあなたをイライラさせる人ばかり。喧嘩腰になるため、そもそも相手にされません。理解してもらおうと歩み寄ってもストーカーと間違えられてしまいます。愛は憎しみに転じ、復讐心が心のなかで燃え上がるでしょう。

【金運】
とんでもない問題で全財産を手放す暗示があります。経済状態は悪化し、明日の生活にも困窮するかもしれません。株もギャンブルも総崩れ。残るは散財のみという惨状で、借金取りに追われる生活が待っています。しかし味方になってくれる人は誰もいません。せめて周囲の人に誠意を尽くせば、最悪の事態は免れるかも。

毀刀巨木
きとうきょぼく

凶

根拠のない自信が肥大化し、運が尽きてゆく

天盤「辛」×地盤「甲」

【意味】
薄いナイフで巨木を切り倒そうとするイメージです。この方位は妙に自信過剰になる特徴があります。自分ならどんなことでもできるのではないかという、おかしな錯覚に陥ってしまうのです。そのため無理なことに挑戦して失敗するか、自滅する暗示があります。唯我独尊となり、威張りたくなるのもこの方位の作用です。

【仕事】
自分の才能や能力を過信して失敗するでしょう。お世話になった恩人や上司を平気で裏切るかもしれません。しかしその結果、返り討ちに遭うことがほとんど。実力が伴わないのに独立し、妨害を受けて事業が立ち行かなくなる場合もあります。自分が特別な人間だと認めてくれない人の悪口をいい、さらに敬遠される事態に。

【恋愛】
恋をリードしたくなり、相手の欠点をチクチクと指摘するでしょう。その結果、関係が悪化するのは目に見えています。相手の愛情を試そうとして浮気をほのめかすような愚かな言動をし、自滅的に失恋してしまうことも。自分の才能を鼻にかけてしまいそうになりますが、特に女性は男性をバカにすると運が尽きるので要注意です。

【金運】
お金に目がくらんで冷静な対処ができなくなり、借金が膨らむ結果になるでしょう。ギャンブルも勘が狂い、大敗すること間違いなしです。捕らぬ狸の皮算用的な夢を見て大損するのがこの方位の特徴。しくみがよくわからない儲け話や海外投資に手を出したくなりますが、投資した金額以上の損失を出してしまいます。

干合炎月
かんごうえんげつ

【凶】

芸術的才能のために精神的な安定を失う

天盤「辛」×地盤「丙」

【意味】
吉星に向かって凶星が乱れ飛ぶイメージです。辛儀は勘や才能の象徴であり、丙奇は金運を象徴します。この2つが密接に結ばれているから、芸術の分野で金運が高まるでしょう。しかしそのほかはおもしろくないことばかりが起こります。家庭や恋愛など精神的なものと引き換えに、芸術的な分野で名声とお金を得る方位です。

【仕事】
官公庁のような堅い仕事ではトラブルばかりが起こって、出世は困難に。立場を失うでしょう。しかし、芸術的な分野では才能を認められ、名声を得ることも十分可能です。芸術家に限らず、芸能界やテレビなどの分野、イベントや企画に携わる仕事であれば成功します。飲食店など味覚に関わる仕事もおすすめです。

【恋愛】
残念ながら全滅が告げられています。あなたから思いやりが失われ、傲慢さが出るからです。些細なことでイライラし、大喧嘩することも。出会いはあっても相手から好意を得るのは難しそう。芸術的な分野で財と名声を手にするか、家庭や恋愛での幸せを手にするか。二者択一を迫るのがこの方位で、どちらかしか選べません。

【金運】
感性と金運が握手している状態です。絵画や小説などの賞に応募すると、賞金を得られるかもしれません。SNSを開設して扱った商品が完売するケースも大いにあるでしょう。勘がさえるため、株やギャンブルで資産を築くことも夢ではありません。パトロンが見つかるなどして金運との強いパイプが生まれ、収入を得るでしょう。

獄神得奇
ごくしんとっき

【吉】

捨て身で使ってピンチを脱し、勝利を手にする

天盤「辛」×地盤「丁」

【意味】
「地獄の神様が奇跡を起こす」という意味です。絶体絶命のところから奇跡的に逆転勝利に導かれる方位で、日露戦争で日本の連合艦隊がバルチック艦隊を破ったときの時盤がこの方位でした。しかし運気を使い果たすため心身ともに疲弊し、病気になる心配があります。病の人がこの方位を使うと病状を悪化させてしまいます。

【仕事】
逆境から大成功へと導いてくれる方位です。仕事が順調に進んでいるときに使った場合は吉作用が出ても気づかないかもしれません。あくまで捨て身で使う、切り札としての方位として覚えておいてください。ひとつの目的に向かって協力し合うような出来事が発生し、ライバルだった相手とも友情で結ばれることになるでしょう。

【恋愛】
洗練されたセンスと思わず引き込まれるような会話で、どんな相手でも一瞬にしてあなたの魅力の虜にできる方位です。別離の瀬戸際に使えば、再び愛が再燃することは間違いありません。「告白しようか、どうしようか」と迷っているとチャンスを逃します。この方位を使ったなら思い切って告白してみるのが吉。

【金運】
極貧から大富豪に成り上がる作用があります。ギャンブルでは神懸り的な勝利をもたらしてくれるでしょう。ただ、大切なときに優柔不断さが出ると金運が不発に終わります。また、試験においても威力を発揮するでしょう。合格が危ぶまれても、直前にチェックしたところが試験に出るなど、奇跡的なことが起こる可能性大。

反吟埋金
才能が誰からも認められず、苦しみもがく

天盤「辛」× 地盤「戊」

【意味】
宝石が土に埋められています。辛儀は宝石であり、才能や威力を象徴します。それが土を意味する戊儀に埋められてしまうことから、せっかくの才能が誰からも認められず腐っていくことを告げています。才能があっても認められないのは、最も重い苦悩のひとつ。才能は趣味で楽しむと割り切れば、楽に生きられそうです。

【仕事】
あなたには実力も能力もあるのです。しかしそれを発掘してくれる上司に恵まれません。上司は誰も、あなたの有能さに気がつけないのです。この方位を使うと、オーディションなどでも採用されなくなるので気をつけてください。学生も才能を認めてくれる教師に出会えず、それどころか適さない進路を指導されることに。

【恋愛】
あなたの魅力が陰り、相手から軽く扱われそう。おしゃれをしても野暮ったくなり、後ろ指を差されているような気分になるかもしれません。自信を失い、恋愛に対して引っ込み思案になってしまうでしょう。新しい恋の出会いも期待できません。恋人たちが楽しそうに話している様子を、遠くから寂しく眺めるような状態です。

【金運】
お金を紛失するか、人に貸してしまうことがあるでしょう。要するに、欲しいものがあっても買うことができないのです。突如としてケチとなり、必要なものでも出費を控えることもあるでしょう。収入面においてピンチを迎えることも暗示されています。子育てが終わったころの女性なら、趣味がお金に変わるかも。

入獄陰牢
他人が犯した過ちにより、人生が崩れてしまう

天盤「辛」× 地盤「己」

【意味】
宝石が泥に汚されるイメージです。辛儀という輝く宝石が、己儀という泥にまみれ、一瞬にして価値を失ってしまうのです。周囲から迷惑をかけられて、魅力も才能もすべて台無しになるでしょう。バンドのメンバーの不正がバンド全体にダメージを与えるように、仲間の犯した過ちから自分の才能がダメになる可能性も。

【仕事】
第三者から迷惑を受け、将来性が途絶えます。同僚や部下の失敗を1人で被り、責任を取らされるでしょう。悪いうわさや身に覚えのない誹謗中傷を受けることも暗示されています。あなたの人格すら疑問視され、プロジェクトから外されてしまうのです。この方位を使うと信用が失墜し、誤解を解くのも容易ではありません。

【恋愛】
女性にとって身を汚される危険が極めて高い方位。たちの悪い男があなたに魅力を感じて寄ってきてしまうのです。口先だけの甘い言葉に陶酔することもあるでしょう。男性も貞操観念の緩い女性に引き寄せられることになります。この方位を使えば、真面目な恋愛が馬鹿らしく思えて、純粋な恋愛ができなくなってしまいます。

【金運】
悪い企みをもった人物の罠にかけられて大損します。あるいはお金を得るために手を汚す場合もあります。しかしそうまでしてもお金を得ることができないばかりか、汚名だけが残るのです。ギャンブルもデマや情報に振り回されて勘が鈍り、大損害を被ることに。金運に期待せず、ギャンブルや投資を慎むべきです。

白虎折刀
びゃっこせっとう

義理人情を重んじて自分の人生を犠牲に

天盤「辛」×地盤「庚」

【意味】

錯乱して刃物を振り回し、暴れているイメージ。辛儀はかみそり、庚儀はなたや刀を意味します。かみそりではなたや刀に勝つことはできず、それどころか負傷するのがオチです。この方位は勝ち目のない争いや事故、怪我、病気に巻き込まれることを告げているのです。義理人情を重んじるよりも自分の利益と身の安全を重視して。

【仕事】

トラブルの連続。困難な仕事や、失敗に次ぐ失敗が予測されます。得意先とのケンカや、経営者への反抗的態度により解雇される可能性も。筆者にはこの方位を使って出版社の編集者と対立し、絶縁した過去が。損とわかっていながら自分の意見を貫こうとしてしまうのです。こちらから復縁する気持ちには未だになっていません。

【恋愛】

ケンカ別れをする方位。義理と人情を重んじるあまり、男女とも恋人を捨てることがあります。しかしあなたのそんな義理堅さを誰も評価してくれることはなく、出会いもまったく期待できません。初対面から口論が始まるなど散々でしょう。パートナーや配偶者からDVを受けたり、あるいは自分がDVをしてしまうという危険も。

【金運】

損を被ることは明白。金銭よりも義理人情を重んじたくなり、割に合わないような大盤振る舞いをしたりします。ギャンブルでも、例えば入れ込んだ馬に賭け続けて大損をしたりするのは明らか。また、ケンカによる怪我や無謀な運転による事故などで多額の治療費が必要となりそう。危険なスポーツやレジャーも慎むべきです。

伏吟相剋
ふくぎんそうこく

些末なことに気を取られ、心がすり減る

天盤「辛」×地盤「辛」

【意味】

かみそりを振り回し、仲間同士が争っているイメージです。煩わしいことが発生し、気が休まる暇もなく神経が疲弊してしまうでしょう。プライベートの乱れが仕事などにも悪い影響を及ぼす方位です。気分が不安定になり、過食症や拒食症、不眠症などに悩むかもしれません。大らかな気持になれれば、運気が好転します。

【仕事】

小さなことが気になって本業が疎かになるでしょう。些末な事項を優先し、急ぎの仕事を後回しにするなど、効率が悪くなります。また周囲の評価やうわさに気持ちが左右され、自分の軸がぶれていくことも予想されます。いずれにしても成功できません。神経過敏になって仕事を休みがちになる可能性も。

【恋愛】

相手に対する些細な不満をチクチクと指摘するでしょう。かつての発言やメールを槍玉に挙げて怒るので、相手は驚愕しそう。しかしあなた自身はそうした自身の態度をまったく悪びれず、恋愛が破綻するのです。出会いがあっても恋に発展する可能性は低いでしょう。家庭内は大荒れになり、夫婦の別居や離婚も考えられます。

【金運】

家庭や仕事のうっぷんを衝動買いで晴らそうとするでしょう。あるいはギャンブルに走ることもあります。大きな損害にはなりませんが、自分では浪費を激しく悔やむことになりそう。その損失を補てんするために食費を削ることも。浪費することとは別に金銭に細かくなる方位だからです。収入はまったく増えません。

凶 寒風刃月
かんぷうじんげつ
清らかな純粋さゆえに陥る孤独の闇

天盤「辛」 × 地盤「壬」

【意味】
寒く風の強い夜空に、三日月が煌々と光っているイメージ。きれいな光景ではありますが、純粋になり過ぎて孤独に陥る暗示です。表面的には美しく才能を発揮できますが、本人にとっては寂しくつらいことばかりが襲ってくる方位です。友だちのだらしなさやずるさが許せず、その潔癖さにより周囲から人がいなくなります。

【仕事】
成功するでしょう。特にアートの分野において、この方位は超人的な吉作用を及ぼします。アイデア面でも素晴らしい閃きがあるはずです。料理の分野でも注目を集めることは間違いありません。しかし成功しても心からあなたを祝福してくれる人はいません。どんなに名声を得ようと地位が上がろうと、孤独を感じるでしょう。

【恋愛】
純粋な恋に酔いしれるでしょう。禁断の恋でもお構いなしに突き進むはずです。周囲の迷惑も考えずに純愛を貫こうとするため、孤立してしまいます。だからこそ、愛の極限というものを教えてくれる方位なのです。また、美貌が輝くこともこの方位の大きな特徴。ダイエットやエステ、サロン通いなどに用いても効果があります。

【金運】
勘がさえ、株やギャンブルでの大勝利が期待できます。絵画や小説などもヒットし、金運上昇につながるでしょう。しかし一般的な商売では伸び悩みます。接客は向いていません。あなたが1人で輝く存在であるため、お客さんが戸惑ってしまうのです。以上のポイントを押さえれば、この方位を使って大利を得られるはず。

凶 天牢華蓋
てんろうかがい
夢を追い求め、手に入るのはちぐはぐな人生

天盤「辛」 × 地盤「癸」

【意味】
天空の地位に昇るというイメージです。妙な信念に取り憑かれ、思い違いや見込み違いをしてしまいます。美しい夢ばかり追い続け、周囲から見捨てられる暗示です。世俗を捨て、宗教に逃れることも示唆されています。オカルトや占いにはまりやすく、友だちは自分の悩みを聞いて当然という傲慢な態度により孤立しそう。

【仕事】
職場で奇行に走るでしょう。自分では普通だと思っていても、周囲から見ればあなたの言動は異常そのものに。責任ある仕事は任せてもらえず、閑職に追いやられるでしょう。自営業者も常軌を逸したやり方をするため、客離れが起きるはず。自分の趣味や研究に没頭できれば、それなりの成果が上げられるかもしれません。

【恋愛】
社会的な不遇さを恋愛で補おうとするでしょう。そのため愛情の表現がしつこくなりがちです。捨て身で突進することもありますが、相手にとっては迷惑なことこの上ありません。逃げられるのは火を見るよりも明らかです。世のため人のための活動から、自分本来の生き方を見出せば不運を抜けられます。視野を広く持って。

【金運】
お金儲けに対して天才的な思いつきがスパークしますが、それは単なる妄想です。株やギャンブルでは惨敗します。役に立たないものを買い込むこともあるでしょう。この方位を使うと骨董趣味に走って有り金を使い果たす可能性があります。あるいは悪質な宗教に入信し、全財産を騙し取られる危険もあるので要注意です。

遠島流人
えんとうるにん

見栄を気にしてすべてが軽薄になっていく

天盤「壬」× 地盤「甲」

【意味】

大海の波に小舟が流されていくイメージです。大切なものを失い、不必要なことばかりが発生するという意味があります。この方位は考え方に一貫性が持てず、やたらと体面を気にするようになるのが特徴。人間関係が広がって職業も年齢もさまざまな人たちと知り合いますが、本当に合う人は1人もおらず、唖然とするでしょう。

【仕事】

誰に対しても良い顔をするようになります。通常は問題ないのですが、決断できなくなって困る局面も出てきます。そのときの周囲の意見を気にするあまり、正しい方向性を示せなくなるのです。その結果、ライバルに出し抜かれることになるでしょう。進路が定まらなかったり、転職したくなったりしますが、一考して行動を。

【恋愛】

快楽主義になるでしょう。精神面での交流を重荷に感じ、心より肉体的に快楽を与えてくれる相手になびくように。同時に複数の異性と関係を持つこともあるかもしれません。出会い系サイトなどで知り合うのも、この方位の作用です。女性は男性を転々としがちなので、結婚の意思があるなら使わないほうが良い方位です。

【金運】

財布に穴が空いているかのように浪費が止まりません。ほとんどは遊興費に消えていきます。周囲におだてられ、つい大物気分になってお金を出してしまうのです。女性はブランド品に凝り、高額商品を買い漁るようになります。決断力を失うため迷いやすく、勝負には勝てません。ギャンブルにも試験にも向かない方位です。

潅水桃花
かんすいとうか

異性に溺れることから人生が破綻していく

天盤「壬」× 地盤「乙」

【意味】

可憐に咲いた桃の花が水をかぶるイメージです。桃花には色情の意味があります。つまりこの方位は、色情に狂い、耽溺する作用があり、さまざまな支障が出ることを意味しています。異性問題で運命が左右されるでしょう。日ごろから適度に遊んでいる人は異性への免疫がありますが、真面目な人ほどダメージを受けるかも。

【仕事】

異性問題によって進退が危ぶまれる状況に陥るでしょう。色仕掛けで契約を取ろうとして失敗する、過去の不適切な関係が暴露されるなどして、地位を失うこともあります。多額の交際費で経営が立ち行かなくなるケースもあります。女性なら得意先の男性に機密情報を漏らし、責任問題に発展する場合も予想されます。

【恋愛】

色欲に溺れるでしょう。自分たちは真面目な恋愛だと主張しますが、第三者の冷静な目からは堕落した恋としか映りません。友だち関係から淫らな関係になる可能性も。女性は見るからに信用できない男性に夢中になり、将来性のある恋人や夫を捨てることになります。男性も愚かな女性に惚れて家庭を放棄してしまうでしょう。

【金運】

異性問題のために多額の出費をすることになりそう。相手に求められるままに買いてしまったり、デート費用で貯金が目減りしたりする程度なら、まだ方位作用は軽い方。女性は恋愛のためのメイクやファッションに使うお金が膨らみそう。色恋沙汰で判断力が失われ、ギャンブルは全敗必至です。試験も期待できません。

凶

黄昏衰光
おうこんすいこう

幸運に見えても後から必ず不幸がやってくる

天盤「壬」× 地盤「丙」

【意味】

赤々と夕日が西の海に没するイメージです。良いことが起こっても続かず、悪いことが発生する暗示です。一見幸運に感じても、実は不幸へと向かう方位なのです。この方位を使ったなら、今までの方向性を変えないことをおすすめします。新たな目標、新たな人間関係など、新しく起こったことが不幸の入り口となるからです。

【仕事】

「成功した」と思うのは最初だけです。すぐに厄介な問題が芋づる式に発生するでしょう。昇進しても、責任問題が生じて頭を悩ますことになります。やる気になればなるほど危険な立場から抜け出せなくなるという、ぬかよろこびの方位なのです。官公庁や大会社など確固たる組織に勤めていれば、まだ被害は軽く済むかも。

【恋愛】

別離へと向かうでしょう。別れる前に思い出になるような出来事があるかもしれません。それよりも怖いのが新しい出会いです。「これこそが運命の出会い」と勘違いしてつき合うと、想像を絶するような最悪の事態へ。残念ながら新しい出会いの先には、暴力や金銭問題、病気など不幸ばかりが横たわっているのです。

【金運】

儲かるのは最初だけ。後からずるずると損が出て、目も当てられないほどの大損害を被るでしょう。投資話に乗せられ、腹立たしいほどの被害を受けることもあります。この方位を使ったら、すべての勧誘は詐欺であると判断して問題ないほど。一方ギャンブルには吉。ただし、必ず1日で終わらせ、勝ち逃げに徹すること。

大吉

干合鬼神
かんごうきじん

勝負運と明知が合体し、あらゆる成功を約束

天盤「壬」× 地盤「丁」

【意味】

鬼と神が合体するイメージです。壬儀は勝負運を司り、丁奇は明知の象徴です。この2つが一緒になることで、あらゆる成功や、才能開花を約束するのです。この方位は不可能を可能にする力を有しています。アートの才能が磨かれ、認められることもこの方位の最大の特徴。文芸、芸能の分野で才能をフルに発揮できます。

【仕事】

困難な事態に陥っても、上司など周囲から救いの手が差し伸べられてピンチをスムーズに切り抜けられます。特に異性の協力は有効です。自営業者も楽しく仕事ができ、千載一遇のチャンスが舞い込むでしょう。同僚など問題のある人を平気で切り捨てることもありますが、恨まれたり復讐されたりといった心配は皆無です。

【恋愛】

罪悪感が消えるでしょう。そのため不倫だろうと略奪愛だろうと関係なく、恋愛を全身全霊で堪能することになりそうです。飴と鞭を賢く使い分けられるようになり、出会いの瞬間から相手を自分の魅力に酔わせてしまう魔力が漂います。恨まれる心配をすることなく、危険な恋を安全に楽しみたいときに有効な方位。

【金運】

頭脳と勘が絶妙なまでに一致し、おもしろいように儲かるでしょう。損得を一瞬にして見極められるため、詐欺に遭う心配もありません。冷酷なまでに頭がさえ、勝負を司る壬儀の作用も相まって、ギャンブルや投資、訴訟でも勝ち進むことができます。つまりこの方位で金運体質が完成するのです。入試にも効果を発揮します。

大吉 小蛇化竜
しょうだかりゅう

小さなチャンスからダイナミックな開運が

天盤「壬」×地盤「戌」

【意味】

小さな蛇が巨大な竜へと成長するイメージです。チャンスをつかみ、それを大きな成功へとつなげることを意味します。この方位は社会的な大成功が約束されているに留まらず、愛情面でも大発展が期待できます。末広がりの方位のひとつです。この方位を使ったなら、何事にもしり込みせずダイナミックに行動してください。

【仕事】

ひとつの成功が次の成功へと発展していくでしょう。出世コースに乗ること間違いなし。どんなに小さな事業でも、やがては大きな実りをもたらしそう。豪胆さとチャンスを逃さない要領の良さが備わる方位です。学生も成績が急上昇します。「自分はできる」という強い信念が芽生え、勉強に集中力を発揮するからです。

【恋愛】

出会いが恋愛へ、恋愛が結婚へと進むことが告げられています。日陰の恋が社会的に認められる関係になる作用もあります。上司との不倫に悩んでいたOLさんがこの方位に引越ししたところ、上司が奥さんと離婚し、晴れて結婚できたという実例もあります。罪悪感が伴う恋において、現実を受け止めるクールさも備わります。

【金運】

僅かな資金を元手に莫大な財産を築くでしょう。仕事でも株でもギャンブルでも確実に利益を拡大していくことになります。的確な判断力に加え、肝の太さが宿るためです。この方位を使って勝負事に負ける道理がありません。試験では一問目を解答するとあとはペンが勝手に動き出す感覚になるかも。合格に王手がかかりそう。

凶 反吟濁泉
はんぎんだくせん

知恵が濁りトラブル多発、心にダメージも

天盤「壬」×地盤「己」

【意味】

美しく澄んだ湖が泥水で濁るイメージです。考え方が不純になるか、周囲から迷惑をかけられる暗示があります。純粋さが汚されて道を誤り、しなくても良い苦労をするでしょう。健康面で問題が起こる暗示もあります。下半身の異常や、精神的な不調に見舞われやすい方位です。適切な病院や医師が見つかりにくいのも特徴。

【仕事】

ずるい心が芽生えるでしょう。職務上の特権をサイドビジネスで利用しようと考えるかもしれません。しかしこれが災いを引き起こす種になるのです。あるいは仕事によって人間の質が低下する場合もあります。不祥事を引き起こし、降格させられる危険性も濃厚な方位です。誠実な人たちと働くと、凶作用を弱められます。

【恋愛】

相手の真意を読み取る賢さが濁ります。真面目な恋なのか、遊びの恋なのか、判断がつかなくなってしまうでしょう。ベッドで過激な行為に及ぶなどして恋が堕落してしまうのも懸念点。この方位に新居を構えた新婚夫婦で、数カ月で夫が心を病んで入院、身重だった妻もやがて心を病んでしまったという実例があります。

【金運】

汚職や使い込みが発覚し、返済を迫られるでしょう。職場追放も告げられています。不正をしていなくても、交際費などの経費を細かくチェックされるはず。あるいは異性関係が災いしてお金を巻き上げられることがあるかもしれません。いずれにせよ、不名誉なことでお金が出ていく方位です。ギャンブルも勝てません。

凶

螣蛇騒乱
とうだそうらん

面倒な問題につきまとわれて人生が失速

天盤「壬」×地盤「庚」

【意味】
川に鉄の塊を投げ込まれるイメージです。庚儀は精錬される前の鉄の塊です。それを水で洗い清めても輝くことはありません。つまり無駄なことを強いられるという意味です。この方位を使うと煩わしい問題が次々と追いかけてきて苦労することになるでしょう。前に進もうとすると必ずトラブルが浮上し、進めなくなるのです。

【仕事】
仕事とは直接関わりのないことで奔走させられるでしょう。苦手な相手に絡まれて困ることや、警察の介入や裁判沙汰も暗示されています。しかもそれがあなたの汚点となりそうです。この方位に社員旅行で訪れたところ、温泉に痴漢が現れて警察沙汰になり、なぜか計画担当者が責任を取らされたという実例があります。

【恋愛】
悪い相手と出会い、散々な目に遭うことが告げられています。出来心で火遊びをし、それをネタにゆすられることもあるでしょう。ストーカー化した相手に狙われる事態も予想されます。その結果、警察や裁判沙汰に巻き込まれる可能性も。面倒見のよさを捨て、余計なことに首を突っ込まずにいられたら凶作用が軽く済みます。

【金運】
無駄なことにお金を投資して損害を被る暗示。訴えられ、裁判費用に多額の費用がかかるケースも考えられます。あるいは街中で悪い人間に脅され、金品を奪われるかもしれません。つまりこの方位を使うと力ずくでお金を取られてしまうのです。ギャンブルも全滅です。勝ち目がないのに抵抗し、損害を大きくしてしまいそう。

大吉

陶洗珠玉
とうせんしゅぎょく

宝石が洗い清められるように人生が輝きだす

天盤「壬」×地盤「辛」

【意味】
美しい宝石を清らかなせせらぎで洗い、さらに輝かせるイメージです。宝石を洗い清めることでそのせせらぎさえも輝くのです。つまりすべてが思いどおりに進むという意味があります。さらにこの方位は容姿をも魅力的に変えてしまう効果が期待されています。黙っていても幸運が舞い込むという、非常にラッキーな方位です。

【仕事】
良い仕事に恵まれます。俄然やる気になり、実力以上の力を発揮して成功することは間違いありません。あなたの才能や能力が認められ、世間からも注目されるでしょう。芸能界やスポーツ界など競争率の高い世界でも勝ち抜くことが約束されている方位です。一般的な企業というより、派手な職業であるほど方位効果を発揮。

【恋愛】
恋愛運においてこれほど理想的な方位はめったにありません。深い信頼感で結ばれ、恋のよろこびを全身で満喫するでしょう。女性は清純さと妖艶さが絶妙にブレンドされ、振り向かない男性はいないはず。新しい出会いや結婚にも最適な方位です。不倫など不適切な関係に注意すれば幸せな恋愛・結婚が待っています。

【金運】
直観力が備わります。下手な情報より、勘を使うことで金運が驚くほど上昇するでしょう。才能を発揮してそれが大金になって戻ってくる方位でもあります。ギャンブルでも大穴を的中させそうです。勝負運全般、吉といえるでしょう。受験、試験、裁判など、美しく優雅に勝利を手にするにはこの方位を使うしかありません。

伏吟地網
家族や身内の問題に悶え苦しむ暗示

天盤「壬」×地盤「壬」

【意味】

水があふれ出、大洪水を起こすイメージです。言動のさじ加減がわからなくなり、トラブルになるという意味です。公私ともに面倒なことが起こり、悶え苦しみ迷う方位です。特に家族や身内の騒動に巻き込まれ、深く悩むでしょう。家族の訴訟、事故、離別、病気などが次々と起こり、そのダメージが仕事などにも及びそう。

【仕事】

家庭や身内のトラブルからペースを崩し、それが仕事にも悪い影響を与えることになりそうです。親や子どものことで問題を抱え、その噂によって業績や出世が妨げられる可能性も。学習塾の経営者がこの方位を使って旅行したところ、自分の子どもが受験に失敗。その噂が広まり、塾の経営に行き詰まったという実例があります。

【恋愛】

恋愛する心を忘れて性欲だけを満たそうとするでしょう。そして相手からノーを突きつけられると烈火のごとく怒り出すのです。女性は不安から男性の身元を確かめずにはいられず、相手の私生活や家族構成を根掘り葉掘り聞きだしたくなります。恋愛・結婚について親がうるさく干渉してくるのも、この方位の特徴です。

【金運】

金銭感覚が麻痺してしまうでしょう。その結果、大胆な投資をして失敗することになります。考えもなしに儲け話に乗ると無一文になりかねない方位です。浪費癖に染まることも暗示されています。ギャンブルでは度胸は出るものの勝つことはできません。試験に使うとすらすら解答できるのですが、結果は不合格に終わりそう。

幼女奸淫
家庭内のトラブルに翻弄されて人生を詰む

天盤「壬」×地盤「癸」

【意味】

陰陽五行で壬儀は陽の水、癸儀は陰の水を意味します。その水同士が問題を起こすことから、私生活が乱れるという意味に。家族などプライベートでおもしろくない問題が発生し、それが精神的な負担となり、悪い影響が残りそう。親や兄弟とは適度な距離を置くことを徹底すると、方位の凶作用が軽く済むかもしれません。

【仕事】

家庭内のトラブルで仕事に専念することができなくなるでしょう。取るに足らないミスを立て続けに起こし、仕事に対する自信や意欲まで喪失してしまいそう。プライベートでの問題が仕事に悪影響を及ぼすことも。学生の場合は家族や親族の問題により、進学できないか勉強を続けられない事情が起きるでしょう。

【恋愛】

水行は色欲を強く暗示します。家族の間で色事に関する問題が発生し、それがあなた自身のなかで拭えないトラウマのようになることから、恋愛運を歪める事態に発展してしまうのです。恋人を親に紹介するのはおすすめできません。性犯罪などの危険に巻き込まれることもあるため、注意が必要です。

【金運】

家族の問題でパワーを使い果たし、金運を上げることなど夢のまた夢に。それどころか家族の誰かが起こしたトラブルを鎮火させるために、予想外の出費を強いられることになるでしょう。むやみにギャンブルに打って出ても、まったく噛み合いません。出費の穴埋めをしようとして力めば力むほど、損失を拡大させるだけです。

吉

時雨養根
（じうようこん）
隠れた才能を発掘。再スタートにも最適な方位

天盤「癸」× 地盤「甲」

【意味】

程良い雨が樹木の根に降り注いでいるイメージです。癸儀が司るのは求秘。すなわち、隠れた才能が発掘されるという意味があります。社会的に地位の高い人とつながりができ、そこからチャンスがもたらされます。また、多少の不正は隠し通せる作用も持ち合わせます。過去のしがらみから再スタートするのにも有効です。

【仕事】

過去の知り合いに協力することになり、そこから自分の仕事に新たな光が差し込むでしょう。普通の人なら困難なプロジェクトでも、その人の口利きでスムーズに進むのです。決して派手さはないものの、順調にあなたの地位が上がり、責任ある仕事を任されるようになります。自営業者も紹介で仕事が広がっていくでしょう。

【恋愛】

秘密の恋のよろこびを知ることができるでしょう。誰にも知られることなく、愛を育めるのです。あなたの思いやりや優しさを、相手が快く受け止めてくれるに違いありません。また、旧交を温めるという意味から、過去の恋愛の再燃も起こり得ます。友だちに紹介された相手と恋が始まることも予想されているのです。

【金運】

臨時収入の期待が持てる方位です。失くしたものが見つかり、諦めていた貸し金が返済されるなどうれしい出来事があるはずです。過去の商品が今になって脚光を浴び、莫大なお金になることも。この方位を使って旧友と再会すれば、耳寄りな情報をキャッチでき、それがお金儲けにつながっていくことも考えられます。

凶

梨花氷雨
（りかひょうう）
隠していた過去が明らかになり立場を失う

天盤「癸」× 地盤「乙」

【意味】

季節外れの氷雨が降り、せっかく咲いた梨の花を枯らすイメージです。隠していたことが明るみになり、窮地に立たされるでしょう。過去の恋愛、出身地、年齢、学歴などを詐称したり、秘密にしたりしている場合は、高確率で露見します。会いたくない相手と再会し、秘密にしていたことをいいふらされ、立場を失うでしょう。

【仕事】

自分でも忘れていたような過去の失敗の責任問題が浮上してくるでしょう。その原因の多くは色事にあります。過去に関係していた相手が同じ職場に転勤してくるなど、仕事がやりづらくなる可能性もあります。探られたくない過去が明るみに出て、スキャンダルになるのは時間の問題。その結果、将来が閉ざされてしまいます。

【恋愛】

男女間の乱れが暗示されています。妙な寂しさから過去の恋人を誘うことになりそうです。それが露見して、現在の恋愛が破綻するでしょう。夫婦が離婚する危険性も極めて高い方位です。隠していたうそが第三者から漏れ、それが別離の原因になるケースもあります。浮気や不倫が発覚し、世間から非難を浴びるでしょう。

【金運】

飲み屋のツケを請求されるなど、思いがけない出費があるはずです。税務署の調査が入り税金を追徴される場合も考えられます。収入が増える望みはありません。また持病が再発したり、過労から病気になったりして治療費が出ていきます。病気にかかると回復に時間がかかり、慢性化することも示唆されている方位なのです。

華蓋虹橋
かがいこうきょう
孤独な仕事に従事する人に恩恵が訪れる方位

天盤「癸」× 地盤「丙」

【意味】
雨上がりの空に虹がかかっているイメージです。虹に花の蓋をすることから、世俗を離れた孤独な仕事に対して、良いことが起こるという意味があります。この方位は1人でする仕事などに適しています。つまり吉作用は特殊な分野に従事する人に限定されていると考えられる、一般の人にはあまり恩恵がない方位です。

【仕事】
作家やプログラマー、デザイナーなど、1人で集中して行う仕事に適しています。ヒット作を生み出し、名声を獲得することも夢ではありません。それ以外の、一般的な勤め人がこの方位を使っても、吉効果はさほど感じられない方位ですが、使えば大きな失敗をすることもなく、安定して仕事を続けることはできるでしょう。

【恋愛】
特定の人とだけつき合いたくなる方位なので、同棲には適しています。2人だけの幸せな生活を築き上げることができるでしょう。結婚して新生活を始める方位としても悪くはありませんが、目立った吉作用はありません。新しい出会いも期待できます。ただ秘密の交際という、ある意味スリルある恋を楽しむことができるでしょう。

【金運】
浪費を防ぐという効果はあります。大金持ちにはなりませんが、生活に困ることもないでしょう。金銭的に波風の立たない、安定した生活を営むことができます。こうしたことから、金運の基礎固めとして使える方位と考えてください。秘密のへそくり用として新たに口座をつくれば、少しずつ着実にお金が貯まっていきます。

天乙会合
てんおつかいごう
欠けていたピースがようやくはまり、夢が叶う

天盤「癸」× 地盤「戊」

【意味】
乾いた大地に潤いの雨が降り注ぐイメージ。求めていたことが到来し、夢が叶う暗示です。この方位を使うと経済的に恵まれ、婚姻など祝賀的な幸運が発生します。あるきっかけで自分の本当の気持ちや希望、才能に目覚めるのもこの方位の特徴。長く封印していたことが解き放たれ、それが成功のチャンスへとつながるのです。

【仕事】
ジグソーパズルの欠けていたピースが見つかるように、待ち望んでいたチャンスがついに到来し、仕事が成功に向かって動き出すでしょう。そのきっかけは誰かの一言かもしれませんし、転属してきた優秀な人材と働くようになることかもしれません。いずれにしても、仕事の歯車がやっと噛み合うことになる方位です。

【恋愛】
結婚話が持ち上がるでしょう。密かな恋が社会的な関係に格上げします。女性はプロポーズされる可能性が一気に高まるでしょう。玉の輿的な結婚の可能性も。男性も結婚を決断します。恋人を両親に紹介する方位としても最適です。将来を決定するような出会いも暗示されています。出会いを諦めなくてよかったと思えそう。

【金運】
臨時収入が舞い込みます。ひそかに買っていた宝くじが当選する可能性も考えられます。遺産を受け継ぐこともあるでしょう。これまで人知れずコツコツと続けてきたことがある人にとって、ようやくお金になって返ってくる方位なのです。筆者がこの方位で入院中の師を見舞ったところ、秘伝書を譲り受けたことがあります。

華蓋泥田
かがいでいでん

うそを重ね、自分を追い込んでいく

天盤「癸」×地盤「己」

【意味】

泥を隠すように花弁が散らばっているイメージです。秘密の露見を恐れて気持ちが落ち着かず、不安になります。このオドオドとした心の作用がさまざまな方向に不都合を生むのです。自分を魅力的に見せようとしてうそをつくと、そのうそが稚拙すぎてすぐに見破られ、その結果何をいっても信用されなくなります。

【仕事】

うその上塗りをして自滅することが暗示されています。実際は失敗しているのに、成功したかのように取り繕いたくなるのです。しかし結局は隠しきれずに責任を問われることに。あるいはその場しのぎの口約束のつもりが、大変な事態へと発展することも考えられます。自分の能力を正確に判断できる冷静さが必要です。

【恋愛】

好きな人に自分のすべてを知ってもらいたくなる方位です。過去の恋愛まで洗いざらい告白しますが、逆効果にしかなりません。相手はあなたに軽蔑のまなざしを向け、去っていくのです。また、過去の恋人が忘れられず、出会いがあっても恋に至らないでしょう。ドラマのような恋を待ち望み、ずっとひとりぼっちになりそう。

【金運】

自分は金運があると思い込みたくなり、損を認められません。周囲に大儲けしたと吹聴し、なけなしのお金を使って大盤振る舞いをすることも。自分にも相手にもうそをつきますが、大損したという現実からは逃れられません。また、実際には効果のないサプリメントに大枚をはたき、健康になったと妄信する場合もあるでしょう。

反吟白錆
はんぎんはくしょう

独りよがりな勘違いから人生が行き止まりに

天盤「癸」×地盤「庚」

【意味】

雨が金属を腐食させるイメージ。金属はすぐには錆びず、雨に打たれると一時は輝きますが、気がついたときには錆びているのです。このことから、良かれと思っての行為が逆効果となり、物事が停滞するという意味を持ちます。この方位は誤った信念を個性だと勘違いしたり、独りよがりの正義感に囚われたりしてしまうのです。

【仕事】

仕事に打ち込むようになりますが、一向に結果が出ない方位です。昇進を確信しても、残念ながら夢と消えてしまいそう。自分をアピールしても、マイナーな存在として片隅に追いやられる可能性大。かけ声が大きい割に仕事は尻切れトンボに終わります。周囲の意見に耳を傾けず、成功の方位を見出せなくなる方位です。

【恋愛】

勘違いの多い方位です。愛されていると信じていても、相手は単なる遊びだったりします。着飾って出かけ、愛敬を振り撒いて楽しく盛り上がるのですが、恋の対象になることはありません。結局は1人さみしく帰宅するという姿が予見されています。自分の考えに凝り固まり、相手の話を聞けなくなるのが原因です。

【金運】

労多くして利の少ない方位です。儲かっていると思いきや、トータルで損をするでしょう。効率の悪い方法しか考え出せずに、やがて借金を背負うことになるのです。実力以上の目標を目指したくなりますが、この方位に引っ越した東大受験生が四浪の末にようやく私大の夜間部に合格し、東大受験を諦めたという実例があります。

陽滅陰旺
孤独のなかで恐れを抱き、悲観的になる

天盤「癸」×地盤「辛」

【意味】
陽の気に変わって陰の気が台頭し、あらゆるものが衰退していくイメージです。大敗や閉塞といったペシミズム（悲観主義）を意味します。絶望的な気分になり、捨て鉢な行動をするように。仲間の言葉に過敏になり、被害妄想に陥るかもしれません。陰気なメールを送りつけるなどして仲間から見放されてしまうかも。

【仕事】
希望が失われ、すべてが滞るようになり、将来に絶望しか見出せなくなります。職場の不満を内外で漏らし、退職をほのめかしますが、実際に辞める勇気はないのです。業績も上げられないまま、暗い気持ちで家と職場を往復するだけのつらい日々が延々と続いてしまいそう。そんなストレスからか、大病する暗示もあります。

【恋愛】
日ごろ溜まった鬱憤をパートナーに向けてしまうでしょう。あなたが些細なことで腹を立てるので相手は真面目につき合っていられなくなり、別離を切り出されるでしょう。その結果、自分は誰からも好かれない人間だと世を儚んでしまうのです。しかし、あなたがすねても誰も救ってはくれません。

【金運】
お金が目減りすることに恐怖と不安を覚えるでしょう。そのくせ贅沢への欲求から、不必要なものを買い込んでは騙されたと嘆きます。あるいは貧しさを自慢げに吹聴するかもしれません。預貯金を切り崩してジリ貧になる方位です。手軽に儲けることを考え、魔法やおまじないの類に手を出したりしますが、効果はありません。

冲天奔地
結果を急ぎ、無謀な行動で失敗

天盤「癸」×地盤「壬」

【意味】
大雨で濁流の水かさが増し、氾濫するイメージです。非常識な行為によって秘密が暴露され、大失敗をする暗示があります。この方位を使うと、ひとつのことに執着するあまり、焦っていろいろなことを決めたくなります。しかし、やる気になったときは、むしろ危険。情熱によって失敗するからです。熱が冷めてから行動するのが吉。

【仕事】
手柄を急いで失敗するでしょう。仕事上の機密事項まで教えて信用を得ようとしますが、徒労に終わります。自分の過去の武勇伝を語るかもしれません。しかし、要注意人物としてマークされ、仕事どころではなくなるのです。この方位を使ってしまったら、やる気や勢いに翻弄されることのない、冷静な判断力が求められます。

【恋愛】
無謀な行動に走りやすい方位です。出会いを求めて駆けずり回っても、空振りに終わります。筆者は十代のころ駆け落ちの真似事をして郷里から東京へ逃げたことがあります。しかし事故に遭い、警察で事情を聞かれ、強制的に郷里に連れ戻されました。後年、このときの方位を調べたら、冲天奔地だったというわけです。

【金運】
行き当たりばったりの投資をして大損害を被ることに。大事にしていた虎の子の貯金まで使い果たしてしまうでしょう。衝動買いにも後悔します。後からよく考えたらそこまで魅力的でもないのに、一度欲しくなるとどうしても手に入れずにいられなくなる方位です。ギャンブルでも後先を考えず、勝ちを急いで大敗します。

伏吟天羅
ふくぎんてんら

裏切りやミスが続く「泣きっ面に蜂」の方位

凶

天盤「癸」×地盤「癸」

【意味】

黒雲に覆われ、長雨が続くイメージです。この方位を使うと悪いことが重なって身動きが取れなくなり、逃げ出す術がなくなります。まさに泣きっ面に蜂といったところ。なお、悪い人間が仲介者を装って近づいてきます。甘い言葉を口にする人は間違いなくあなたを利用しようとしていますから、決して信じないで。

【仕事】

得意先ではクレームをつけられ、上司には怒鳴られ、身の置き場を失う暗示です。自営業者はミスを連発し、取引先からの信用を失います。廃業も考えるでしょう。学生の場合は成績が急降下するばかりか、病気や事故といったアクシデントに見舞われる暗示です。授業についていけなくなるところまで追い詰められそう。

【恋愛】

信用していた相手から裏切られる暗示。さらに、その失恋を紛らわそうとして手近な相手を誘うものの、断られてしまいそう。自尊心が傷つけられる出来事が発生したり、不本意な相手から狙われたりする場合も。特に女性は男性に依存し過ぎないようにしてください。自立した心と経済力があれば、凶作用は軽く済むでしょう。

【金運】

収入が目減りしたうえ、損害賠償など思いがけない出費に苦しむでしょう。軽い気持ちでローン契約をしたあとで諸経費や税金がかかることを知り、呆然とすることも。事故や病気などによる治療費も覚悟してください。万が一の事態に備え、日ごろから準備しておけばこの方位による凶作用は何とか乗り切れるでしょう。

ミニコラム

吉格に出かけたのに、悪いことが起こった！

　二章、三章では、さまざまな格や方位について解説してきましたが、たまに「吉方位に出かけたのに、凶作用が働く」という矛盾が生じることもあります。そんなときは、前日の行動が影響しているのかもしれません。

　吉格を使う前日に、悪い方位で数時間滞在してしまうと、その悪い方位が良い方位の作用を吸い取ってしまうことがあるのです。その結果、凶作用のみが働くことがあります。確実に吉方位の効果を出したい場合は、前日の行動にも気をつけると良いでしょう。

　ただし、どうしても前日に用事があり、悪い方位に滞在しないといけない場合は、p.126で解説する「鎮凶」などを用いてみると、凶作用をうまく避けることができるため、試してみましょう。

二度にわたる平安遷都は大吉の方位を求めたから

栄光と安定を求めて遷都を繰り返した

　日本の歴史上で多くの謎や諸説を残す「平安京の遷都」。しかし、奇門遁甲を用いてひも解くと、新たな角度からの見方ができるかもしれません。

　784年、桓武天皇は平城京から長岡京に遷都し、その10年後の794年、今度は長岡京から平安京へと遷都しました。その理由は、勢力拡大した仏教勢から離れること、水運の便を求めたこと、怨霊に苦しめられたこと、疫病が広がったこと……など諸説ありますが、未だ定説はないのです。

　しかし、二度にわたる遷都を奇門遁甲の方位に当てはめると、長岡京を経由した平安京への遷都は「方違え」だったともいえます。方違えとは、目的地が凶方位にある場合、一度別の方位に出向いて回り道をすること。陰陽道にもとづいて行われていた風習でした。加えて、平城京→長岡京、長岡京→平安京と二度にわたって吉方位をとっていますが、これは奇門遁甲における秘法のひとつ、「副格」を応用していることになります。

　p.20でも解説したとおり、年盤は国家戦略など大きな動きを占うものです。そこで、784年と794年の年盤を見てみましょう。784年は「北」、794年は「北東」に双木盛森（p.78）という大吉の方位があります。双木盛森の象意は、「木々が生い茂り、森を形成するような膨大なエネルギーを持つ」。さまざまな面で大きく飛躍し、やがて長い安定を期待できる方位なのです。わずか10年の間に大吉の格が二度あることは奇跡的なこと。占術師ならば見逃すはずがありません。

　次に、大吉の格を遷都した方向に当てはめてみます。784年の平城京→長岡京は北、794年の長岡京→平安京は北東に、ぴたりと当てはまるのです。

　こうしたことから、**桓武天皇は栄光と安定を求め、二度の遷都を決意したのではないか**と見ることができます。実際、平安京は、1000年以上もの間、都となりました。これもひとつの歴史の見方といえるでしょう。

四 章

願いに合わせた方位盤の使い方

奇門遁甲の概要を掴んだら、残すは実践のみ。

この章では、確実に効果を出すための極秘の技や、

さまざまな願いを叶えるための格を解説しています。

幸運体質となり、望む未来を実現するために、ぜひマスターしましょう。

どんなに良い方位にも必ず「副作用」がある

方位盤の使い分けが、奇門遁甲の要

ここからは、実践編です。奇門遁甲の実践にあたり、願望を達成するために心得ておくべきいくつかのルールをご紹介しましょう。

まずは、どの方位盤をどのように使えば良いのかということです。知っておくべきは、「方位盤の強さの順番」です。**最も強い作用があるのは時盤で、次に日盤、月盤、年盤の順となりますが、さほど効果の強くない月盤は、検討しなくても良いというわけではありません。方位盤の使い分けが大事なのです。**

例えば、仕事運を上げたい場合。プレゼンや商談などのタイミングで時盤の吉方位を使えば、望むとおりの結果を得られるでしょう。一方、出世や昇給といった、長期的な実績が評価されるものには月盤の吉方位が効果を発揮するのです。

続いて恋愛の場合。特定の相手を振り向かせたいなら、時盤の吉方位でデートすれば良いでしょう。しかし、本質的に異性に好まれるような性質に改善していくためには、月盤の吉方位を用いるのが効果的なのです。

このように、**奇門遁甲の方位効果を最大限に発揮させるには、月盤を使うのか、時盤のほうが有効なのか、両方を併用するべきなのかといった、目的に応じた使い分けが大切**なこととされています。

もうひとつ大事なことは、目的達成のために自ら行動することです。

奇門遁甲は魔法ではありません。吉方位を取ったからと安心して何もせずにいると、残念ながら良くなるものも良くなりません。まず、あなたの目的に沿ったアクションがあり、次に方位の吉作用が発動において始めるのです。

また、吉方位の説明では、金運、恋愛運、仕事運、すべてプラスの作用が書かれています。しかし、ひとつの方位を使ったからといって、あらゆる運が良くなることは現実的にはあり得ないことも心に留めておいてください。

良いことがあれば必ず悪いこともある

そして、奇門遁甲の実践において、最も大事なことといっても過言ではないのが、「副作用」です。

人間には長所もあれば短所もあります。「素晴らしい」と絶賛される人も、裏を返せばどこかしらに欠点があるでしょう。それは、奇門遁甲も同じです。**どんな吉方位にも、多かれ少なかれ副作用があります。**このことをよく理解して奇門遁甲を使わないと、思いがけない悲劇が待ち受けることになるでしょう。

例えば「お金は儲かったけれど、恋人に振られてしまった」というケース。お金が儲かる理由は、性格が強気になり、遠慮せずに相手に売り込めるという効果があるからです。しかし、恋人にも同じように強気に出ると、「図々しい」とか「色気がない」などと思われ、恋人の心が離れていってしまうのです。

詳しい副作用については、二章、三章で述べたとおりですし、p.130からの願い別に使う方位でも解説しているので、参考にしてください。

そして、**副作用を予防するために、安定の方位を必ず使いましょう。**安定の方位には、心身が健康になったり、人間関係が円満になったりと、運の基礎を固める効果があります。**効果はやや地味であっても、基礎運がすべての運のベースとなることを忘れないでください。**

興味深いことに、吉方位を使用すると必ずといって良いほど、何かしらのアクシデントがあります。吉方位を使わせないように仕向ける作用が発生するのです。逆に凶方位は、不思議なほどスムーズに作用が発生します。これも、「相手を陥れるため」という、奇門遁甲の本質といって良いのかもしれません。どうしても凶方位を使用しなければならないときは、凶作用を鎮める「鎮凶（p.126）」の解説を参考にしてください。

❀ 主な方位の効果と副作用

［**権威の方位**］……実力が伴わないのに、見栄を張り、威張るようになります。
［**金運の方位**］……傲慢になり、まわりの人から嫌われるかもしれません。
［**信用の方位**］……相手によって態度を変えるようになります。
［**要領の方位**］……裏表の激しい人間になります。
［**頭脳の方位**］……冷徹な人間になります。
［**恋愛の方位**］……色事に溺れ、まわりの人に迷惑をかけるようになります。

吉格・凶格のランク分けが効果に影響を及ぼす

日ごろから吉格を使うようにすると◎

　二章、三章で説明してきたように、格にはそれぞれ吉凶がありますが、一言で「吉格」「凶格」といっても、そのパワーには差があるのです。

　格は作用の強い順にＡランク、Ｂランク、Ｃランクと分かれています。Ｃランクは頻繁に出てくる格。Ｃランクほど頻繁には出てこない格がＢランク。そして、めったに出てこない格がＡランクです。Ａランクの吉格と凶格の出現頻度を比較すると、圧倒的に凶格の方が高頻度で出現します。ここにも「良いことより悪いことの方が多く起きるものだ」という、奇門遁甲の現実的な考えが反映されているようです。詳しいランクは、右図を参考にしてください。

　このランクを参考にしてＡランクの吉格ばかりを狙っていても、チャンスを逃してしまうかもしれません。なぜなら、先述しているように、Ａランクはめったに出現しないからです。

　例えば恋愛においても、Ａランクの吉格を狙うことによって、相手と会う機会や距離を縮めるチャンスを逃してしまったら本末転倒です。そのため、**日ごろからＣランクやＢランクの吉格を使っておき、Ａランクが出現したら、すかさずに使用する**といった方法が良いでしょう。

　そしてこのランクは、p.126から解説する「鎮凶」にも密接に関わってきます。鎮凶とは、簡単にいうと、凶作用を鎮める方法のこと。例えば、やむを得ない理由で凶方位に行かなければならないとき、吉方位へ出向くことでその凶作用を鎮めたり、弱めたりすることができるのです。

　Ａランクの凶方位に行かざるを得なかった場合、Ａランクの吉格でないと対応できない……といったことがあります。奇門遁甲をさらに深めていくために、ランクはしっかりと頭に入れておきたいものです。

吉格・凶格のランク一覧表

Aランク

出現頻度 ★

吉格※	天遁、地遁、人遁、神遁、鬼遁
凶格※	大格、小格、刑格、戦格、飛宮格、伏宮格、青竜逃走、白虎猖狂、熒惑入白、太白入熒、朱雀投江、螣蛇妖嬌

Bランク

出現頻度 ★ ★

吉格	青竜返首、飛鳥跌穴、玉女守門、乙奇得使、丙奇得使、丁奇得使、竜遁、虎遁、風遁、雲遁
凶格	三奇入墓（乙奇入墓、丙奇入墓、丁奇入墓）、干伏吟、干反吟

Cランク

出現頻度 ★ ★ ★

吉格	乙奇昇殿、丙奇昇殿、丁奇昇殿
凶格	星門伏吟、星門反吟

ひとことMEMO

鎮凶のために吉格がある方位へ行く場合、その途中で別の方位を使ってはいけません。途中で使用した方位が吉格でも、鎮凶作用が帳消しになるか、最悪の場合、凶作用が増幅することもあります。

※ Aランクの吉格・凶格だからといって、一概に大吉・大凶というわけではありません。

凶作用を鎮めてくれる「鎮凶」の心得

凶方位を踏んだら、吉方位へ出かけよう

p.124でも少し解説しましたが、進学、結婚、転勤といったライフスタイルの変化に合わせて、凶方位へ行かなければならないときもあるでしょう。

そんなとき、**凶作用を鎮めてくれるのが「鎮凶」となります。簡単にいうと、凶方位に行った後、できるだけ早く自分が吉方位へ行くことで凶作用を打ち消す方法のことです。**ただし、鎮凶にはいくつかの注意点があります。

まず、**鎮凶の作法として、「同じ盤を使う」という原則があります。**例えば、時盤で凶方位へ行ってしまった場合、時盤で吉方位を使って凶作用を鎮めるのです。このとき月盤や日盤を使っても鎮凶効果は期待できません。そして下記のとおり、p.125の格のランクを参考に、ランクに応じた鎮凶を行いましょう。

・Aランクの凶格……Aランクの吉格を使うことで完全に鎮凶できます。Bランクの吉格でも鎮凶の効果があります。Cランクの吉格はほとんど効きません。

・Bランクの凶格……AランクとBランクの吉格を使うことで完全に鎮凶できます。Cランクの吉格でも鎮凶の効果があります。

・Cランクの凶格……Aランク、Bランク、Cランクの吉格を使うことで完全に鎮凶できます。

例えば、Aランクの凶格「伏宮格」に対して、Bランクの吉格「丙奇得使」では鎮凶できません。

ただし、ランクのとおりに鎮凶したとしても、効果が表れないことがあります。吉格と凶格には相性があるからです。例えば、Bランクの凶格「乙奇入墓」と同等のBランクの吉格「青竜返首」を用いても、鎮凶どころかさらに凶作用が増幅する恐れがあるのです。鎮凶を行う場合、ランクに加えて右図の「凶格に適した吉格」を確認して、適切な方位を確かめておきましょう。

凶格の鎮凶に適した吉格

 凶格 **大格、小格、刑格、戦格、伏宮格、太白入熒**
【鎮凶の格】 地遁
【次点の策】 乙奇得使、竜遁、虎遁、風遁、雲遁

 凶格 **飛宮格、青竜逃走**
【鎮凶の格】 人遁、鬼遁
【次点の策】 玉女守門、天盤「丙」、乙奇得使、丁奇得使

 凶格 **白虎猖狂**
【鎮凶の格】 天遁、神遁
【次点の策】 飛鳥跌穴、丙奇得使

 凶格 **螣蛇妖嬌**
【鎮凶の格】 天遁、地遁、神遁
【次点の策】 飛鳥跌穴、乙奇得使、丙奇得使、竜遁、虎遁、風遁、雲遁

 凶格 **乙奇入墓、乙奇伏吟、乙奇反吟**
【鎮凶の格】 人遁、鬼遁、玉女守門、丁奇得使
【次点の策】 丁奇昇殿

 凶格 **戊儀伏吟、戊儀反吟、己儀伏吟、己儀反吟**
【鎮凶の格】 青竜返首
【次点の策】 なし

 凶格 **庚儀伏吟、庚儀反吟**
【鎮凶の格】 地遁、乙奇得使、竜遁、虎遁、風遁、雲遁
【次点の策】 乙奇昇殿

 凶格 **辛儀伏吟、辛儀反吟**
【鎮凶の格】 天遁、神遁、飛鳥跌穴、丙奇得使
【次点の策】 丙奇昇殿

 凶格 **壬儀伏吟、壬儀反吟**
【鎮凶の格】 人遁、鬼遁、玉女守門、丁奇得使
【次点の策】 丁奇昇殿

 凶格 **癸儀伏吟、癸儀反吟**
【鎮凶の格】 天遁、地遁、神遁、飛鳥跌穴、乙奇得使、丙奇得使、竜遁、虎遁、風遁、雲遁
【次点の策】 乙奇昇殿、丙奇昇殿

 凶格 **熒惑入白、朱雀投江、丙奇入墓、丁奇入墓、丙奇伏吟、丙奇反吟※**
【鎮凶の格】 なし
【次点の策】 なし

※ 天盤「丙」と天盤「丁」の方位に対しては、鎮凶の方位がありません。「丙」の象意である「図々しさ」「おごり」、「丁」の象意である「疑心」「孤立」は、防ぎようがなく、つける薬がないということです。

吉作用を拡大させる「催吉」の極意

寄り道は厳禁！

最後にもうひとつ、極秘伝を教えましょう。**奇門遁甲には、吉格の効果をさらに高める「催吉」という方法があるのです。**

例えば、頭を良くするために「丁奇昇殿」を使った場合、「勉強をしようかな」という気持ちにさせてくれますが、実際に成績が上がることは少ないかもしれません。理由として、丁奇昇殿は天盤「丁」が西の方位に座すだけというように、構成条件が厳しくないからです。しかし、丁奇昇殿を使った後に「青竜返首」で旅行や散歩をすると、丁奇昇殿の効果が高まり、成績が上昇していきます。このように、**用いた吉格を別の吉格を用いてさらに強める手法が催吉**です。

例えば、お金儲けをしたい場合、求財を意味する天盤「丙」を使うのがセオリーです。では、お金儲けに必要なものは何かと考えると、明るく気さくな接客態度や、気持ちが安定していることでしょう。つまり、求安を意味する天盤「乙」が、天盤「丙」における第一の催吉となるわけです。ここでもし、天盤「甲」の吉格を使用すると、気品が備わる反面、プライドが高くなりお客様を見下すような態度になりかねません。すると、その態度や評判の悪さでお金を稼ぐことは難しくなってしまいます。

催吉は天盤同士の組み合わせがポイントとなりますから、右図を参照して適した吉格を確かめておきましょう。

そして、**催吉で大事なことがあります。それは、「吉格の次に催吉の吉格を使う」という順番**です。間に寄り道などして、吉格以外の方位を踏んでしまうと、催吉の効果はありません。順番は必ず守りましょう。

p.130からは早速、あなたの願いを叶える方位の使い方を具体的に解説していきましょう。原理原則に則った方法で使えば、方位作用が得られるはずです。

❀ 催吉に適した吉格

 青竜返首、乙奇昇殿、乙奇得使、地遁、竜遁、虎遁、風遁、雲遁

【催吉の格】 青竜返首
【次点の策】 なし

 飛鳥跌穴

【催吉の格】 地遁、乙奇得使、竜遁、虎遁、風遁、雲遁
【次点の策】 乙奇昇殿

 玉女守門

【催吉の格】 地遁、青竜返首、乙奇得使、竜遁、虎遁、風遁、雲遁
【次点の策】 乙奇昇殿

 丙奇昇殿

【催吉の格】 地遁、乙奇得使、竜遁、虎遁、風遁、雲遁、乙奇昇殿
【次点の策】 なし

 丁奇昇殿

【催吉の格】 地遁、青竜返首、乙奇得使、竜遁、虎遁、風遁、雲遁、乙奇昇殿
【次点の策】 なし

 丙奇得使

【催吉の格】 地遁、乙奇得使、竜遁、虎遁、風遁、雲遁
【次点の策】 乙奇昇殿

 丁奇得使

【催吉の格】 地遁、青竜返首、乙奇得使、竜遁、虎遁、風遁、雲遁
【次点の策】 乙奇昇殿

 天遁、神遁

【催吉の格】 地遁
【次点の策】 乙奇得使、竜遁、虎遁、風遁、雲遁

 吉格　人遁、鬼遁

【催吉の格】 地遁
【次点の策】 青竜返首、乙奇得使、竜遁、虎遁、風遁、雲遁

恋愛運を上げたい

⟨ 目指すこと ⟩

女性の魅力を増幅させる

　基本的に女性向け。運命学では、恋愛運は仕事運や金運よりも成就しやすいと考えられています。なぜなら生き物のオスとメスは自然に惹かれ合うからです。男性が異性に求めるのは男性にはないもの、つまり女性らしさと美しさを際立たせれば良いのです。

使う方位盤

| 乙奇昇殿 | 乙奇得使 | 地遁 |
| 蜜意甘草 | 寒風刃月 | 陶洗珠玉 |

　恋愛運を上げるにはあなたが女性であることをまず男性に理解させなければいけません。ですから「色気」が必要です。しかし、色気を漂わせられるような方位が吉格にはありません。そこで考えられるのが、求情を象意とする己儀と、安定を象意とする乙奇の組み合わせです。「乙奇得使」のほか、「地遁」も出現したら使ってください。「乙奇昇殿」や「蜜意甘草」を使う手もあります。

　そのほかには「陶洗珠玉」と「寒風刃月」も使いたい配合です。これを使うと壬儀の色気と辛儀の美しさが発揮され、あなたの存在が光り輝きます。男性はあなたを見るたびにときめき、思い出すたびに恋心を募らせるでしょう。

⚠注意すべきPOINT

　東洋占術は恋愛に絡む心情的な側面をフォローしないため、これらの方位を使うことで理想の恋愛は成就しますが、どことなく物足りなさを感じるかもしれません。

良い出会いに恵まれたい

╒═══ 目指すこと ═══╕

相手を見極める冷静な判断力を備える

　自分にとっての「良い出会い」を明らかにしたうえで、使うべきは「感情に振り回されず冷静に相手をジャッジできる方位」。女性であれば、気品や女性らしさが増す方位を使うと、家柄が良かったり、裕福だったりする男性の目に留まりやすくなります。

⬡ 使う 方位盤

青竜返首　玉女守門　乙奇得使

丁奇得使　地遁

　東洋占術における「良い出会い」とは、隠れてつき合わなければいけない人ではなく、誰にでも堂々と紹介できる人との出会いを意味します。丁奇の吉格「玉女守門」を使って冷静に相手を観察し、納得できる人を選びましょう。「丁奇特使」を使うと理性のなかに色気がプラスされ、良い出会いをものにすることができます。

　「青竜返首」もおすすめ。真面目な人、品のある人、上流の人との縁に恵まれやすくなります。女性の場合、乙奇の吉格は良家の奥様のような雰囲気が備わり、それに見合う男性から注目されるようになります。「乙奇得使」や「地遁」のほか、「龍遁」「虎遁」「風遁」「雲遁」も、現れたら使ってみてください。

──────── ⚠注意すべきPOINT ────────

丁奇の吉格を使うと冷静さが勝り、情熱的な恋愛からは遠ざかります。「青竜返首」を使ったら自らもエレガントに振る舞うこと。場合によっては背伸びをし続ける必要があるかも。

好きな人を振り向かせたい

――――― 目指すこと ―――――

相手の好みを的確に察知する

　特に女性に効果的。「たくさんの人にモテたい」のではなく「意中の人を振り向かせたい！」なら、男性全般に通用するような恋愛テクニックを駆使しても効果は期待できません。彼が好むお店、服装、会話などの戦略を練り、実行する頭脳が求められます。

使う方位盤

玉女守門	人遁	鬼遁

丁奇得使	寒風刃月	陶洗珠玉

　頭脳を意味する丁奇の吉格を使いましょう。なかでも筆頭が「玉女守門」です。続いて「鬼遁」「人遁」「丁奇得使」もおすすめ。丁奇の良さが発揮されると、「この男性はこういう傾向のものが好きだろう」と察知できるようになり、それに合わせて行動でき、その結果、相手のハートを射止めることができるのです。
　格以外では、「陶洗珠玉」もおすすめです。恋愛において「これを使って振り向かない相手はいない」といわれるほど最強の方位となっています。
　「寒風刃月」は凶格の配合ですが、恋愛においてはあなたの美しさを輝かせます。たとえ禁断の恋であっても、相手はあなたにメロメロになってしまうでしょう。

―――――⚠注意すべきPOINT―――――

これらの方位を使うには、「正々堂々と手に入れる」よりも「どんな手を使ってでも彼を落とす」という覚悟が必要です。乙奇の方位はセカンドに甘んじる可能性あり。おすすめしません。

願い④

パートナーとのマンネリを打破したい

目指すこと

今までとは違う新しい魅力を出す

最近彼が優しくしてくれない。愛情表現をしてくれない……。つき合いたてのころのような情熱が相手から感じられなくなったら、彼があなたの存在に慣れきってしまった証拠です。あなたの新しい魅力を引き出し、もう一度彼のハートに着火しましょう。

使う方位盤

飛鳥跌穴　丙奇昇殿
丙奇得使

「釣った魚に餌はやらない」という言葉のように、あなたの彼もつき合う前はすごく気を遣ってくれたのに、つき合い始めたら手を抜くようになっていませんか？　ある意味では彼があなたに気を許している証拠ですが、少しつまらないですよね。平和すぎる２人の関係に刺激を与えるために、丙奇の吉格である「飛鳥跌穴」「丙奇得使」「丙奇昇殿」を使いましょう。

本来、丙奇は女性の恋愛にとって禁じ手の方位ですが、マンネリ化した関係に使うと、スパイス的な役割を果たしてくれます。しっかり自己主張をする強気なあなたに、彼はつき合いはじめのような新鮮さを感じるはず。

注意すべきPOINT

丙奇は強さを出す一方、女性の色気を奪い、ガサツにする方位です。使うなら短期間にとどめて。何度も使うと、マンネリを打開した先に別れを切り出されるかもしれません。

別れた恋人と復縁したい

⎯⎯ 目指すこと ⎯⎯

これまでとは違う自分で勝負

「復縁」は女性からのご相談のなかでベスト5に入るテーマです。お互い納得して別れたはずなのに、どうしても元カレを忘れられないという人は多いもの。一度別れた相手とと新しく恋を始められるよう、以前とは違うあなたを印象づけることを目指しましょう。

使う方位盤　人遁　神遁

あなたの新しい魅力を引き出す方位として、マンネリ打破（p.133）で紹介した「飛鳥跌穴」があります。しかし復縁に使うなら、それよりもさらに強い効果を持つ「神遁」と「人遁」を使いましょう。

「神遁」のポイントは、八門が生門であること。開門にも良い意味がありますが、多くの人に門戸を開いています。一方、生門は特定の相手、つまり彼に対してのみフォーカスしているため、復縁効果が期待できるのです。

「人遁」は和合を象徴する格で、理性的に相手と関われるようになります。別れの原因となったあなたの行動も改まり、相手から見直してもらえるでしょう。

⎯⎯ ⚠注意すべきPOINT ⎯⎯

癸儀の方位を使うと永遠に復縁できません。復縁すべきかどうかも再考するべき。そもそも何か原因があって別れたはず。復縁してもまた同じことになってしまえば、元の木阿弥です。

素敵な結婚をしたい

目指すこと

人の優劣を見抜く力を備える

女性向けの方位。東洋占術における素敵な結婚とは、「玉の輿に乗る」ことと限定されています。玉の輿とは社会的、経済的に恵まれた男性との結婚のこと。一時的な感情をコントロールし、男性の本質を見抜ける力が宿る方位を使い、賢くなりましょう。

使う方位盤	玉女守門	丁奇昇殿
	人遁	鬼遁

玉の輿の方位として有名な「玉女守門」を筆頭に、「丁奇昇殿」「人遁」、賢さを象徴する丁奇の吉格を使いましょう。ライバルがいる場合は、他人の失敗が自分の成功につながる「鬼遁」も検討してください。

これらの方位は日盤で使って、自分の体質を玉の輿に乗れるように改善していくと良いでしょう。時盤の効果は一時的なものなので、出会いがあってもすぐに結婚に結びつくかはわかりません。結婚を目的としない出会いを求めている男性もいるからです。男性は結婚を社会的なものと考えているので、まず好きな人と出会って自由に付き合い、そして結婚するという順番が大切なのです。

⚠️ 注意すべきPOINT

ここで望めるのは「玉の輿」という側面のみ。相手は、社会的、経済的に恵まれているはずですが、容姿が好みかどうか、性格や価値観が合うかどうかという点は加味されません。

願い⑦

美しくなりたい、
魅力的になりたい

目指すこと

自分の魅力を爆発させる

　魅力とは「ほかの人が持っていない何か」です。例えば腫れぼったい目など、いわゆる一般的な美人の条件に当てはまらなくても、それがあなたの魅力。コンプレックスこそが、チャームポイントになるのです。あなたの魅力を爆発させていきましょう。

使う方位盤　獄神得奇　寒風刃月　陶洗珠玉

　「寒風刃月」と「陶洗珠玉」は、美しさを引き出す辛儀と壬儀の組み合わせ。美しさを求める女性には鉄板の方位です。これらの方位を時盤で用いて美容サロンに行くなどすると、より美しくなれるはず。

　また、日露戦争で東郷平八郎率いる連合艦隊がロシアのバルチック艦隊を破った際に使ったといわれる「獄神得奇」もおすすめです。奇跡的な大逆転をもたらす方位として有名ですが、女性が使えば、男性のあなたを見る目が変わります。いわゆる美人ではなくても、男性は抗いがたい魅力を感じてしまい「もう、この人以外には考えられない！」と夢中になるでしょう。ぜひ一度使ってみてください。

⚠注意すべきPOINT

「獄神得奇」を使うと心身ともに疲弊するため、休養時間の確保を。あなたはそのままで十分魅力的ですが、歯並びだけは直すのがベター。歯列矯正後に運が好転した人が数多くいます。

仕事運を上げたい

良縁によって仕事を発展させる

　東洋占術において会社員の目的とは、出世にほかなりません。一方、経営者の場合は業績向上とともに社員をうまく動かす度量も必要に。どちらにも共通して求められるのは「まわりの人との関係を良くすること」。仕事運につながる方位を紹介します。

使う方位盤

青竜返首	日昇照山
火焼赤壁	山青清水

　会社員も経営者もフリーランスの人も、仕事運でまず使うべき方位は「青竜返首」です。「目上の人から可愛がられて成功していく」という効果があり、仕事運においても良いお客様や良い上司に恵まれ、すんなりと開運していくでしょう。

　次が戊儀の吉格です。戊儀は相手から信用を得る求信の方位。要領が良くなり、楽しく仕事をしながら出世レースも勝ち抜いていけます。

「日昇照山」は成功者の後ろ盾で伸びていくという、「青竜返首」に似た効果があります。「火焼赤壁」はワンアイデアで形勢逆転、「山青清水」は仕事の手腕が買われて出世や引き抜き、事業拡大につながります。

⚠注意すべきPOINT

経営者が丙奇の方位を使いすぎるとワンマンになって逆効果。会社員が丁奇の方位を使うと経営者を下に見てしまう恐れが。そんな態度が疎まれ、出世どころか左遷の目に遭うかも。

能力・スキルを上げたい

目指すこと

効率良くスキルアップできるようになる

　最近「リスキリング」「リカレント教育」など、社会人の学び直しに注目が集まっています。これからのデジタル時代に合わせて必要なスキルを身につけておくのは、生き残るための賢い戦略です。次の方位を使って効率良くスキルアップしていきましょう。

使う方位盤	丁奇昇殿　丁奇得使 人遁

　これからの世の中で役に立つ資格や、あなたを豊かにする学びは何なのかを知ることが先決です。頭脳を良くする丁奇の良い格を使うと、自分の足りない知識やマスターしておくべき分野がわかります。「丁奇昇殿」は集中力を発揮して勉強に身が入る方位。資格試験があるなら1年前から計画的に使いましょう。
　「丁奇得使」は「丁奇昇殿」よりもさらに強い吉効果を持つので、必要な情報を幅広く集めることができるでしょう。「人遁」もおすすめ。記憶力が抜群となり、平均点が10％アップすることも実証されています。ただしこれらの方位を使ったとしても、勉強しなければ当然ながらスキルアップの効果は得られません。

⚠注意すべきPOINT

「朱雀投江」「螣蛇妖嬌」といった凶方位は決して使わないでください。丁奇の頭の良さが消されてしまうため、一生懸命勉強してもまったく成果が出ません。

手掛けているプロジェクトや仕事を成功させたい

〜 目指すこと 〜

協調性をアップさせてチームワークを良好にする

　プロジェクトの成功に求められるのは、「あなたがヒーローになること」ではなく「チームワーク」です。そこであなた自身が協調性のある人間になる必要があります。さらに仕事をやり遂げるために健康であることも重要です。基礎運から上げていきましょう。

使う方位盤

乙奇昇殿　乙奇得使

地遁

　協調性を身につけたいなら、求安を司る乙奇にお任せ。乙奇の吉格は、心身の安定という基礎運を固めるのに最適で、副作用が少なめな方位です。
　「乙奇昇殿」は構成条件がシンプルなので効き目はマイルドですが、出現しやすいので何度も使いましょう。「乙奇得使」もチームワークに必須の格で、基礎運を安定させ心に余裕を与えてくれます。
　「地遁」はなかなか出現しませんが、人間関係の誤解を解いて濃密なコミュニケーションが取れるようになります。
　そのほか「龍遁」「雲遁」「風遁」「虎遁」といった乙奇の吉格もおすすめです。

⚠注意すべきPOINT

丙奇の格はNG。「丙奇得使」「丙奇昇殿」「天遁」「神遁」は、スタンドプレーやワンマンな態度が目立つようになり、チームワークが乱れる原因になります。

収入・売上を上げたい

自分を売り込む押しの強さで営業力を高める

　経営者で会社全体の売り上げを伸ばしたい、あるいは個人事業主で収入を上げたい場合、「ライバルを押しのけて自分自身を売り込んでいけるような押しの強さ」が必要です。会社員でも、歩合制の営業などの仕事なら、この方位でガンガン稼ぎましょう。

使う
方位盤

| 丙奇昇殿 | 丙奇得使 |
| 天遁 | 神遁 |

　丙奇は求財の方位。迫力が備わり、事業や商売の成功を約束します。お金儲けの方位「丙奇得使」は、商売やビジネスには持ってこい。法律すれすれのところを上手に攻めることで、大きな利益を上げられるかもしれません。「丙奇昇殿」はお金儲けのセンスが高まったり、自分をうまく売り込めるようになったりします。
　「神遁」は交友関係によってお金が入ってきます。友だちだけでなくライバルとも有効につき合うと良いでしょう。「天遁」を使えば、お金儲けのアイデアが続々と浮かぶようになります。さらにそれが大当たりし、お金が懐に転がり込んでくるのです。滅多に出ない格なので、出てきたら使うことを強くおすすめします。

⚠️注意すべきPOINT

副作用として人格が尊大になったり、強欲になったりします。会社員の人は、「仕事運を上げたい（p.137）」「周囲に評価されたい、出世・昇進をしたい（p.141）」の方位を使って。

周囲に評価されたい、出世・昇進をしたい

〜目指すこと〜

2つの方法のうちどちらかをきっぱり選ぶ

　周囲の人に認めてもらうためには、2つのやり方があると考えます。ひとつは目上の人に引き立ててもらう方法。もうひとつは社交性を身につけて相手の信用を勝ち取る方法です。うまく評価につながらないと感じるならば、次の方位を使いましょう。

使う方位盤

| 青竜返首 | 巨岩梅花 | 日昇照山 |

| 火焼赤壁 | 山青清水 |

　目上の人に引き立ててもらう格といえば、「青竜返首」。明るい積極性と気品が備わり、上司に認められることで昇給、昇進が約束されます。社内だけでなく、クライアントからも厚い信頼を寄せられ、順調に出世していくでしょう。ただし自分自身も誠実に振る舞うことが必要です。本来は公務員や大会社の社員に向いている方位ですが、小さい会社を大きくしていく場合にも有効です。

　社交性を身につけたいなら、戊儀の吉方位を使うのがおすすめです。「巨岩梅花」「日昇照山」「火焼赤壁」「山青清水」は、人脈づくりに最適な方位。要領の良さも出てくるので仕事がスピーディーになり、その点からも評価されます。

⚠注意すべきPOINT

2つのやり方のうち、どちらかを選んだらその方法をやり抜くこと。選んだ方位の人格に自らなりきることが重要です。2つの方法を掛け持ちすると、効果は半減してしまいます。

願い⑬

家族・家庭運を上げたい、良い人間関係を築きたい

〜 目指すこと 〜

幸運を呼び込むための基礎運を高める

日々、たくさんの運を求めるなかで見落としがちなのが、人間関係や健康といった「基礎運」です。お金があっても寒々しい家庭では幸せとはいえません。幸運は多くの場合、人が運んでくるものですから、幸運を呼ぶ土台づくりをしていきましょう。

使う方位盤　乙奇昇殿　乙奇得使　地遁

　家内安全、無病息災、平穏無事。一見地味でおもしろ味がありませんが、こうした安定感こそ人類に共通する普遍的な願望なのではないでしょうか。安定した生活は幸運の基礎でありながら、目指すべき理想の到達点でもあるのです。乙奇の吉格で基礎運を固めましょう。定番の「乙奇昇殿」「乙奇得使」「地遁」のほか、「竜遁」「虎遁」「雲遁」「風遁」も使えます。

　金運や恋愛運などを上げたい場合は、まずこれらの格を繰り返し使って運の土台をつくり、生活が安定してきたらそれぞれの目的に応じた格や方位を使うのが原則です。このように奇門遁甲では、使う順番がとても重要になります。

⚠注意すべきPOINT

乙奇の効果は地味で実感しにくいのが特徴。なぜなら病気やトラブルを未然に防いでくれるからです。「本当に効いているのかな？」と心配になりますが、何度も繰り返し試してください。

ライバルに勝ちたい

〜 目指すこと 〜

ライバルに打ち勝つ頭脳を手に入れる

　ライバルとは仕事上の関係者だけでなく、意中の人を巡る人間関係も含まれます。あるいは好きな人の配偶者などということも……。奇門遁甲は兵法として生まれた方位術ですから、「相手にもうまく使わせること」がポイント。その秘術をご紹介します。

使う方位盤　玉女守門　丁奇昇殿　丁奇得使　人遁　鬼遁

　丁奇の吉格でライバルに勝つ頭脳を手に入れましょう。「丁奇得使」「丁奇昇殿」「玉女守門」「人遁」「鬼遁」が頭の良くなる定番の方位です。

　これに加えて、頭脳を鈍らせる凶方位をライバルに使わせるのが、奇門遁甲の真骨頂です。「朱雀投江」「螣蛇妖嬌」は、丁奇の頭の良さが破壊される方位。愚かな間違いを犯して相手は自滅し、結果自分が勝ち残るという効果が生まれます。

　凶方位を使わせるには、日盤か時盤を用いて一緒に飲みに行くと良いでしょう。自分で吉方位を使い、ライバルに凶方位を使わせるまでが1セットです。相手を陥れることに抵抗を感じるかもしれませんが、本気で勝ちたいときはこうした方法も視野に。

⚠️ **注意すべきPOINT**

相手と一緒に凶方位に行く場合は、同時に自分も凶作用を浴びることになります。時盤の境界（2時間おき）になったらお手洗いに立つなど、少しでも場所を変える工夫が必要です。

金運を上げたい

自分に見合った金運の上げ方を理解する

　一言で「金運」といっても、会社員と経営者の金運は違うもの。いずれにせよ、金運は仕事の成果の後に期待されるものです。自分の仕事の内容を理解し、ふさわしい金運を求めることが成功への第一歩です。ここではシンプルな「お金の方位」を紹介します。

使う方位盤
　飛鳥跌穴　　丙奇昇殿　　丙奇得使
　天遁　　神遁

　求財の方位丙奇を天盤に据えた吉格です。強力な金運を約束してくれる「丙奇得使」、目的に向かって強引に進むことからお金につながる「丙奇昇殿」は定番中の定番。宝くじに当選したり、遺産が入ったりするなど、思いがけない金運に恵まれる「飛鳥跌穴」もぜひ使ってください。ただし、チャンスは1回のみです。

　丙奇の最高の格といわれる「神遁」は、他人の成功が自分の成功につながる暗示。人間関係からお金儲けのおいしい話が入ってきます。「天遁」を使えば実用的なアイデアがひらめき、商売の景気が良くなるはずです。会社員の人は甲尊の吉格を使い、昇進して給料を上げることを目標にしてみてください。

⚠注意すべきPOINT

丙奇の吉格は、尊大な態度になって嫌われるなど副作用が強いため、繰り返し使うべきではありません。特に女性は色気が失われます。金運か、恋愛・結婚運のどちらかに絞りましょう。

╢ 願い⑯ ╟

うまく貯金をしたい、
やりくり上手になりたい

╢ 目指すこと ╟

無駄な浪費を抑えられるようになる

　せっかくお金が入ってきても、その分出ていってしまうなら、一向に貯金は増えていきません。上手にやりくりしながらお金を増やしていくには賢さが必要です。「金運を上げたい（p.144）」が「攻めの金運」なら、ここで紹介するのは「守りの金運」です。

使う方位盤	丁奇昇殿	丁奇得使
	山青清水	天乙会合

　「丁奇昇殿」は現実的な考え方になり、一攫千金を狙うようなことはせず計画的にお金を貯められるようになります。知性がさえわたる「丁奇得使」を使えば、無駄を省き、効率良く貯めていけるはず。

　また、格ではないものの「山青清水」は物事を速やかに処理できるようになるため、貯金も着々と増えていくでしょう。「天乙会合」も経済的な豊かさをもたらす方位。相続や宝くじ当選など、臨時収入の暗示もあります。

　これらの方位を使いながら積み立てなどをコツコツと続けていけば、スピーディーに残高が増えていくでしょう。

⚠注意すべきPOINT

「玉女守門」や「鬼遁」といった丁奇の効果が強い方位は避けてください。賢くなりすぎるとお金を投資や運用で増やしたくなったり、極端に切り詰めたりして、逆効果に。

願い⑰

学業の成果を出したい

目指すこと

根気強い方位の使用で少しずつ成績を上げていく

「我が子の成績を上げてほしい」という、親御さんからの切実なご相談も非常に多くいただきます。次の方位を一度使うごとに、成績は10%ずつ上がっていくと考えてください。ただし方位術は魔法ではありません。当然ながら本人の努力と実行も不可欠です。

使う方位盤

玉女守門　丁奇昇殿

丁奇得使

頭が良くなる丁奇が効果的です。「丁奇得使」「丁奇昇殿」「玉女守門」を何度も使いましょう。一度使うごとに10%ずつ成績が上がっていくイメージです。

現在の成績が振るわないなら、方位を使うと同時に勉強机に向かうクセをつけるところから始めましょう。例えば、ゲームや食事を勉強机で行うと、自然と机に向かう習慣が身につきます。また、基礎的な勉強を疎かにしないことと、教えてくれる先生を嫌いにならないことも、成績アップに大きく影響しています。暗記ものは、騒がしい環境のなかで覚えたり、走りながら学んだりするのがおすすめ。こうしたことを馬鹿にせずにコツコツ行う人が、奇門遁甲の効果を最大限に発揮できるのです。

⚠注意すべきPOINT

成績はすぐには上がらないので、試験の直前に使っても遅いでしょう。志望校の合格ラインと現在の成績とを照合し、受験の１年以上前から計画的に使うことを強くおすすめします。

試験を突破したい

===== 目指すこと =====

勝負運を高めて筆記にも面接にも強くなる

　試験は一発勝負。模試で成績が良かったとしても合格できるとは限りません。しかし、毎年多くの受験生を無事合格に導いている方位があるのです。これを使えば、試験当日も落ち着いて普段通りの実力を発揮できるでしょう。面接に有効な方位も紹介します。

使う方位盤	鍛冶錬金	干合鬼神
	小蛇化竜	

　まず考えるべきは、勝負運を司る壬儀を天盤に配置した方位です。鬼と神が合体するといわれる「干合鬼神」は、あらゆる成功を約束する方位。勝負全般に効果を発揮します。「小蛇化竜」も大吉の方位。自信を持って試験に臨むことができ、合格を掴む可能性が高まります。そのほか、「鍛冶錬金」は文書の作成能力を飛躍的に向上させます。文書には試験の答案も含まれるので、ぜひ使ってほしい方位です。

　面接がある場合は、他人からの信用を得る戊儀を使います。「巨岩梅花」「日昇照山」「火焼赤壁」は、目上の人の信頼を得て、応援してもらえる方位です。「青竜返首」もおすすめ。

⚠注意すべきPOINT

時盤と日盤で使用します。試験当日か試験の実施時間に効果が出るようにするため、必ず事前に方位を使うこと。試験会場へ向かうときの方位が、凶方位にならないように注意を。

くじ運を上げたい、 イベントに当選したい

目指すこと

思いがけない幸運を確実につかむ

　宝くじの当選とは、金運ではなく僥倖運。つまり「思いがけない幸せに遭遇する運」です。第六感的な要素が大きく、奇門遁甲を使っても当てるのは至難の業。また、僥倖運のなかには悪いものも入っています。これらを理解したうえで、使用しましょう。

使う
方位盤

| 飛鳥跌穴 | 戦格 |
| 鉄鎚砕玉 | 寒風刃月 |

　くじ運で使える吉格は「飛鳥跌穴」だけ。宝くじに当選して人生が大逆転する可能性がありますが、チャンスは1回限りです。
　そのほかはすべて凶方位となります。争いと破壊をもたらす「戦格」、不和や争いを暗示する「鉄鎚砕玉」、孤独に陥る「寒風刃月」は、ギャンブルのツキを呼び込む作用があるのです。ただし、凶作用が強いため「くじには当たったけれど、病気になってしまった」「事故に遭ってしまった」というケースが後を絶ちません。かつて20年以上にわたりギャンブルの雑誌に携わっていましたが、宝くじに当選した人の数年後を調べてみると、当選前より苦労している人のほうが多かったのです。

⚠注意すべきPOINT

時盤で使います。宝くじを買ったらその後のアクションに気をつけて。たとえ当たったとしても凶作用は出現します。寄り道などせずまっすぐ帰宅すれば、免れるかもしれません。

願い⑳

健康を保ちたい、病気を治したい

目指すこと

幸せを手にするための健康体を手に入れる

　健康は、幸運に恵まれるための前提条件です。大切なタイミングで体調を崩すと、チャンスを失ってしまいます。デートにおいても心から楽しめないでしょう。以下の方位で健康をキープしましょう。病気を治したいときにも使えます。

使う方位盤

| 乙奇昇殿 | 乙奇得使 | 地遁 | 錦上麗花 |
| 開花陽光 | 草花温順 | 鮮花名瓶 | |

　心身の健康を求める場合は、乙奇の吉格です。「乙奇得使」「乙奇昇殿」「地遁」が鉄板。さらに「錦上麗花」「開花陽光」「草花温順」「鮮花名瓶」もおすすめです。ただこれらの方位は効果が目に見えないため、実感できないのが特徴です。しかし確実に効果はありますから何度も使ってください。病気の治療の場合も上記の方位を使います。

　ただし、次の方位は治療において使ってはいけません。「丁奇昇殿」「丁奇得使」「人遁」「鬼遁」はいずれも丁奇の吉格ですが、頭が良くなりすぎて医師の言葉に不信感を抱いてしまい、回復が難しくなるのです。

⚠注意すべきPOINT

乙奇の方位の唯一ともいえる副作用は、太りやすくなること。ほかの副作用のリスクは低いので、食生活に注意しながら繰り返し使ってください。治療の際には丁奇の方位を使わないで。

願い㉑

特定の人と縁を切りたい

目指すこと

悪縁を断ち切る

　仕事でも趣味でも、人間関係の煩わしさはつきものです。マウントしてくる人がいたり、根も葉もないうわさを撒き散らされたり、リーダー的な存在の人にこき使われたりして、辟易していませんか？　離れたい人やコミュニティがある場合に効果抜群です。

使う方位盤

飛鳥跌穴　丁奇得使　時雨養根

華蓋虹橋　天乙会合

　悪縁を断ち切りたいときは、癸儀の吉方位を使います。おすすめは「時雨養根」「華蓋虹橋」「天乙会合」です。面倒なしがらみを断ち切って、新しくスタートできるでしょう。あるいは「丁奇特使」を使う手もあります。丁奇の吉格で、難しい人間関係を頭脳を使って巧みに切り抜けられます。また、「飛鳥跌穴」を使えば、あなたに迫力が備わり、強気に出て相手を圧倒できるでしょう。

　以前、悪質なストーカー被害に悩む女性に「華蓋虹橋」の方位へ引っ越してもらったところ、直接的な被害を避けることができました。ただし、方位を使う前には警察に連絡することがストーカー対策の鉄則です。

⚠注意すべきPOINT

癸儀は物事を終わらせ再出発する方位です。ここで紹介したのは吉方位なのでさほど心配しなくても大丈夫ですが、念のため大切な相手にはあなたから連絡をして関係を保つように。

巻末資料

立向盤を出すために必要な資料を掲載しています。方位盤は全1080種類、暦は2043年まで掲載しているので、20年先の運勢まで占うことが可能です。あなたの大切な願いを叶えるため、ぜひ参考にしてみてください。

🏵 37格の配合一覧表

格の名称	吉凶	配合	掲載ページ
青竜返首	吉	天盤「甲」×地盤「丙」	p.38
飛鳥跌穴	吉	天盤「丙」×地盤「甲」	p.39
玉女守門	吉	天盤「丁」、八門は特殊な出し方で定める	p.40
乙奇昇殿	吉	天盤「乙」が東に入る	p.41
丙奇昇殿	吉	天盤「丙」が南に入る	p.42
丁奇昇殿	吉	天盤「丁」が西に入る	p.43
乙奇得使	吉	天盤「乙」×地盤「己」	p.44
丙奇得使	吉	天盤「丙」×地盤「戊」	p.45
丁奇得使	吉	天盤「丁」×地盤「壬」	p.46
天遁	吉	天盤「丙」×地盤「戊」×八門「生」	p.47
地遁	吉	天盤「乙」×地盤「己」×八門「開」	p.48
人遁	吉	天盤「丁」×八門「休」×八神「陰」	p.49
神遁	吉	天盤「丙」×八門「生」×八神「天」	p.50
鬼遁	吉	天盤「丁」×八門「開」×八神「地」	p.51
竜遁	吉	・天盤「乙」×八門「開」 ・天盤「乙」が北西に入り、八門が「休」か「生」	p.52
虎遁	吉	・天盤「乙」×八門「生」 ・天盤「乙」が北東に入り、八門が「休」か「開」	p.53
風遁	吉	天盤「乙」が南東に入り、八門が「休」か「生」か「開」	p.54
雲遁	吉	天盤「乙」が南西に入り、八門が「休」か「生」か「開」	p.55
大格	大凶	天盤「庚」×地盤「癸」	p.56
小格	凶	天盤「庚」×地盤「壬」	p.57
刑格	凶	天盤「庚」×地盤「己」	p.58
戦格	凶	天盤「庚」×地盤「庚」	p.59
飛宮格	凶	天盤「甲」×地盤「庚」	p.60
伏宮格	大凶	天盤「庚」×地盤「甲」	p.61
青竜逃走	凶	天盤「乙」×地盤「辛」	p.62
白虎猖狂	凶	天盤「辛」×地盤「乙」	p.63
熒惑入白	凶	天盤「丙」×地盤「庚」	p.64
太白入熒	凶	天盤「庚」×地盤「丙」	p.65
朱雀投江	凶	天盤「丁」×地盤「癸」	p.66
螣蛇妖嬌	大凶	天盤「癸」×地盤「丁」	p.67

格の名称	吉凶	配合	掲載ページ
干伏吟	凶	天盤と地盤が同じ（「甲」と「丁」を除く）	p.68
星門伏吟	凶	・九星「蓬」×八門「休」 ・九星「芮」×八門「死」 ・九星「冲」×八門「傷」 ・九星「輔」×八門「杜」 ・九星「心」×八門「開」 ・九星「柱」×八門「驚」 ・九星「任」×八門「生」 ・九星「英」×八門「景」	p.69
干反吟	凶	・天盤「戊」×地盤「辛」 ・天盤「辛」×地盤「戊」 ・天盤「己」×地盤「壬」 ・天盤「壬」×地盤「己」 ・天盤「庚」×地盤「癸」 ・天盤「癸」×地盤「庚」	p.70
星門反吟	凶	・九星「蓬」×八門「景」 ・九星「任」×八門「死」 ・九星「冲」×八門「驚」 ・九星「輔」×八門「開」 ・九星「英」×八門「休」 ・九星「芮」×八門「生」 ・九星「柱」×八門「傷」 ・九星「心」×八門「杜」	p.71
八門受制	凶	・八門「休」が南に入る ・八門「景」が西に入る ・八門「生」が北に入る ・八門「開」が東に入る	p.72
六儀撃刑	凶	・天盤「己」が南西に入る ・天盤「辛」が南に入る ・天盤「壬」が南東に入る ・天盤「癸」が南東に入る ・天盤「戊」が東に入る ・天盤「庚」が北東に入る	p.73
三奇入墓	凶	・乙奇入墓:天盤「乙」が南西に入る ・丙奇入墓:天盤「丙」が北西に入る ・丁奇入墓:天盤「丁」が北西に入る	p.74

🌸 天盤と地盤の配合一覧表

天盤×地盤	名称	吉凶	掲載ページ
甲×甲	双木盛森	大吉	p.78
甲×乙	藤草巻木	凶	p.78
甲×丙	青竜返首	吉	p.38
甲×丁	乾木列炎	大吉	p.79
甲×戊	岩山孤松	凶	p.79
甲×己	生木養土	吉	p.80
甲×庚	飛宮格	凶	p.60
甲×辛	棍棒玉砕	凶	p.80
甲×壬	廃舵漂洋	凶	p.81
甲×癸	樹根甘雨	吉	p.81
乙×甲	錦上麗花	吉	p.82
乙×乙	伏吟雑草	凶	p.82
乙×丙	開花陽光	吉	p.83
乙×丁	草花温順	大吉	p.83
乙×戊	鮮花名瓶	大吉	p.84
乙×己	乙奇得使	吉	p.44
乙×庚	紅蕾無残	大凶	p.84
乙×辛	青竜逃走	凶	p.62
乙×壬	蓮花清泉	吉	p.85
乙×癸	沃野朝露	小凶	p.85
丙×甲	飛鳥跌穴	吉	p.39
丙×乙	順陽豊作	吉	p.86
丙×丙	伏吟烈光	凶	p.86
丙×丁	麗陽明知	吉	p.87
丙×戊	丙奇得使	吉	p.45
丙×己	緑野普照	吉	p.87
丙×庚	熒惑入白	凶	p.64
丙×辛	日月相会	吉	p.88
丙×壬	輝陽湖水	吉	p.88
丙×癸	黒雲覆日	凶	p.89
丁×甲	青竜援軍	吉	p.89
丁×乙	焼田撒種	吉	p.90
丁×丙	白昼蛾涙	凶	p.90
丁×丁	両火盛炎	吉	p.91

天盤×地盤	名称	吉凶	掲載ページ
丁×戊	守火有炉	吉	p.91
丁×己	星堕零落	凶	p.92
丁×庚	鍛冶錬金	吉	p.92
丁×辛	火炎珠玉	凶	p.93
丁×壬	丁奇得使	吉	p.46
丁×癸	朱雀投江	凶	p.66
戊×甲	大地不毛	凶	p.93
戊×乙	巨岩梅花	吉	p.94
戊×丙	日昇照山	大吉	p.94
戊×丁	火焼赤壁	吉	p.95
戊×戊	伏吟連峰	凶	p.95
戊×己	物以類集	凶	p.96
戊×庚	助鬼傷身	凶	p.96
戊×辛	反吟漏気	凶	p.97
戊×壬	山青清水	吉	p.97
戊×癸	岩盤浸食	凶	p.98
己×甲	腐根落芽	凶	p.98
己×乙	蜜意甘草	大吉	p.99
己×丙	落陽根蓋	凶	p.99
己×丁	朱雀入墓	凶	p.100
己×戊	青竜降臨	吉	p.100
己×己	伏吟泥濘	凶	p.101
己×庚	反転刑格	凶	p.101
己×辛	湿泥汚玉	大凶	p.102
己×壬	反吟濁水	大凶	p.102
己×癸	地刑玄武	大凶	p.103
庚×甲	伏宮格	大凶	p.61
庚×乙	太白逢星	凶	p.103
庚×丙	太白入熒	凶	p.65
庚×丁	猛火製鉄	大吉	p.104
庚×戊	廃炉無火	凶	p.104
庚×己	刑格	凶	p.58
庚×庚	戦格	凶	p.59
庚×辛	鉄鎚砕玉	大凶	p.105

天盤×地盤	名称	吉凶	掲載ページ
庚×壬	小格	凶	p.57
庚×癸	大格	大凶	p.56
辛×甲	毀刀巨木	凶	p.105
辛×乙	白虎猖狂	凶	p.63
辛×丙	干合炎月	凶	p.106
辛×丁	獄神得奇	吉	p.106
辛×戊	反吟埋金	凶	p.107
辛×己	入獄陰牢	大凶	p.107
辛×庚	白虎折刀	大凶	p.108
辛×辛	伏吟相剋	凶	p.108
辛×壬	寒風刃月	凶	p.109
辛×癸	天牢華蓋	凶	p.109
壬×甲	遠島流人	凶	p.110
壬×乙	灌水桃花	凶	p.110
壬×丙	黄昏衰光	凶	p.111
壬×丁	干合鬼神	大吉	p.111
壬×戊	小蛇化竜	大吉	p.112
壬×己	反吟濁泉	凶	p.112
壬×庚	螣蛇騒乱	凶	p.113
壬×辛	陶洗珠玉	大吉	p.113
壬×壬	伏吟地網	凶	p.114
壬×癸	幼女奸淫	凶	p.114
癸×甲	時雨養根	吉	p.115
癸×乙	梨花氷雨	凶	p.115
癸×丙	華蓋虹橋	吉	p.116
癸×丁	螣蛇妖嬌	大凶	p.67
癸×戊	天乙会合	吉	p.116
癸×己	華蓋泥田	凶	p.117
癸×庚	反吟白錆	凶	p.117
癸×辛	陽滅陰旺	凶	p.118
癸×壬	冲天奔地	凶	p.118
癸×癸	伏吟天羅	凶	p.119

🏵 吉凶判定表

〚記入欄〛

天盤×地盤	九星×八門	九宮×八神	総合判定

〚天盤×地盤〛

天盤＼地盤	甲	乙	丙	丁	戊	己	庚	辛	壬	癸
甲	○	×	○	○	×	×	×	×	×	○
乙	×	×	○	○	○	○	×	×	×	×
丙	○	○	×	○	○	×	×	×	×	○
丁	○	○	○	○	○	×	○	○	○	×
戊	×	○	○	○	○	×	×	×	○	○
己	○	○	○	○	○	×	×	×	×	×
庚	×	○	○	○	○	×	×	×	×	×
辛	×	×	○	×	×	×	×	×	○	×
壬	×	○	○	○	○	×	×	×	×	×
癸	○	×	×	×	×	×	×	×	×	×

〚九星×八門〛

九星＼八門	蓬	芮	冲	輔	禽	心	柱	任	英
休	×	○	○	○	×	○	○	○	×
生	○	×	○	○	×	○	○	×	○
傷	×	×	×	×	×	×	×	×	×
杜	×	×	×	×	×	×	×	×	×
景	×	○	×	○	○	○	○	○	×
死	×	×	×	×	×	×	×	×	×
驚	×	×	×	×	×	×	×	×	×
開	○	○	○	×	×	×	○	○	○

〚九宮×八神〛

九宮＼八神	一	二	三	四	五	六	七	八	九
符	○	○	○	○	×	○	○	○	○
蛇	×	×	×	×	×	×	×	×	×
陰	○	○	○	○	×	○	○	○	○
合	○	○	○	○	×	○	○	○	○
陳	×	×	×	×	×	×	×	×	×
雀	×	×	×	×	×	×	×	×	×
地	○	○	○	○	×	○	○	○	○
天	○	○	○	○	×	○	○	○	○

❖ 月盤・時盤 九宮一覧表

①

九	五	七
八	一	三
四	六	二

②

一	六	八
九	二	四
五	七	三

③

二	七	九
一	三	五
六	八	四

④

三	八	一
二	四	六
七	九	五

⑤

四	九	二
三	五	七
八	一	六

⑥

五	一	三
四	六	八
九	二	七

⑦

六	二	四
五	七	九
一	三	八

⑧

七	三	五
六	八	一
二	四	九

⑨

八	四	六
七	九	二
三	五	一

時盤表1

表A						表B						
							陽遁 漢数字が赤字			陰遁 漢数字が青字		
日干	甲・己	乙・庚	丙・辛	丁・壬	戊・癸	時刻	子・卯・午・酉	丑・辰・未・戌	寅・巳・申・亥	子・卯・午・酉	丑・辰・未・戌	寅・巳・申・亥	日支
時干支ナンバー	1	13	25	37	49	23時～1時	①	④	⑦	⑨	⑥	③	九宮ナンバー
	2	14	26	38	50	1時～3時	②	⑤	⑧	⑧	⑤	②	
	3	15	27	39	51	3時～5時	③	⑥	⑨	⑦	④	①	
	4	16	28	40	52	5時～7時	④	⑦	①	⑥	③	⑨	
	5	17	29	41	53	7時～9時	⑤	⑧	②	⑤	②	⑧	
	6	18	30	42	54	9時～11時	⑥	⑨	③	④	①	⑦	
	7	19	31	43	55	11時～13時	⑦	①	④	③	⑨	⑥	
	8	20	32	44	56	13時～15時	⑧	②	⑤	②	⑧	⑤	
	9	21	33	45	57	15時～17時	⑨	③	⑥	①	⑦	④	
	10	22	34	46	58	17時～19時	①	④	⑦	⑨	⑥	③	
	11	23	35	47	58	19時～21時	②	⑤	⑧	⑧	⑤	②	
	12	24	36	48	60	21時～23時	③	⑥	⑨	⑦	④	①	

時盤表2

時干支一覧					
1．甲子	11．甲戌	21．甲申	31．甲午	41．甲辰	51．甲寅
2．乙丑	12．乙亥	22．乙酉	32．乙未	42．乙巳	52．乙卯
3．丙寅	13．丙子	23．丙戌	33．丙申	43．丙午	53．丙辰
4．丁卯	14．丁丑	24．丁亥	34．丁酉	44．丁未	54．丁巳
5．戊辰	15．戊寅	25．戊子	35．戊戌	45．戊申	55．戊午
6．己巳	16．己卯	26．己丑	36．己亥	46．己酉	56．己未
7．庚午	17．庚辰	27．庚寅	37．庚子	47．庚戌	57．庚申
8．辛未	18．辛巳	28．辛卯	38．辛丑	48．辛亥	58．辛酉
9．壬申	19．壬午	29．壬辰	39．壬寅	49．壬子	59．壬戌
10．癸酉	20．癸未	30．癸巳	40．癸卯	50．癸丑	60．癸亥

陰陽	節気		上	中	下	上	中	下	上	中	下	上	中	下	上	中	下	上	中	下
陽局	冬至、啓蟄	A	一	七	四	二	八	五	三	九	六	四	一	七	五	二	八	六	三	九
	小寒	B	二	八	五	三	九	六	四	一	七	五	二	八	六	三	九	七	四	一
	大寒、春分	C	三	九	六	四	一	七	五	二	八	六	三	九	七	四	一	八	五	二
	立春	D	八	五	二	九	六	三	一	七	四	二	八	五	三	九	六	四	一	七
	雨水	E	九	六	三	一	七	四	二	八	五	三	九	六	四	一	七	五	二	八
	清明、立夏	F	四	一	七	五	二	八	六	三	九	七	四	一	八	五	二	九	六	三
	穀雨、小満	G	五	二	八	六	三	九	七	四	一	八	五	二	九	六	三	一	七	四
	芒種	H	六	三	九	七	四	一	八	五	二	九	六	三	一	七	四	二	八	五
陰局	夏至、白露	I	九	三	六	八	二	五	七	一	四	六	九	三	五	八	二	四	七	一
	小暑	J	八	二	五	七	一	四	六	九	三	五	八	二	四	七	一	三	六	九
	大暑、秋分	K	七	一	四	六	九	三	五	八	二	四	七	一	三	六	九	二	五	八
	立秋	L	二	五	八	一	四	七	九	三	六	八	二	五	七	一	四	六	九	三
	処暑	M	一	四	七	九	三	六	八	二	五	七	一	四	六	九	三	五	八	二
	寒露、立冬	N	六	九	三	五	八	二	四	七	一	三	六	九	二	五	八	一	四	七
	霜降、小雪	O	五	八	二	四	七	一	三	六	九	二	五	八	一	四	七	九	三	六
	大雪	P	四	七	一	三	六	九	二	五	八	一	四	七	九	三	六	八	二	五

暦 の 読 み 方

p.157「時盤表2」で使用する。

月日 イベントや調べたい月と日にちの該当する欄やクロスするマスを参考にする。

立陰 月盤を算出する際に参考にする。

節気 二十四節気のこと。時盤を算出する際に参考にする。

五行局 方位盤を算出する際に参考にする。青字が陰遁、赤字が陽遁を示す。

干支 方位盤を算出する際に参考にする。

アルファベット p.157「時盤表2」で使用する。

月	立陰	1日	2日	3日	4日	5日	6日	7日	8日	9日	10日	11日	12日	13日	14日	15日	16日	17日	18日	19日	20日	21日	22日	23日	24日	25日	26日	27日	28日	29日	30日	31日	節気
1月	癸丑九⑨	己未	庚申	辛酉	壬戌	癸亥	甲子	乙丑	丙寅	丁卯	戊辰	己巳	庚午	辛未	壬申	癸酉	甲戌	乙亥	丙子	丁丑	戊寅	己卯	庚辰	辛巳	壬午	癸未	甲申	乙酉	丙戌	丁亥	戊子	己丑	小寒：6日から 大寒：20日から
		五	四	三	二	一	一	二	三	四	五	六	七	八	九	一	二	三	四	五	六	七	八	九	一	二	三	四	五	六	七	八	
		A－下					B－上					B－中					B－下					C－上						C－中					
2月	甲寅九⑧	庚寅	辛卯	壬辰	癸巳	甲午	乙未	丙申	丁酉	戊戌	己亥	庚子	辛丑	壬寅	癸卯	甲辰	乙巳	丙午	丁未	戊申	己酉	庚戌	辛亥	壬子	癸丑	甲寅	乙卯	丙辰	丁巳				立春：4日から 雨水：19日から
		九	一	二	三	四	五	六	七	八	九	一	二	三	四	五	六	七	八	九	一	二	三	四	五	六	七	八	九				
		C－下				D－上					D－中					D－下					E－上						E－中						
3月	乙卯九⑦	戊午	己未	庚申	辛酉	壬戌	癸亥	甲子	乙丑	丙寅	丁卯	戊辰	己巳	庚午	辛未	壬申	癸酉	甲戌	乙亥	丙子	丁丑	戊寅	己卯	庚辰	辛巳	壬午	癸未	甲申	乙酉	丙戌	丁亥	戊子	啓蟄：6日から 春分：21日から
		一	二	三	四	五	六	七	八	九	一	二	三	四	五	六	七	八	九	一	二	三	四	五	六	七	八	九	一	二	三	四	
		E－下				A－上					A－中					A－下					C－上						C－中						

月	立陰	1日	2日	3日	4日	5日	6日	7日	8日	9日	10日	11日	12日	13日	14日	15日	16日	17日	18日	19日	20日	21日	22日	23日	24日	25日	26日	27日	28日	29日	30日	31日	節気
7月	己未八③	庚申	辛酉	壬戌	癸亥	甲子	乙丑	丙寅	丁卯	戊辰	己巳	庚午	辛未	壬申	癸酉	甲戌	乙亥	丙子	丁丑	戊寅	己卯	庚辰	辛巳	壬午	癸未	甲申	乙酉	丙戌	丁亥	戊子	己丑	庚寅	小暑：7日から 大暑：23日から
		八	七	八	九	九	八	七	六	五	四	三	二	一	九	八	七	六	五	四	三	二	一	九	八	七	六	五	四	三	二	一	
		I－下				I－上					J－上					J－中					J－下					K－上							
8月	庚申八②	辛卯	壬辰	癸巳	甲午	乙未	丙申	丁酉	戊戌	己亥	庚子	辛丑	壬寅	癸卯	甲辰	乙巳	丙午	丁未	戊申	己酉	庚戌	辛亥	壬子	癸丑	甲寅	乙卯	丙辰	丁巳	戊午	己未	庚申	辛酉	立秋：8日から 処暑：23日から
		九	八	七	六	五	四	三	二	一	九	八	七	六	五	四	三	二	一	九	八	七	六	五	四	三	二	一	九	八	七	六	
		K－中			K－下				L－上					L－中					L－下					M－上						M－中				
9月	辛酉八①	壬戌	癸亥	甲子	乙丑	丙寅	丁卯	戊辰	己巳	庚午	辛未	壬申	癸酉	甲戌	乙亥	丙子	丁丑	戊寅	己卯	庚辰	辛巳	壬午	癸未	甲申	乙酉	丙戌	丁亥	戊子	己丑	庚寅	辛卯		白露：8日から 秋分：23日から
		五	四	三	二	一	九	八	七	六	五	四	三	二	一	九	八	七	六	五	四	三	二	一	九	八	七	六	五	四	三		
		M－下			I－上					I－中					I－下					K－上						K－中							

アルファベットのマスが空欄のときは、前後の流れを見て判断する。ここの場合、「M－中」となる。

❀ 2023年／癸卯／立陰四

月 立陰	1日	2日	3日	4日	5日	6日	7日	8日	9日	10日	11日	12日	13日	14日	15日	16日	17日	18日	19日	20日	21日	22日	23日	24日	25日	26日	27日	28日	29日	30日	31日	節気
1月 癸丑九⑨	己未	庚申	辛酉	壬戌	癸亥	甲子	乙丑	丙寅	丁卯	戊辰	己巳	庚午	辛未	壬申	癸酉	甲戌	乙亥	丙子	丁丑	戊寅	己卯	庚辰	辛巳	壬午	癸未	甲申	乙酉	丙戌	丁亥	戊子	己丑	小寒：6日から / 大寒：20日から
	五	四	三	二	一	二	三	四	五	六	七	八	九	一	二	三	四	五	六	七	八	九	一	二	三	四	五	六	七	八	九	
	A－下			B－上				B－中				B－下				C－上				C－中												
2月 甲寅九⑧	庚寅	辛卯	壬辰	癸巳	甲午	乙未	丙申	丁酉	戊戌	己亥	庚子	辛丑	壬寅	癸卯	甲辰	乙巳	丙午	丁未	戊申	己酉	庚戌	辛亥	壬子	癸丑	甲寅	乙卯	丙辰	丁巳	戊午			立春：4日から / 雨水：19日から
	九	一	二	三	四	五	六	七	八	九	一	二	三	四	五	六	七	八	九	一	二	三	四	五	六	七	八	九				
	C－下			D－上				D－中				D－下				E－上				E－中												
3月 乙卯九⑦	戊午	己未	庚申	辛酉	壬戌	癸亥	甲子	乙丑	丙寅	丁卯	戊辰	己巳	庚午	辛未	壬申	癸酉	甲戌	乙亥	丙子	丁丑	戊寅	己卯	庚辰	辛巳	壬午	癸未	甲申	乙酉	丙戌	丁亥	戊子	啓蟄：6日から / 春分：21日から
	一	二	三	四	五	六	七	八	九	一	二	三	四	五	六	七	八	九	一	二	三	四	五	六	七	八	九	一	二	三		
	E－下			A－上				A－中				A－下				C－上				C－中												
4月 丙辰八⑥	己丑	庚寅	辛卯	壬辰	癸巳	甲午	乙未	丙申	丁酉	戊戌	己亥	庚子	辛丑	壬寅	癸卯	甲辰	乙巳	丙午	丁未	戊申	己酉	庚戌	辛亥	壬子	癸丑	甲寅	乙卯	丙辰	丁巳	戊午		清明：5日から / 穀雨：20日から
	五	六	七	八	九	一	二	三	四	五	六	七	八	九	一	二	三	四	五	六	七	八	九	一	二	三	四	五	六	七		
	C－下			F－上				F－中				F－下				G－上				G－中												
5月 丁巳八⑤	己未	庚申	辛酉	壬戌	癸亥	甲子	乙丑	丙寅	丁卯	戊辰	己巳	庚午	辛未	壬申	癸酉	甲戌	乙亥	丙子	丁丑	戊寅	己卯	庚辰	辛巳	壬午	癸未	甲申	乙酉	丙戌	丁亥	戊子	己丑	立夏：6日から / 小満：21日から
	八	九	一	二	三	四	五	六	七	八	九	一	二	三	四	五	六	七	八	九	一	二	三	四	五	六	七	八	九	一		
	G－下			F－上				F－中				F－下				G－上				G－中												
6月 戊午八④	庚寅	辛卯	壬辰	癸巳	甲午	乙未	丙申	丁酉	戊戌	己亥	庚子	辛丑	壬寅	癸卯	甲辰	乙巳	丙午	丁未	戊申	己酉	庚戌	辛亥	壬子	癸丑	甲寅	乙卯	丙辰	丁巳	戊午	己未		芒種：6日から / 夏至：21日から
	三	四	五	六	七	八	九	一	二	三	四	五	六	七	八	九	一	二	三	四	五	六	七	八	九	一	二	三	四	五		
	G－下			H－上				H－中				H－下				I－上				I－中												
7月 己未八③	庚申	辛酉	壬戌	癸亥	甲子	乙丑	丙寅	丁卯	戊辰	己巳	庚午	辛未	壬申	癸酉	甲戌	乙亥	丙子	丁丑	戊寅	己卯	庚辰	辛巳	壬午	癸未	甲申	乙酉	丙戌	丁亥	戊子	己丑	庚寅	小暑：7日から / 大暑：23日から
	六	七	八	九	一	八	七	六	五	四	三	二	一	九	八	七	六	五	四	三	二	一	九	八	七	六	五	四	三	二	一	
	I－下			I－上				J－上				J－中				J－下				K－上												
8月 庚申八②	辛卯	壬辰	癸巳	甲午	乙未	丙申	丁酉	戊戌	己亥	庚子	辛丑	壬寅	癸卯	甲辰	乙巳	丙午	丁未	戊申	己酉	庚戌	辛亥	壬子	癸丑	甲寅	乙卯	丙辰	丁巳	戊午	己未	庚申	辛酉	立秋：8日から / 処暑：23日から
	九	八	七	六	五	四	三	二	一	九	八	七	六	五	四	三	二	一	九	八	七	六	五	四	三	二	一	九	八	七	六	
	K－中			K－下				L－上				L－中				L－下				M－上				M－中								
9月 辛酉八①	壬戌	癸亥	甲子	乙丑	丙寅	丁卯	戊辰	己巳	庚午	辛未	壬申	癸酉	甲戌	乙亥	丙子	丁丑	戊寅	己卯	庚辰	辛巳	壬午	癸未	甲申	乙酉	丙戌	丁亥	戊子	己丑	庚寅	辛卯		白露：8日から / 秋分：23日から
	五	四	三	二	一	九	八	七	六	五	四	三	二	一	九	八	七	六	五	四	三	二	一	九	八	七	六	五	四	三		
	M－下			I－上				I－中				I－下				K－上				K－中												
10月 壬戌八⑨	壬辰	癸巳	甲午	乙未	丙申	丁酉	戊戌	己亥	庚子	辛丑	壬寅	癸卯	甲辰	乙巳	丙午	丁未	戊申	己酉	庚戌	辛亥	壬子	癸丑	甲寅	乙卯	丙辰	丁巳	戊午	己未	庚申	辛酉	壬戌	寒露：8日から / 霜降：24日から
	二	一	九	八	七	六	五	四	三	二	一	九	八	七	六	五	四	三	二	一	九	八	七	六	五	四	三	二	一	九	八	
	K－下			N－上				N－中				N－下				O－上				O－中												
11月 癸亥八⑧	癸亥	甲子	乙丑	丙寅	丁卯	戊辰	己巳	庚午	辛未	壬申	癸酉	甲戌	乙亥	丙子	丁丑	戊寅	己卯	庚辰	辛巳	壬午	癸未	甲申	乙酉	丙戌	丁亥	戊子	己丑	庚寅	辛卯	壬辰		立冬：8日から / 小雪：22日から
	七	六	五	四	三	二	一	九	八	七	六	五	四	三	二	一	九	八	七	六	五	四	三	二	一	九	八	七	六	五		
	O－下			N－上				N－中				N－下				O－上				O－中												
12月 甲子八⑦	癸巳	甲午	乙未	丙申	丁酉	戊戌	己亥	庚子	辛丑	壬寅	癸卯	甲辰	乙巳	丙午	丁未	戊申	己酉	庚戌	辛亥	壬子	癸丑	甲寅	乙卯	丙辰	丁巳	戊午	己未	庚申	辛酉	壬戌	癸亥	大雪：7日から / 冬至：22日から
	四	三	二	一	九	八	七	六	五	四	三	二	一	九	八	七	六	五	四	三	二	一	九	八	七	六	五	四	三	二	一	
	O－下			P－上				P－中				P－下				A－上				A－中												

🌸 2024年／甲辰／立陰三

月／立陰	1日	2日	3日	4日	5日	6日	7日	8日	9日	10日	11日	12日	13日	14日	15日	16日	17日	18日	19日	20日	21日	22日	23日	24日	25日	26日	27日	28日	29日	30日	31日	節気
1月 乙丑八⑥	甲子	乙丑	丙寅	丁卯	戊辰	己巳	庚午	辛未	壬申	癸酉	甲戌	乙亥	丙子	丁丑	戊寅	己卯	庚辰	辛巳	壬午	癸未	甲申	乙酉	丙戌	丁亥	戊子	己丑	庚寅	辛卯	壬辰	癸巳	甲午	小寒：6日から 大寒：20日から
	一	二	三	四	五	六	七	八	九	一	二	三	四	五	六	七	八	九	一	二	三	四	五	六	七	八	九	一	二	三	四	
	A－下					B－上						B－中						B－下					C－上						C－中			
2月 丙寅七⑤	乙未	丙申	丁酉	戊戌	己亥	庚子	辛丑	壬寅	癸卯	甲辰	乙巳	丙午	丁未	戊申	己酉	庚戌	辛亥	壬子	癸丑	甲寅	乙卯	丙辰	丁巳	戊午	己未	庚申	辛酉	壬戌	癸亥			立春：4日から 雨水：19日から
	五	六	七	八	九	一	二	三	四	五	六	七	八	九	一	二	三	四	五	六	七	八	九	一	二	三	四	五	六			
	C－下				D－上					D－中					D－下					E－上					E－中							
3月 丁卯七④	甲子	乙丑	丙寅	丁卯	戊辰	己巳	庚午	辛未	壬申	癸酉	甲戌	乙亥	丙子	丁丑	戊寅	己卯	庚辰	辛巳	壬午	癸未	甲申	乙酉	丙戌	丁亥	戊子	己丑	庚寅	辛卯	壬辰	癸巳	甲午	啓蟄：5日から 春分：20日から
	七	八	九	一	二	三	四	五	六	七	八	九	一	二	三	四	五	六	七	八	九	一	二	三	四	五	六	七	八	九	一	
	E－下				A－上					A－中					A－下					C－上					C－中							
4月 戊辰七③	乙未	丙申	丁酉	戊戌	己亥	庚子	辛丑	壬寅	癸卯	甲辰	乙巳	丙午	丁未	戊申	己酉	庚戌	辛亥	壬子	癸丑	甲寅	乙卯	丙辰	丁巳	戊午	己未	庚申	辛酉	壬戌	癸亥	甲子		清明：4日から 穀雨：19日から
	二	三	四	五	六	七	八	九	一	二	三	四	五	六	七	八	九	一	二	三	四	五	六	七	八	九	一	二	三	四		
	C－下				F－上					F－中					F－下					G－上					G－中							
5月 己巳七②	乙丑	丙寅	丁卯	戊辰	己巳	庚午	辛未	壬申	癸酉	甲戌	乙亥	丙子	丁丑	戊寅	己卯	庚辰	辛巳	壬午	癸未	甲申	乙酉	丙戌	丁亥	戊子	己丑	庚寅	辛卯	壬辰	癸巳	甲午	乙未	立夏：5日から 小満：20日から
	五	六	七	八	九	一	二	三	四	五	六	七	八	九	一	二	三	四	五	六	七	八	九	一	二	三	四	五	六	七	八	
	G－下				F－上					F－中					F－下					G－上					G－中							
6月 庚午七①	丙申	丁酉	戊戌	己亥	庚子	辛丑	壬寅	癸卯	甲辰	乙巳	丙午	丁未	戊申	己酉	庚戌	辛亥	壬子	癸丑	甲寅	乙卯	丙辰	丁巳	戊午	己未	庚申	辛酉	壬戌	癸亥	甲子	乙丑		芒種：5日から 夏至：21日から
	九	一	二	三	四	五	六	七	八	九	一	二	三	四	五	六	七	八	九	一	二	三	四	五	六	七	八	九	九	八		
	G－下				H－上					H－中					H－下					I－上					I－中							
7月 辛未七⑨	丙寅	丁卯	戊辰	己巳	庚午	辛未	壬申	癸酉	甲戌	乙亥	丙子	丁丑	戊寅	己卯	庚辰	辛巳	壬午	癸未	甲申	乙酉	丙戌	丁亥	戊子	己丑	庚寅	辛卯	壬辰	癸巳	甲午	乙未	丙申	小暑：6日から 大暑：22日から
	七	六	五	四	三	二	一	九	八	七	六	五	四	三	二	一	九	八	七	六	五	四	三	二	一	九	八	七	六	五	四	
	I－下				I－上				J－上					J－中					J－下					K－上					K－中			
8月 壬申七⑧	丁酉	戊戌	己亥	庚子	辛丑	壬寅	癸卯	甲辰	乙巳	丙午	丁未	戊申	己酉	庚戌	辛亥	壬子	癸丑	甲寅	乙卯	丙辰	丁巳	戊午	己未	庚申	辛酉	壬戌	癸亥	甲子	乙丑	丙寅	丁卯	立秋：7日から 処暑：22日から
	三	二	一	九	八	七	六	五	四	三	二	一	九	八	七	六	五	四	三	二	一	九	八	七	六	五	四	三	二	一	九	
	K－下				L－上					L－中					L－下					M－上					M－中							
9月 癸酉七⑦	戊辰	己巳	庚午	辛未	壬申	癸酉	甲戌	乙亥	丙子	丁丑	戊寅	己卯	庚辰	辛巳	壬午	癸未	甲申	乙酉	丙戌	丁亥	戊子	己丑	庚寅	辛卯	壬辰	癸巳	甲午	乙未	丙申	丁酉		白露：7日から 秋分：22日から
	八	七	六	五	四	三	二	一	九	八	七	六	五	四	三	二	一	九	八	七	六	五	四	三	二	一	九	八	七	六		
	M－下				I－上					I－中					I－下					K－上					K－中							
10月 甲戌七⑥	戊戌	己亥	庚子	辛丑	壬寅	癸卯	甲辰	乙巳	丙午	丁未	戊申	己酉	庚戌	辛亥	壬子	癸丑	甲寅	乙卯	丙辰	丁巳	戊午	己未	庚申	辛酉	壬戌	癸亥	甲子	乙丑	丙寅	丁卯	戊辰	寒露：8日から 霜降：23日から
	五	四	三	二	一	九	八	七	六	五	四	三	二	一	九	八	七	六	五	四	三	二	一	九	八	七	六	五	四	三	二	
	K－下				N－上					N－中					N－下					O－上					O－中							
11月 乙亥七⑤	己巳	庚午	辛未	壬申	癸酉	甲戌	乙亥	丙子	丁丑	戊寅	己卯	庚辰	辛巳	壬午	癸未	甲申	乙酉	丙戌	丁亥	戊子	己丑	庚寅	辛卯	壬辰	癸巳	甲午	乙未	丙申	丁酉	戊戌		立冬：7日から 小雪：22日から
	一	九	八	七	六	五	四	三	二	一	九	八	七	六	五	四	三	二	一	九	八	七	六	五	四	三	二	一	九	八		
	O－下				N－上					N－中					N－下					O－上					O－中							
12月 丙戌六④	己亥	庚子	辛丑	壬寅	癸卯	甲辰	乙巳	丙午	丁未	戊申	己酉	庚戌	辛亥	壬子	癸丑	甲寅	乙卯	丙辰	丁巳	戊午	己未	庚申	辛酉	壬戌	癸亥	甲子	乙丑	丙寅	丁卯	戊辰	己巳	大雪：7日から 冬至：21日から
	七	六	五	四	三	二	一	九	八	七	六	五	四	三	二	一	九	八	七	六	五	四	三	二	一	九	八	七	六	五	四	
	O－下				P－上					P－中					P－下					A－上					A－中							

✤2025年／乙巳／立陰二

月	立陰	1日	2日	3日	4日	5日	6日	7日	8日	9日	10日	11日	12日	13日	14日	15日	16日	17日	18日	19日	20日	21日	22日	23日	24日	25日	26日	27日	28日	29日	30日	31日	節気
1月	丁丑六③	庚午	辛未	壬申	癸酉	甲戌	乙亥	丙子	丁丑	戊寅	己卯	庚辰	辛巳	壬午	癸未	甲申	乙酉	丙戌	丁亥	戊子	己丑	庚寅	辛卯	壬辰	癸巳	甲午	乙未	丙申	丁酉	戊戌	己亥	庚子	小寒：5日から 大寒：20日から
		七	八	九	一	二	三	四	五	六	七	八	九	一	二	三	四	五	六	七	八	九	一	二	三	四	五	六	七	八	九	一	
		A－下		B－上			B－中			B－下			C－上			C－中																
2月	戊寅六②	辛丑	壬寅	癸卯	甲辰	乙巳	丙午	丁未	戊申	己酉	庚戌	辛亥	壬子	癸丑	甲寅	乙卯	丙辰	丁巳	戊午	己未	庚申	辛酉	壬戌	癸亥	甲子	乙丑	丙寅	丁卯	戊辰				立春：3日から 雨水：18日から
		二	三	四	五	六	七	八	九	一	二	三	四	五	六	七	八	九	一	二	三	四	五	六	七	八	九	一	二				
		C－下		D－上			D－中			D－下			E－上			E－中																
3月	己卯六①	己巳	庚午	辛未	壬申	癸酉	甲戌	乙亥	丙子	丁丑	戊寅	己卯	庚辰	辛巳	壬午	癸未	甲申	乙酉	丙戌	丁亥	戊子	己丑	庚寅	辛卯	壬辰	癸巳	甲午	乙未	丙申	丁酉	戊戌	己亥	啓蟄：5日から 春分：20日から
		三	四	五	六	七	八	九	一	二	三	四	五	六	七	八	九	一	二	三	四	五	六	七	八	九	一	二	三	四	五	六	
		E－下		A－上			A－中			A－下			C－上			C－中																
4月	庚辰六⑨	庚子	辛丑	壬寅	癸卯	甲辰	乙巳	丙午	丁未	戊申	己酉	庚戌	辛亥	壬子	癸丑	甲寅	乙卯	丙辰	丁巳	戊午	己未	庚申	辛酉	壬戌	癸亥	甲子	乙丑	丙寅	丁卯	戊辰	己巳		清明：4日から 穀雨：20日から
		七	八	九	一	二	三	四	五	六	七	八	九	一	二	三	四	五	六	七	八	九	一	二	三	四	五	六	七	八	九		
		G－下		F－上			F－中			F－下			G－上			G－中																
5月	辛巳六⑧	庚午	辛未	壬申	癸酉	甲戌	乙亥	丙子	丁丑	戊寅	己卯	庚辰	辛巳	壬午	癸未	甲申	乙酉	丙戌	丁亥	戊子	己丑	庚寅	辛卯	壬辰	癸巳	甲午	乙未	丙申	丁酉	戊戌	己亥	庚子	立夏：5日から 小満：21日から
		一	二	三	四	五	六	七	八	九	一	二	三	四	五	六	七	八	九	一	二	三	四	五	六	七	八	九	一	二	三	四	
		G－下		F－上			F－中			F－下			G－上			G－中																
6月	壬午六⑦	辛丑	壬寅	癸卯	甲辰	乙巳	丙午	丁未	戊申	己酉	庚戌	辛亥	壬子	癸丑	甲寅	乙卯	丙辰	丁巳	戊午	己未	庚申	辛酉	壬戌	癸亥	甲子	乙丑	丙寅	丁卯	戊辰	己巳	庚午		芒種：5日から 夏至：21日から
		五	六	七	八	九	一	二	三	四	五	六	七	八	九	一	二	三	四	五	六	七	八	九	一	九	八	七	六	五	四		
		G－下		H－上			H－中			H－下			H－上			I－上																
7月	癸未六⑥	辛未	壬申	癸酉	甲戌	乙亥	丙子	丁丑	戊寅	己卯	庚辰	辛巳	壬午	癸未	甲申	乙酉	丙戌	丁亥	戊子	己丑	庚寅	辛卯	壬辰	癸巳	甲午	乙未	丙申	丁酉	戊戌	己亥	庚子	辛丑	小暑：7日から 大暑：22日から
		二	一	九	八	七	六	五	四	三	二	一	九	八	七	六	五	四	三	二	一	九	八	七	六	五	四	三	二	一	九	八	
		I－下		I－中			J－上			J－中			J－下			K－上			K－中													
8月	甲申六⑤	壬寅	癸卯	甲辰	乙巳	丙午	丁未	戊申	己酉	庚戌	辛亥	壬子	癸丑	甲寅	乙卯	丙辰	丁巳	戊午	己未	庚申	辛酉	壬戌	癸亥	甲子	乙丑	丙寅	丁卯	戊辰	己巳	庚午	辛未	壬申	立秋：7日から 処暑：23日から
		七	六	五	四	三	二	一	九	八	七	六	五	四	三	二	一	九	八	七	六	五	四	三	二	一	九	八	七	六	五	四	
		K－下		L－上			L－中			L－下			M－上			M－中																
9月	乙酉六④	癸酉	甲戌	乙亥	丙子	丁丑	戊寅	己卯	庚辰	辛巳	壬午	癸未	甲申	乙酉	丙戌	丁亥	戊子	己丑	庚寅	辛卯	壬辰	癸巳	甲午	乙未	丙申	丁酉	戊戌	己亥	庚子	辛丑	壬寅		白露：7日から 秋分：23日から
		三	二	一	九	八	七	六	五	四	三	二	一	九	八	七	六	五	四	三	二	一	九	八	七	六	五	四	三	二	一		
		M－下		I－上			I－中			I－下			K－上			K－中																
10月	丙戌五③	癸卯	甲辰	乙巳	丙午	丁未	戊申	己酉	庚戌	辛亥	壬子	癸丑	甲寅	乙卯	丙辰	丁巳	戊午	己未	庚申	辛酉	壬戌	癸亥	甲子	乙丑	丙寅	丁卯	戊辰	己巳	庚午	辛未	壬申	癸酉	寒露：8日から 霜降：23日から
		九	八	七	六	五	四	三	二	一	九	八	七	六	五	四	三	二	一	九	八	七	六	五	四	三	二	一	九	八	七	六	
		K－下		N－上			N－中			N－下			O－上			O－中																
11月	丁亥五②	甲戌	乙亥	丙子	丁丑	戊寅	己卯	庚辰	辛巳	壬午	癸未	甲申	乙酉	丙戌	丁亥	戊子	己丑	庚寅	辛卯	壬辰	癸巳	甲午	乙未	丙申	丁酉	戊戌	己亥	庚子	辛丑	壬寅	癸卯		立冬：7日から 小雪：22日から
		五	四	三	二	一	九	八	七	六	五	四	三	二	一	九	八	七	六	五	四	三	二	一	九	八	七	六	五	四	三		
		O－下		N－上			N－中			N－下			O－上			O－中																
12月	戊子五①	甲辰	乙巳	丙午	丁未	戊申	己酉	庚戌	辛亥	壬子	癸丑	甲寅	乙卯	丙辰	丁巳	戊午	己未	庚申	辛酉	壬戌	癸亥	甲子	乙丑	丙寅	丁卯	戊辰	己巳	庚午	辛未	壬申	癸酉	甲戌	大雪：7日から 冬至：22日から
		二	一	九	八	七	六	五	四	三	二	一	九	八	七	六	五	四	三	二	一	二	三	四	五	六	七	八	九	一	二	一	
		O－下		P－上			P－中			P－下			A－上			A－中																

2026年／丙午／立陰一

月	立陰	1日	2日	3日	4日	5日	6日	7日	8日	9日	10日	11日	12日	13日	14日	15日	16日	17日	18日	19日	20日	21日	22日	23日	24日	25日	26日	27日	28日	29日	30日	31日	節気
1月	己丑五(9)	乙亥三	丙子四	丁丑五	戊寅六	己卯七	庚辰八	辛巳九	壬午一	癸未二	甲申三	乙酉四	丙戌五	丁亥六	戊子七	己丑八	庚寅九	辛卯一	壬辰二	癸巳三	甲午四	乙未五	丙申六	丁酉七	戊戌八	己亥九	庚子一	辛丑二	壬寅三	癸卯四	甲辰五	乙巳六	小寒:5日から／大寒:20日から
2月	庚寅五(8)	丙午七	丁未八	戊申九	己酉一	庚戌二	辛亥三	壬子四	癸丑五	甲寅六	乙卯七	丙辰八	丁巳九	戊午一	己未二	庚申三	辛酉四	壬戌五	癸亥六	甲子七	乙丑八	丙寅九	丁卯一	戊辰二	己巳三	庚午四	辛未五	壬申六	癸酉七				立春:4日から／雨水:19日から
3月	辛卯五(7)	甲戌八	乙亥九	丙子一	丁丑二	戊寅三	己卯四	庚辰五	辛巳六	壬午七	癸未八	甲申九	乙酉一	丙戌二	丁亥三	戊子四	己丑五	庚寅六	辛卯七	壬辰八	癸巳九	甲午一	乙未二	丙申三	丁酉四	戊戌五	己亥六	庚子七	辛丑八	壬寅九	癸卯一	甲辰二	啓蟄:5日から／春分:20日から
4月	壬辰五(6)	乙巳三	丙午四	丁未五	戊申六	己酉七	庚戌八	辛亥九	壬子一	癸丑二	甲寅三	乙卯四	丙辰五	丁巳六	戊午七	己未八	庚申九	辛酉一	壬戌二	癸亥三	甲子四	乙丑五	丙寅六	丁卯七	戊辰八	己巳九	庚午一	辛未二	壬申三	癸酉四	甲戌五		清明:5日から／穀雨:20日から
5月	癸巳五(5)	乙亥六	丙子七	丁丑八	戊寅九	己卯一	庚辰二	辛巳三	壬午四	癸未五	甲申六	乙酉七	丙戌八	丁亥九	戊子一	己丑二	庚寅三	辛卯四	壬辰五	癸巳六	甲午七	乙未八	丙申九	丁酉一	戊戌二	己亥三	庚子四	辛丑五	壬寅六	癸卯七	甲辰八	乙巳九	立夏:5日から／小満:21日から
6月	甲午五(4)	丙午一	丁未二	戊申三	己酉四	庚戌五	辛亥六	壬子七	癸丑八	甲寅九	乙卯一	丙辰二	丁巳三	戊午四	己未五	庚申六	辛酉七	壬戌八	癸亥九	甲子九	乙丑八	丙寅七	丁卯六	戊辰五	己巳四	庚午三	辛未二	壬申一	癸酉九	甲戌八	乙亥七		芒種:6日から／夏至:21日から
7月	乙未五(3)	丙子六	丁丑五	戊寅四	己卯三	庚辰二	辛巳一	壬午九	癸未八	甲申七	乙酉六	丙戌五	丁亥四	戊子三	己丑二	庚寅一	辛卯九	壬辰八	癸巳七	甲午六	乙未五	丙申四	丁酉三	戊戌二	己亥一	庚子九	辛丑八	壬寅七	癸卯六	甲辰五	乙巳四	丙午三	小暑:7日から／大暑:23日から
8月	丙申四(2)	丁未二	戊申一	己酉九	庚戌八	辛亥七	壬子六	癸丑五	甲寅四	乙卯三	丙辰二	丁巳一	戊午九	己未八	庚申七	辛酉六	壬戌五	癸亥四	甲子三	乙丑二	丙寅一	丁卯九	戊辰八	己巳七	庚午六	辛未五	壬申四	癸酉三	甲戌二	乙亥一	丙子九	丁丑八	立秋:7日から／処暑:23日から
9月	丁酉四(1)	戊寅七	己卯六	庚辰五	辛巳四	壬午三	癸未二	甲申一	乙酉九	丙戌八	丁亥七	戊子六	己丑五	庚寅四	辛卯三	壬辰二	癸巳一	甲午九	乙未八	丙申七	丁酉六	戊戌五	己亥四	庚子三	辛丑二	壬寅一	癸卯九	甲辰八	乙巳七	丙午六	丁未五		白露:7日から／秋分:23日から
10月	戊戌四(9)	戊申四	己酉三	庚戌二	辛亥一	壬子九	癸丑八	甲寅七	乙卯六	丙辰五	丁巳四	戊午三	己未二	庚申一	辛酉九	壬戌八	癸亥七	甲子六	乙丑五	丙寅四	丁卯三	戊辰二	己巳一	庚午九	辛未八	壬申七	癸酉六	甲戌五	乙亥四	丙子三	丁丑二	戊寅一	寒露:8日から／霜降:23日から
11月	己亥四(8)	己卯九	庚辰八	辛巳七	壬午六	癸未五	甲申四	乙酉三	丙戌二	丁亥一	戊子九	己丑八	庚寅七	辛卯六	壬辰五	癸巳四	甲午三	乙未二	丙申一	丁酉九	戊戌八	己亥七	庚子六	辛丑五	壬寅四	癸卯三	甲辰二	乙巳一	丙午九	丁未八	戊申七		立冬:7日から／小雪:22日から
12月	庚子四(7)	己酉六	庚戌五	辛亥四	壬子三	癸丑二	甲寅一	乙卯九	丙辰八	丁巳七	戊午六	己未五	庚申四	辛酉三	壬戌二	癸亥一	甲子九	乙丑八	丙寅七	丁卯六	戊辰五	己巳四	庚午三	辛未二	壬申一	癸酉一	甲戌二	乙亥三	丙子四	丁丑五	戊寅六	己卯七	大雪:7日から／冬至:22日から

局（各月・日の区分）:

- 1月: A-下／B-上／B-中／B-下／C-上／C-中
- 2月: C-下／D-上／D-中／D-下／E-上／E-中
- 3月: E-下／A-上／A-中／A-下／C-上／C-中
- 4月: C-下／F-上／F-中／F-下／G-上／G-中
- 5月: G-下／F-上／F-中／F-下／G-上／G-中
- 6月: G-下／H-上／H-中／H-下／H-上／I-上
- 7月: I-中／I-下／J-上／J-中／J-下／K-上／K-中
- 8月: K-下／L-上／L-中／L-下／M-上／M-中
- 9月: M-下／I-上／I-中／I-下／K-上／K-中
- 10月: O-上／N-上／N-中／N-下／O-上／O-中
- 11月: O-下／N-上／N-中／N-下／O-上／O-中
- 12月: O-下／P-上／P-中／P-下／A-上／A-中

❀ 2027年／丁未／立陰九

月 / 立陰	1日	2日	3日	4日	5日	6日	7日	8日	9日	10日	11日	12日	13日	14日	15日	16日	17日	18日	19日	20日	21日	22日	23日	24日	25日	26日	27日	28日	29日	30日	31日	節気
1月 辛丑四⑥	庚辰	辛巳	壬午	癸未	甲申	乙酉	丙戌	丁亥	戊子	己丑	庚寅	辛卯	壬辰	癸巳	甲午	乙未	丙申	丁酉	戊戌	己亥	庚子	辛丑	壬寅	癸卯	甲辰	乙巳	丙午	丁未	戊申	己酉	庚戌	小寒：5日から／大寒：20日から
	八	九	一	二	三	四	五	六	七	八	九	一	二	三	四	五	六	七	八	九	一	二	三	四	五	六	七	八	九	一	二	
	A−下						B−上						B−中						B−下						C−上						C−中	
2月 壬寅四⑤	辛亥	壬子	癸丑	甲寅	乙卯	丙辰	丁巳	戊午	己未	庚申	辛酉	壬戌	癸亥	甲子	乙丑	丙寅	丁卯	戊辰	己巳	庚午	辛未	壬申	癸酉	甲戌	乙亥	丙子	丁丑	戊寅				立春：4日から／雨水：19日から
	三	四	五	六	七	八	九	一	二	三	四	五	六	七	八	九	一	二	三	四	五	六	七	八	九	一	二	三				
	C−下						D−上						D−中						D−下						E−上						E−中	
3月 癸卯四④	己卯	庚辰	辛巳	壬午	癸未	甲申	乙酉	丙戌	丁亥	戊子	己丑	庚寅	辛卯	壬辰	癸巳	甲午	乙未	丙申	丁酉	戊戌	己亥	庚子	辛丑	壬寅	癸卯	甲辰	乙巳	丙午	丁未	戊申	己酉	啓蟄：6日から／春分：21日から
	四	五	六	七	八	九	一	二	三	四	五	六	七	八	九	一	二	三	四	五	六	七	八	九	一	二	三	四	五	六	七	
	E−下						A−上						A−中						A−下						C−上						C−中	
4月 甲辰四③	庚戌	辛亥	壬子	癸丑	甲寅	乙卯	丙辰	丁巳	戊午	己未	庚申	辛酉	壬戌	癸亥	甲子	乙丑	丙寅	丁卯	戊辰	己巳	庚午	辛未	壬申	癸酉	甲戌	乙亥	丙子	丁丑	戊寅	己卯		清明：5日から／穀雨：20日から
	八	九	一	二	三	四	五	六	七	八	九	一	二	三	四	五	六	七	八	九	一	二	三	四	五	六	七	八	九	一		
	C−下						F−上						F−中						F−下						G−上						G−中	
5月 乙巳四②	庚辰	辛巳	壬午	癸未	甲申	乙酉	丙戌	丁亥	戊子	己丑	庚寅	辛卯	壬辰	癸巳	甲午	乙未	丙申	丁酉	戊戌	己亥	庚子	辛丑	壬寅	癸卯	甲辰	乙巳	丙午	丁未	戊申	己酉	庚戌	立夏：6日から／小満：21日から
	二	三	四	五	六	七	八	九	一	二	三	四	五	六	七	八	九	一	二	三	四	五	六	七	八	九	一	二	三	四	五	
	G−下						F−上						F−中						F−下						G−上						G−中	
6月 丙午三①	辛亥	壬子	癸丑	甲寅	乙卯	丙辰	丁巳	戊午	己未	庚申	辛酉	壬戌	癸亥	甲子	乙丑	丙寅	丁卯	戊辰	己巳	庚午	辛未	壬申	癸酉	甲戌	乙亥	丙子	丁丑	戊寅	己卯	庚辰		芒種：6日から／夏至：21日から
	六	七	八	九	一	二	三	四	五	六	七	八	九	八	七	六	五	四	三	二	一	九	八	七	六	五	四	三	二	一		
	G−下						H−上						H−中						H−下						H−上						I−上	
7月 丁未三⑨	辛巳	壬午	癸未	甲申	乙酉	丙戌	丁亥	戊子	己丑	庚寅	辛卯	壬辰	癸巳	甲午	乙未	丙申	丁酉	戊戌	己亥	庚子	辛丑	壬寅	癸卯	甲辰	乙巳	丙午	丁未	戊申	己酉	庚戌	辛亥	小暑：7日から／大暑：23日から
	一	九	八	七	六	五	四	三	二	一	九	八	七	六	五	四	三	二	一	九	八	七	六	五	四	三	二	一	九	八	七	
	I−中						I−下						J−上						J−中						J−下						K−上	K−中
8月 戊申三⑧	壬子	癸丑	甲寅	乙卯	丙辰	丁巳	戊午	己未	庚申	辛酉	壬戌	癸亥	甲子	乙丑	丙寅	丁卯	戊辰	己巳	庚午	辛未	壬申	癸酉	甲戌	乙亥	丙子	丁丑	戊寅	己卯	庚辰	辛巳	壬午	立秋：8日から／処暑：23日から
	六	五	四	三	二	一	九	八	七	六	五	四	三	二	一	九	八	七	六	五	四	三	二	一	九	八	七	六	五	四	三	
	K−下						L−上						L−中						L−下						M−上						M−中	
9月 己酉三⑦	癸未	甲申	乙酉	丙戌	丁亥	戊子	己丑	庚寅	辛卯	壬辰	癸巳	甲午	乙未	丙申	丁酉	戊戌	己亥	庚子	辛丑	壬寅	癸卯	甲辰	乙巳	丙午	丁未	戊申	己酉	庚戌	辛亥	壬子		白露：8日から／秋分：23日から
	二	一	九	八	七	六	五	四	三	二	一	九	八	七	六	五	四	三	二	一	九	八	七	六	五	四	三	二	一	九		
	M−下						I−上						I−中						I−下						K−上						K−中	
10月 庚戌三⑥	癸丑	甲寅	乙卯	丙辰	丁巳	戊午	己未	庚申	辛酉	壬戌	癸亥	甲子	乙丑	丙寅	丁卯	戊辰	己巳	庚午	辛未	壬申	癸酉	甲戌	乙亥	丙子	丁丑	戊寅	己卯	庚辰	辛巳	壬午	癸未	寒露：8日から／霜降：24日から
	八	七	六	五	四	三	二	一	九	八	七	六	五	四	三	二	一	九	八	七	六	五	四	三	二	一	九	八	七	六	五	
	K−下						N−上						N−中						N−下						O−上						O−中	
11月 辛亥三⑤	甲申	乙酉	丙戌	丁亥	戊子	己丑	庚寅	辛卯	壬辰	癸巳	甲午	乙未	丙申	丁酉	戊戌	己亥	庚子	辛丑	壬寅	癸卯	甲辰	乙巳	丙午	丁未	戊申	己酉	庚戌	辛亥	壬子	癸丑		立冬：8日から／小雪：22日から
	四	三	二	一	九	八	七	六	五	四	三	二	一	九	八	七	六	五	四	三	二	一	九	八	七	六	五	四	三	二		
	O−下						N−上						N−中						N−下						O−上						O−中	
12月 壬子三④	甲寅	乙卯	丙辰	丁巳	戊午	己未	庚申	辛酉	壬戌	癸亥	甲子	乙丑	丙寅	丁卯	戊辰	己巳	庚午	辛未	壬申	癸酉	甲戌	乙亥	丙子	丁丑	戊寅	己卯	庚辰	辛巳	壬午	癸未	甲申	大雪：7日から／冬至：22日から
	一	九	八	七	六	五	四	三	二	一	九	八	七	六	五	四	三	二	一	三	四	五	六	七	八	九	一	二	三	四	三	
	O−下						P−上						P−中						P−下						A−上						A−中	

2028年／戊申／立陰八

月／立陰		1日	2日	3日	4日	5日	6日	7日	8日	9日	10日	11日	12日	13日	14日	15日	16日	17日	18日	19日	20日	21日	22日	23日	24日	25日	26日	27日	28日	29日	30日	31日	節気
1月	癸丑三③	乙酉	丙戌	丁亥	戊子	己丑	庚寅	辛卯	壬辰	癸巳	甲午	乙未	丙申	丁酉	戊戌	己亥	庚子	辛丑	壬寅	癸卯	甲辰	乙巳	丙午	丁未	戊申	己酉	庚戌	辛亥	壬子	癸丑	甲寅	乙卯	小寒：6日から／大寒：20日から
		四	五	六	七	八	九	一	二	三	四	五	六	七	八	九	一	二	三	四	五	六	七	八	九	一	二	三	四	五	六	七	A-下　B-上　B-中　B-下　C-上　C-中
2月	甲寅三②	丙辰	丁巳	戊午	己未	庚申	辛酉	壬戌	癸亥	甲子	乙丑	丙寅	丁卯	戊辰	己巳	庚午	辛未	壬申	癸酉	甲戌	乙亥	丙子	丁丑	戊寅	己卯	庚辰	辛巳	壬午	癸未	甲申			立春：4日から／雨水：19日から
		八	九	一	二	三	四	五	六	七	八	九	一	二	三	四	五	六	七	八	九	一	二	三	四	五	六	七	八	九			C-下　D-上　D-中　D-下　E-上　E-中
3月	乙卯三①	乙酉	丙戌	丁亥	戊子	己丑	庚寅	辛卯	壬辰	癸巳	甲午	乙未	丙申	丁酉	戊戌	己亥	庚子	辛丑	壬寅	癸卯	甲辰	乙巳	丙午	丁未	戊申	己酉	庚戌	辛亥	壬子	癸丑	甲寅	乙卯	啓蟄：5日から／春分：20日から
		一	二	三	四	五	六	七	八	九	一	二	三	四	五	六	七	八	九	一	二	三	四	五	六	七	八	九	一	二	三	四	E-下　A-上　A-中　A-下　C-上　C-中
4月	丙辰二⑨	丙辰	丁巳	戊午	己未	庚申	辛酉	壬戌	癸亥	甲子	乙丑	丙寅	丁卯	戊辰	己巳	庚午	辛未	壬申	癸酉	甲戌	乙亥	丙子	丁丑	戊寅	己卯	庚辰	辛巳	壬午	癸未	甲申	乙酉		清明：4日から／穀雨：19日から
		五	六	七	八	九	一	二	三	四	五	六	七	八	九	一	二	三	四	五	六	七	八	九	一	二	三	四	五	六	七		C-下　F-上　F-中　F-下　G-上　G-中
5月	丁巳二⑧	丙戌	丁亥	戊子	己丑	庚寅	辛卯	壬辰	癸巳	甲午	乙未	丙申	丁酉	戊戌	己亥	庚子	辛丑	壬寅	癸卯	甲辰	乙巳	丙午	丁未	戊申	己酉	庚戌	辛亥	壬子	癸丑	甲寅	乙卯	丙辰	立夏：5日から／小満：20日から
		八	九	一	二	三	四	五	六	七	八	九	一	二	三	四	五	六	七	八	九	一	二	三	四	五	六	七	八	九	一	二	G-下　F-上　F-中　F-下　G-上　G-中　G-下
6月	戊午二⑦	丁巳	戊午	己未	庚申	辛酉	壬戌	癸亥	甲子	乙丑	丙寅	丁卯	戊辰	己巳	庚午	辛未	壬申	癸酉	甲戌	乙亥	丙子	丁丑	戊寅	己卯	庚辰	辛巳	壬午	癸未	甲申	乙酉	丙戌		芒種：5日から／夏至：21日から
		三	四	五	六	七	八	九	九	八	七	六	五	四	三	二	一	九	八	七	六	五	四	三	二	一	九	八	七	六	五		G-上　H-上　H-中　H-下　I-上　I-中
7月	己未二⑥	丁亥	戊子	己丑	庚寅	辛卯	壬辰	癸巳	甲午	乙未	丙申	丁酉	戊戌	己亥	庚子	辛丑	壬寅	癸卯	甲辰	乙巳	丙午	丁未	戊申	己酉	庚戌	辛亥	壬子	癸丑	甲寅	乙卯	丙辰	丁巳	小暑：6日から／大暑：22日から
		四	三	二	一	九	八	七	六	五	四	三	二	一	九	八	七	六	五	四	三	二	一	九	八	七	六	五	四	三	二	一	I-下　J-上　J-中　J-下　K-上　K-中
8月	庚申二⑤	戊午	己未	庚申	辛酉	壬戌	癸亥	甲子	乙丑	丙寅	丁卯	戊辰	己巳	庚午	辛未	壬申	癸酉	甲戌	乙亥	丙子	丁丑	戊寅	己卯	庚辰	辛巳	壬午	癸未	甲申	乙酉	丙戌	丁亥	戊子	立秋：7日から／処暑：22日から
		九	八	七	六	五	四	三	二	一	九	八	七	六	五	四	三	二	一	九	八	七	六	五	四	三	二	一	九	八	七	六	K-下　L-上　L-中　L-下　M-上　M-中
9月	辛酉二④	己丑	庚寅	辛卯	壬辰	癸巳	甲午	乙未	丙申	丁酉	戊戌	己亥	庚子	辛丑	壬寅	癸卯	甲辰	乙巳	丙午	丁未	戊申	己酉	庚戌	辛亥	壬子	癸丑	甲寅	乙卯	丙辰	丁巳	戊午		白露：7日から／秋分：22日から
		五	四	三	二	一	九	八	七	六	五	四	三	二	一	九	八	七	六	五	四	三	二	一	九	八	七	六	五	四	三		M-下　I-上　I-中　I-下　K-上　K-中
10月	壬戌二③	己未	庚申	辛酉	壬戌	癸亥	甲子	乙丑	丙寅	丁卯	戊辰	己巳	庚午	辛未	壬申	癸酉	甲戌	乙亥	丙子	丁丑	戊寅	己卯	庚辰	辛巳	壬午	癸未	甲申	乙酉	丙戌	丁亥	戊子	己丑	寒露：8日から／霜降：23日から
		二	一	九	八	七	六	五	四	三	二	一	九	八	七	六	五	四	三	二	一	九	八	七	六	五	四	三	二	一	九	八	K-下　N-上　N-中　N-下　O-上　O-中
11月	癸亥二②	庚寅	辛卯	壬辰	癸巳	甲午	乙未	丙申	丁酉	戊戌	己亥	庚子	辛丑	壬寅	癸卯	甲辰	乙巳	丙午	丁未	戊申	己酉	庚戌	辛亥	壬子	癸丑	甲寅	乙卯	丙辰	丁巳	戊午	己未		立冬：7日から／小雪：22日から
		七	六	五	四	三	二	一	九	八	七	六	五	四	三	二	一	九	八	七	六	五	四	三	二	一	九	八	七	六	五		O-下　N-上　N-中　N-下　O-上　O-中
12月	甲子二①	庚申	辛酉	壬戌	癸亥	甲子	乙丑	丙寅	丁卯	戊辰	己巳	庚午	辛未	壬申	癸酉	甲戌	乙亥	丙子	丁丑	戊寅	己卯	庚辰	辛巳	壬午	癸未	甲申	乙酉	丙戌	丁亥	戊子	己丑	庚寅	大雪：6日から／冬至：21日から
		四	三	二	一	九	八	七	六	五	四	三	二	一	九	八	七	六	五	四	三	一	二	三	四	五	六	七	八	九	一	二	O-下　P-上　P-中　P-下　A-上　A-中

🏵 2029年／己酉／立陰七

月	立陰	1日	2日	3日	4日	5日	6日	7日	8日	9日	10日	11日	12日	13日	14日	15日	16日	17日	18日	19日	20日	21日	22日	23日	24日	25日	26日	27日	28日	29日	30日	31日	節気
1月	乙丑二⑨	辛卯	壬辰	癸巳	甲午	乙未	丙申	丁酉	戊戌	己亥	庚子	辛丑	壬寅	癸卯	甲辰	乙巳	丙午	丁未	戊申	己酉	庚戌	辛亥	壬子	癸丑	甲寅	乙卯	丙辰	丁巳	戊午	己未	庚申	辛酉	小寒：5日から 大寒：20日から
		一	二	三	四	五	六	七	八	九	一	二	三	四	五	六	七	八	九	一	二	三	四	五	六	七	八	九	一	二	三	四	
				A−上					B−上					B−中				B−下					C−上				C−中				C−下		
2月	丙寅一⑧	壬戌	癸亥	甲子	乙丑	丙寅	丁卯	戊辰	己巳	庚午	辛未	壬申	癸酉	甲戌	乙亥	丙子	丁丑	戊寅	己卯	庚辰	辛巳	壬午	癸未	甲申	乙酉	丙戌	丁亥	戊子	己丑				立春：3日から 雨水：18日から
		五	六	七	八	九	一	二	三	四	五	六	七	八	九	一	二	三	四	五	六	七	八	九	一	二	三	四	五				
					D−上						D−中					D−下					E−上					E−中							
3月	丁卯一⑦	庚寅	辛卯	壬辰	癸巳	甲午	乙未	丙申	丁酉	戊戌	己亥	庚子	辛丑	壬寅	癸卯	甲辰	乙巳	丙午	丁未	戊申	己酉	庚戌	辛亥	壬子	癸丑	甲寅	乙卯	丙辰	丁巳	戊午	己未	庚申	啓蟄：5日から 春分：20日から
		六	七	八	九	一	二	三	四	五	六	七	八	九	一	二	三	四	五	六	七	八	九	一	二	三	四	五	六	七	八	九	
				E−下					A−上					A−中					A−下					C−上					C−中				
4月	戊辰一⑥	辛酉	壬戌	癸亥	甲子	乙丑	丙寅	丁卯	戊辰	己巳	庚午	辛未	壬申	癸酉	甲戌	乙亥	丙子	丁丑	戊寅	己卯	庚辰	辛巳	壬午	癸未	甲申	乙酉	丙戌	丁亥	戊子	己丑	庚寅		清明：4日から 穀雨：20日から
		一	二	三	四	五	六	七	八	九	一	二	三	四	五	六	七	八	九	一	二	三	四	五	六	七	八	九	一	二	三		
				F−下					F−上					F−中					F−下					G−上					G−中				
5月	己巳一⑤	辛卯	壬辰	癸巳	甲午	乙未	丙申	丁酉	戊戌	己亥	庚子	辛丑	壬寅	癸卯	甲辰	乙巳	丙午	丁未	戊申	己酉	庚戌	辛亥	壬子	癸丑	甲寅	乙卯	丙辰	丁巳	戊午	己未	庚申	辛酉	立夏：5日から 小満：21日から
		四	五	六	七	八	九	一	二	三	四	五	六	七	八	九	一	二	三	四	五	六	七	八	九	一	二	三	四	五	六	七	
				G−下					F−上				F−中					F−下					G−上				G−中				G−下		
6月	庚午一④	壬戌	癸亥	甲子	乙丑	丙寅	丁卯	戊辰	己巳	庚午	辛未	壬申	癸酉	甲戌	乙亥	丙子	丁丑	戊寅	己卯	庚辰	辛巳	壬午	癸未	甲申	乙酉	丙戌	丁亥	戊子	己丑	庚寅	辛卯		芒種：5日から 夏至：21日から
		八	九	八	七	六	五	四	三	二	一	九	八	七	六	五	四	三	二	一	九	八	七	六	五	四	三	二	一	九	八		
					G−上					H−上					H−中					H−下					I−上				I−中					
7月	辛未一③	壬辰	癸巳	甲午	乙未	丙申	丁酉	戊戌	己亥	庚子	辛丑	壬寅	癸卯	甲辰	乙巳	丙午	丁未	戊申	己酉	庚戌	辛亥	壬子	癸丑	甲寅	乙卯	丙辰	丁巳	戊午	己未	庚申	辛酉	壬戌	小暑：7日から 大暑：22日から
		七	六	五	四	三	二	一	九	八	七	六	五	四	三	二	一	九	八	七	六	五	四	三	二	一	九	八	七	六	五	四	
				I−下					J−上					J−中					J−下					K−上					K−中				
8月	壬申一②	癸亥	甲子	乙丑	丙寅	丁卯	戊辰	己巳	庚午	辛未	壬申	癸酉	甲戌	乙亥	丙子	丁丑	戊寅	己卯	庚辰	辛巳	壬午	癸未	甲申	乙酉	丙戌	丁亥	戊子	己丑	庚寅	辛卯	壬辰	癸巳	立秋：7日から 処暑：23日から
		三	二	一	九	八	七	六	五	四	三	二	一	九	八	七	六	五	四	三	二	一	九	八	七	六	五	四	三	二	一	九	
				K−下					L−上					L−中					L−下					M−上					M−中				
9月	癸酉一①	甲午	乙未	丙申	丁酉	戊戌	己亥	庚子	辛丑	壬寅	癸卯	甲辰	乙巳	丙午	丁未	戊申	己酉	庚戌	辛亥	壬子	癸丑	甲寅	乙卯	丙辰	丁巳	戊午	己未	庚申	辛酉	壬戌	癸亥		白露：7日から 秋分：23日から
		九	八	七	六	五	四	三	二	一	九	八	七	六	五	四	三	二	一	九	八	七	六	五	四	三	二	一	九	八	七		
				M−下					I−上					I−中					I−下					K−上					K−中				
10月	甲戌一⑨	甲子	乙丑	丙寅	丁卯	戊辰	己巳	庚午	辛未	壬申	癸酉	甲戌	乙亥	丙子	丁丑	戊寅	己卯	庚辰	辛巳	壬午	癸未	甲申	乙酉	丙戌	丁亥	戊子	己丑	庚寅	辛卯	壬辰	癸巳	甲午	寒露：8日から 霜降：23日から
		六	五	四	三	二	一	九	八	七	六	五	四	三	二	一	九	八	七	六	五	四	三	二	一	九	八	七	六	五	四	三	
				K−下					N−上					N−中					N−下					O−上					O−中				
11月	乙亥一⑧	乙未	丙申	丁酉	戊戌	己亥	庚子	辛丑	壬寅	癸卯	甲辰	乙巳	丙午	丁未	戊申	己酉	庚戌	辛亥	壬子	癸丑	甲寅	乙卯	丙辰	丁巳	戊午	己未	庚申	辛酉	壬戌	癸亥	甲子		立冬：7日から 小雪：22日から
		二	一	九	八	七	六	五	四	三	二	一	九	八	七	六	五	四	三	二	一	九	八	七	六	五	四	三	二	一	九		
				O−下					N−上					N−中					N−下					O−上					O−中				
12月	丙子九⑦	乙丑	丙寅	丁卯	戊辰	己巳	庚午	辛未	壬申	癸酉	甲戌	乙亥	丙子	丁丑	戊寅	己卯	庚辰	辛巳	壬午	癸未	甲申	乙酉	丙戌	丁亥	戊子	己丑	庚寅	辛卯	壬辰	癸巳	甲午	乙未	大雪：7日から 冬至：21日から
		一	二	三	四	五	六	七	八	九	一	二	三	四	五	六	七	八	九	一	二	三	四	五	六	七	八	九	一	二	三	四	
				O−下					P−上					P−中					P−下					A−上					A−中				

2030年／庚戌／立陰六

月／立陰	1日	2日	3日	4日	5日	6日	7日	8日	9日	10日	11日	12日	13日	14日	15日	16日	17日	18日	19日	20日	21日	22日	23日	24日	25日	26日	27日	28日	29日	30日	31日	節気
1月 丁丑九⑥	丙申	丁酉	戊戌	己亥	庚子	辛丑	壬寅	癸卯	甲辰	乙巳	丙午	丁未	戊申	己酉	庚戌	辛亥	壬子	癸丑	甲寅	乙卯	丙辰	丁巳	戊午	己未	庚申	辛酉	壬戌	癸亥	甲子	乙丑	丙寅	小寒：5日から 大寒：20日から
	六	七	八	九	一	二	三	四	五	六	七	八	九	一	二	三	四	五	六	七	八	九	一	二	三	四	五	六	七	八	九	A-上 B-上 B-中 B-下 C-上 C-中 C-下
2月 戊寅九⑤	丁卯	戊辰	己巳	庚午	辛未	壬申	癸酉	甲戌	乙亥	丙子	丁丑	戊寅	己卯	庚辰	辛巳	壬午	癸未	甲申	乙酉	丙戌	丁亥	戊子	己丑	庚寅	辛卯	壬辰	癸巳	甲午				立春：4日から 雨水：19日から
	一	二	三	四	五	六	七	八	九	一	二	三	四	五	六	七	八	九	一	二	三	四	五	六	七	八	九	一				D-上 D-中 D-下 E-上 E-中
3月 己卯九④	乙未	丙申	丁酉	戊戌	己亥	庚子	辛丑	壬寅	癸卯	甲辰	乙巳	丙午	丁未	戊申	己酉	庚戌	辛亥	壬子	癸丑	甲寅	乙卯	丙辰	丁巳	戊午	己未	庚申	辛酉	壬戌	癸亥	甲子	乙丑	啓蟄：5日から 春分：20日から
	二	三	四	五	六	七	八	九	一	二	三	四	五	六	七	八	九	一	二	三	四	五	六	七	八	九	一	二	三	四	五	E-下 A-上 A-中 A-下 C-上 C-中
4月 庚辰九③	丙寅	丁卯	戊辰	己巳	庚午	辛未	壬申	癸酉	甲戌	乙亥	丙子	丁丑	戊寅	己卯	庚辰	辛巳	壬午	癸未	甲申	乙酉	丙戌	丁亥	戊子	己丑	庚寅	辛卯	壬辰	癸巳	甲午	乙未		清明：5日から 穀雨：20日から
	六	七	八	九	一	二	三	四	五	六	七	八	九	一	二	三	四	五	六	七	八	九	一	二	三	四	五	六	七	八		C-下 F-上 F-中 F-下 G-上
5月 辛巳九②	丙申	丁酉	戊戌	己亥	庚子	辛丑	壬寅	癸卯	甲辰	乙巳	丙午	丁未	戊申	己酉	庚戌	辛亥	壬子	癸丑	甲寅	乙卯	丙辰	丁巳	戊午	己未	庚申	辛酉	壬戌	癸亥	甲子	乙丑	丙寅	立夏：5日から 小満：21日から
	九	一	二	三	四	五	六	七	八	九	一	二	三	四	五	六	七	八	九	一	二	三	四	五	六	七	八	九	九	八	七	G-下 F-上 F-中 F-下 G-上 G-中 G-下
6月 壬午九①	丁卯	戊辰	己巳	庚午	辛未	壬申	癸酉	甲戌	乙亥	丙子	丁丑	戊寅	己卯	庚辰	辛巳	壬午	癸未	甲申	乙酉	丙戌	丁亥	戊子	己丑	庚寅	辛卯	壬辰	癸巳	甲午	乙未	丙申		芒種：5日から 夏至：21日から
	六	五	四	三	二	一	九	八	七	六	五	四	三	二	一	九	八	七	六	五	四	三	二	一	九	八	七	六	五	四		G-上 H-上 H-中 H-下 I-上 I-中
7月 癸未九⑨	丁酉	戊戌	己亥	庚子	辛丑	壬寅	癸卯	甲辰	乙巳	丙午	丁未	戊申	己酉	庚戌	辛亥	壬子	癸丑	甲寅	乙卯	丙辰	丁巳	戊午	己未	庚申	辛酉	壬戌	癸亥	甲子	乙丑	丙寅	丁卯	小暑：7日から 大暑：23日から
	三	二	一	九	八	七	六	五	四	三	二	一	九	八	七	六	五	四	三	二	一	九	八	七	六	五	四	三	二	一	九	I-下 J-上 J-中 J-下 K-上 K-中
8月 甲申九⑧	戊辰	己巳	庚午	辛未	壬申	癸酉	甲戌	乙亥	丙子	丁丑	戊寅	己卯	庚辰	辛巳	壬午	癸未	甲申	乙酉	丙戌	丁亥	戊子	己丑	庚寅	辛卯	壬辰	癸巳	甲午	乙未	丙申	丁酉	戊戌	立秋：7日から 処暑：23日から
	八	七	六	五	四	三	二	一	九	八	七	六	五	四	三	二	一	九	八	七	六	五	四	三	二	一	九	八	七	六	五	K-下 L-上 L-中 L-下 M-上 M-中
9月 乙酉九⑦	己亥	庚子	辛丑	壬寅	癸卯	甲辰	乙巳	丙午	丁未	戊申	己酉	庚戌	辛亥	壬子	癸丑	甲寅	乙卯	丙辰	丁巳	戊午	己未	庚申	辛酉	壬戌	癸亥	甲子	乙丑	丙寅	丁卯	戊辰		白露：7日から 秋分：23日から
	三	二	一	九	八	七	六	五	四	三	二	一	九	八	七	六	五	四	三	二	一	九	八	七	六	五	四	三	二	一		M-下 I-上 I-中 I-下 K-上 K-中
10月 丙戌八⑥	己巳	庚午	辛未	壬申	癸酉	甲戌	乙亥	丙子	丁丑	戊寅	己卯	庚辰	辛巳	壬午	癸未	甲申	乙酉	丙戌	丁亥	戊子	己丑	庚寅	辛卯	壬辰	癸巳	甲午	乙未	丙申	丁酉	戊戌	己亥	寒露：8日から 霜降：23日から
	一	九	八	七	六	五	四	三	二	一	九	八	七	六	五	四	三	二	一	九	八	七	六	五	四	三	二	一	九	八	七	K-下 N-上 N-中 N-下 O-上 O-中
11月 丁亥八⑤	庚子	辛丑	壬寅	癸卯	甲辰	乙巳	丙午	丁未	戊申	己酉	庚戌	辛亥	壬子	癸丑	甲寅	乙卯	丙辰	丁巳	戊午	己未	庚申	辛酉	壬戌	癸亥	甲子	乙丑	丙寅	丁卯	戊辰	己巳		立冬：7日から 小雪：22日から
	六	五	四	三	二	一	九	八	七	六	五	四	三	二	一	九	八	七	六	五	四	三	二	一	二	三	四	五	六			O-下 N-上 N-中 N-下 O-上 O-中
12月 戊子八④	庚午	辛未	壬申	癸酉	甲戌	乙亥	丙子	丁丑	戊寅	己卯	庚辰	辛巳	壬午	癸未	甲申	乙酉	丙戌	丁亥	戊子	己丑	庚寅	辛卯	壬辰	癸巳	甲午	乙未	丙申	丁酉	戊戌	己亥	庚子	大雪：7日から 冬至：22日から
	七	八	九	一	二	三	四	五	六	七	八	九	一	二	三	四	五	六	七	八	九	一	二	三	四	五	六	七	八	九	一	O-下 P-上 P-中 P-下 A-上 A-中

2031年／辛亥／立陰五

月 立陰	1日	2日	3日	4日	5日	6日	7日	8日	9日	10日	11日	12日	13日	14日	15日	16日	17日	18日	19日	20日	21日	22日	23日	24日	25日	26日	27日	28日	29日	30日	31日	節気
1月 己丑八③	辛丑	壬寅	癸卯	甲辰	乙巳	丙午	丁未	戊申	己酉	庚戌	辛亥	壬子	癸丑	甲寅	乙卯	丙辰	丁巳	戊午	己未	庚申	辛酉	壬戌	癸亥	甲子	乙丑	丙寅	丁卯	戊辰	己巳	庚午	辛未	小寒：5日から / 大寒：20日から
（九星）	三	四	五	六	七	八	九	一	二	三	四	五	六	七	八	九	一	二	三	四	五	六	七	八	九	一	二	三	四	五	六	
2月 庚寅八②	壬申	癸酉	甲戌	乙亥	丙子	丁丑	戊寅	己卯	庚辰	辛巳	壬午	癸未	甲申	乙酉	丙戌	丁亥	戊子	己丑	庚寅	辛卯	壬辰	癸巳	甲午	乙未	丙申	丁酉	戊戌	己亥				立春：4日から / 雨水：19日から
（九星）	六	七	八	九	一	二	三	四	五	六	七	八	九	一	二	三	四	五	六	七	八	九	一	二	三	四	五	六				
3月 辛卯八①	庚子	辛丑	壬寅	癸卯	甲辰	乙巳	丙午	丁未	戊申	己酉	庚戌	辛亥	壬子	癸丑	甲寅	乙卯	丙辰	丁巳	戊午	己未	庚申	辛酉	壬戌	癸亥	甲子	乙丑	丙寅	丁卯	戊辰	己巳	庚午	啓蟄：6日から / 春分：21日から
（九星）	七	八	九	一	二	三	四	五	六	七	八	九	一	二	三	四	五	六	七	八	九	一	二	三	四	五	六	七	八	九	一	
4月 壬辰八⑨	辛未	壬申	癸酉	甲戌	乙亥	丙子	丁丑	戊寅	己卯	庚辰	辛巳	壬午	癸未	甲申	乙酉	丙戌	丁亥	戊子	己丑	庚寅	辛卯	壬辰	癸巳	甲午	乙未	丙申	丁酉	戊戌	己亥	庚子		清明：5日から / 穀雨：20日から
（九星）	二	三	四	五	六	七	八	九	一	二	三	四	五	六	七	八	九	一	二	三	四	五	六	七	八	九	一	二	三	四		
5月 癸巳八⑧	辛丑	壬寅	癸卯	甲辰	乙巳	丙午	丁未	戊申	己酉	庚戌	辛亥	壬子	癸丑	甲寅	乙卯	丙辰	丁巳	戊午	己未	庚申	辛酉	壬戌	癸亥	甲子	乙丑	丙寅	丁卯	戊辰	己巳	庚午	辛未	立夏：6日から / 小満：21日から
（九星）	五	六	七	八	九	一	二	三	四	五	六	七	八	九	一	二	三	四	五	六	七	八	九	九	八	七	六	五	四	三	二	
6月 甲午八⑦	壬申	癸酉	甲戌	乙亥	丙子	丁丑	戊寅	己卯	庚辰	辛巳	壬午	癸未	甲申	乙酉	丙戌	丁亥	戊子	己丑	庚寅	辛卯	壬辰	癸巳	甲午	乙未	丙申	丁酉	戊戌	己亥	庚子	辛丑		芒種：6日から / 夏至：21日から
（九星）	一	九	八	七	六	五	四	三	二	一	九	八	七	六	五	四	三	二	一	九	八	七	六	五	四	三	二	一	九	八		
7月 乙未八⑥	壬寅	癸卯	甲辰	乙巳	丙午	丁未	戊申	己酉	庚戌	辛亥	壬子	癸丑	甲寅	乙卯	丙辰	丁巳	戊午	己未	庚申	辛酉	壬戌	癸亥	甲子	乙丑	丙寅	丁卯	戊辰	己巳	庚午	辛未	壬申	小暑：7日から / 大暑：23日から
（九星）	六	五	四	三	二	一	九	八	七	六	五	四	三	二	一	九	八	七	六	五	四	三	二	一	九	八	七	六	五	四	三	
8月 丙申七⑤	癸酉	甲戌	乙亥	丙子	丁丑	戊寅	己卯	庚辰	辛巳	壬午	癸未	甲申	乙酉	丙戌	丁亥	戊子	己丑	庚寅	辛卯	壬辰	癸巳	甲午	乙未	丙申	丁酉	戊戌	己亥	庚子	辛丑	壬寅	癸卯	立秋：8日から / 処暑：23日から
（九星）	三	二	一	九	八	七	六	五	四	三	二	一	九	八	七	六	五	四	三	二	一	九	八	七	六	五	四	三	二	一	九	
9月 丁酉七④	甲辰	乙巳	丙午	丁未	戊申	己酉	庚戌	辛亥	壬子	癸丑	甲寅	乙卯	丙辰	丁巳	戊午	己未	庚申	辛酉	壬戌	癸亥	甲子	乙丑	丙寅	丁卯	戊辰	己巳	庚午	辛未	壬申	癸酉		白露：8日から / 秋分：23日から
（九星）	七	六	五	四	三	二	一	九	八	七	六	五	四	三	二	一	九	八	七	六	五	四	三	二	一	九	八	七	六	五		
10月 戊戌七③	甲戌	乙亥	丙子	丁丑	戊寅	己卯	庚辰	辛巳	壬午	癸未	甲申	乙酉	丙戌	丁亥	戊子	己丑	庚寅	辛卯	壬辰	癸巳	甲午	乙未	丙申	丁酉	戊戌	己亥	庚子	辛丑	壬寅	癸卯	甲辰	寒露：8日から / 霜降：23日から
（九星）	五	四	三	二	一	九	八	七	六	五	四	三	二	一	九	八	七	六	五	四	三	二	一	九	八	七	六	五	四	三	二	
11月 己亥七②	乙巳	丙午	丁未	戊申	己酉	庚戌	辛亥	壬子	癸丑	甲寅	乙卯	丙辰	丁巳	戊午	己未	庚申	辛酉	壬戌	癸亥	甲子	乙丑	丙寅	丁卯	戊辰	己巳	庚午	辛未	壬申	癸酉	甲戌		立冬：8日から / 小雪：22日から
（九星）	一	九	八	七	六	五	四	三	二	一	九	八	七	六	五	四	三	二	一	九	八	七	六	五	四	三	二	一	九	八		
12月 庚子七①	乙亥	丙子	丁丑	戊寅	己卯	庚辰	辛巳	壬午	癸未	甲申	乙酉	丙戌	丁亥	戊子	己丑	庚寅	辛卯	壬辰	癸巳	甲午	乙未	丙申	丁酉	戊戌	己亥	庚子	辛丑	壬寅	癸卯	甲辰	乙巳	大雪：7日から / 冬至：22日から
（九星）	七	六	五	四	三	二	一	九	八	七	六	五	四	三	二	一	九	八	七	六	五	四	三	二	一	九	八	七	六	五	四	

区切符号（各月・左から）：
- 1月：A-下、B-上、B-中、B-下、C-上、C-中、C-下
- 2月：D-上、D-中、D-下、E-上、E-中
- 3月：E-下、A-上、A-中、A-下、C-上、C-中
- 4月：C-下、F-上、F-中、F-下、G-上、G-中
- 5月：G-下、F-上、F-中、F-下、F-上、G-上、G-中
- 6月：G-下、H-上、H-中、H-下、I-上、I-中
- 7月：I-上、J-上、J-中、J-下、K-上、K-中
- 8月：K-下、L-上、L-中、L-下、M-上、M-中
- 9月：M-下、I-上、I-中、I-下、I-上、K-上
- 10月：K-中、K-下、N-上、N-中、N-下、O-上
- 11月：O-中、O-下、N-上、N-中、N-下、O-上
- 12月：O-中、O-下、P-上、P-中、P-下、A-上

❀ 2032年／壬子／立陰四

月立陰	1日	2日	3日	4日	5日	6日	7日	8日	9日	10日	11日	12日	13日	14日	15日	16日	17日	18日	19日	20日	21日	22日	23日	24日	25日	26日	27日	28日	29日	30日	31日	節気
1月 辛丑七⑨	丙午	丁未	戊申	己酉	庚戌	辛亥	壬子	癸丑	甲寅	乙卯	丙辰	丁巳	戊午	己未	庚申	辛酉	壬戌	癸亥	甲子	乙丑	丙寅	丁卯	戊辰	己巳	庚午	辛未	壬申	癸酉	甲戌	乙亥	丙子	小寒：6日から 大寒：20日から
	三	二	一	九	八	七	六	五	四	三	二	一	九	八	七	六	五	四	三	二	一	三	四	五	六	七	八	九	一	二	三	
	A-中			B-上			B-中				B-下				C-上				C-中			C-下										
2月 壬寅七⑧	丁丑	戊寅	己卯	庚辰	辛巳	壬午	癸未	甲申	乙酉	丙戌	丁亥	戊子	己丑	庚寅	辛卯	壬辰	癸巳	甲午	乙未	丙申	丁酉	戊戌	己亥	庚子	辛丑	壬寅	癸卯	甲辰	乙巳			立春：4日から 雨水：19日から
	五	六	七	八	九	一	二	三	四	五	六	七	八	九	一	二	三	四	五	六	七	八	九	一	二	三	四	五	六			
	D-上			D-中			D-下				E-上				E-中																	
3月 癸卯七⑦	丙午	丁未	戊申	己酉	庚戌	辛亥	壬子	癸丑	甲寅	乙卯	丙辰	丁巳	戊午	己未	庚申	辛酉	壬戌	癸亥	甲子	乙丑	丙寅	丁卯	戊辰	己巳	庚午	辛未	壬申	癸酉	甲戌	乙亥	丙子	啓蟄：5日から 春分：20日から
	七	八	九	一	二	三	四	五	六	七	八	九	一	二	三	四	五	六	七	八	九	一	二	三	四	五	六	七	八	九		
	E-下			A-上			A-中				A-下				C-上				C-中			C-下										
4月 甲辰七⑥	丁丑	戊寅	己卯	庚辰	辛巳	壬午	癸未	甲申	乙酉	丙戌	丁亥	戊子	己丑	庚寅	辛卯	壬辰	癸巳	甲午	乙未	丙申	丁酉	戊戌	己亥	庚子	辛丑	壬寅	癸卯	甲辰	乙巳	丙午		清明：4日から 穀雨：19日から
	二	三	四	五	六	七	八	九	一	二	三	四	五	六	七	八	九	一	二	三	四	五	六	七	八	九	一	二	三	四		
	F-上			F-中			F-下				G-上				G-中				G-下													
5月 乙巳七⑤	丁未	戊申	己酉	庚戌	辛亥	壬子	癸丑	甲寅	乙卯	丙辰	丁巳	戊午	己未	庚申	辛酉	壬戌	癸亥	甲子	乙丑	丙寅	丁卯	戊辰	己巳	庚午	辛未	壬申	癸酉	甲戌	乙亥	丙子	丁丑	立夏：5日から 小満：20日から
	五	六	七	八	九	一	二	三	四	五	六	七	八	九	一	二	三	四	五	六	七	八	九	一	二	三	四	五	六	七	八	
	F-上			F-中			F-下				F-上				G-上				G-中													
6月 丙午六④	戊寅	己卯	庚辰	辛巳	壬午	癸未	甲申	乙酉	丙戌	丁亥	戊子	己丑	庚寅	辛卯	壬辰	癸巳	甲午	乙未	丙申	丁酉	戊戌	己亥	庚子	辛丑	壬寅	癸卯	甲辰	乙巳	丙午	丁未		芒種：6日から 夏至：21日から
	九	一	二	三	四	五	六	七	八	九	一	二	三	四	五	六	七	八	九	一	二	三	四	五	六	七	八	九	一	二		
	G-下			H-上			H-中				H-下				I-上				I-中													
7月 丁未六③	戊申	己酉	庚戌	辛亥	壬子	癸丑	甲寅	乙卯	丙辰	丁巳	戊午	己未	庚申	辛酉	壬戌	癸亥	甲子	乙丑	丙寅	丁卯	戊辰	己巳	庚午	辛未	壬申	癸酉	甲戌	乙亥	丙子	丁丑	戊寅	小暑：6日から 大暑：22日から
	三	四	五	六	七	八	九	一	二	三	四	五	六	七	八	九	一	二	三	四	五	六	七	八	九	一	二	三	四	五	六	
	I-下			J-上			J-中				J-下				K-上				K-中													
8月 戊申六②	己卯	庚辰	辛巳	壬午	癸未	甲申	乙酉	丙戌	丁亥	戊子	己丑	庚寅	辛卯	壬辰	癸巳	甲午	乙未	丙申	丁酉	戊戌	己亥	庚子	辛丑	壬寅	癸卯	甲辰	乙巳	丙午	丁未	戊申	己酉	立秋：7日から 処暑：22日から
	三	二	一	九	八	七	六	五	四	三	二	一	九	八	七	六	五	四	三	二	一	九	八	七	六	五	四	三	二	一	九	
	K-下			L-上			L-中				L-下				M-上				M-中													
9月 己酉六①	庚戌	辛亥	壬子	癸丑	甲寅	乙卯	丙辰	丁巳	戊午	己未	庚申	辛酉	壬戌	癸亥	甲子	乙丑	丙寅	丁卯	戊辰	己巳	庚午	辛未	壬申	癸酉	甲戌	乙亥	丙子	丁丑	戊寅	己卯		白露：7日から 秋分：22日から
	八	七	六	五	四	三	二	一	九	八	七	六	五	四	三	二	一	九	八	七	六	五	四	三	二	一	九	八	七	六		
	M-下			I-上			I-中				I-下				I-上				K-上													
10月 庚戌六⑨	庚辰	辛巳	壬午	癸未	甲申	乙酉	丙戌	丁亥	戊子	己丑	庚寅	辛卯	壬辰	癸巳	甲午	乙未	丙申	丁酉	戊戌	己亥	庚子	辛丑	壬寅	癸卯	甲辰	乙巳	丙午	丁未	戊申	己酉	庚戌	寒露：8日から 霜降：23日から
	五	四	三	二	一	九	八	七	六	五	四	三	二	一	九	八	七	六	五	四	三	二	一	九	八	七	六	五	四	三	二	
	K-中			K-下			N-上				N-中				N-下				O-上													
11月 辛亥六⑧	辛亥	壬子	癸丑	甲寅	乙卯	丙辰	丁巳	戊午	己未	庚申	辛酉	壬戌	癸亥	甲子	乙丑	丙寅	丁卯	戊辰	己巳	庚午	辛未	壬申	癸酉	甲戌	乙亥	丙子	丁丑	戊寅	己卯	庚辰		立冬：7日から 小雪：22日から
	一	九	八	七	六	五	四	三	二	一	九	八	七	六	五	四	三	二	一	九	八	七	六	五	四	三	二	一	九			
	O-中			O-下			N-上				N-中				N-下				O-上													
12月 壬子六⑦	辛巳	壬午	癸未	甲申	乙酉	丙戌	丁亥	戊子	己丑	庚寅	辛卯	壬辰	癸巳	甲午	乙未	丙申	丁酉	戊戌	己亥	庚子	辛丑	壬寅	癸卯	甲辰	乙巳	丙午	丁未	戊申	己酉	庚戌	辛亥	大雪：6日から 冬至：21日から
	七	六	五	四	三	二	一	九	八	七	六	五	四	三	二	一	九	八	七	六	五	四	三	二	一	九	八	七	六	五	四	
	O-中			O-下			P-上				P-中				P-下				A-上			A-中										

2033年／癸丑／立陰三

月／立陰	1日	2日	3日	4日	5日	6日	7日	8日	9日	10日	11日	12日	13日	14日	15日	16日	17日	18日	19日	20日	21日	22日	23日	24日	25日	26日	27日	28日	29日	30日	31日	節気
1月 癸丑六(6) 干支	壬子	癸丑	甲寅	乙卯	丙辰	丁巳	戊午	己未	庚申	辛酉	壬戌	癸亥	甲子	乙丑	丙寅	丁卯	戊辰	己巳	庚午	辛未	壬申	癸酉	甲戌	乙亥	丙子	丁丑	戊寅	己卯	庚辰	辛巳	壬午	小寒：5日から 大寒：20日から
数	三	二	一	九	八	七	六	五	四	三	二	一	二	三	四	五	六	七	八	九	一	二	三	四	五	六	七	八	九	一	二	
区分			B—上			B—中			B—下			C—上			C—中			C—下														
2月 甲寅(5) 干支	癸巳	甲午	乙未	丙申	丁酉	戊戌	己亥	庚子	辛丑	壬寅	癸卯	甲辰	乙巳	丙午	丁未	戊申	己酉	庚戌	辛亥	壬子	癸丑	甲寅	乙卯	丙辰	丁巳	戊午	己未	庚申				立春：3日から 雨水：18日から
数	二	一	三	四	五	六	七	八	九	一	二	三	四	五	六	七	八	九	一	二	三	四	五	六	七	八	九	一				
区分			D—上			D—中			D—下			E—上			E—中																	
3月 乙卯六(4) 干支	辛酉	壬戌	癸亥	甲子	乙丑	丙寅	丁卯	戊辰	己巳	庚午	辛未	壬申	癸酉	甲戌	乙亥	丙子	丁丑	戊寅	己卯	庚辰	辛巳	壬午	癸未	甲申	乙酉	丙戌	丁亥	戊子	己丑	庚寅	辛卯	啓蟄：5日から 春分：20日から
数	三	四	五	六	七	八	九	一	二	三	四	五	六	七	八	九	一	二	三	四	五	六	七	八	九	一	二	三	四	五	六	
区分		E—下			A—上			A—中			A—下			C—上			C—中			C—下												
4月 丙辰五(3) 干支	壬辰	癸巳	甲午	乙未	丙申	丁酉	戊戌	己亥	庚子	辛丑	壬寅	癸卯	甲辰	乙巳	丙午	丁未	戊申	己酉	庚戌	辛亥	壬子	癸丑	甲寅	乙卯	丙辰	丁巳	戊午	己未	庚申	辛酉		清明：4日から 穀雨：20日から
数	七	八	九	一	二	三	四	五	六	七	八	九	一	二	三	四	五	六	七	八	九	一	二	三	四	五	六	七	八	九		
区分			F—上			F—中			F—下			G—上			G—中			G—下														
5月 丁巳五(2) 干支	壬戌	癸亥	甲子	乙丑	丙寅	丁卯	戊辰	己巳	庚午	辛未	壬申	癸酉	甲戌	乙亥	丙子	丁丑	戊寅	己卯	庚辰	辛巳	壬午	癸未	甲申	乙酉	丙戌	丁亥	戊子	己丑	庚寅	辛卯	壬辰	立夏：5日から 小満：21日から
数	一	二	三	四	五	六	七	八	九	一	二	三	四	五	六	七	八	九	一	二	三	四	五	六	七	八	九	一	二	三	四	
区分			G—上			F—上			F—中			F—下			G—上			G—中														
6月 戊午五(1) 干支	癸巳	甲午	乙未	丙申	丁酉	戊戌	己亥	庚子	辛丑	壬寅	癸卯	甲辰	乙巳	丙午	丁未	戊申	己酉	庚戌	辛亥	壬子	癸丑	甲寅	乙卯	丙辰	丁巳	戊午	己未	庚申	辛酉	壬戌		芒種：5日から 夏至：21日から
数	五	六	七	八	九	一	二	三	四	五	六	七	八	九	一	二	三	四	五	六	七	八	九	一	二	三	四	五	六	七		
区分			G—下			H—上			H—中			H—下			I—上			I—中														
7月 己巳五(9) 干支	癸丑	甲寅	乙卯	丙辰	丁巳	戊午	己未	庚申	辛酉	壬戌	癸亥	甲子	乙丑	丙寅	丁卯	戊辰	己巳	庚午	辛未	壬申	癸酉	甲戌	乙亥	丙子	丁丑	戊寅	己卯	庚辰	辛巳	壬午	癸未	小暑：7日から 大暑：22日から
数	八	九	一	二	三	四	五	六	七	八	九	七	六	五	四	三	二	一	九	八	七	六	五	四	三	二	一	九	八			
区分			I—下			J—上			J—中			J—下			K—上			K—中														
8月 庚申五(8) 干支	甲申	乙酉	丙戌	丁亥	戊子	己丑	庚寅	辛卯	壬辰	癸巳	甲午	乙未	丙申	丁酉	戊戌	己亥	庚子	辛丑	壬寅	癸卯	甲辰	乙巳	丙午	丁未	戊申	己酉	庚戌	辛亥	壬子	癸丑	甲寅	立秋：7日から 処暑：23日から
数	七	六	五	四	三	二	一	九	八	七	六	五	四	三	二	一	九	八	七	六	五	四	三	二	一	九	八	七	六	五	四	
区分		K—下			L—上			L—中			L—下			M—上			M—中															
9月 辛酉五(7) 干支	乙卯	丙辰	丁巳	戊午	己未	庚申	辛酉	壬戌	癸亥	甲子	乙丑	丙寅	丁卯	戊辰	己巳	庚午	辛未	壬申	癸酉	甲戌	乙亥	丙子	丁丑	戊寅	己卯	庚辰	辛巳	壬午	癸未	甲申		白露：7日から 秋分：23日から
数	三	二	一	九	八	七	六	五	四	三	二	一	九	八	七	六	五	四	三	二	一	九	八	七	六	五	四	三	二	一		
区分			M—下			M—中			L—下			I—中			I—下			K—上														
10月 壬戌五(6) 干支	乙酉	丙戌	丁亥	戊子	己丑	庚寅	辛卯	壬辰	癸巳	甲午	乙未	丙申	丁酉	戊戌	己亥	庚子	辛丑	壬寅	癸卯	甲辰	乙巳	丙午	丁未	戊申	己酉	庚戌	辛亥	壬子	癸丑	甲寅	乙卯	寒露：8日から 霜降：23日から
数	九	八	七	六	五	四	三	二	一	九	八	七	六	五	四	三	二	一	九	八	七	六	五	四	三	二	一	九	八	七	六	
区分		K—中			K—下			N—上			N—中			N—下			O—上															
11月 癸亥五(5) 干支	丙辰	丁巳	戊午	己未	庚申	辛酉	壬戌	癸亥	甲子	乙丑	丙寅	丁卯	戊辰	己巳	庚午	辛未	壬申	癸酉	甲戌	乙亥	丙子	丁丑	戊寅	己卯	庚辰	辛巳	壬午	癸未	甲申	乙酉		立冬：7日から 小雪：22日から
数	五	四	三	二	一	九	八	七	六	五	四	三	二	一	九	八	七	六	五	四	三	二	一	九	八	七	六	五	四	三		
区分		O—中			O—下			N—上			N—中			N—下			O—上															
12月 甲子五(4) 干支	丙戌	丁亥	戊子	己丑	庚寅	辛卯	壬辰	癸巳	甲午	乙未	丙申	丁酉	戊戌	己亥	庚子	辛丑	壬寅	癸卯	甲辰	乙巳	丙午	丁未	戊申	己酉	庚戌	辛亥	壬子	癸丑	甲寅	乙卯	丙辰	大雪：7日から 冬至：21日から
数	二	一	九	八	七	六	五	四	三	二	一	九	八	七	六	五	四	三	二	一	九	八	七	六	五	四	三	二	一	九	八	
区分		O—中			O—下			P—上			P—中			P—下			A—上			A—中												

2034年／甲寅／立陰二

月／立陰	1日	2日	3日	4日	5日	6日	7日	8日	9日	10日	11日	12日	13日	14日	15日	16日	17日	18日	19日	20日	21日	22日	23日	24日	25日	26日	27日	28日	29日	30日	31日	節気
1月 乙丑五③	丁巳	戊午	己未	庚申	辛酉	壬戌	癸亥	甲子	乙丑	丙寅	丁卯	戊辰	己巳	庚午	辛未	壬申	癸酉	甲戌	乙亥	丙子	丁丑	戊寅	己卯	庚辰	辛巳	壬午	癸未	甲申	乙酉	丙戌	丁亥	小寒：5日から 大寒：20日から
	七	六	五	四	三	二	一	二	三	四	五	六	七	八	九	一	二	三	四	五	六	七	八	九	一	二	三	四	五	四	五	六	
	A－下			B－上			B－中			C－上			C－中			C－下																
2月 丙寅四②	戊子	己丑	庚寅	辛卯	壬辰	癸巳	甲午	乙未	丙申	丁酉	戊戌	己亥	庚子	辛丑	壬寅	癸卯	甲辰	乙巳	丙午	丁未	戊申	己酉	庚戌	辛亥	壬子	癸丑	甲寅	乙卯				立春：4日から 雨水：18日から
	七	八	九	一	二	三	四	五	六	七	八	九	一	二	三	四	五	六	七	八	九	一	二	三	四	五	六	七				
	D－上			D－中			D－下			E－上			E－中																			
3月 丁卯四①	丙辰	丁巳	戊午	己未	庚申	辛酉	壬戌	癸亥	甲子	乙丑	丙寅	丁卯	戊辰	己巳	庚午	辛未	壬申	癸酉	甲戌	乙亥	丙子	丁丑	戊寅	己卯	庚辰	辛巳	壬午	癸未	甲申	乙酉	丙戌	啓蟄：5日から 春分：20日から
	八	九	一	二	三	四	五	六	七	八	九	一	二	三	四	五	六	七	八	九	一	二	三	四	五	六	七	八	九	一		
	E－下			A－上			A－中			A－下			C－上			C－中			C－下													
4月 戊辰四⑨	丁亥	戊子	己丑	庚寅	辛卯	壬辰	癸巳	甲午	乙未	丙申	丁酉	戊戌	己亥	庚子	辛丑	壬寅	癸卯	甲辰	乙巳	丙午	丁未	戊申	己酉	庚戌	辛亥	壬子	癸丑	甲寅	乙卯	丙辰		清明：5日から 穀雨：20日から
	三	四	五	六	七	八	九	一	二	三	四	五	六	七	八	九	一	二	三	四	五	六	七	八	九	一	二	三	四	五		
	F－上			F－中			F－下			G－上			G－中			G－下																
5月 己巳四⑧	丁巳	戊午	己未	庚申	辛酉	壬戌	癸亥	甲子	乙丑	丙寅	丁卯	戊辰	己巳	庚午	辛未	壬申	癸酉	甲戌	乙亥	丙子	丁丑	戊寅	己卯	庚辰	辛巳	壬午	癸未	甲申	乙酉	丙戌	丁亥	立夏：5日から 小満：21日から
	六	七	八	九	一	二	三	四	五	六	七	八	九	一	二	三	四	五	六	七	八	九	一	二	三	四	五	六	七	八	九	
	G－上			F－上			F－中			F－下			G－上			G－中																
6月 庚午四⑦	戊子	己丑	庚寅	辛卯	壬辰	癸巳	甲午	乙未	丙申	丁酉	戊戌	己亥	庚子	辛丑	壬寅	癸卯	甲辰	乙巳	丙午	丁未	戊申	己酉	庚戌	辛亥	壬子	癸丑	甲寅	乙卯	丙辰	丁巳		芒種：5日から 夏至：21日から
	一	二	三	四	五	六	七	八	九	一	二	三	四	五	六	七	八	九	一	二	三	四	五	六	七	八	九	一	二	三		
	G－下			H－上			H－中			H－下			I－上			I－中																
7月 辛未四⑥	戊午	己未	庚申	辛酉	壬戌	癸亥	甲子	乙丑	丙寅	丁卯	戊辰	己巳	庚午	辛未	壬申	癸酉	甲戌	乙亥	丙子	丁丑	戊寅	己卯	庚辰	辛巳	壬午	癸未	甲申	乙酉	丙戌	丁亥	戊子	小暑：7日から 大暑：22日から
	四	五	六	七	八	九	一	八	七	六	五	四	三	二	一	九	八	七	六	五	四	三	二	一	九	八	七	六	五	四	三	
	I－下			J－上			J－中			J－下			K－上			K－中																
8月 壬申四⑤	己丑	庚寅	辛卯	壬辰	癸巳	甲午	乙未	丙申	丁酉	戊戌	己亥	庚子	辛丑	壬寅	癸卯	甲辰	乙巳	丙午	丁未	戊申	己酉	庚戌	辛亥	壬子	癸丑	甲寅	乙卯	丙辰	丁巳	戊午	己未	立秋：7日から 処暑：23日から
	二	一	九	八	七	六	五	四	三	二	一	九	八	七	六	五	四	三	二	一	九	八	七	六	五	四	三	二	一	九	八	
	K－下			L－上			L－中			L－下			M－上			M－中																
9月 癸酉四④	庚申	辛酉	壬戌	癸亥	甲子	乙丑	丙寅	丁卯	戊辰	己巳	庚午	辛未	壬申	癸酉	甲戌	乙亥	丙子	丁丑	戊寅	己卯	庚辰	辛巳	壬午	癸未	甲申	乙酉	丙戌	丁亥	戊子	己丑		白露：7日から 秋分：23日から
	七	六	五	四	三	二	一	九	八	七	六	五	四	三	二	一	九	八	七	六	五	四	三	二	一	九	八	七	六	五		
	M－下			M－上			L－上			I－中			I－下			K－上																
10月 甲戌四③	庚寅	辛卯	壬辰	癸巳	甲午	乙未	丙申	丁酉	戊戌	己亥	庚子	辛丑	壬寅	癸卯	甲辰	乙巳	丙午	丁未	戊申	己酉	庚戌	辛亥	壬子	癸丑	甲寅	乙卯	丙辰	丁巳	戊午	己未	庚申	寒露：8日から 霜降：23日から
	四	三	二	一	九	八	七	六	五	四	三	二	一	九	八	七	六	五	四	三	二	一	九	八	七	六	五	四	三	二	一	
	K－中			K－下			N－上			N－中			N－下			O－上																
11月 乙亥四②	辛酉	壬戌	癸亥	甲子	乙丑	丙寅	丁卯	戊辰	己巳	庚午	辛未	壬申	癸酉	甲戌	乙亥	丙子	丁丑	戊寅	己卯	庚辰	辛巳	壬午	癸未	甲申	乙酉	丙戌	丁亥	戊子	己丑	庚寅		立冬：7日から 小雪：22日から
	九	八	七	六	五	四	三	二	一	九	八	七	六	五	四	三	二	一	九	八	七	六	五	四	三	二	一	九	八	七		
	O－中			O－下			N－上			N－中			N－下			O－上																
12月 丙子三①	辛卯	壬辰	癸巳	甲午	乙未	丙申	丁酉	戊戌	己亥	庚子	辛丑	壬寅	癸卯	甲辰	乙巳	丙午	丁未	戊申	己酉	庚戌	辛亥	壬子	癸丑	甲寅	乙卯	丙辰	丁巳	戊午	己未	庚申	辛酉	大雪：7日から 冬至：22日から
	六	五	四	三	二	一	九	八	七	六	五	四	三	二	一	九	八	七	六	五	四	三	二	一	九	八	七	六	五	四	三	
	O－中			O－下			P－上			P－中			P－下			A－上			A－中													

❀ 2035年／乙卯／立陰一

月／立陰	1日	2日	3日	4日	5日	6日	7日	8日	9日	10日	11日	12日	13日	14日	15日	16日	17日	18日	19日	20日	21日	22日	23日	24日	25日	26日	27日	28日	29日	30日	31日	節気
1月／丁丑三⑨	壬戌	癸亥	甲子	乙丑	丙寅	丁卯	戊辰	己巳	庚午	辛未	壬申	癸酉	甲戌	乙亥	丙子	丁丑	戊寅	己卯	庚辰	辛巳	壬午	癸未	甲申	乙酉	丙戌	丁亥	戊子	己丑	庚寅	辛卯	壬辰	小寒：5日から／大寒：20日から
2月／戊寅三⑧	癸巳	甲午	乙未	丙申	丁酉	戊戌	己亥	庚子	辛丑	壬寅	癸卯	甲辰	乙巳	丙午	丁未	戊申	己酉	庚戌	辛亥	壬子	癸丑	甲寅	乙卯	丙辰	丁巳	戊午	己未	庚申				立春：4日から／雨水：19日から
3月／己卯三⑦	辛酉	壬戌	癸亥	甲子	乙丑	丙寅	丁卯	戊辰	己巳	庚午	辛未	壬申	癸酉	甲戌	乙亥	丙子	丁丑	戊寅	己卯	庚辰	辛巳	壬午	癸未	甲申	乙酉	丙戌	丁亥	戊子	己丑	庚寅	辛卯	啓蟄：6日から／春分：21日から
4月／庚辰三⑥	壬辰	癸巳	甲午	乙未	丙申	丁酉	戊戌	己亥	庚子	辛丑	壬寅	癸卯	甲辰	乙巳	丙午	丁未	戊申	己酉	庚戌	辛亥	壬子	癸丑	甲寅	乙卯	丙辰	丁巳	戊午	己未	庚申	辛酉		清明：5日から／穀雨：20日から
5月／辛巳三⑤	壬戌	癸亥	甲子	乙丑	丙寅	丁卯	戊辰	己巳	庚午	辛未	壬申	癸酉	甲戌	乙亥	丙子	丁丑	戊寅	己卯	庚辰	辛巳	壬午	癸未	甲申	乙酉	丙戌	丁亥	戊子	己丑	庚寅	辛卯	壬辰	夏：6日から／小満：21日から
6月／壬午三④	癸巳	甲午	乙未	丙申	丁酉	戊戌	己亥	庚子	辛丑	壬寅	癸卯	甲辰	乙巳	丙午	丁未	戊申	己酉	庚戌	辛亥	壬子	癸丑	甲寅	乙卯	丙辰	丁巳	戊午	己未	庚申	辛酉	壬戌		芒種：6日から／夏至：21日から
7月／癸未三③	癸亥	甲子	乙丑	丙寅	丁卯	戊辰	己巳	庚午	辛未	壬申	癸酉	甲戌	乙亥	丙子	丁丑	戊寅	己卯	庚辰	辛巳	壬午	癸未	甲申	乙酉	丙戌	丁亥	戊子	己丑	庚寅	辛卯	壬辰	癸巳	小暑：7日から／大暑：23日から
8月／甲申三②	甲午	乙未	丙申	丁酉	戊戌	己亥	庚子	辛丑	壬寅	癸卯	甲辰	乙巳	丙午	丁未	戊申	己酉	庚戌	辛亥	壬子	癸丑	甲寅	乙卯	丙辰	丁巳	戊午	己未	庚申	辛酉	壬戌	癸亥	甲子	立秋：8日から／処暑：23日から
9月／乙酉三①	乙丑	丙寅	丁卯	戊辰	己巳	庚午	辛未	壬申	癸酉	甲戌	乙亥	丙子	丁丑	戊寅	己卯	庚辰	辛巳	壬午	癸未	甲申	乙酉	丙戌	丁亥	戊子	己丑	庚寅	辛卯	壬辰	癸巳	甲午		白露：8日から／秋分：23日から
10月／丙戌二⑨	乙未	丙申	丁酉	戊戌	己亥	庚子	辛丑	壬寅	癸卯	甲辰	乙巳	丙午	丁未	戊申	己酉	庚戌	辛亥	壬子	癸丑	甲寅	乙卯	丙辰	丁巳	戊午	己未	庚申	辛酉	壬戌	癸亥	甲子	乙丑	寒露：8日から／霜降：23日から
11月／丁亥二⑧	丙寅	丁卯	戊辰	己巳	庚午	辛未	壬申	癸酉	甲戌	乙亥	丙子	丁丑	戊寅	己卯	庚辰	辛巳	壬午	癸未	甲申	乙酉	丙戌	丁亥	戊子	己丑	庚寅	辛卯	壬辰	癸巳	甲午	乙未		立冬：7日から／小雪：22日から
12月／戊子二⑦	丙申	丁酉	戊戌	己亥	庚子	辛丑	壬寅	癸卯	甲辰	乙巳	丙午	丁未	戊申	己酉	庚戌	辛亥	壬子	癸丑	甲寅	乙卯	丙辰	丁巳	戊午	己未	庚申	辛酉	壬戌	癸亥	甲子	乙丑	丙寅	大雪：7日から／冬至：22日から

🏵 2036年／丙辰／立陰九

月	立陰	1日	2日	3日	4日	5日	6日	7日	8日	9日	10日	11日	12日	13日	14日	15日	16日	17日	18日	19日	20日	21日	22日	23日	24日	25日	26日	27日	28日	29日	30日	31日	節気
1月	己丑二⑥	丁卯	戊辰	己巳	庚午	辛未	壬申	癸酉	甲戌	乙亥	丙子	丁丑	戊寅	己卯	庚辰	辛巳	壬午	癸未	甲申	乙酉	丙戌	丁亥	戊子	己丑	庚寅	辛卯	壬辰	癸巳	甲午	乙未	丙申	丁酉	小寒:6日から 大寒:20日から
		四	五	六	七	八	九	一	二	三	四	五	六	七	八	九	一	二	三	四	五	六	七	八	九	一	二	三	四	五	六	七	
		A-下					B-上					B-中					B-下					C-上					C-中						
2月	庚寅二⑤	戊戌	己亥	庚子	辛丑	壬寅	癸卯	甲辰	乙巳	丙午	丁未	戊申	己酉	庚戌	辛亥	壬子	癸丑	甲寅	乙卯	丙辰	丁巳	戊午	己未	庚申	辛酉	壬戌	癸亥	甲子	乙丑	丙寅			立春:4日から 雨水:19日から
		八	九	一	二	三	四	五	六	七	八	九	一	二	三	四	五	六	七	八	九	一	二	三	四	五	六	七	八	九			
		C-下				D-上					D-中					D-下					E-上					E-中							
3月	辛卯二④	丁卯	戊辰	己巳	庚午	辛未	壬申	癸酉	甲戌	乙亥	丙子	丁丑	戊寅	己卯	庚辰	辛巳	壬午	癸未	甲申	乙酉	丙戌	丁亥	戊子	己丑	庚寅	辛卯	壬辰	癸巳	甲午	乙未	丙申	丁酉	啓蟄:5日から 春分:20日から
		一	二	三	四	五	六	七	八	九	一	二	三	四	五	六	七	八	九	一	二	三	四	五	六	七	八	九	一	二	三	四	
		A-上				A-中					A-下					C-上					C-中					C-下							
4月	壬辰三③	戊戌	己亥	庚子	辛丑	壬寅	癸卯	甲辰	乙巳	丙午	丁未	戊申	己酉	庚戌	辛亥	壬子	癸丑	甲寅	乙卯	丙辰	丁巳	戊午	己未	庚申	辛酉	壬戌	癸亥	甲子	乙丑	丙寅	丁卯		清明:4日から 穀雨:19日から
		五	六	七	八	九	一	二	三	四	五	六	七	八	九	一	二	三	四	五	六	七	八	九	一	二	三	四	五	六	七		
		C-上				F-上					F-中					F-下					G-上					G-中							
5月	癸巳二②	戊辰	己巳	庚午	辛未	壬申	癸酉	甲戌	乙亥	丙子	丁丑	戊寅	己卯	庚辰	辛巳	壬午	癸未	甲申	乙酉	丙戌	丁亥	戊子	己丑	庚寅	辛卯	壬辰	癸巳	甲午	乙未	丙申	丁酉	戊戌	立夏:5日から 小満:20日から
		八	九	一	二	三	四	五	六	七	八	九	一	二	三	四	五	六	七	八	九	一	二	三	四	五	六	七	八	九	一		
		G-下				F-上					F-中					F-下					G-上					G-中							
6月	甲午二①	己亥	庚子	辛丑	壬寅	癸卯	甲辰	乙巳	丙午	丁未	戊申	己酉	庚戌	辛亥	壬子	癸丑	甲寅	乙卯	丙辰	丁巳	戊午	己未	庚申	辛酉	壬戌	癸亥	甲子	乙丑	丙寅	丁卯	戊辰		芒種:5日から 夏至:21日から
		三	四	五	六	七	八	九	一	二	三	四	五	六	七	八	九	一	二	三	四	五	六	七	八	九	九	八	七	六	五		
		G-下				H-上					H-中					H-下					I-上					I-中							
7月	乙未二⑨	己巳	庚午	辛未	壬申	癸酉	甲戌	乙亥	丙子	丁丑	戊寅	己卯	庚辰	辛巳	壬午	癸未	甲申	乙酉	丙戌	丁亥	戊子	己丑	庚寅	辛卯	壬辰	癸巳	甲午	乙未	丙申	丁酉	戊戌	己亥	小暑:6日から 大暑:22日から
		四	三	二	一	九	八	七	六	五	四	三	二	一	九	八	七	六	五	四	三	二	一	九	八	七	六	五	四	三	二	一	
		I-下				J-上					J-中					J-下					K-上					K-中							
8月	丙申一⑧	庚子	辛丑	壬寅	癸卯	甲辰	乙巳	丙午	丁未	戊申	己酉	庚戌	辛亥	壬子	癸丑	甲寅	乙卯	丙辰	丁巳	戊午	己未	庚申	辛酉	壬戌	癸亥	甲子	乙丑	丙寅	丁卯	戊辰	己巳	庚午	立秋:7日から 処暑:22日から
		九	八	七	六	五	四	三	二	一	九	八	七	六	五	四	三	二	一	九	八	七	六	五	四	三	二	一	九	八	七	六	
		K-下				L-上					L-中					L-下					L-上					M-上							
9月	丁酉一⑦	辛未	壬申	癸酉	甲戌	乙亥	丙子	丁丑	戊寅	己卯	庚辰	辛巳	壬午	癸未	甲申	乙酉	丙戌	丁亥	戊子	己丑	庚寅	辛卯	壬辰	癸巳	甲午	乙未	丙申	丁酉	戊戌	己亥	庚子		白露:7日から 秋分:22日から
		五	四	三	二	一	九	八	七	六	五	四	三	二	一	九	八	七	六	五	四	三	二	一	九	八	七	六	五	四	三		
		M-中				M-下					I-上					I-中					I-下					K-上							
10月	戊戌一⑥	辛丑	壬寅	癸卯	甲辰	乙巳	丙午	丁未	戊申	己酉	庚戌	辛亥	壬子	癸丑	甲寅	乙卯	丙辰	丁巳	戊午	己未	庚申	辛酉	壬戌	癸亥	甲子	乙丑	丙寅	丁卯	戊辰	己巳	庚午	辛未	寒露:8日から 霜降:23日から
		二	一	九	八	七	六	五	四	三	二	一	九	八	七	六	五	四	三	二	一	九	八	七	六	五	四	三	二	一	九	八	
		K-中				K-下					N-上					N-中					N-下					O-上					O-中			
11月	己亥一⑤	壬申	癸酉	甲戌	乙亥	丙子	丁丑	戊寅	己卯	庚辰	辛巳	壬午	癸未	甲申	乙酉	丙戌	丁亥	戊子	己丑	庚寅	辛卯	壬辰	癸巳	甲午	乙未	丙申	丁酉	戊戌	己亥	庚子	辛丑		立冬:7日から 小雪:22日から
		七	六	五	四	三	二	一	九	八	七	六	五	四	三	二	一	九	八	七	六	五	四	三	二	一	九	八	七	六	五		
		O-下				N-上					N-中					N-下					O-上					O-中							
12月	庚子一④	壬寅	癸卯	甲辰	乙巳	丙午	丁未	戊申	己酉	庚戌	辛亥	壬子	癸丑	甲寅	乙卯	丙辰	丁巳	戊午	己未	庚申	辛酉	壬戌	癸亥	甲子	乙丑	丙寅	丁卯	戊辰	己巳	庚午	辛未	壬申	大雪:6日から 冬至:21日から
		四	三	二	一	九	八	七	六	五	四	三	二	一	九	八	七	六	五	四	三	二	一	二	三	四	五	六	七	八	九		
		O-下				P-上					P-中					P-下					A-上					A-中							

2037年／丁巳／立陰八

月	立陰	1日	2日	3日	4日	5日	6日	7日	8日	9日	10日	11日	12日	13日	14日	15日	16日	17日	18日	19日	20日	21日	22日	23日	24日	25日	26日	27日	28日	29日	30日	31日	節気
1月	辛丑一③	癸巳	甲午	乙未	丙申	丁酉	戊戌	己亥	庚子	辛丑	壬寅	癸卯	甲辰	乙巳	丙午	丁未	戊申	己酉	庚戌	辛亥	壬子	癸丑	甲寅	乙卯	丙辰	丁巳	戊午	己未	庚申	辛酉	壬戌	癸亥	小寒：5日から／大寒：20日から
	九星	一	二	三	四	五	六	七	八	九	一	二	三	四	五	六	七	八	九	一	二	三	四	五	六	七	八	九	一	二	三	四	
2月	壬寅一②	甲子	乙丑	丙寅	丁卯	戊辰	己巳	庚午	辛未	壬申	癸酉	甲戌	乙亥	丙子	丁丑	戊寅	己卯	庚辰	辛巳	壬午	癸未	甲申	乙酉	丙戌	丁亥	戊子	己丑	庚寅	辛卯				立春：3日から／雨水：18日から
	九星	五	六	七	八	九	一	二	三	四	五	六	七	八	九	一	二	三	四	五	六	七	八	九	一	二	三	四	五				
3月	癸卯一①	壬辰	癸巳	甲午	乙未	丙申	丁酉	戊戌	己亥	庚子	辛丑	壬寅	癸卯	甲辰	乙巳	丙午	丁未	戊申	己酉	庚戌	辛亥	壬子	癸丑	甲寅	乙卯	丙辰	丁巳	戊午	己未	庚申	辛酉	壬戌	啓蟄：5日から／春分：20日から
	九星	六	七	八	九	一	二	三	四	五	六	七	八	九	一	二	三	四	五	六	七	八	九	一	二	三	四	五	六	七	八	九	
4月	甲辰一⑨	癸亥	甲子	乙丑	丙寅	丁卯	戊辰	己巳	庚午	辛未	壬申	癸酉	甲戌	乙亥	丙子	丁丑	戊寅	己卯	庚辰	辛巳	壬午	癸未	甲申	乙酉	丙戌	丁亥	戊子	己丑	庚寅	辛卯	壬辰		清明：4日から／穀雨：20日から
	九星	一	二	三	四	五	六	七	八	九	一	二	三	四	五	六	七	八	九	一	二	三	四	五	六	七	八	九	一	二	三		
5月	乙巳一⑧	癸巳	甲午	乙未	丙申	丁酉	戊戌	己亥	庚子	辛丑	壬寅	癸卯	甲辰	乙巳	丙午	丁未	戊申	己酉	庚戌	辛亥	壬子	癸丑	甲寅	乙卯	丙辰	丁巳	戊午	己未	庚申	辛酉	壬戌	癸亥	立夏：5日から／小満：21日から
	九星	四	五	六	七	八	九	一	二	三	四	五	六	七	八	九	一	二	三	四	五	六	七	八	九	一	二	三	四	五	六	七	
6月	丙午九⑦	甲子	乙丑	丙寅	丁卯	戊辰	己巳	庚午	辛未	壬申	癸酉	甲戌	乙亥	丙子	丁丑	戊寅	己卯	庚辰	辛巳	壬午	癸未	甲申	乙酉	丙戌	丁亥	戊子	己丑	庚寅	辛卯	壬辰	癸巳		芒種：5日から／夏至：21日から
	九星	八	九	一	二	三	四	五	六	七	八	九	一	二	三	四	五	六	七	八	九	八	七	六	五	四	三	二	一	九	八		
7月	丁未九⑥	甲午	乙未	丙申	丁酉	戊戌	己亥	庚子	辛丑	壬寅	癸卯	甲辰	乙巳	丙午	丁未	戊申	己酉	庚戌	辛亥	壬子	癸丑	甲寅	乙卯	丙辰	丁巳	戊午	己未	庚申	辛酉	壬戌	癸亥	甲子	小暑：7日から／大暑：22日から
	九星	七	六	五	四	三	二	一	九	八	七	六	五	四	三	二	一	九	八	七	六	五	四	三	二	一	九	八	七	六	五	四	
8月	戊申九⑤	乙丑	丙寅	丁卯	戊辰	己巳	庚午	辛未	壬申	癸酉	甲戌	乙亥	丙子	丁丑	戊寅	己卯	庚辰	辛巳	壬午	癸未	甲申	乙酉	丙戌	丁亥	戊子	己丑	庚寅	辛卯	壬辰	癸巳	甲午	乙未	立秋：7日から／処暑：23日から
	九星	三	二	一	九	八	七	六	五	四	三	二	一	九	八	七	六	五	四	三	二	一	九	八	七	六	五	四	三	二	一	九	
9月	己酉九④	丙申	丁酉	戊戌	己亥	庚子	辛丑	壬寅	癸卯	甲辰	乙巳	丙午	丁未	戊申	己酉	庚戌	辛亥	壬子	癸丑	甲寅	乙卯	丙辰	丁巳	戊午	己未	庚申	辛酉	壬戌	癸亥	甲子	乙丑		白露：7日から／秋分：23日から
	九星	八	七	六	五	四	三	二	一	九	八	七	六	五	四	三	二	一	九	八	七	六	五	四	三	二	一	九	八	七	六		
10月	庚戌九③	丙寅	丁卯	戊辰	己巳	庚午	辛未	壬申	癸酉	甲戌	乙亥	丙子	丁丑	戊寅	己卯	庚辰	辛巳	壬午	癸未	甲申	乙酉	丙戌	丁亥	戊子	己丑	庚寅	辛卯	壬辰	癸巳	甲午	乙未	丙申	寒露：8日から／霜降：23日から
	九星	五	四	三	二	一	九	八	七	六	五	四	三	二	一	九	八	七	六	五	四	三	二	一	九	八	七	六	五	四	三	二	
11月	辛亥九②	丁酉	戊戌	己亥	庚子	辛丑	壬寅	癸卯	甲辰	乙巳	丙午	丁未	戊申	己酉	庚戌	辛亥	壬子	癸丑	甲寅	乙卯	丙辰	丁巳	戊午	己未	庚申	辛酉	壬戌	癸亥	甲子	乙丑	丙寅		立冬：7日から／小雪：22日から
	九星	一	九	八	七	六	五	四	三	二	一	九	八	七	六	五	四	三	二	一	九	八	七	六	五	四	三	二	一	九	八		
12月	壬子九①	丁卯	戊辰	己巳	庚午	辛未	壬申	癸酉	甲戌	乙亥	丙子	丁丑	戊寅	己卯	庚辰	辛巳	壬午	癸未	甲申	乙酉	丙戌	丁亥	戊子	己丑	庚寅	辛卯	壬辰	癸巳	甲午	乙未	丙申	丁酉	大雪：7日から／冬至：21日から
	九星	七	六	五	四	三	二	一	九	八	七	六	五	四	三	二	一	九	八	七	六	七	八	九	一	二	三	四	五	六	七	八	

符（符号）:
- 1月: A-下, B-上, B-中, B-下, C-上, C-中
- 2月: C-下, D-上, D-中, D-下, E-上, E-中
- 3月: E-下, A-上, A-中, A-下, C-上, C-中
- 4月: C-下, F-上, F-中, F-下, G-上, G-中
- 5月: G-下, F-上, F-中, F-下, G-上, G-中
- 6月: G-下, H-上, H-中, H-下, I-上, I-中
- 7月: I-下, J-上, J-中, J-下, K-上, K-中
- 8月: K-下, K-上, L-上, L-中, L-下, M-上
- 9月: M-中, M-下, I-上, I-中, I-下, K-上
- 10月: K-中, K-下, N-上, N-中, N-下, O-上
- 11月: O-下, N-上, N-中, N-下, O-上, O-中
- 12月: O-下, P-上, P-中, P-下, A-上, A-中

2038年／戊午／立陰七

月 立陰	1日	2日	3日	4日	5日	6日	7日	8日	9日	10日	11日	12日	13日	14日	15日	16日	17日	18日	19日	20日	21日	22日	23日	24日	25日	26日	27日	28日	29日	30日	31日	節気
1月 癸丑九⑨	戊寅	己卯	庚辰	辛巳	壬午	癸未	甲申	乙酉	丙戌	丁亥	戊子	己丑	庚寅	辛卯	壬辰	癸巳	甲午	乙未	丙申	丁酉	戊戌	己亥	庚子	辛丑	壬寅	癸卯	甲辰	乙巳	丙午	丁未	戊申	小寒:5日から 大寒:20日から
	六	七	八	九	一	二	三	四	五	六	七	八	九	一	二	三	四	五	六	七	八	九	一	二	三	四	五	六	七	八	九	
	A-下			B-上			B-中				B-下				C-上				C-中													
2月 甲寅九⑧	己酉	庚戌	辛亥	壬子	癸丑	甲寅	乙卯	丙辰	丁巳	戊午	己未	庚申	辛酉	壬戌	癸亥	甲子	乙丑	丙寅	丁卯	戊辰	己巳	庚午	辛未	壬申	癸酉	甲戌	乙亥	丙子				立春:4日から 雨水:18日から
	一	二	三	四	五	六	七	八	九	一	二	三	四	五	六	七	八	九	一	二	三	四	五	六	七	八	九	一				
	C-下			D-上			D-中				D-下				E-上				E-中													
3月 乙卯九⑦	丁丑	戊寅	己卯	庚辰	辛巳	壬午	癸未	甲申	乙酉	丙戌	丁亥	戊子	己丑	庚寅	辛卯	壬辰	癸巳	甲午	乙未	丙申	丁酉	戊戌	己亥	庚子	辛丑	壬寅	癸卯	甲辰	乙巳	丙午	丁未	啓蟄:5日から 春分:20日から
	二	三	四	五	六	七	八	九	一	二	三	四	五	六	七	八	九	一	二	三	四	五	六	七	八	九	一	二	三	四	五	
	E-下			A-上			A-中				A-下				C-上				C-中													
4月 丙辰八⑥	戊申	己酉	庚戌	辛亥	壬子	癸丑	甲寅	乙卯	丙辰	丁巳	戊午	己未	庚申	辛酉	壬戌	癸亥	甲子	乙丑	丙寅	丁卯	戊辰	己巳	庚午	辛未	壬申	癸酉	甲戌	乙亥	丙子	丁丑		清明:5日から 穀雨:20日から
	六	七	八	九	一	二	三	四	五	六	七	八	九	一	二	三	四	五	六	七	八	九	一	二	三	四	五	六	七	八		
	C-下			F-上			F-中				F-下				G-上				G-中													
5月 丁巳八⑤	戊寅	己卯	庚辰	辛巳	壬午	癸未	甲申	乙酉	丙戌	丁亥	戊子	己丑	庚寅	辛卯	壬辰	癸巳	甲午	乙未	丙申	丁酉	戊戌	己亥	庚子	辛丑	壬寅	癸卯	甲辰	乙巳	丙午	丁未	戊申	立夏:5日から 小満:21日から
	九	一	二	三	四	五	六	七	八	九	一	二	三	四	五	六	七	八	九	一	二	三	四	五	六	七	八	九	一	二	三	
	G-下			F-上			F-中				F-下				G-上				G-中													
6月 戊午八④	己酉	庚戌	辛亥	壬子	癸丑	甲寅	乙卯	丙辰	丁巳	戊午	己未	庚申	辛酉	壬戌	癸亥	甲子	乙丑	丙寅	丁卯	戊辰	己巳	庚午	辛未	壬申	癸酉	甲戌	乙亥	丙子	丁丑	戊寅		芒種:5日から 夏至:21日から
	四	五	六	七	八	九	一	二	三	四	五	六	七	八	九	一	八	七	六	五	四	三	二	一	九	八	七	六	五	四		
	G-下			H-上			H-中				H-下				I-上				I-中													
7月 己未八③	己卯	庚辰	辛巳	壬午	癸未	甲申	乙酉	丙戌	丁亥	戊子	己丑	庚寅	辛卯	壬辰	癸巳	甲午	乙未	丙申	丁酉	戊戌	己亥	庚子	辛丑	壬寅	癸卯	甲辰	乙巳	丙午	丁未	戊申	己酉	小暑:7日から 大暑:23日から
	三	二	一	九	八	七	六	五	四	三	二	一	九	八	七	六	五	四	三	二	一	九	八	七	六	五	四	三	二	一	九	
	I-下			J-上			J-中				J-下				K-上				K-中													
8月 庚申八②	庚戌	辛亥	壬子	癸丑	甲寅	乙卯	丙辰	丁巳	戊午	己未	庚申	辛酉	壬戌	癸亥	甲子	乙丑	丙寅	丁卯	戊辰	己巳	庚午	辛未	壬申	癸酉	甲戌	乙亥	丙子	丁丑	戊寅	己卯	庚辰	立秋:7日から 処暑:23日から
	八	七	六	五	四	三	二	一	九	八	七	六	五	四	三	二	一	九	八	七	六	五	四	三	二	一	九	八	七	六	五	
	K-下			K-上			L-上				L-中				L-下				M-上													
9月 辛酉八①	辛巳	壬午	癸未	甲申	乙酉	丙戌	丁亥	戊子	己丑	庚寅	辛卯	壬辰	癸巳	甲午	乙未	丙申	丁酉	戊戌	己亥	庚子	辛丑	壬寅	癸卯	甲辰	乙巳	丙午	丁未	戊申	己酉	庚戌		白露:7日から 秋分:23日から
	四	三	二	一	九	八	七	六	五	四	三	二	一	九	八	七	六	五	四	三	二	一	九	八	七	六	五	四	三	二		
	M-中			M-下			I-上				I-中				I-下				K-上													
10月 壬戌八⑨	辛亥	壬子	癸丑	甲寅	乙卯	丙辰	丁巳	戊午	己未	庚申	辛酉	壬戌	癸亥	甲子	乙丑	丙寅	丁卯	戊辰	己巳	庚午	辛未	壬申	癸酉	甲戌	乙亥	丙子	丁丑	戊寅	己卯	庚辰	辛巳	寒露:8日から 霜降:23日から
	一	九	八	七	六	五	四	三	二	一	九	八	七	六	五	四	三	二	一	九	八	七	六	五	四	三	二	一	九	八	七	
	K-中			K-下			N-上				N-中				N-下				O-上				O-中									
11月 癸亥八⑧	壬午	癸未	甲申	乙酉	丙戌	丁亥	戊子	己丑	庚寅	辛卯	壬辰	癸巳	甲午	乙未	丙申	丁酉	戊戌	己亥	庚子	辛丑	壬寅	癸卯	甲辰	乙巳	丙午	丁未	戊申	己酉	庚戌	辛亥		立冬:7日から 小雪:22日から
	六	五	四	三	二	一	九	八	七	六	五	四	三	二	一	九	八	七	六	五	四	三	二	一	九	八	七	六	五	四		
	O-下			N-上			N-中				N-下				O-上				O-中													
12月 甲子八⑦	壬子	癸丑	甲寅	乙卯	丙辰	丁巳	戊午	己未	庚申	辛酉	壬戌	癸亥	甲子	乙丑	丙寅	丁卯	戊辰	己巳	庚午	辛未	壬申	癸酉	甲戌	乙亥	丙子	丁丑	戊寅	己卯	庚辰	辛巳	壬午	大雪:7日から 冬至:22日から
	三	二	一	九	八	七	六	五	四	三	二	一	九	八	七	六	五	四	三	二	一	九	八	七	六	五	四	三	二	一	九	
	O-下			P-上			P-中				P-下				A-上				A-中													

🏵 2039年／己未／立陰六

月／立陰	1日	2日	3日	4日	5日	6日	7日	8日	9日	10日	11日	12日	13日	14日	15日	16日	17日	18日	19日	20日	21日	22日	23日	24日	25日	26日	27日	28日	29日	30日	31日	節気
1月 乙丑八⑥	癸未	甲申	乙酉	丙戌	丁亥	戊子	己丑	庚寅	辛卯	壬辰	癸巳	甲午	乙未	丙申	丁酉	戊戌	己亥	庚子	辛丑	壬寅	癸卯	甲辰	乙巳	丙午	丁未	戊申	己酉	庚戌	辛亥	壬子	癸丑	小寒：5日から　大寒：20日から
九星	二	三	四	五	六	七	八	九	一	二	三	四	五	六	七	八	九	一	二	三	四	五	六	七	八	九	一	二	三	四	五	A-下／B-上／B-中／B-下／C-上／C-中
2月 丙寅七⑤	甲寅	乙卯	丙辰	丁巳	戊午	己未	庚申	辛酉	壬戌	癸亥	甲子	乙丑	丙寅	丁卯	戊辰	己巳	庚午	辛未	壬申	癸酉	甲戌	乙亥	丙子	丁丑	戊寅	己卯	庚辰	辛巳				立春：4日から　雨水：19日から
九星	六	七	八	九	一	二	三	四	五	六	七	八	九	一	二	三	四	五	六	七	八	九	一	二	三	四	五	六				C-下／D-上／D-中／D-下／E-上／E-中
3月 丁卯七④	壬午	癸未	甲申	乙酉	丙戌	丁亥	戊子	己丑	庚寅	辛卯	壬辰	癸巳	甲午	乙未	丙申	丁酉	戊戌	己亥	庚子	辛丑	壬寅	癸卯	甲辰	乙巳	丙午	丁未	戊申	己酉	庚戌	辛亥	壬子	啓蟄：6日から　春分：21日から
九星	七	八	九	一	二	三	四	五	六	七	八	九	一	二	三	四	五	六	七	八	九	一	二	三	四	五	六	七	八	九	一	E-下／A-上／A-中／A-下／C-上／C-中
4月 戊辰七③	癸丑	甲寅	乙卯	丙辰	丁巳	戊午	己未	庚申	辛酉	壬戌	癸亥	甲子	乙丑	丙寅	丁卯	戊辰	己巳	庚午	辛未	壬申	癸酉	甲戌	乙亥	丙子	丁丑	戊寅	己卯	庚辰	辛巳	壬午		清明：5日から　穀雨：20日から
九星	二	三	四	五	六	七	八	九	一	二	三	四	五	六	七	八	九	一	二	三	四	五	六	七	八	九	一	二	三	四		C-下／F-上／F-中／F-下／G-上／G-中
5月 己巳七②	癸未	甲申	乙酉	丙戌	丁亥	戊子	己丑	庚寅	辛卯	壬辰	癸巳	甲午	乙未	丙申	丁酉	戊戌	己亥	庚子	辛丑	壬寅	癸卯	甲辰	乙巳	丙午	丁未	戊申	己酉	庚戌	辛亥	壬子	癸丑	立夏：6日から　小満：21日から
九星	五	六	七	八	九	一	二	三	四	五	六	七	八	九	一	二	三	四	五	六	七	八	九	一	二	三	四	五	六	七	八	G-下／F-上／F-中／F-下／G-上／G-中
6月 庚午七①	甲寅	乙卯	丙辰	丁巳	戊午	己未	庚申	辛酉	壬戌	癸亥	甲子	乙丑	丙寅	丁卯	戊辰	己巳	庚午	辛未	壬申	癸酉	甲戌	乙亥	丙子	丁丑	戊寅	己卯	庚辰	辛巳	壬午	癸未		芒種：6日から　夏至：21日から
九星	九	一	二	三	四	五	六	七	八	九	一	二	三	四	五	六	七	八	九	一	二	三	四	五	六	七	八	九	一	二		G-下／H-上／H-中／H-下／I-上／I-中
7月 辛未七⑨	甲申	乙酉	丙戌	丁亥	戊子	己丑	庚寅	辛卯	壬辰	癸巳	甲午	乙未	丙申	丁酉	戊戌	己亥	庚子	辛丑	壬寅	癸卯	甲辰	乙巳	丙午	丁未	戊申	己酉	庚戌	辛亥	壬子	癸丑	甲寅	小暑：7日から　大暑：23日から
九星	七	六	五	四	三	二	一	九	八	七	六	五	四	三	二	一	九	八	七	六	五	四	三	二	一	九	八	七	六	五	四	I-下／J-上／J-中／J-下／K-上／K-中
8月 壬申七⑧	乙卯	丙辰	丁巳	戊午	己未	庚申	辛酉	壬戌	癸亥	甲子	乙丑	丙寅	丁卯	戊辰	己巳	庚午	辛未	壬申	癸酉	甲戌	乙亥	丙子	丁丑	戊寅	己卯	庚辰	辛巳	壬午	癸未	甲申	乙酉	立秋：8日から　処暑：23日から
九星	三	二	一	九	八	七	六	五	四	三	二	一	九	八	七	六	五	四	三	二	一	九	八	七	六	五	四	三	二	一	九	K-下／K-上／L-上／L-中／L-下／M-上
9月 癸酉七⑦	丙戌	丁亥	戊子	己丑	庚寅	辛卯	壬辰	癸巳	甲午	乙未	丙申	丁酉	戊戌	己亥	庚子	辛丑	壬寅	癸卯	甲辰	乙巳	丙午	丁未	戊申	己酉	庚戌	辛亥	壬子	癸丑	甲寅	乙卯		白露：8日から　秋分：23日から
九星	八	七	六	五	四	三	二	一	九	八	七	六	五	四	三	二	一	九	八	七	六	五	四	三	二	一	九	八	七	六		M-中／M-下／I-上／I-中／I-下／K-上
10月 甲戌七⑥	丙辰	丁巳	戊午	己未	庚申	辛酉	壬戌	癸亥	甲子	乙丑	丙寅	丁卯	戊辰	己巳	庚午	辛未	壬申	癸酉	甲戌	乙亥	丙子	丁丑	戊寅	己卯	庚辰	辛巳	壬午	癸未	甲申	乙酉	丙戌	寒露：8日から　霜降：23日から
九星	五	四	三	二	一	九	八	七	六	五	四	三	二	一	九	八	七	六	五	四	三	二	一	九	八	七	六	五	四	三	二	K-中／K-下／N-上／N-中／N-下／O-上
11月 乙亥七⑤	丁亥	戊子	己丑	庚寅	辛卯	壬辰	癸巳	甲午	乙未	丙申	丁酉	戊戌	己亥	庚子	辛丑	壬寅	癸卯	甲辰	乙巳	丙午	丁未	戊申	己酉	庚戌	辛亥	壬子	癸丑	甲寅	乙卯	丙辰		立冬：7日から　小雪：22日から
九星	一	九	八	七	六	五	四	三	二	一	九	八	七	六	五	四	三	二	一	九	八	七	六	五	四	三	二	一	九	八		O-下／N-上／N-中／N-下／O-上／O-中
12月 丙子六④	丁巳	戊午	己未	庚申	辛酉	壬戌	癸亥	甲子	乙丑	丙寅	丁卯	戊辰	己巳	庚午	辛未	壬申	癸酉	甲戌	乙亥	丙子	丁丑	戊寅	己卯	庚辰	辛巳	壬午	癸未	甲申	乙酉	丙戌	丁亥	大雪：7日から　冬至：22日から
九星	七	六	五	四	三	二	一	九	八	七	六	五	四	三	二	一	九	八	七	六	五	四	三	二	一	九	八	七	六	五	四	O-下／P-上／P-中／P-下／A-上／A-中

🏵 2040年／庚申／立陰五

月	立陰	1日	2日	3日	4日	5日	6日	7日	8日	9日	10日	11日	12日	13日	14日	15日	16日	17日	18日	19日	20日	21日	22日	23日	24日	25日	26日	27日	28日	29日	30日	31日	節気
1月	丁丑六③	戊子	己丑	庚寅	辛卯	壬辰	癸巳	甲午	乙未	丙申	丁酉	戊戌	己亥	庚子	辛丑	壬寅	癸卯	甲辰	乙巳	丙午	丁未	戊申	己酉	庚戌	辛亥	壬子	癸丑	甲寅	乙卯	丙辰	丁巳	戊午	小寒:6日から / 大寒:20日から
		七	八	九	一	二	三	四	五	六	七	八	九	一	二	三	四	五	六	七	八	九	一	二	三	四	五	六	七	八	九	一	
		A-下			B-上			B-中			B-下			C-上			C-中																
2月	戊寅六②	己未	庚申	辛酉	壬戌	癸亥	甲子	乙丑	丙寅	丁卯	戊辰	己巳	庚午	辛未	壬申	癸酉	甲戌	乙亥	丙子	丁丑	戊寅	己卯	庚辰	辛巳	壬午	癸未	甲申	乙酉	丙戌	丁亥			立春:4日から / 雨水:19日から
		二	三	四	五	六	七	八	九	一	二	三	四	五	六	七	八	九	一	二	三	四	五	六	七	八	九	一	二	三			
		C-下			D-上			D-中			D-下			E-上			E-中																
3月	己卯六①	戊子	己丑	庚寅	辛卯	壬辰	癸巳	甲午	乙未	丙申	丁酉	戊戌	己亥	庚子	辛丑	壬寅	癸卯	甲辰	乙巳	丙午	丁未	戊申	己酉	庚戌	辛亥	壬子	癸丑	甲寅	乙卯	丙辰	丁巳	戊午	啓蟄:5日から / 春分:20日から
		四	五	六	七	八	九	一	二	三	四	五	六	七	八	九	一	二	三	四	五	六	七	八	九	一	二	三	四	五	六	七	
		E-下			A-上			A-中			A-下			C-上			C-中																
4月	庚辰六⑨	己未	庚申	辛酉	壬戌	癸亥	甲子	乙丑	丙寅	丁卯	戊辰	己巳	庚午	辛未	壬申	癸酉	甲戌	乙亥	丙子	丁丑	戊寅	己卯	庚辰	辛巳	壬午	癸未	甲申	乙酉	丙戌	丁亥	戊子		清明:4日から / 穀雨:19日から
		八	九	一	二	三	四	五	六	七	八	九	一	二	三	四	五	六	七	八	九	一	二	三	四	五	六	七	八	九	一		
		C-下			F-上			F-中			F-下			G-上			G-中																
5月	辛巳六⑧	己丑	庚寅	辛卯	壬辰	癸巳	甲午	乙未	丙申	丁酉	戊戌	己亥	庚子	辛丑	壬寅	癸卯	甲辰	乙巳	丙午	丁未	戊申	己酉	庚戌	辛亥	壬子	癸丑	甲寅	乙卯	丙辰	丁巳	戊午	己未	立夏:5日から / 小満:20日から
		三	四	五	六	七	八	九	一	二	三	四	五	六	七	八	九	一	二	三	四	五	六	七	八	九	一	二	三	四	五	六	
		G-下			F-上			F-中			F-下			G-上			G-中																
6月	壬午六⑦	庚申	辛酉	壬戌	癸亥	甲子	乙丑	丙寅	丁卯	戊辰	己巳	庚午	辛未	壬申	癸酉	甲戌	乙亥	丙子	丁丑	戊寅	己卯	庚辰	辛巳	壬午	癸未	甲申	乙酉	丙戌	丁亥	戊子	己丑		芒種:5日から / 夏至:21日から
		六	七	八	九	一	九	八	七	六	五	四	三	二	一	九	八	七	六	五	四	三	二	一	九	八	七	六	五	四	三		
		G-下			H-上			H-中			H-下			I-上			I-中																
7月	癸未六⑥	庚寅	辛卯	壬辰	癸巳	甲午	乙未	丙申	丁酉	戊戌	己亥	庚子	辛丑	壬寅	癸卯	甲辰	乙巳	丙午	丁未	戊申	己酉	庚戌	辛亥	壬子	癸丑	甲寅	乙卯	丙辰	丁巳	戊午	己未	庚申	小暑:6日から / 大暑:22日から
		一	九	八	七	六	五	四	三	二	一	九	八	七	六	五	四	三	二	一	九	八	七	六	五	四	三	二	一	九	八	七	
		I-下			J-上			J-中			J-下			J-上			K-上																
8月	甲申六⑤	辛酉	壬戌	癸亥	甲子	乙丑	丙寅	丁卯	戊辰	己巳	庚午	辛未	壬申	癸酉	甲戌	乙亥	丙子	丁丑	戊寅	己卯	庚辰	辛巳	壬午	癸未	甲申	乙酉	丙戌	丁亥	戊子	己丑	庚寅	辛卯	立秋:7日から / 処暑:22日から
		六	五	四	三	二	一	九	八	七	六	五	四	三	二	一	九	八	七	六	五	四	三	二	一	九	八	七	六	五	四	三	
		K-中			K-下			L-上			L-中			L-下			M-上			M-中													
9月	乙酉六④	壬辰	癸巳	甲午	乙未	丙申	丁酉	戊戌	己亥	庚子	辛丑	壬寅	癸卯	甲辰	乙巳	丙午	丁未	戊申	己酉	庚戌	辛亥	壬子	癸丑	甲寅	乙卯	丙辰	丁巳	戊午	己未	庚申	辛酉		白露:7日から / 秋分:22日から
		二	一	九	八	七	六	五	四	三	二	一	九	八	七	六	五	四	三	二	一	九	八	七	六	五	四	三	二	一	九		
		M-下			I-上			I-中			I-下			K-上			K-中																
10月	丙戌五③	壬戌	癸亥	甲子	乙丑	丙寅	丁卯	戊辰	己巳	庚午	辛未	壬申	癸酉	甲戌	乙亥	丙子	丁丑	戊寅	己卯	庚辰	辛巳	壬午	癸未	甲申	乙酉	丙戌	丁亥	戊子	己丑	庚寅	辛卯	壬辰	寒露:8日から / 霜降:23日から
		八	七	六	五	四	三	二	一	九	八	七	六	五	四	三	二	一	九	八	七	六	五	四	三	二	一	九	八	七	六	五	
		K-下			N-上			N-中			N-下			O-上			O-中																
11月	丁亥五②	癸巳	甲午	乙未	丙申	丁酉	戊戌	己亥	庚子	辛丑	壬寅	癸卯	甲辰	乙巳	丙午	丁未	戊申	己酉	庚戌	辛亥	壬子	癸丑	甲寅	乙卯	丙辰	丁巳	戊午	己未	庚申	辛酉	壬戌		立冬:7日から / 小雪:22日から
		四	三	二	一	九	八	七	六	五	四	三	二	一	九	八	七	六	五	四	三	二	一	九	八	七	六	五	四	三	二		
		O-下			N-上			N-中			N-下			O-上			O-中																
12月	戊子五①	癸亥	甲子	乙丑	丙寅	丁卯	戊辰	己巳	庚午	辛未	壬申	癸酉	甲戌	乙亥	丙子	丁丑	戊寅	己卯	庚辰	辛巳	壬午	癸未	甲申	乙酉	丙戌	丁亥	戊子	己丑	庚寅	辛卯	壬辰	癸巳	大雪:6日から / 冬至:21日から
		一	二	三	四	五	六	七	八	九	一	二	三	四	五	六	七	八	九	一	二	三	四	五	六	七	八	九	一	二	三		
		O-下			P-上			P-中			P-下			C-上			C-中																

🌼 2041年／辛酉／立陰四

月	立陰	1日	2日	3日	4日	5日	6日	7日	8日	9日	10日	11日	12日	13日	14日	15日	16日	17日	18日	19日	20日	21日	22日	23日	24日	25日	26日	27日	28日	29日	30日	31日	節気
1月	己丑五⑨	甲午	乙未	丙申	丁酉	戊戌	己亥	庚子	辛丑	壬寅	癸卯	甲辰	乙巳	丙午	丁未	戊申	己酉	庚戌	辛亥	壬子	癸丑	甲寅	乙卯	丙辰	丁巳	戊午	己未	庚申	辛酉	壬戌	癸亥	甲子	小寒：5日から 大寒：20日から
		四	五	六	七	八	九	一	二	三	四	五	六	七	八	九	一	二	三	四	五	六	七	八	九	一	二	三	四	五	六	七	
2月	庚寅五⑧	乙丑	丙寅	丁卯	戊辰	己巳	庚午	辛未	壬申	癸酉	甲戌	乙亥	丙子	丁丑	戊寅	己卯	庚辰	辛巳	壬午	癸未	甲申	乙酉	丙戌	丁亥	戊子	己丑	庚寅	辛卯	壬辰				立春：3日から 雨水：18日から
		八	九	一	二	三	四	五	六	七	八	九	一	二	三	四	五	六	七	八	九	一	二	三	四	五	六	七	八				
3月	辛卯五⑦	癸巳	甲午	乙未	丙申	丁酉	戊戌	己亥	庚子	辛丑	壬寅	癸卯	甲辰	乙巳	丙午	丁未	戊申	己酉	庚戌	辛亥	壬子	癸丑	甲寅	乙卯	丙辰	丁巳	戊午	己未	庚申	辛酉	壬戌	癸亥	啓蟄：5日から 春分：20日から
		九	一	二	三	四	五	六	七	八	九	一	二	三	四	五	六	七	八	九	一	二	三	四	五	六	七	八	九	一	二	三	
4月	壬辰五⑥	甲子	乙丑	丙寅	丁卯	戊辰	己巳	庚午	辛未	壬申	癸酉	甲戌	乙亥	丙子	丁丑	戊寅	己卯	庚辰	辛巳	壬午	癸未	甲申	乙酉	丙戌	丁亥	戊子	己丑	庚寅	辛卯	壬辰	癸巳		清明：4日から 穀雨：20日から
		四	五	六	七	八	九	一	二	三	四	五	六	七	八	九	一	二	三	四	五	六	七	八	九	一	二	三	四	五	六		
5月	癸巳五⑤	甲午	乙未	丙申	丁酉	戊戌	己亥	庚子	辛丑	壬寅	癸卯	甲辰	乙巳	丙午	丁未	戊申	己酉	庚戌	辛亥	壬子	癸丑	甲寅	乙卯	丙辰	丁巳	戊午	己未	庚申	辛酉	壬戌	癸亥	甲子	立夏：5日から 小満：21日から
		七	八	九	一	二	三	四	五	六	七	八	九	一	二	三	四	五	六	七	八	九	一	二	三	四	五	六	七	八	九	一	
6月	甲午五④	乙丑	丙寅	丁卯	戊辰	己巳	庚午	辛未	壬申	癸酉	甲戌	乙亥	丙子	丁丑	戊寅	己卯	庚辰	辛巳	壬午	癸未	甲申	乙酉	丙戌	丁亥	戊子	己丑	庚寅	辛卯	壬辰	癸巳	甲午		芒種：5日から 夏至：21日から
		八	七	六	五	四	三	二	一	九	八	七	六	五	四	三	二	一	九	八	七	六	五	四	三	二	一	九	八	七	六		
7月	乙未五③	乙未	丙申	丁酉	戊戌	己亥	庚子	辛丑	壬寅	癸卯	甲辰	乙巳	丙午	丁未	戊申	己酉	庚戌	辛亥	壬子	癸丑	甲寅	乙卯	丙辰	丁巳	戊午	己未	庚申	辛酉	壬戌	癸亥	甲子	乙丑	小暑：7日から 大暑：22日から
		五	四	三	二	一	九	八	七	六	五	四	三	二	一	九	八	七	六	五	四	三	二	一	九	八	七	六	五	四	三	二	
8月	丙申四②	丙寅	丁卯	戊辰	己巳	庚午	辛未	壬申	癸酉	甲戌	乙亥	丙子	丁丑	戊寅	己卯	庚辰	辛巳	壬午	癸未	甲申	乙酉	丙戌	丁亥	戊子	己丑	庚寅	辛卯	壬辰	癸巳	甲午	乙未	丙申	立秋：7日から 処暑：23日から
		一	九	八	七	六	五	四	三	二	一	九	八	七	六	五	四	三	二	一	九	八	七	六	五	四	三	二	一	九	八	七	
9月	丁酉四①	丁酉	戊戌	己亥	庚子	辛丑	壬寅	癸卯	甲辰	乙巳	丙午	丁未	戊申	己酉	庚戌	辛亥	壬子	癸丑	甲寅	乙卯	丙辰	丁巳	戊午	己未	庚申	辛酉	壬戌	癸亥	甲子	乙丑	丙寅		白露：7日から 秋分：23日から
		六	五	四	三	二	一	九	八	七	六	五	四	三	二	一	九	八	七	六	五	四	三	二	一	九	八	七	六	五	四		
10月	戊戌四⑨	丁卯	戊辰	己巳	庚午	辛未	壬申	癸酉	甲戌	乙亥	丙子	丁丑	戊寅	己卯	庚辰	辛巳	壬午	癸未	甲申	乙酉	丙戌	丁亥	戊子	己丑	庚寅	辛卯	壬辰	癸巳	甲午	乙未	丙申	丁酉	寒露：8日から 霜降：23日から
		三	二	一	九	八	七	六	五	四	三	二	一	九	八	七	六	五	四	三	二	一	九	八	七	六	五	四	三	二	一	九	
11月	己亥四⑧	戊戌	己亥	庚子	辛丑	壬寅	癸卯	甲辰	乙巳	丙午	丁未	戊申	己酉	庚戌	辛亥	壬子	癸丑	甲寅	乙卯	丙辰	丁巳	戊午	己未	庚申	辛酉	壬戌	癸亥	甲子	乙丑	丙寅	丁卯		立冬：7日から 小雪：22日から
		八	七	六	五	四	三	二	一	九	八	七	六	五	四	三	二	一	九	八	七	六	五	四	三	二	一	一	二	三	四		
12月	庚子四⑦	戊辰	己巳	庚午	辛未	壬申	癸酉	甲戌	乙亥	丙子	丁丑	戊寅	己卯	庚辰	辛巳	壬午	癸未	甲申	乙酉	丙戌	丁亥	戊子	己丑	庚寅	辛卯	壬辰	癸巳	甲午	乙未	丙申	丁酉	戊戌	大雪：7日から 冬至：21日から
		五	六	七	八	九	一	二	三	四	五	六	七	八	九	一	二	三	四	五	六	七	八	九	一	二	三	四	五	六	七	八	

立陰（候）記号：

- 1月：C－下　D－上　D－中　D－下　E－上　E－中
- 2月：C－下　D－上　D－中　D－下　E－上　E－中
- 3月：E－下　A－上　A－中　A－下　C－上　C－中
- 4月：C－下　F－上　F－中　F－下　G－上　G－中
- 5月：G－下　F－上　F－中　F－下　G－上　G－中
- 6月：G－下　H－上　H－中　H－下　I－上　I－中
- 7月：I－下　J－上　J－中　J－下　J－下　K－上
- 8月：K－中　K－下　L－上　L－中　L－下　M－上　M－中
- 9月：M－下　I－上　I－中　I－下　K－上　K－中
- 10月：K－下　N－上　N－中　N－下　O－上　O－中
- 11月：O－下　N－上　N－中　N－下　O－上　O－中
- 12月：O－下　P－上　P－中　P－下　A－上　A－中

2042年／壬戌／立陰三

月	立陰	1日	2日	3日	4日	5日	6日	7日	8日	9日	10日	11日	12日	13日	14日	15日	16日	17日	18日	19日	20日	21日	22日	23日	24日	25日	26日	27日	28日	29日	30日	31日	節気
1月	辛丑四⑥	己亥	庚子	辛丑	壬寅	癸卯	甲辰	乙巳	丙午	丁未	戊申	己酉	庚戌	辛亥	壬子	癸丑	甲寅	乙卯	丙辰	丁巳	戊午	己未	庚申	辛酉	壬戌	癸亥	甲子	乙丑	丙寅	丁卯	戊辰	己巳	小寒：5日から 大寒：20日から
		九	一	二	三	四	五	六	七	八	九	一	二	三	四	五	六	七	八	九	一	二	三	四	五	六	七	八	九	一	二	三	
			A-下					B-上					B-中					B-下					C-上						C-中				
2月	壬寅四⑤	庚午	辛未	壬申	癸酉	甲戌	乙亥	丙子	丁丑	戊寅	己卯	庚辰	辛巳	壬午	癸未	甲申	乙酉	丙戌	丁亥	戊子	己丑	庚寅	辛卯	壬辰	癸巳	甲午	乙未	丙申	丁酉				立春：4日から 雨水：18日から
		四	五	六	七	八	九	一	二	三	四	五	六	七	八	九	一	二	三	四	五	六	七	八	九	一	二	三	四				
			C-下					D-上					D-中				D-下				E-上					E-中							
3月	癸卯四④	戊戌	己亥	庚子	辛丑	壬寅	癸卯	甲辰	乙巳	丙午	丁未	戊申	己酉	庚戌	辛亥	壬子	癸丑	甲寅	乙卯	丙辰	丁巳	戊午	己未	庚申	辛酉	壬戌	癸亥	甲子	乙丑	丙寅	丁卯	戊辰	啓蟄：5日から 春分：20日から
		五	六	七	八	九	一	二	三	四	五	六	七	八	九	一	二	三	四	五	六	七	八	九	一	二	三	四	五	六	七	八	
			E-下					A-上					A-中					A-下					C-上						C-中				
4月	甲辰四③	己巳	庚午	辛未	壬申	癸酉	甲戌	乙亥	丙子	丁丑	戊寅	己卯	庚辰	辛巳	壬午	癸未	甲申	乙酉	丙戌	丁亥	戊子	己丑	庚寅	辛卯	壬辰	癸巳	甲午	乙未	丙申	丁酉	戊戌		清明：5日から 穀雨：20日から
		九	一	二	三	四	五	六	七	八	九	一	二	三	四	五	六	七	八	九	一	二	三	四	五	六	七	八	九	一	二		
			C-下					F-上					F-中					F-下					G-上					G-中					
5月	乙巳四②	己亥	庚子	辛丑	壬寅	癸卯	甲辰	乙巳	丙午	丁未	戊申	己酉	庚戌	辛亥	壬子	癸丑	甲寅	乙卯	丙辰	丁巳	戊午	己未	庚申	辛酉	壬戌	癸亥	甲子	乙丑	丙寅	丁卯	戊辰	己巳	立夏：5日から 小満：21日から
		三	四	五	六	七	八	九	一	二	三	四	五	六	七	八	九	一	二	三	四	五	六	七	八	九	九	八	七	六	五	四	
			G-下					F-上					F-中					F-下					G-上						G-中				
6月	丙午三①	庚午	辛未	壬申	癸酉	甲戌	乙亥	丙子	丁丑	戊寅	己卯	庚辰	辛巳	壬午	癸未	甲申	乙酉	丙戌	丁亥	戊子	己丑	庚寅	辛卯	壬辰	癸巳	甲午	乙未	丙申	丁酉	戊戌	己亥		芒種：5日から 夏至：21日から
		三	二	一	九	八	七	六	五	四	三	二	一	九	八	七	六	五	四	三	二	一	九	八	七	六	五	四	三	二	一		
			G-下					H-上					H-中					H-下					I-上					I-中					
7月	丁未三⑨	庚子	辛丑	壬寅	癸卯	甲辰	乙巳	丙午	丁未	戊申	己酉	庚戌	辛亥	壬子	癸丑	甲寅	乙卯	丙辰	丁巳	戊午	己未	庚申	辛酉	壬戌	癸亥	甲子	乙丑	丙寅	丁卯	戊辰	己巳	庚午	小暑：7日から 大暑：23日から
		九	八	七	六	五	四	三	二	一	九	八	七	六	五	四	三	二	一	九	八	七	六	五	四	三	二	一	九	八	七	六	
			I-下					J-上					J-中					J-下					J-下						K-上				
8月	戊申三⑧	辛未	壬申	癸酉	甲戌	乙亥	丙子	丁丑	戊寅	己卯	庚辰	辛巳	壬午	癸未	甲申	乙酉	丙戌	丁亥	戊子	己丑	庚寅	辛卯	壬辰	癸巳	甲午	乙未	丙申	丁酉	戊戌	己亥	庚子	辛丑	立秋：7日から 処暑：23日から
		五	四	三	二	一	九	八	七	六	五	四	三	二	一	九	八	七	六	五	四	三	二	一	九	八	七	六	五	四	三	二	
		K-中				K-下					L-上					L-中					L-下					M-上				M-中				
9月	己酉三⑦	壬寅	癸卯	甲辰	乙巳	丙午	丁未	戊申	己酉	庚戌	辛亥	壬子	癸丑	甲寅	乙卯	丙辰	丁巳	戊午	己未	庚申	辛酉	壬戌	癸亥	甲子	乙丑	丙寅	丁卯	戊辰	己巳	庚午	辛未		白露：7日から 秋分：23日から
		一	九	八	七	六	五	四	三	二	一	九	八	七	六	五	四	三	二	一	九	八	七	六	五	四	三	二	一	九	八		
			M-下					I-上					I-中					I-下					K-上					K-中					
10月	庚戌三⑥	壬申	癸酉	甲戌	乙亥	丙子	丁丑	戊寅	己卯	庚辰	辛巳	壬午	癸未	甲申	乙酉	丙戌	丁亥	戊子	己丑	庚寅	辛卯	壬辰	癸巳	甲午	乙未	丙申	丁酉	戊戌	己亥	庚子	辛丑	壬寅	寒露：8日から 霜降：23日から
		七	六	五	四	三	二	一	九	八	七	六	五	四	三	二	一	九	八	七	六	五	四	三	二	一	九	八	七	六	五	四	
			K-下					N-上					N-中					N-下					O-上						O-中				
11月	辛亥三⑤	癸卯	甲辰	乙巳	丙午	丁未	戊申	己酉	庚戌	辛亥	壬子	癸丑	甲寅	乙卯	丙辰	丁巳	戊午	己未	庚申	辛酉	壬戌	癸亥	甲子	乙丑	丙寅	丁卯	戊辰	己巳	庚午	辛未	壬申		立冬：7日から 小雪：22日から
		三	二	一	九	八	七	六	五	四	三	二	一	九	八	七	六	五	四	三	二	一	一	二	三	四	五	六	七	八	九		
			O-下					N-上					N-中					N-下					O-上					O-中					
12月	壬子三④	癸酉	甲戌	乙亥	丙子	丁丑	戊寅	己卯	庚辰	辛巳	壬午	癸未	甲申	乙酉	丙戌	丁亥	戊子	己丑	庚寅	辛卯	壬辰	癸巳	甲午	乙未	丙申	丁酉	戊戌	己亥	庚子	辛丑	壬寅	癸卯	大雪：7日から 冬至：22日から
		一	二	三	四	五	六	七	八	九	一	二	三	四	五	六	七	八	九	一	二	三	四	五	六	七	八	九	一	二	三	四	
			O-下					P-上					P-中					P-下						A-上					A-中				

❖ 2043年／癸亥／立陰二（6月20日～7月13日まで日盤局数特殊）

月立陰	1日	2日	3日	4日	5日	6日	7日	8日	9日	10日	11日	12日	13日	14日	15日	16日	17日	18日	19日	20日	21日	22日	23日	24日	25日	26日	27日	28日	29日	30日	31日	節気
1月 癸丑三③	甲辰	乙巳	丙午	丁未	戊申	己酉	庚戌	辛亥	壬子	癸丑	甲寅	乙卯	丙辰	丁巳	戊午	己未	庚申	辛酉	壬戌	癸亥	甲子	乙丑	丙寅	丁卯	戊辰	己巳	庚午	辛未	壬申	癸酉	甲戌	小寒：5日から 大寒：20日から
	五	六	七	八	九	一	二	三	四	五	六	七	八	九	一	二	三	四	五	六	七	八	九	一	二	三	四	五	六	七	八	
	A－下　　　B－上　　　B－中　　　B－下　　　C－上　　　C－中																															
2月 甲寅三②	乙亥	丙子	丁丑	戊寅	己卯	庚辰	辛巳	壬午	癸未	甲申	乙酉	丙戌	丁亥	戊子	己丑	庚寅	辛卯	壬辰	癸巳	甲午	乙未	丙申	丁酉	戊戌	己亥	庚子	辛丑	壬寅				立春：4日から 雨水：19日から
	九	一	二	三	四	五	六	七	八	九	一	二	三	四	五	六	七	八	九	一	二	三	四	五	六	七	八	九				
	C－下　　　D－上　　　D－中　　　D－下　　　E－上　　　E－中																															
3月 乙卯三①	癸卯	甲辰	乙巳	丙午	丁未	戊申	己酉	庚戌	辛亥	壬子	癸丑	甲寅	乙卯	丙辰	丁巳	戊午	己未	庚申	辛酉	壬戌	癸亥	甲子	乙丑	丙寅	丁卯	戊辰	己巳	庚午	辛未	壬申	癸酉	啓蟄：6日から 春分：21日から
	一	二	三	四	五	六	七	八	九	一	二	三	四	五	六	七	八	九	一	二	三	四	五	六	七	八	九	一	二	三	四	
	E－下　　　A－上　　　A－中　　　A－下　　　C－上　　　C－中																															
4月 丙辰二⑨	甲戌	乙亥	丙子	丁丑	戊寅	己卯	庚辰	辛巳	壬午	癸未	甲申	乙酉	丙戌	丁亥	戊子	己丑	庚寅	辛卯	壬辰	癸巳	甲午	乙未	丙申	丁酉	戊戌	己亥	庚子	辛丑	壬寅	癸卯		清明：5日から 穀雨：20日から
	五	六	七	八	九	一	二	三	四	五	六	七	八	九	一	二	三	四	五	六	七	八	九	一	二	三	四	五	六	七		
	C－下　　　F－上　　　F－中　　　F－下　　　G－上　　　G－中																															
5月 丁巳二⑧	甲辰	乙巳	丙午	丁未	戊申	己酉	庚戌	辛亥	壬子	癸丑	甲寅	乙卯	丙辰	丁巳	戊午	己未	庚申	辛酉	壬戌	癸亥	甲子	乙丑	丙寅	丁卯	戊辰	己巳	庚午	辛未	壬申	癸酉	甲戌	立夏：5日から 小満：21日から
	八	九	一	二	三	四	五	六	七	八	九	一	二	三	四	五	六	七	八	九	一	二	三	四	五	六	七	八	九	一	二	
	G－下　　　F－上　　　F－中　　　F－下　　　G－上　　　G－中																															
6月 戊午二⑦	乙亥	丙子	丁丑	戊寅	己卯	庚辰	辛巳	壬午	癸未	甲申	乙酉	丙戌	丁亥	戊子	己丑	庚寅	辛卯	壬辰	癸巳	甲午	乙未	丙申	丁酉	戊戌	己亥	庚子	辛丑	壬寅	癸卯	甲辰		芒種：6日から 夏至：21日から
	三	四	五	六	七	八	九	一	二	三	四	五	六	七	八	九	一	二	三	四	五	六	七	八	九	一	二	三	四	五		
	G－下　　　H－上　　　H－中　　　H－下　　　I－上　　　I－中																															
7月 己未二⑥	乙巳	丙午	丁未	戊申	己酉	庚戌	辛亥	壬子	癸丑	甲寅	乙卯	丙辰	丁巳	戊午	己未	庚申	辛酉	壬戌	癸亥	甲子	乙丑	丙寅	丁卯	戊辰	己巳	庚午	辛未	壬申	癸酉	甲戌	乙亥	小暑：7日から 大暑：23日から
	六	七	八	九	一	二	三	四	五	六	七	八	九	一	二	三	四	五	六	九	八	七	六	五	四	三	二	一	九	八	七	
	I－下　　　J－上　　　J－中　　　J－下　　　K－上　　　K－中																															
8月 庚申二⑤	丙子	丁丑	戊寅	己卯	庚辰	辛巳	壬午	癸未	甲申	乙酉	丙戌	丁亥	戊子	己丑	庚寅	辛卯	壬辰	癸巳	甲午	乙未	丙申	丁酉	戊戌	己亥	庚子	辛丑	壬寅	癸卯	甲辰	乙巳	丙午	立秋：7日から 処暑：23日から
	六	五	四	三	二	一	九	八	七	六	五	四	三	二	一	九	八	七	六	五	四	三	二	一	九	八	七	六	五	四	三	
	K－中　　　K－下　　　L－上　　　L－中　　　L－下　　　M－上　　　M－中																															
9月 辛酉二④	丁未	戊申	己酉	庚戌	辛亥	壬子	癸丑	甲寅	乙卯	丙辰	丁巳	戊午	己未	庚申	辛酉	壬戌	癸亥	甲子	乙丑	丙寅	丁卯	戊辰	己巳	庚午	辛未	壬申	癸酉	甲戌	乙亥	丙子		白露：8日から 秋分：23日から
	二	一	九	八	七	六	五	四	三	二	一	九	八	七	六	五	四	三	二	一	九	八	七	六	五	四	三	二	一	九		
	M－下　　　I－上　　　I－中　　　I－下　　　K－上　　　K－中																															
10月 壬戌二③	丁丑	戊寅	己卯	庚辰	辛巳	壬午	癸未	甲申	乙酉	丙戌	丁亥	戊子	己丑	庚寅	辛卯	壬辰	癸巳	甲午	乙未	丙申	丁酉	戊戌	己亥	庚子	辛丑	壬寅	癸卯	甲辰	乙巳	丙午	丁未	寒露：8日から 霜降：23日から
	八	七	六	五	四	三	二	一	九	八	七	六	五	四	三	二	一	九	八	七	六	五	四	三	二	一	九	八	七	六	五	
	K－下　　　N－上　　　N－中　　　N－下　　　O－上　　　O－中																															
11月 癸亥二②	戊申	己酉	庚戌	辛亥	壬子	癸丑	甲寅	乙卯	丙辰	丁巳	戊午	己未	庚申	辛酉	壬戌	癸亥	甲子	乙丑	丙寅	丁卯	戊辰	己巳	庚午	辛未	壬申	癸酉	甲戌	乙亥	丙子	丁丑		立冬：7日から 小雪：22日から
	四	三	二	一	九	八	七	六	五	四	三	二	一	九	八	七	六	五	四	三	二	一	九	八	七	六	五	四	三	二		
	O－下　　　N－上　　　N－中　　　N－下　　　O－上　　　O－中																															
12月 甲子二①	戊寅	己卯	庚辰	辛巳	壬午	癸未	甲申	乙酉	丙戌	丁亥	戊子	己丑	庚寅	辛卯	壬辰	癸巳	甲午	乙未	丙申	丁酉	戊戌	己亥	庚子	辛丑	壬寅	癸卯	甲辰	乙巳	丙午	丁未	戊申	大雪：7日から 冬至：22日から
	一	九	八	七	六	五	四	三	二	一	九	八	七	六	五	四	三	二	一	九	八	七	六	五	四	三	二	一	九	八	七	
	O－下　　　P－上　　　P－中　　　P－下　　　A－上　　　A－中																															

探し方

本書の巻末資料にて方位盤を探す際は、①陽遁・陰遁→②局数→③十二支→④十干の順で探していくことをおすすめします。

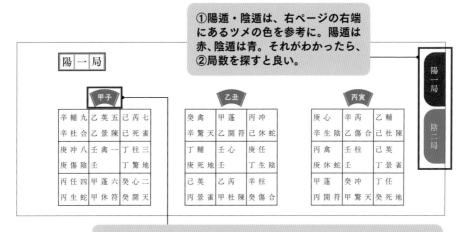

①陽遁・陰遁は、右ページの右端にあるツメの色を参考に。陽遁は赤、陰遁は青。それがわかったら、②局数を探すと良い。

局数がわかれば、③十二支に着目する。1ページには子～亥までの十二支が同じ位置で表示されているため、まずは十二支の位置を確認する。例えば、「子」はページの左上に位置する。十二支がわかったら④十干に注目し、ページをめくりながら探していくと良い。

読み方

方位盤の方位は、天地が逆さまになっていることを忘れてはいけません。例えば、南に行きたいのならば、方位盤の上段、真ん中の区画を参考にしましょう。

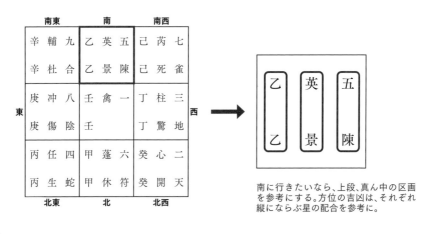

南に行きたいなら、上段、真ん中の区画を参考にする。方位の吉凶は、それぞれ縦にならぶ星の配合を参考に。

陽一局

甲子

辛輔九 辛杜合	乙英五 乙景陳	己芮七 己死雀
庚冲八 庚傷陰	壬禽一 壬	丁柱三 丁驚地
丙任四 丙生蛇	甲蓬六 甲休符	癸心二 癸開天

乙丑

癸禽 辛驚天	甲蓬 乙開符	丙冲 己休蛇
丁輔 庚死地	壬心 壬	庚任 丁生陰
己英 丙景雀	乙芮 甲杜陳	辛柱 癸傷合

丙寅

庚心 辛生陰	辛芮 乙傷合	乙輔 己杜陳
丙禽 庚休蛇	壬柱 壬	己英 丁景雀
甲蓬 丙開符	癸冲 甲驚天	丁任 癸死地

丁卯

己柱九 辛休雀	丁冲五 乙生地	癸禽七 己傷天
乙心八 庚開陳	壬任一 壬	甲蓬三 丁杜符
辛芮四 丙驚合	庚輔六 甲死陰	丙英二 癸景蛇

戊辰

辛輔 辛杜合	乙英 乙景陳	己芮 己死雀
庚冲 庚傷陰	壬禽 壬	丁柱 丁驚地
丙任 丙生蛇	甲蓬 甲休符	癸心 癸開天

己巳

丁冲 辛景地	癸任 乙死天	甲蓬 己驚符
己芮 庚杜雀	壬輔 壬	丙心 丁開蛇
乙柱 丙傷陳	辛英 甲生合	庚禽 癸休陰

庚午

丙芮九 辛死蛇	庚柱五 乙驚陰	辛英七 己開合
甲蓬八 庚景符	壬冲一 壬	乙禽三 丁休陳
癸心四 丙杜天	丁任六 甲傷地	己輔二 癸生雀

辛未

甲蓬 辛傷符	丙心 乙杜蛇	庚任 己景陰
癸英 庚生天	壬芮 壬	辛輔 丁死合
丁禽 丙休地	己柱 甲開雀	乙冲 癸驚陳

壬申

辛英 辛開陰	乙禽 乙休合	己柱 己生陳
庚任 庚驚蛇	壬蓬 壬	丁冲 丁傷雀
丙輔 丙死符	甲心 甲景天	癸芮 癸杜地

癸酉

乙任九 辛杜陳	己輔五 乙景雀	丁心七 己死地
辛柱八 庚傷合	壬英一 壬	癸芮三 丁驚天
庚冲四 丙生陰	丙禽六 甲休蛇	甲蓬二 癸開符

甲戌

辛輔 辛杜地	乙英 乙景天	甲芮 甲死符
庚冲 庚傷雀	壬禽 壬	丁柱 丁驚蛇
丙任 丙生陳	戊蓬 戊休合	癸心 癸開陰

乙亥

乙心 辛驚天	甲芮 乙開符	丁輔 甲休蛇
辛禽 庚死地	壬柱 壬	癸英 丁生陰
庚蓬 丙景雀	丙冲 戊杜陳	戊任 癸傷合

丙子

癸柱九 辛死陰	戊冲五 乙驚合	丙禽七 甲開陳
丁心八 庚景蛇	壬任一 壬	庚蓬三 丁休雀
甲芮四 丙杜符	乙輔六 戊傷天	辛英二 癸生地

丁丑

庚任 辛杜雀	辛輔 乙景地	乙心 甲死天
丙柱 庚傷陳	壬英 壬	甲芮 丁驚符
戊冲 丙生合	癸禽 戊休陰	丁蓬 癸開蛇

戊寅

戊禽 辛生合	丙蓬 乙傷陳	庚冲 甲杜雀
癸輔 庚休陰	壬心 壬	辛任 丁景符
丁英 丙開蛇	甲芮 戊驚符	乙柱 癸死天

己卯

辛輔九 辛傷地	乙英五 乙杜天	甲芮七 甲景符
庚冲八 庚生雀	壬禽一 壬	丁柱三 丁死蛇
丙任四 丙休陳	戊蓬六 戊開合	癸心二 癸驚陰

庚辰

丁冲 辛開蛇	癸任 乙休陰	戊蓬 甲生合
甲芮 庚驚符	壬輔 壬	丙心 丁傷陳
乙柱 丙死天	辛英 戊景地	庚禽 癸杜雀

辛巳

甲芮 辛景符	丁柱 乙死蛇	癸英 甲驚陰
乙蓬 庚杜天	壬冲 壬	戊禽 丁開合
辛心 丙傷地	庚任 戊生雀	丙輔 癸休天

壬午

辛蓬九 辛休陰	乙心五 乙生合	甲任七 甲傷陳
庚英八 庚開蛇	壬芮一 壬	丁輔三 丁杜雀
丙禽四 丙驚符	戊柱六 戊死天	癸冲二 癸景地

癸未

丙英 辛杜陳	庚禽 乙景雀	辛柱 甲死地
戊任 庚傷合	壬蓬 壬	乙冲 丁驚天
癸輔 丙生陰	丁心 戊休蛇	甲芮 癸開符

甲申

辛輔 辛杜蛇	乙英 乙景陰	己芮 己死合
甲冲 甲傷符	壬禽 壬	丁柱 丁驚陳
丙任 丙生天	戊蓬 戊休地	癸心 癸開雀

乙酉

丙柱九 辛傷天	甲冲五 乙杜符	辛禽七 己景蛇
戊心八 甲生地	壬任一 壬	乙蓬三 丁死陰
癸芮四 丙休雀	丁輔六 戊開陳	己英二 癸驚合

丙戌

乙任 辛杜陰	己輔 乙景合	丁心 己死陳
辛柱 甲傷蛇	壬英 壬	癸芮 丁驚雀
甲冲 丙生符	丙禽 戊休天	戊蓬 癸開地

丁亥

癸英 辛驚雀	戊禽 乙開地	丙柱 己休天
丁任 甲死陳	壬蓬 壬	甲冲 丁生符
己輔 丙景合	乙心 戊杜陰	辛芮 癸傷蛇

戊子

己心九 辛開合	丁芮五 乙休陳	癸輔七 己生雀
乙禽八 甲驚陰	壬柱一 壬	戊英三 丁傷地
辛蓬四 丙死蛇	甲冲六 戊景符	丙任二 癸杜天

己丑

戊禽 辛景地	丙蓬 乙死天	甲冲 己驚符
癸輔 甲杜雀	壬心 壬	辛任 丁開蛇
丁英 丙傷陳	己芮 戊生合	乙柱 癸休陰

庚寅

辛輔 辛生蛇	乙英 乙傷陰	己芮 己杜合
甲冲 甲休符	壬禽 壬	丁柱 丁景陳
丙任 丙開天	戊蓬 戊驚地	癸心 癸死雀

辛卯

甲冲九 辛死符	辛任五 乙驚蛇	乙蓬七 己開陰
丙芮八 甲景天	壬輔一 壬	己心三 丁休合
戊柱四 丙杜地	癸英六 戊傷雀	丁禽二 癸生陳

壬辰

辛芮 辛休陰	乙柱 乙生合	己英 己傷陳
甲蓬 甲開蛇	壬冲 壬	丁禽 丁杜雀
丙心 丙驚符	戊任 戊死天	癸輔 癸景地

癸巳

丁蓬 辛杜陳	癸心 己景雀	戊任 己死地
己英 甲傷合	壬芮 壬	丙輔 丁驚天
乙禽 丙生陰	辛柱 戊休蛇	甲冲 癸開符

甲午

甲輔九 甲杜符	乙英五 乙景蛇	己芮七 己死陰
庚冲八 庚傷天	壬禽一 壬	丁柱三 丁驚合
丙任四 丙死地	戊蓬六 戊休雀	癸心二 癸開陳

乙未

庚任 甲杜天	甲輔 乙景符	乙心 己死蛇
丙柱 庚傷地	壬英 壬	己芮 丁驚陰
戊冲 丙生雀	癸禽 戊休陳	丁蓬 癸開合

丙申

己英 甲開陰	丁禽 乙休陳	癸柱 己生陳
乙任 庚驚蛇	壬蓬 壬	戊冲 丁傷雀
甲輔 丙死符	庚心 戊景天	丙芮 癸杜地

丁酉

戊蓬九 甲休雀	丙心五 乙生地	庚任七 己傷天
癸英八 庚開陳	壬芮一 壬	甲輔三 丁杜符
丁禽四 丙驚合	己柱六 戊死陰	乙冲二 癸景蛇

戊戌

丁柱 甲死合	癸冲 乙驚陳	戊禽 己開雀
己心 庚景陰	壬任 壬	丙蓬 丁休地
乙芮 丙杜蛇	甲輔 戊傷符	庚英 癸生天

己亥

丙心 甲傷地	庚芮 乙杜天	甲輔 己景符
戊禽 庚生雀	壬柱 壬	乙英 丁死蛇
癸蓬 丙休陳	丁冲 戊開合	己任 癸驚陰

庚子

乙禽九 甲驚蛇	己蓬五 乙開陰	丁冲七 己休合
甲輔八 庚死符	壬心一 壬	癸任三 丁生陳
庚英四 丙景天	丙芮六 戊杜地	戊柱二 癸傷雀

辛丑

甲輔 甲生符	乙英 乙傷蛇	己芮 己杜陰
庚冲 庚休天	壬禽 壬	丁柱 丁景合
丙任 丙開地	戊蓬 戊驚雀	癸心 癸死陳

壬寅

甲冲 甲景陰	乙任 乙死合	己蓬 己驚陳
庚芮 庚杜蛇	壬輔 壬	丁心 丁開雀
丙柱 丙傷符	戊英 戊生天	癸禽 癸休地

癸卯

癸芮九 甲杜陳	戊柱五 乙景雀	丙英七 己死地
丁蓬八 庚傷合	壬冲一 壬	庚禽三 丁驚天
己心四 丙生陰	乙任六 戊休蛇	甲輔二 癸開符

甲辰

辛輔 辛杜陰	乙英 乙景合	己芮 己死陳
庚冲 庚傷蛇	甲禽 甲	丁柱 丁驚雀
丙任 丙生符	戊蓬 戊休天	癸心 癸開地

乙巳

辛英 辛生天	乙禽 乙傷符	己柱 己杜蛇
庚任 庚休地	甲蓬 甲	丁冲 丁景陰
丙輔 丙開雀	戊心 戊驚陳	癸芮 癸死地

丙午

辛蓬九 辛傷陰	乙心五 乙杜合	己任七 己景陳
庚英八 庚生蛇	甲芮一 甲	丁輔三 丁死雀
丙禽四 丙休符	戊柱六 戊開天	癸冲二 癸驚地

丁未

辛芮 辛開雀	乙柱 乙休地	己英 己生天
庚蓬 庚驚陳	甲冲 甲	丁禽 丁傷符
丙心 丙死合	戊任 戊景陰	癸輔 癸杜蛇

戊申

辛任 辛景合	乙輔 乙死陳	己心 己驚雀
庚柱 庚杜陰	甲英 甲	丁芮 丁開地
丙冲 丙傷蛇	戊禽 戊生符	癸蓬 癸休天

己酉

辛柱九 辛休地	乙冲五 乙生天	己禽七 己傷符
庚心八 庚開雀	甲任一 甲	丁蓬三 丁杜蛇
丙芮四 丙驚陳	戊輔六 戊死合	癸英二 癸景陰

庚戌

辛心 辛杜蛇	乙芮 乙景陰	己輔 己死合
庚禽 庚傷符	甲柱 甲	丁英 丁驚陳
丙蓬 丙生天	戊冲 戊休地	癸任 癸開雀

辛亥

辛禽 辛驚符	乙蓬 乙開蛇	己冲 己休陰
庚輔 庚死天	甲心 甲	丁任 丁生合
丙英 丙景地	戊芮 戊杜雀	癸柱 癸傷陳

陽一局

壬子

辛輔九 / 辛死陰	乙英五 / 乙驚合	己芮七 / 己開陳
庚冲八 / 庚景蛇	甲禽一 / 甲	丁柱三 / 丁休雀
丙任四 / 丙杜符	戊蓬六 / 戊傷天	癸心二 / 癸生地

癸丑

辛冲 / 辛杜陳	乙任 / 乙景雀	己蓬 / 己死地
庚芮 / 庚傷合	甲輔 / 甲	丁心 / 丁驚天
丙柱 / 丙生陰	戊英 / 戊休蛇	癸禽 / 癸開符

甲寅

辛輔 / 辛杜陳	乙英 / 乙景雀	己芮 / 己死地
庚冲 / 庚傷合	壬禽 / 壬	丁柱 / 丁驚天
丙任 / 丙生陰	戊蓬 / 戊休蛇	甲心 / 甲開符

乙卯

丁蓬九 / 辛景天	甲心五 / 乙死符	戊任七 / 己驚蛇
己英八 / 庚杜地	壬芮一 / 壬	丙輔三 / 丁開陰
乙禽四 / 丙傷雀	辛柱六 / 戊生陳	庚冲二 / 甲休合

丙辰

丙芮 / 辛生陰	庚柱 / 乙傷合	辛英 / 己杜陳
戊蓬 / 庚休蛇	壬冲 / 壬	乙禽 / 丁景雀
甲心 / 丙開符	丁任 / 戊驚天	己輔 / 甲死地

丁巳

乙冲 / 辛驚雀	己任 / 乙開地	丁蓬 / 己休天
辛芮 / 庚死陳	壬輔 / 壬	甲心 / 丁生符
庚柱 / 丙景合	丙英 / 戊杜陰	戊禽 / 甲傷蛇

戊午

庚英九 / 辛傷合	辛禽五 / 乙杜陳	乙柱七 / 己景雀
丙任八 / 庚生陰	壬蓬一 / 壬	己冲三 / 丁死地
戊輔四 / 丙休蛇	甲心六 / 戊開符	丁芮二 / 甲驚天

己未

己任 / 辛死地	丁輔 / 乙驚天	甲心 / 己開符
乙柱 / 庚景雀	壬英 / 壬	戊芮 / 丁休蛇
辛冲 / 丙杜陳	庚禽 / 戊傷合	丙蓬 / 甲生陰

庚申

戊柱 / 辛休蛇	丙冲 / 乙生陰	庚禽 / 己傷合
甲心 / 庚開符	壬任 / 壬	辛蓬 / 丁杜陳
丁芮 / 丙驚天	己輔 / 戊死地	乙英 / 甲景雀

辛酉

甲心九 / 辛開符	戊芮五 / 乙休蛇	丙輔七 / 己生陰
丁禽八 / 庚驚天	壬柱一 / 壬	庚英三 / 丁傷合
己蓬四 / 丙死地	乙冲六 / 戊景雀	辛任二 / 甲杜陳

壬戌

辛禽 / 辛杜陰	乙蓬 / 乙景合	己冲 / 己死陳
庚輔 / 庚傷蛇	壬心 / 壬	丁任 / 丁驚雀
丙英 / 丙生符	戊芮 / 戊休天	甲柱 / 甲開地

癸亥

辛輔 / 辛杜陳	乙英 / 乙景雀	己芮 / 己死地
庚冲 / 庚傷合	壬禽 / 壬	丁柱 / 丁驚天
丙任 / 丙生陰	戊蓬 / 戊休蛇	甲心 / 甲開符

陽二局

甲子

庚輔 庚杜地	丙英 丙景天	甲芮 甲死符
己冲 己傷雀	辛禽 辛	癸柱 癸驚蛇
丁任 丁生陳	乙蓬 乙休合	壬心 壬開陰

乙丑

乙禽一 庚驚合	丁蓬六 丙開陳	己冲八 甲休雀
壬輔九 己死陰	辛心二 辛	庚任四 癸生地
癸英五 丁景蛇	甲芮七 乙杜符	丙柱三 壬傷天

丙寅

丙心 庚死天	甲芮 丙驚符	癸輔 甲開蛇
庚禽 己景地	辛柱 辛	壬英 癸休陰
己蓬 丁杜雀	丁冲 乙傷陳	乙任 壬生合

丁卯

壬柱 庚杜陰	乙冲 丙景合	丁禽 甲死陳
癸心 己傷蛇	辛任 辛	己蓬 癸驚雀
甲芮 丁生符	丙輔 乙休天	庚英 壬開地

戊辰

庚輔一 庚生地	丙英六 丙傷天	甲芮八 甲杜符
己冲九 己休雀	辛禽二 辛	癸柱四 癸景蛇
丁任五 丁開陳	乙蓬七 乙驚合	壬心三 壬死陰

己巳

癸冲 庚傷蛇	壬任 丙杜陰	乙蓬 甲景合
甲芮 己生符	辛輔 辛	丁心 癸死陳
丙柱 丁休天	庚英 乙開地	己禽 壬驚陰

庚午

甲芮 庚開符	癸柱 丙休蛇	壬英 甲生陰
丙蓬 己驚天	辛冲 辛	乙禽 癸傷合
庚心 丁死地	己任 乙景雀	丁輔 壬杜陳

辛未

庚蓬一 庚景陰	丙心六 丙死合	甲任八 甲驚陳
己英九 己杜蛇	辛芮二 辛	癸輔四 癸開雀
丁禽五 丁傷符	乙柱七 乙生天	壬冲三 壬休地

壬申

丁英 庚休陳	己禽 丙生雀	庚柱 甲傷地
乙任 己開合	辛蓬 辛	丙冲 癸杜天
壬輔 丁驚陰	癸心 乙死蛇	甲芮 壬景陰

癸酉

己任 庚杜雀	庚輔 丙景地	丙心 甲死天
丁柱 己傷陳	辛英 辛	甲芮 癸驚符
乙冲 丁生合	壬禽 乙休陰	癸蓬 壬開蛇

甲戌

庚輔一 庚杜蛇	丙英六 丙景陰	戊芮八 戊死合
甲冲九 甲傷符	辛禽二 辛	癸柱四 癸驚陳
丁任五 丁生天	乙蓬七 乙休地	壬心三 壬開雀

乙亥

戊心 庚傷合	癸芮 丙杜陳	壬輔 戊景雀
丙禽 甲生陰	辛柱 辛	乙英 癸死地
庚蓬 丁休蛇	甲冲 乙開符	丁任 壬驚天

丙子

丁柱	甲冲	庚禽
庚杜天	丙景符	戊死蛇
乙心	辛任	丙蓬
甲傷地	辛	癸驚陰
壬芮	癸輔	戊英
丁生雀	乙休陳	壬開合

丁丑

丙任一	戊輔六	癸心八
庚驚陰	丙開合	戊休陳
庚柱九	辛英二	壬芮四
甲死蛇	辛	癸生雀
甲冲五	丁禽七	乙蓬三
丁景符	乙杜天	壬傷地

戊寅

乙禽	丁蓬	甲冲
庚開地	丙休天	戊生符
壬輔	辛心	庚任
甲驚雀	辛	癸傷蛇
癸英	戊芮	丙柱
丁死陳	乙景合	壬杜陰

己卯

庚輔	丙英	戊芮
庚景蛇	丙死陰	戊驚合
甲冲	辛禽	癸柱
甲杜符	辛	癸開陳
丁任	乙蓬	壬心
丁傷天	乙生地	壬休雀

庚辰

甲冲一	庚任六	丙蓬八
庚生符	丙傷蛇	戊杜陰
丁芮九	辛輔二	戊心四
甲休天	辛	癸景合
乙柱五	壬英七	癸禽三
丁開地	乙驚雀	壬死陳

辛巳

庚芮	丙柱	戊英
庚死陰	丙驚合	戊開陳
甲蓬	辛冲	癸禽
甲景蛇	辛	癸休雀
丁心	乙任	壬輔
丁杜符	乙傷天	壬生地

壬午

癸蓬	壬心	乙任
庚休陳	丙生雀	戊傷地
戊英	辛芮	丁輔
甲開合	辛	癸杜天
丙禽	庚柱	甲冲
丁驚陰	乙死蛇	壬景符

癸未

壬英一	乙禽六	丁柱八
庚杜雀	丙景地	戊死天
癸任九	辛蓬二	甲冲四
甲傷陳	辛	癸驚符
戊輔五	丙心七	庚芮三
丁生合	乙休陰	壬開蛇

甲申

甲輔	丙英	戊芮
甲杜符	丙景蛇	戊死陰
己冲	辛禽	癸柱
己傷天	辛	癸驚合
丁任	乙蓬	壬心
丁生地	乙休雀	壬開陳

乙酉

癸柱	壬冲	乙禽
甲杜合	丙景陳	戊死雀
戊心	辛任	丁蓬
己傷陰	辛	癸驚地
丙芮	甲輔	己英
丁生蛇	乙休符	壬開天

丙戌

己任一	甲輔六	丙心八
甲開天	丙休符	戊生蛇
丁柱九	辛英二	戊芮四
己驚地	辛	癸傷陰
乙冲五	壬禽七	癸蓬三
丁死雀	乙景陳	壬杜合

丁亥

戊英	癸禽	壬柱
甲休陰	丙生合	戊傷陳
丙任	辛蓬	乙冲
己開蛇	辛	癸杜雀
甲輔	己心	丁芮
丁驚符	乙死天	壬景地

戊子

丁心 甲死地	己芮 丙驚天	甲輔 戊開符
乙禽 己景雀	辛柱 辛	丙英 癸休蛇
壬蓬 丁杜陳	癸冲 乙傷合	戊任 壬生陰

己丑

丙禽一 甲傷蛇	戊蓬六 丙杜陰	癸冲八 戊景合
甲輔九 己生符	辛心二 辛	辛任四 癸死陳
己英五 丁休天	丁芮七 乙開地	乙柱三 壬驚雀

庚寅

甲輔 甲驚符	丙英 丙開蛇	戊芮 戊休陰
己冲 己死天	辛禽 辛	癸柱 癸生合
丁任 丁景地	乙蓬 乙杜雀	壬心 壬傷陳

辛卯

甲冲 甲生陰	丙任 丙傷合	戊蓬 戊杜陳
己芮 己休蛇	辛輔 辛	癸心 癸景雀
丁柱 丁開符	乙英 乙驚天	壬禽 壬死地

壬辰

壬芮一 甲景陳	乙柱六 丙死雀	丁英八 戊驚地
癸蓬九 己杜合	辛冲二 辛	己禽四 癸開天
戊心五 丁傷陰	丙任七 乙生蛇	甲輔三 壬休符

癸巳

乙蓬 甲杜雀	丁心 丙景地	己任 戊死天
壬英 己傷陳	辛芮 辛	甲輔 癸驚符
癸禽 丁生合	戊柱 乙休陰	丙冲 壬開蛇

甲午

庚輔 庚杜陰	丙英 丙景合	戊芮 戊死陳
己冲 己傷蛇	甲禽 甲	癸柱 癸驚雀
丁任 丁生符	乙蓬 乙休天	壬心 壬開地

乙未

庚任一 庚生合	丙輔六 丙傷陳	戊心八 戊杜雀
己柱九 己休陰	甲英二 甲	癸芮四 癸景地
丁冲五 丁開蛇	乙禽七 乙驚符	壬蓬三 壬死天

丙申

庚英 庚傷天	丙禽 丙杜符	戊柱 戊景蛇
己任 己生地	甲蓬 甲	癸冲 癸死陰
丁輔 丁休雀	乙心 乙開陳	壬芮 壬驚合

丁酉

庚蓬 庚開陰	丙心 丙休合	戊任 戊生陳
己英 己驚蛇	甲芮 甲	癸輔 癸傷雀
丁禽 丁死符	乙柱 乙景天	壬冲 壬杜地

戊戌

庚柱一 庚景地	丙冲六 丙死天	戊禽八 戊驚符
己心九 己杜雀	甲任二 甲	癸蓬四 癸開蛇
丁芮五 丁傷陳	乙輔七 乙生合	壬英三 壬休陰

己亥

庚心 庚休蛇	丙芮 丙生陰	戊輔 戊傷合
己禽 己開符	甲柱 甲	癸英 癸杜陳
丁蓬 丁驚天	乙冲 乙死地	壬任 壬景雀

庚子

庚禽 庚杜符	丙蓬 丙景蛇	戊冲 戊死陰
己輔 己傷天	甲心 甲	癸任 癸驚合
丁英 丁生地	乙芮 乙休雀	壬柱 壬開陳

辛丑

庚輔一 庚驚陰	丙英六 丙開合	戊芮八 戊休陳
己冲九 己死蛇	甲禽二 甲	癸柱四 癸生雀
丁任五 丁景符	乙蓬七 乙杜天	壬心三 壬傷地

壬寅

庚冲 庚死陳	丙任 丙驚雀	戊蓬 戊開地
己芮 己景合	甲輔 甲	癸心 癸休天
丁柱 丁杜陰	乙英 乙傷蛇	壬禽 壬生符

癸卯

庚芮 庚杜雀	丙柱 丙景地	戊英 戊死天
己蓬 己傷陳	甲冲 甲	癸禽 癸驚符
丁心 丁生合	乙任 乙休陰	壬輔 壬開蛇

甲辰

庚輔一 庚杜陳	丙英六 丙景雀	戊芮八 戊死地
己冲九 己傷合	辛禽二 辛	癸柱四 癸驚天
丁任五 丁生陰	乙蓬七 乙休蛇	甲心三 甲開符

乙巳

己英 庚景合	庚禽 丙死陳	丙柱 戊驚雀
丁任 己杜陰	辛蓬 辛	戊冲 癸開地
乙輔 丁傷蛇	甲心 乙生符	癸芮 甲休天

丙午

癸蓬 庚生天	甲心 丙傷符	乙任 戊杜蛇
戊英 己休地	辛芮 辛	丁輔 癸景陰
丙禽 丁開雀	庚柱 乙驚陳	己冲 甲死合

丁未

丁芮一 庚驚陰	己柱六 丙開合	庚英八 戊休陳
乙蓬九 己死蛇	辛冲二 辛	丙禽四 癸生雀
甲心五 丁景符	癸任七 乙杜天	戊輔三 甲傷地

戊申

戊任 庚傷地	癸輔 丙杜天	甲心 戊景符
丙柱 己生雀	辛英 辛	乙芮 癸死蛇
庚冲 丁休陳	己禽 乙開合	丁蓬 甲驚陰

己酉

乙柱 庚死蛇	丁冲 丙驚陰	己禽 戊開合
甲心 己景符	辛任 辛	庚蓬 癸休陳
癸芮 丁杜天	戊輔 乙傷地	丙英 甲生雀

庚戌

甲心一 庚休符	乙芮六 丙生蛇	丁輔八 戊傷陰
癸禽九 己開天	辛柱二 辛	己英四 癸杜合
戊蓬五 丁驚地	丙冲七 乙死雀	庚任三 甲景陳

辛亥

庚禽 庚開陰	丙蓬 丙休合	戊冲 戊生陳
己輔 己驚蛇	辛心 辛	癸任 癸傷雀
丁英 丁死符	乙芮 乙景天	甲柱 甲杜地

壬子

庚輔 庚杜陳	丙英 丙景雀	戊芮 戊死地
己冲 己傷合	辛禽 辛	癸柱 癸驚天
丁任 丁生陰	乙蓬 乙休蛇	甲心 甲開符

癸丑

丙冲一 庚杜雀	戊任六 丙景地	癸蓬八 戊死天
庚芮九 己傷陳	辛輔二 辛	甲心四 癸驚符
己柱五 丁生合	丁英七 乙休陰	乙禽三 甲開蛇

甲寅

庚輔 庚杜雀	丙英 丙景地	戊芮 戊死天
己冲 己傷陳	辛禽 辛	甲柱 甲驚符
丁任 丁生合	乙蓬 乙休陰	壬心 壬開蛇

乙卯

丁蓬 庚休合	己心 丙生陳	庚任 戊傷雀
乙英 己開陰	辛芮 辛	丙輔 甲杜地
壬禽 丁驚蛇	甲柱 乙死符	戊冲 壬景天

丙辰

戊芮一 庚死天	甲柱六 丙驚符	壬英八 戊開蛇
丙蓬九 己景地	辛冲二 辛	乙禽四 甲休陰
庚心五 丁杜雀	己任七 乙傷陳	丁輔三 壬生合

丁巳

乙冲 庚生陰	丁任 丙傷合	己蓬 戊杜陳
壬芮 己休蛇	辛輔 辛	庚心 甲景雀
甲柱 丁開符	戊英 乙驚天	丙禽 壬死地

戊午

丙英 庚景地	戊禽 丙死天	甲柱 戊驚符
庚任 己杜雀	辛蓬 辛	壬冲 甲開蛇
己輔 丁傷陳	丁心 乙生合	乙芮 壬休陰

己未

壬任一 庚開蛇	乙輔六 丙休陰	丁心八 戊生合
甲柱九 己驚符	辛英二 辛	己芮四 甲傷陳
戊冲五 丁死天	丙禽七 乙景地	庚蓬三 壬杜雀

庚申

甲柱 庚驚符	壬冲 丙開蛇	乙禽 戊休陰
戊心 己死天	辛任 辛	丁蓬 甲生合
丙芮 丁景地	庚輔 乙杜雀	壬英 壬傷陳

辛酉

庚心 庚杜陰	丙芮 丙景合	戊輔 戊死陳
己禽 己傷蛇	辛柱 辛	甲英 甲驚雀
丁蓬 丁生符	乙冲 乙休天	壬任 壬開地

壬戌

己禽一 庚傷陳	庚蓬六 丙杜雀	丙冲八 戊景地
丁輔九 己生合	辛心二 辛	戊任四 甲死天
乙英五 丁休陰	壬芮七 乙開蛇	甲柱三 壬驚符

癸亥

庚輔 庚杜雀	丙英 丙景地	戊芮 戊死天
己冲 己傷陳	辛禽 辛	甲柱 甲驚符
丁任 丁生合	乙蓬 乙休陰	壬心 壬開蛇

陽三局

甲子

己輔	丁英	乙芮
己杜蛇	丁景陰	乙死合
甲冲	庚禽	壬柱
甲傷符	庚	壬驚陳
癸任	丙蓬	辛心
癸生天	丙休地	辛開雀

乙丑

丙禽	癸蓬	甲冲
己傷地	丁杜天	乙景符
辛輔	庚心	己任
甲生雀	庚	壬死蛇
壬英	乙芮	丁柱
癸休陳	丙開合	辛驚陰

丙寅

乙心二	壬芮七	辛輔九
己杜合	丁景陳	乙死雀
丁禽一	庚柱三	丙英五
甲傷陰	庚	壬驚蛇
己蓬六	甲冲八	癸任四
癸生蛇	丙休符	辛開天

丁卯

癸柱	甲冲	己禽
己驚天	丁開符	乙休蛇
丙心	庚任	丁蓬
甲死地	庚	壬生陰
辛芮	壬輔	乙英
癸景雀	丙杜陳	辛傷合

戊辰

己輔	丁英	乙芮
己開蛇	丁休陰	乙生合
甲冲	庚禽	壬柱
甲驚符	庚	壬傷陳
癸任	丙蓬	辛心
癸死天	丙景地	辛杜雀

己巳

甲冲二	己任七	丁蓬九
己景符	丁死蛇	乙驚陰
癸芮一	庚輔三	乙心五
甲杜天	庚	壬開合
丙柱六	辛英八	壬禽四
癸傷地	丙生雀	辛休陳

庚午

己芮	丁柱	乙英
己生陰	丁傷合	乙杜陳
甲蓬	庚冲	壬禽
甲休蛇	庚	壬景雀
癸心	丙任	辛輔
癸開符	丙驚天	辛死地

辛未

壬蓬	辛心	丙任
己死陳	丁驚雀	乙開地
乙英	庚芮	癸輔
甲景合	庚	壬休天
丁禽	己柱	甲冲
癸杜陰	丙傷蛇	辛生符

壬申

辛英二	丙禽七	癸柱九
己休雀	丁生地	乙傷天
壬任一	庚蓬三	甲冲五
甲開陳	庚	壬杜符
乙輔六	丁心八	己芮四
癸驚合	丙死陰	辛景蛇

癸酉

丁任	乙輔	壬心
己杜陰	丁景合	乙死陳
己柱	庚英	辛芮
甲傷蛇	庚	壬驚雀
甲冲	癸禽	丙蓬
癸生符	丙休天	辛開地

甲戌

甲輔	丁英	乙芮
甲杜符	丁景蛇	乙死陰
戊冲	庚禽	壬柱
戊傷天	庚	壬驚合
癸任	丙蓬	辛心
癸生地	丙休雀	辛開陳

乙亥

癸心二	戊芮七	甲輔九
甲杜地	丁景天	乙死符
丙禽一	庚柱三	丁英五
戊傷雀	庚	壬驚蛇
辛蓬六	壬冲八	乙任四
癸生陳	丙休合	辛開陰

丙子

壬柱　辛冲　丙禽
甲開合　丁休陳　乙生雀

壬 柱	辛 冲	丙 禽
甲 開 合	丁 休 陳	乙 生 雀
乙 心	庚 任	癸 蓬
戊 驚 陰	庚	壬 傷 地
丁 芮	甲 輔	戊 英
癸 死 蛇	甲 景 符	辛 杜 天

丁丑

戊 任	甲 輔	丁 心
甲 休 天	丁 生 符	乙 傷 蛇
癸 柱	庚 英	乙 芮
戊 開 地	庚	壬 杜 陰
丙 冲	辛 禽	壬 蓬
癸 驚 雀	丙 死 陳	辛 景 合

戊寅

丁 禽 二	乙 蓬 七	壬 冲 九
甲 死 蛇	丁 驚 陰	乙 開 合
甲 輔 一	庚 心 三	辛 任 五
戊 景 符	庚	壬 休 陳
戊 英 六	癸 芮 八	丙 柱 四
癸 杜 天	丙 傷 地	辛 生 雀

己卯

甲 輔	丁 英	乙 芮
甲 傷 符	丁 杜 蛇	乙 景 陰
戊 冲	庚 禽	壬 柱
戊 生 天	庚	壬 死 合
癸 任	丙 蓬	辛 心
癸 休 地	丙 開 雀	辛 驚 陳

庚辰

甲 冲	丁 任	乙 蓬
甲 驚 陰	丁 開 合	乙 休 陳
戊 芮	庚 輔	壬 心
戊 死 蛇	庚	壬 生 雀
癸 柱	丙 英	辛 禽
癸 景 符	丙 杜 天	辛 傷 地

辛巳

辛 芮 二	丙 柱 七	癸 英 九
甲 生 陳	丁 傷 雀	乙 杜 地
壬 蓬 一	庚 冲 三	戊 禽 五
戊 休 合	庚	壬 景 天
乙 心 六	丁 任 八	甲 輔 四
癸 開 陰	丙 驚 蛇	辛 死 符

壬午

丙 蓬	癸 心	戊 任
甲 景 雀	丁 死 地	乙 驚 天
辛 英	庚 芮	甲 輔
戊 杜 陳	庚	壬 開 符
壬 禽	乙 柱	丁 冲
癸 傷 合	丙 生 陰	辛 休 蛇

癸未

乙 英	壬 禽	辛 柱
甲 杜 陰	丁 景 合	乙 死 陳
丁 任	庚 蓬	丙 冲
戊 傷 蛇	庚	壬 驚 雀
甲 輔	戊 心	癸 芮
癸 生 符	丙 休 天	辛 開 地

甲申

己 輔 二	丁 英 七	乙 芮 九
己 杜 陰	丁 景 合	乙 死 陳
戊 冲 一	甲 禽 三	壬 柱 五
戊 傷 蛇	甲	壬 驚 雀
癸 任 六	丙 蓬 八	辛 心 四
癸 生 符	丙 休 天	辛 開 天

乙酉

己 柱	丁 冲	乙 禽
己 生 地	丁 傷 天	乙 杜 符
戊 心	甲 任	壬 蓬
戊 休 雀	甲	壬 景 蛇
癸 芮	丙 輔	辛 英
癸 開 陳	丙 驚 合	辛 死 陰

丙戌

己 任	丁 輔	乙 心
己 傷 合	丁 杜 陳	乙 景 雀
戊 柱	甲 英	壬 芮
戊 生 陰	甲	壬 死 地
癸 冲	丙 禽	辛 蓬
癸 休 蛇	丙 開 符	辛 驚 天

丁亥

己 英 二	丁 禽 七	乙 柱 九
己 開 天	丁 休 符	乙 生 蛇
戊 任 一	甲 蓬 三	壬 冲 五
戊 驚 地	甲	壬 傷 陰
癸 輔 六	丙 心 八	辛 芮 四
癸 死 雀	丙 景 陳	辛 杜 合

陽三局

戊子

己心 己景蛇	丁芮 丁死陰	乙輔 乙驚合
戊禽 戊杜符	甲柱 甲	壬英 壬開陳
癸蓬 癸傷天	丙冲 丙生地	辛任 辛休雀

己丑

己禽 己休符	丁蓬 丁生蛇	乙冲 乙傷陰
戊輔 戊開天	甲心 甲	壬任 壬杜合
癸英 癸驚地	丙芮 丙死雀	辛柱 辛景陳

庚寅

己輔二 己杜陰	丁英七 丁景合	乙芮九 乙死陳
戊冲一 戊傷蛇	甲禽三 甲	壬柱五 壬驚雀
癸任六 癸生符	丙蓬八 丙休天	辛心四 辛開地

辛卯

己冲 己驚陳	丁任 丁開雀	乙蓬 乙休地
戊芮 戊死合	甲輔 甲	壬心 壬生天
癸柱 癸景陰	丙英 丙杜蛇	辛禽 辛傷符

壬辰

己芮 己死雀	丁柱 丁驚地	乙英 乙開天
戊蓬 戊景陳	甲冲 甲	壬禽 壬休符
癸心 癸杜合	丙任 丙傷陰	辛輔 辛生蛇

癸巳

己蓬二 己杜陰	丁心七 丁景合	乙任九 乙死陳
戊英一 戊傷蛇	甲芮三 甲	壬輔五 壬驚雀
癸禽六 癸生符	丙柱八 丙休天	辛冲四 辛開地

甲午

己輔 己杜陳	丁英 丁景雀	乙芮 乙死地
戊冲 戊傷合	庚禽 庚	壬柱 壬驚天
癸任 癸生陰	丙蓬 丙休蛇	甲心 甲開符

乙未

乙任 己景地	壬輔 丁死天	甲心 乙驚符
丁柱 戊杜雀	庚英 庚	丙芮 壬開蛇
己冲 癸傷陳	戊禽 丙生合	癸蓬 甲休陰

丙申

戊英二 己生合	己禽七 丁傷陳	丁柱九 乙杜雀
癸任一 戊休陰	庚蓬三 庚	乙冲五 壬景地
丙輔六 癸開蛇	甲心八 丙驚符	壬芮四 甲死天

丁酉

壬蓬 己驚天	甲心 丁開符	丙任 乙休蛇
乙英 戊死地	庚芮 庚	癸輔 壬生陰
丁禽 癸景雀	己柱 丙杜陳	戊冲 甲傷合

戊戌

丙柱 己傷蛇	癸冲 丁杜陰	戊禽 乙景合
甲心 戊生符	庚任 庚	己蓬 壬死陳
壬芮 癸休天	乙輔 丙開地	丁英 甲驚雀

己亥

甲心二 己死符	丙芮七 丁驚蛇	癸輔九 乙開陰
壬禽一 戊景天	庚柱三 庚	戊英五 壬休合
乙蓬六 癸杜地	丁冲八 丙傷雀	己任四 甲生陳

庚子

己禽 己休陰	丁蓬 丁生合	乙冲 乙傷陳
戊輔 戊開蛇	庚心 庚	壬任 壬杜雀
癸英 癸驚符	丙芮 丙死天	甲柱 甲景地

辛丑

己輔 己開陳	丁英 丁休雀	乙芮 乙生地
戊冲 戊驚合	庚禽 庚	壬柱 壬傷天
癸任 癸死陰	丙蓬 丙景蛇	甲心 甲杜符

壬寅

丁冲二 己杜雀	乙任七 丁景地	壬蓬九 乙死天
己芮一 戊傷陳	庚輔三 庚	甲心五 壬驚符
戊柱六 癸生合	癸英八 丙休陰	丙禽四 甲開蛇

癸卯

癸芮 己杜陰	戊柱 丁景合	己英 乙死陳
丙蓬 戊傷蛇	庚冲 庚	丁禽 壬驚雀
甲心 癸生符	壬任 丙休天	乙輔 甲開地

甲辰

己輔 己杜雀	丁英 丁景地	乙芮 乙死天
戊冲 戊傷陳	庚禽 庚	甲柱 甲驚符
癸任 癸生合	丙蓬 丙休陰	辛心 辛開蛇

乙巳

丁英二 己休地	乙禽七 丁生天	甲柱九 乙傷符
己任一 戊開雀	庚蓬三 庚	辛冲五 甲杜蛇
戊輔六 癸驚陳	癸心八 丙死合	丙芮四 辛景地

丙午

癸蓬 己死合	戊心 丁驚陳	己任 乙開雀
丙英 戊景陰	庚芮 庚	丁輔 甲休地
辛禽 癸杜蛇	甲柱 丙傷符	乙冲 辛生天

丁未

乙芮 己生天	甲柱 丁傷符	辛英 乙杜蛇
丁蓬 戊休地	庚冲 庚	丙禽 甲景陰
己心 癸開雀	戊任 丙驚陳	癸輔 辛死合

戊申

辛任二 己景蛇	丙輔七 丁死陰	癸心九 乙驚合
甲柱一 戊杜符	庚英三 庚	戊芮五 甲開陳
乙冲六 癸傷天	丁禽八 丙生地	己蓬四 辛休雀

己酉

甲柱 己開符	辛冲 丁休蛇	丙禽 乙生陰
乙心 戊驚天	庚任 庚	癸蓬 甲傷合
丁芮 癸死地	己輔 丙景雀	戊英 辛杜陳

庚戌

己心 己驚陰	丁芮 丁開合	乙輔 乙休陳
戊禽 戊死蛇	庚柱 庚	甲英 甲生雀
癸蓬 癸景符	丙冲 丙杜天	辛任 辛傷地

辛亥

戊禽二 己杜陳	己蓬七 丁景雀	丁冲九 乙死地
癸輔一 戊傷合	庚心三 庚	乙任五 甲驚天
丙英六 癸生陰	辛芮八 丙休蛇	甲柱四 辛開符

陽三局

壬子

己輔 己傷雀	丁英 丁杜地	乙芮 乙景天
戊沖 戊生陳	庚禽 庚	甲柱 甲死符
癸任 癸休合	丙蓬 丙開陰	辛心 辛驚蛇

癸丑

丙沖 己杜陰	癸任 丁景合	戊蓬 乙死陳
辛芮 戊傷蛇	庚輔 庚	己心 甲驚雀
甲柱 癸生符	乙英 丙休天	丁禽 辛開地

甲寅

己輔二 己杜陰	丁英七 丁景合	乙芮九 乙死陳
戊沖一 戊傷蛇	庚禽三 庚	壬柱五 壬驚雀
甲任六 甲生符	丙蓬八 丙休天	辛心四 辛開地

乙卯

辛蓬 己休地	丙心 丁生天	甲任 乙傷符
壬英 戊開雀	庚芮 庚	戊輔 壬杜蛇
乙禽 甲驚陳	丁柱 丙死合	己沖 辛景陰

丙辰

丁芮 己景合	乙柱 丁死陳	壬英 乙驚雀
己蓬 戊杜陰	庚沖 庚	辛禽 壬開地
戊心 甲傷蛇	甲任 丙生符	丙輔 辛休天

丁巳

丙沖二 己開天	甲任七 丁休符	戊蓬九 乙生蛇
辛芮一 戊驚地	庚輔三 庚	己心五 壬傷陰
壬柱六 甲死雀	乙英八 丙景陳	丁禽四 辛杜合

戊午

戊英 己傷蛇	己禽 丁杜陰	丁柱 乙景合
甲任 戊生符	庚蓬 庚	乙沖 壬死陳
丙輔 甲休天	辛心 丙開地	壬芮 辛驚雀

己未

甲任 己生符	戊輔 丁傷蛇	己心 乙杜陰
丙柱 戊休天	庚英 庚	丁芮 壬景合
辛沖 甲開地	壬禽 丙驚雀	乙蓬 辛死陳

庚申

己柱二 己杜陰	丁沖七 丁景合	乙禽九 乙死陳
戊心一 戊傷蛇	壬任三 庚	壬蓬五 壬驚雀
甲芮六 甲生符	丙輔八 丙休天	辛英四 辛開地

辛酉

乙心 己死陳	壬芮 丁驚雀	辛輔 乙開地
丁禽 戊景合	庚柱 庚	丙英 壬休天
己蓬 甲杜陰	戊沖 丙傷蛇	甲任 辛生符

壬戌

壬禽 己驚雀	辛蓬 丁開地	丙沖 乙休天
乙輔 戊死陳	庚心 庚	甲任 壬生符
丁英 甲景合	乙芮 丙杜陰	戊柱 辛傷蛇

癸亥

己輔二 己杜陰	丁英七 丁景合	乙芮九 乙死陳
戊沖一 戊傷蛇	庚禽三 庚	壬柱五 壬驚雀
甲任六 甲生符	丙蓬八 丙休天	辛心四 辛開地

195

陽四局

甲子

甲輔三 甲杜符	癸英八 癸景蛇	丙芮一 丙死陰
乙冲二 乙傷天	己禽四 己	辛柱六 辛驚合
壬任七 壬生地	丁蓬九 丁休雀	庚心五 庚開陳

乙丑

癸禽 甲杜蛇	丙蓬 癸景陰	辛冲 丙死合
甲輔 乙傷符	己心 己	庚任 辛驚陳
乙英 壬生天	壬芮 丁休地	丁柱 庚開雀

丙寅

壬心 甲開地	乙芮 癸休天	甲輔 丙生符
丁禽 乙驚雀	己柱 己	癸英 辛傷蛇
庚蓬 壬死陳	辛冲 丁景合	丙任 庚杜陰

丁卯

辛柱三 甲休合	庚冲八 癸生陳	丁禽一 丙傷雀
丙心二 乙開陰	己任四 己	壬蓬六 辛杜地
癸芮七 壬驚蛇	甲輔九 丁死符	乙英五 庚景天

戊辰

甲輔 甲死符	癸英 癸驚蛇	丙芮 丙開陰
乙冲 乙景天	己禽 己	辛柱 辛休合
壬任 壬杜地	丁蓬 丁傷雀	庚心 庚生陳

己巳

甲冲 甲傷陰	癸任 癸杜合	丙蓬 丙景陳
乙芮 乙生蛇	己輔 己	辛心 辛死雀
壬柱 壬休符	丁英 丁開天	庚禽 庚驚蛇

庚午

庚芮三 甲驚陳	丁柱八 癸開雀	壬英一 丙休地
辛蓬二 乙死合	己冲四 己	乙禽六 辛生天
丙心七 壬景陰	癸任九 丁杜蛇	甲輔五 庚傷符

辛未

丁蓬 甲生雀	壬心 癸傷地	乙任 丙杜天
庚英 乙休陳	己芮 己	甲輔 辛景符
辛禽 壬開合	丙柱 丁驚陰	癸冲 庚死蛇

壬申

丙英 甲景陰	辛禽 癸死合	庚柱 丙驚陳
癸任 乙杜蛇	己蓬 己	丁冲 辛開雀
甲輔 壬傷符	乙心 丁生天	壬芮 庚休陰

癸酉

乙任三 甲杜天	甲輔八 癸景符	癸心一 丙死蛇
壬柱二 乙傷地	己英四 己	丙芮六 辛驚陰
丁冲七 壬生雀	庚禽九 丁休陳	辛蓬五 庚開合

甲戌

戊輔 戊杜陰	癸英 癸景合	丙芮 丙死陳
乙冲 乙傷蛇	甲禽 甲	辛柱 辛驚雀
壬任 壬生符	丁蓬 丁休天	庚心 庚開地

乙亥

戊心 戊生蛇	癸芮 癸傷陰	丙輔 丙杜合
乙禽 乙休符	甲柱 甲	辛英 辛景陳
壬蓬 壬開天	丁冲 丁驚地	庚任 庚死雀

陽四局

丙子

戊柱三 戊傷地	癸冲八 癸杜天	丙禽一 丙景符
乙心二 乙生雀	甲任四 甲	辛蓬六 辛死蛇
壬芮七 壬休陳	丁輔九 丁開合	庚英五 庚驚陰

丁丑

戊任 戊開合	癸輔 癸休陳	丙心 丙生雀
乙柱 乙驚陰	甲英 甲	辛芮 辛傷地
壬冲 壬死蛇	丁禽 丁景符	庚蓬 庚杜天

戊寅

戊禽 戊景符	癸蓬 癸死蛇	丙冲 丙驚陰
乙輔 乙杜天	甲心 甲	辛任 辛開合
壬英 壬傷地	丁芮 丁生雀	庚柱 庚休陳

己卯

戊輔三 戊休陰	癸英八 癸生合	丙芮一 丙傷陳
乙冲二 乙開蛇	甲禽四 甲	辛柱六 辛杜雀
壬任七 壬驚符	丁蓬九 丁死天	庚心五 庚景地

庚辰

戊冲 戊杜	癸任 癸景雀	丙蓬 丙死地
乙芮 乙傷合	甲輔 甲	辛心 辛驚天
壬柱 壬生陰	丁英 丁休蛇	庚禽 庚開符

辛巳

戊芮 戊驚雀	癸柱 癸開地	丙英 丙休天
乙蓬 乙死陳	甲冲 甲	辛禽 辛生符
壬心 壬景合	丁任 丁杜陰	庚輔 庚傷蛇

壬午

戊蓬三 戊死陰	癸心八 癸驚合	丙任一 丙開陳
乙英二 乙景蛇	甲芮四 甲	辛輔六 辛休雀
壬禽七 壬杜符	丁柱九 丁傷天	庚冲五 庚生地

癸未

戊英 戊杜天	癸禽 癸景符	丙柱 丙死蛇
乙任 乙傷地	甲蓬 甲	辛冲 辛驚陰
壬輔 壬生雀	丁心 丁休陳	庚芮 庚開合

甲申

戊輔 戊杜陳	癸英 癸景雀	丙芮 丙死地
乙冲 乙傷合	己禽 己	辛柱 辛驚天
壬任 壬生陰	丁蓬 丁休蛇	甲心 甲開符

乙酉

丁柱三 戊景蛇	癸冲八 癸死陰	乙禽一 丙驚合
甲心二 乙杜符	己任四 己	戊蓬六 辛開陳
辛芮七 壬傷天	丙輔九 丁生地	癸英五 甲休雀

丙戌

丙任 戊生地	辛輔 癸傷天	甲心 丙杜符
癸柱 乙休雀	己英 己	丁芮 辛景蛇
戊冲 壬開陳	乙禽 丁驚合	壬蓬 甲死陰

丁亥

乙英 戊驚合	戊禽 癸開陳	癸柱 丙休雀
壬任 乙死陰	己蓬 己	丙冲 辛生地
丁輔 壬景蛇	甲心 丁杜符	辛芮 甲傷天

戊子

甲心三 戊傷符	丁芮八 癸杜蛇	壬輔一 丙景陰
辛禽二 乙生天	己柱四 己	乙英六 辛死合
丙蓬七 壬休地	癸冲九 丁開雀	戊任五 甲驚陳

己丑

戊禽 戊死陰	癸蓬 癸驚合	丙冲 丙開陳
乙輔 乙景蛇	己心 己	辛任 辛休雀
壬英 壬杜符	丁芮 丁傷天	甲柱 甲生地

庚寅

戊輔 戊休陳	癸英 癸生雀	丙芮 丙傷地
乙冲 乙開合	己禽 己	辛柱 辛杜陰
壬任 壬驚陰	丁蓬 丁死蛇	甲心 甲景符

辛卯

癸冲三 戊開雀	丙任八 癸休地	辛蓬一 丙生天
戊芮二 乙驚陳	己輔四 己	甲心六 辛傷符
乙柱七 壬死合	壬英九 丁景陰	丁禽五 甲杜蛇

壬辰

壬芮 戊杜陰	乙柱 癸景合	戊英 丙死陳
丁蓬 乙傷蛇	己冲 己	癸禽 辛驚雀
甲心 壬生符	辛任 丁休天	丙輔 甲開地

癸巳

辛蓬 戊杜天	甲心 癸景符	丁任 丙死蛇
丙英 乙傷地	己芮 己	壬輔 辛驚陰
癸禽 壬生雀	戊柱 丁休陳	乙冲 甲開合

甲午

戊輔三 戊杜雀	癸英八 癸景地	丙芮一 丙死天
乙冲二 乙傷陳	己禽四 己	甲柱六 甲驚符
壬任七 壬生合	丁蓬九 丁休陰	庚心五 庚開蛇

乙未

庚任 戊休蛇	丁輔 癸生陰	壬心 丙傷合
甲柱 乙開符	己英 己	乙芮 甲杜陳
丙冲 壬驚天	癸禽 丁死地	戊蓬 庚景雀

丙申

癸英 戊死地	丙禽 癸驚天	甲柱 丙開符
戊任 乙景雀	己蓬 己	庚冲 甲休蛇
乙輔 壬杜陳	壬心 丁傷合	丁芮 庚生陰

丁酉

壬蓬三 戊生合	乙心八 癸傷陳	戊任一 丙杜雀
丁英二 乙休陰	己芮四 己	癸輔六 甲景地
庚禽七 壬開蛇	甲柱九 丁驚符	丙冲五 庚死天

戊戌

甲柱 戊景符	庚冲 癸死蛇	丁禽 丙驚陰
丙心 乙杜天	己任 己	壬蓬 甲開合
癸芮 壬傷地	戊輔 丁生雀	乙英 庚休陳

己亥

戊心 戊開陰	癸芮 癸休合	丙輔 丙生陳
乙禽 乙驚蛇	己柱 己	甲英 甲傷雀
壬蓬 壬死符	丁冲 丁景天	庚任 庚杜地

198

庚子

乙禽三 戊驚陳	戊蓬八 癸開雀	癸冲一 丙休地
壬輔二 乙死合	己心四 己	丙任六 甲生天
丁英七 壬景陰	庚芮九 丁杜蛇	甲柱五 庚傷符

辛丑

戊輔 戊杜雀	癸英 癸景地	丙芮 丙死天
乙冲 乙傷陳	己禽 己	甲柱 甲驚符
壬任 壬生合	丁蓬 丁休陰	庚心 庚開蛇

壬寅

丁冲 戊傷陰	壬任 癸杜合	乙蓬 丙景陳
庚芮 乙生蛇	己輔 己	戊心 甲死雀
甲柱 壬休符	丙英 丁開天	癸禽 庚驚地

癸卯

丙芮三 戊杜天	甲柱八 癸景符	庚英一 丙死蛇
癸蓬二 乙傷地	己冲四 己	丁禽六 甲驚陰
戊心七 壬生雀	己任九 丁休陳	壬輔五 庚開合

甲辰

戊輔 戊杜陰	癸英 癸景合	丙芮 丙死陳
乙冲 乙傷蛇	己禽 己	辛柱 辛驚雀
甲任 甲生符	丁蓬 丁休天	庚心 庚開地

乙巳

乙英 戊休蛇	戊禽 癸生陰	癸柱 丙傷合
甲任 乙開符	己蓬 己	丙冲 辛杜陳
丁輔 甲驚天	庚心 丁死地	辛芮 庚景雀

丙午

庚蓬三 戊景地	丁心八 癸死天	甲任一 丙驚符
辛英二 乙杜雀	己芮四 己	乙輔六 辛開蛇
丙禽七 甲傷陳	癸柱九 丁生合	戊冲五 庚休陰

丁未

癸芮 戊開合	丙柱 癸休陳	辛英 丙生雀
戊蓬 乙驚陰	己冲 己	庚禽 辛傷地
乙心 甲死蛇	甲任 丁景符	丁輔 庚杜天

戊申

甲任 戊傷符	乙輔 癸杜蛇	戊心 丙景陰
丁柱 乙生天	己英 己	癸芮 辛死合
庚冲 甲休地	辛禽 丁開雀	丙蓬 庚驚陳

己酉

戊柱三 戊生陰	癸冲八 癸傷合	丙禽一 丙杜陳
乙心二 乙休蛇	己任四 己	辛蓬六 辛景雀
甲芮七 甲開符	丁輔九 丁驚天	庚英五 庚死地

庚戌

丙心 戊杜陳	辛芮 癸景雀	庚輔 丙死地
癸禽 乙傷合	己柱 己	丁英 辛驚天
戊蓬 甲生陰	乙冲 丁休蛇	甲任 庚開符

辛亥

辛禽 戊死雀	庚蓬 癸驚地	丁冲 丙開天
丙輔 乙景陳	己心 己	甲任 辛休符
癸英 甲杜合	戊芮 丁傷陰	乙柱 庚生蛇

壬子

戊輔三 戊驚陰	癸英八 癸開合	丙芮一 丙休陳
乙冲二 乙死蛇	己禽四 己	辛柱六 辛生雀
甲任七 甲景符	丁蓬九 丁杜天	庚心五 庚傷地

癸丑

丁冲 戊杜天	甲任 癸景符	乙蓬 丙死蛇
庚芮 乙傷地	己輔 己	戊心 辛驚陰
辛柱 甲生雀	丙英 丁休陳	癸禽 庚開合

甲寅

戊輔 戊杜天	甲英 甲景符	丙芮 丙死蛇
乙冲 乙傷地	己禽 己	辛柱 辛景陰
壬任 壬生雀	丁蓬 丁休陳	庚心 庚開合

乙卯

丙蓬三 戊開蛇	辛心八 甲休陰	庚任一 丙生合
甲英二 乙驚符	己芮四 己	丁輔六 辛傷陳
戊禽七 壬死天	乙柱九 丁景地	壬冲五 庚杜雀

丙辰

乙芮 戊傷地	戊柱 甲杜天	甲英 丙景符
壬蓬 乙生雀	己冲 己	丙禽 辛死蛇
丁心 壬休陳	庚任 丁開合	辛輔 庚驚陰

丁巳

庚冲 戊死合	丁任 甲驚陳	壬蓬 丙開雀
辛芮 乙景陰	己輔 己	乙心 辛休地
丙柱 壬杜蛇	甲英 丁傷符	戊禽 庚生天

戊午

甲英三 戊景符	丙禽八 丙死蛇	辛柱一 丙驚陰
戊任二 乙杜天	己蓬四 己	庚冲六 辛開合
乙輔七 壬傷地	壬心九 丁生雀	丁芮五 庚休陳

己未

戊任 戊杜陰	甲輔 甲景符	丙心 丙死陳
乙柱 乙傷蛇	己英 己	辛芮 辛驚雀
壬冲 壬生符	丁禽 丁休天	庚蓬 庚開地

庚申

丁柱 戊休陳	壬冲 甲生雀	乙禽 丙傷地
庚心 乙開合	己任 己	戊蓬 辛杜天
辛芮 壬驚陰	丙輔 丁死蛇	甲英 庚景符

辛酉

壬心三 戊生雀	乙芮八 甲傷地	戊輔一 丙杜天
丁禽二 乙休陳	己柱四 己	甲英六 辛景符
庚蓬七 壬開合	辛冲九 丁驚陰	丙任五 庚死蛇

壬戌

辛禽 戊驚陰	庚蓬 甲開合	丁冲 丙休陳
丙輔 乙死蛇	己心 己	壬任 辛生雀
甲英 壬景符	戊芮 丁杜天	乙柱 庚傷地

癸亥

戊輔 戊杜天	甲英 甲景符	丙芮 丙死蛇
乙冲 乙傷地	己禽 己	辛柱 辛驚陰
壬任 壬生雀	丁蓬 丁休陳	庚心 庚開合

陽五局

甲子

乙輔	壬英	丁芮
乙杜陰	壬景合	丁死陳
丙冲	甲禽	庚柱
丙傷蛇	甲	庚驚雀
辛任	癸蓬	己心
辛生符	癸休天	己開地

乙丑

乙禽四	壬蓬九	丁冲二
乙生符	壬傷蛇	丁杜陰
丙輔三	甲心五	庚任七
丙休天	甲	庚景合
辛英八	癸芮一	己柱六
辛開地	癸驚雀	己死陳

丙寅

乙心	壬芮	丁輔
乙傷蛇	壬杜陰	丁景合
丙禽	甲柱	庚英
丙生符	甲	庚死陳
辛蓬	癸冲	己任
辛休天	癸開地	己驚雀

丁卯

乙柱	壬冲	丁禽
乙開地	壬休天	丁生符
丙心	甲任	庚蓬
丙驚雀	甲	庚傷蛇
辛芮	癸輔	己英
辛死陳	癸景合	己杜陰

戊辰

乙輔四	壬英九	丁芮二
乙景陰	壬死合	丁驚陳
丙冲三	甲禽五	庚柱七
丙杜蛇	甲	庚開雀
辛任八	癸蓬一	己心六
辛傷符	癸生天	己休地

己巳

乙冲	壬任	丁蓬
乙休陳	壬生雀	丁傷地
丙芮	甲輔	庚心
丙開合	甲	庚杜天
辛柱	癸英	己禽
辛驚陰	癸死蛇	己景符

庚午

乙芮	壬柱	丁英
乙杜雀	壬景地	丁死天
丙蓬	甲冲	庚禽
丙傷陳	甲	庚驚符
辛心	癸任	己輔
辛生合	癸休陰	己開蛇

辛未

乙蓬四	壬心九	丁任二
乙驚陰	壬開合	丁休陳
丙英三	甲芮五	庚輔七
丙死蛇	甲	庚生雀
辛禽八	癸柱一	己冲六
辛景符	癸杜天	己傷地

壬申

乙英	壬禽	丁柱
乙死天	壬驚符	丁開蛇
丙任	甲蓬	庚冲
丙景地	甲	庚休陰
辛輔	癸心	己芮
辛杜雀	癸傷陳	己生合

癸酉

乙任	壬輔	丁心
乙杜合	壬景陳	丁死雀
丙柱	甲英	庚芮
丙傷陰	甲	庚驚地
辛冲	癸禽	己蓬
辛生蛇	癸休符	己開天

甲戌

乙輔四	壬英九	丁芮二
乙杜陳	壬景雀	丁死地
丙冲三	戊禽五	庚柱七
丙傷合	戊	庚驚天
辛任八	癸蓬一	甲心六
辛生陰	癸休蛇	甲開符

乙亥

甲心	癸芮	辛輔
乙景符	壬死蛇	丁驚陰
庚禽	戊柱	丙英
丙杜天	戊	庚開合
丁蓬	壬冲	乙任
辛傷地	癸生雀	甲休陳

丙子

癸柱 乙生蛇	辛冲 壬傷陰	丙禽 丁杜合
甲心 丙休符	戊任 戊	乙蓬 庚景陳
庚芮 辛開天	丁輔 癸驚地	壬英 甲死雀

丁丑

丁任四 乙驚地	庚輔九 壬開天	甲心二 丁休符
壬柱三 丙死雀	戊英五 戊	癸芮七 庚生蛇
乙冲八 辛景陳	丙禽一 癸杜合	辛蓬六 甲傷陰

戊寅

乙禽 乙傷陰	壬蓬 壬杜合	丁冲 丁景陳
丙輔 丙生蛇	戊心 戊	庚任 庚死雀
辛英 辛休符	癸芮 癸開天	甲柱 甲驚地

己卯

乙輔 乙死陳	壬英 壬驚雀	丁芮 丁開地
丙冲 丙景合	戊禽 戊	庚柱 庚休天
辛任 辛杜陰	癸蓬 癸傷蛇	甲心 甲生符

庚辰

壬冲四 乙休雀	丁任九 壬生地	庚蓬二 丁傷天
乙芮三 丙開陳	戊輔五 戊	甲心七 庚杜符
丙柱八 辛驚合	辛英一 癸死陰	癸禽六 甲景蛇

辛巳

辛芮 乙開陰	丙柱 壬休合	乙英 丁生陳
癸蓬 丙驚蛇	戊冲 戊	壬禽 庚傷雀
甲心 辛死符	庚任 癸景天	丁輔 甲杜地

壬午

庚蓬 乙杜天	甲心 壬景符	癸任 丁死蛇
丁英 丙傷地	戊芮 戊	辛輔 庚驚陰
壬禽 辛生雀	乙柱 癸休陳	丙冲 甲開合

癸未

丙英四 乙杜合	乙禽九 壬景陳	壬柱二 丁死雀
辛任三 丙傷陰	戊蓬五 戊	丁冲七 庚驚地
癸輔八 辛生蛇	甲心一 癸休符	庚芮六 甲開天

甲申

乙輔 乙杜雀	壬英 壬景地	丁芮 丁死天
丙冲 丙傷陳	戊禽 戊	甲柱 甲驚符
辛任 辛生合	癸蓬 癸休陰	己心 己開天

乙酉

甲柱 乙休符	己冲 壬生蛇	癸禽 丁傷陰
丁心 丙開天	戊任 戊	辛蓬 甲杜合
壬芮 辛驚地	乙輔 癸死雀	丙英 己景陳

丙戌

己任四 乙死蛇	癸輔九 壬驚陰	辛心二 丁開合
甲柱三 丙景符	戊英五 戊	丙芮七 甲休陳
丁冲八 辛杜天	壬禽一 癸傷地	乙蓬六 己生雀

丁亥

壬英 乙生地	丁禽 壬傷天	甲柱 丁杜合
乙任 丙休雀	戊蓬 戊	丙冲 甲景蛇
丙輔 辛開陳	辛心 癸驚合	癸芮 己死陰

陽五局

戊子

乙心 乙景陰	壬芮 壬死合	丁輔 丁驚陳
丙禽 丙杜蛇	戊柱 戊	甲英 甲開雀
辛蓬 辛傷符	癸冲 癸生天	己任 己休地

己丑

丙禽四 乙開陳	乙蓬九 壬休雀	壬冲二 丁生地
辛輔三 丙驚合	戊心五 戊	丁任七 甲傷天
癸英八 辛死陰	己芮一 癸景蛇	甲柱六 己杜符

庚寅

乙輔 乙驚雀	壬英 壬開地	丁芮 丁休天
丙冲 丙死陳	戊禽 戊	甲柱 甲生符
辛任 辛景合	癸蓬 癸杜陰	己心 己傷蛇

辛卯

癸冲 乙杜陰	辛任 壬景合	丙蓬 丁死陳
己芮 丙傷蛇	戊輔 戊	乙心 甲驚雀
甲柱 辛生符	丁英 癸休天	壬禽 己開地

壬辰

丁芮四 乙傷天	甲柱九 壬杜符	己英二 丁景蛇
壬蓬三 丙生地	戊冲五 戊	癸禽七 甲死陰
乙心八 辛休雀	丙任一 癸開陳	辛輔六 己驚合

癸巳

辛蓬 乙杜合	丙心 壬景陳	乙任 丁死雀
癸英 丙傷陰	戊芮 戊	壬輔 甲驚地
己禽 辛生蛇	甲柱 癸休符	丁冲 己開天

甲午

乙輔 乙杜陰	壬英 壬景合	丁芮 丁死陰
丙冲 丙傷蛇	戊禽 戊	庚柱 庚驚雀
甲任 甲生符	癸蓬 癸休天	己心 己開地

乙未

甲任四 乙休符	丙輔九 壬生蛇	乙心二 丁傷陰
癸柱三 丙開天	戊英五 戊	壬芮七 庚杜合
己冲八 甲驚地	庚禽一 癸死雀	丁蓬六 己景陳

丙申

丙英 乙景蛇	乙禽 壬死陰	壬柱 丁驚合
甲任 丙杜符	戊蓬 戊	丁冲 庚開陳
癸輔 甲傷天	己心 癸生地	庚芮 己休雀

丁酉

己蓬 乙開地	癸心 壬休天	甲任 丁生符
庚英 丙驚雀	戊芮 戊	丙輔 庚傷蛇
丁禽 甲死陳	壬柱 癸景合	乙冲 己杜陰

戊戌

乙柱四 乙傷陰	壬冲九 壬杜合	丁禽二 丁景陳
丙心三 丙生蛇	戊任五 戊	庚蓬七 庚死雀
甲芮八 甲休符	癸輔一 癸開天	己英六 己驚地

己亥

丁心 乙生陳	庚芮 壬傷雀	己輔 丁杜地
壬禽 丙休合	戊柱 戊	癸英 庚景天
乙蓬 甲開陰	丙冲 癸驚蛇	甲任 己死符

庚子

庚禽 乙杜雀	己蓬 壬景地	癸冲 丁死天
丁輔 丙傷陳	戊心 戊	甲任 庚驚符
壬英 甲生合	乙芮 癸休陰	丙柱 己開蛇

辛丑

乙輔四 乙死陰	壬英九 壬驚合	丁芮二 丁開陳
丙冲三 丙景蛇	戊禽五 戊	庚柱七 庚休雀
甲任八 甲杜符	癸蓬一 癸傷天	己心六 己生地

壬寅

癸冲 乙驚天	甲任 壬開符	丙蓬 丁休蛇
己芮 丙死地	戊輔 戊	乙心 庚生陰
庚柱 甲景雀	丁英 癸杜陳	壬禽 己傷合

癸卯

壬芮 乙杜合	丁柱 壬景陳	庚英 丁死雀
乙蓬 丙傷陰	戊冲 戊	己禽 庚驚地
丙心 甲生蛇	甲任 癸休符	癸輔 己開天

甲辰

乙輔四 乙杜天	甲英九 甲景符	丁芮二 丁死蛇
丙冲三 丙傷地	戊禽五 戊	庚柱七 庚驚陰
辛任八 辛生雀	癸蓬一 癸休陳	己心六 己開合

乙巳

甲英 乙開符	丁禽 丁休蛇	庚柱 丁生陰
乙任 丙驚天	戊蓬 戊	己冲 庚傷合
丙輔 辛死地	辛心 癸景雀	癸芮 己杜陳

丙午

丁蓬 乙傷蛇	庚心 甲杜陰	己任 丁景合
甲英 丙生符	戊芮 戊	癸輔 庚死陳
乙禽 辛休天	丙柱 癸開地	辛冲 己驚雀

丁未

丙芮四 乙死地	乙柱九 甲驚天	甲英二 丁開符
辛蓬三 丙景雀	戊冲五 戊	丁禽七 庚休蛇
癸心八 辛杜陳	己任一 癸傷合	庚輔六 己生陰

戊申

乙任 乙景陰	甲輔 甲死合	丁心 丁驚陳
丙柱 丙杜蛇	戊英 戊	庚芮 庚開雀
辛冲 辛傷符	癸禽 癸生天	己蓬 己休地

己酉

癸柱 乙杜陳	辛冲 甲景雀	丙禽 丁死地
己心 丙傷合	戊任 戊	乙蓬 庚驚天
庚芮 辛生陰	丁輔 癸休蛇	甲英 己開符

庚戌

辛心四 乙休雀	丙芮九 甲生地	乙輔二 丁傷天
癸禽三 丙開陳	戊柱五 戊	甲英七 庚杜符
己蓬八 辛驚合	庚冲一 癸死陰	丁任六 己景蛇

辛亥

庚禽 乙生陰	己蓬 甲傷合	癸冲 丁杜陳
丁輔 丙休蛇	戊心 戊	辛任 庚景雀
甲英 辛開符	乙芮 癸驚天	丙柱 己死地

壬子

乙輔 乙驚天	甲英 甲開符	丁芮 丁休蛇
丙冲 丙死地	戊禽 戊	庚柱 庚生陰
辛任 辛景雀	癸蓬 癸杜陳	己心 己傷合

癸丑

己冲四 乙杜合	癸任九 甲景陳	辛蓬二 丁死雀
庚芮三 丙傷陰	戊輔五 戊	丙心七 庚驚地
丁柱八 辛生蛇	甲英一 癸休符	乙禽六 己開天

甲寅

乙輔 乙杜合	壬英 壬景陳	丁芮 丁死雀
丙冲 丙傷陰	戊禽 戊	庚柱 庚驚地
辛任 辛生蛇	甲蓬 甲休符	己心 己開天

乙卯

甲蓬 乙驚符	辛心 壬開蛇	丙任 丁休陰
己英 丙死天	戊芮 戊	乙輔 庚生合
庚禽 辛景地	丁柱 甲杜雀	壬冲 己傷陳

丙辰

辛芮四 乙生蛇	丙柱九 壬傷陰	乙英二 丁杜合
甲蓬三 丙休符	戊冲五 戊	壬禽七 庚景陳
己心八 辛開天	庚任一 甲驚地	丁輔六 丁死雀

丁巳

庚冲 乙休地	己任 壬生天	甲蓬 丁傷符
丁芮 丙開雀	戊輔 戊	辛心 庚杜蛇
壬柱 辛驚陳	乙英 甲死合	丙禽 己景陰

戊午

乙英 乙杜陰	壬禽 壬景合	丁柱 丁死陳
丙任 丙傷蛇	戊蓬 戊	庚冲 庚驚雀
辛輔 辛生符	甲心 甲休天	己芮 己開地

己未

壬任四 乙景陳	丁輔九 壬死雀	庚心二 丁驚地
乙柱三 丙杜合	戊英五 戊	己芮七 庚開天
丙冲八 辛傷陰	辛禽一 甲生蛇	甲蓬六 己休符

庚申

丁柱 乙死雀	庚冲 壬驚地	己禽 丁開天
壬心 丙景陳	戊任 戊	甲蓬 庚休符
乙芮 辛杜合	丙輔 甲傷陰	辛英 己生蛇

辛酉

丙心 乙傷陰	乙芮 壬杜合	壬輔 丁景陳
辛禽 丙生蛇	戊柱 戊	丁英 庚死雀
甲蓬 辛休符	己冲 甲開天	庚任 己驚地

壬戌

己禽四 乙開天	甲蓬九 壬休符	辛冲二 丁生蛇
庚輔三 丙驚地	戊心五 戊	丙任七 庚傷陰
丁英八 辛死雀	壬芮一 甲景陳	乙柱六 己杜合

癸亥

乙輔 乙杜合	壬英 壬景陳	丁芮 丁死雀
丙冲 丙傷陰	戊禽 戊	庚柱 庚驚地
辛任 辛生蛇	甲蓬 甲休符	己心 己開天

陽六局

甲子

丙輔 丙杜陳	辛英 辛景雀	癸芮 癸死地
丁冲 丁傷合	乙禽 乙	己柱 己驚天
庚任 庚生陰	壬蓬 壬休蛇	甲心 甲開符

乙丑

丙禽 丙景陰	辛蓬 辛死合	癸冲 癸驚陳
丁輔 丁杜蛇	乙心 乙	己任 己開雀
庚英 庚傷符	壬芮 壬生天	甲柱 甲休地

丙寅

甲心五 丙生符	壬芮一 辛傷蛇	庚輔三 癸杜陰
己禽四 丁休天	乙柱六 乙	丁英八 己景合
癸蓬九 庚開地	辛冲二 壬驚雀	丙任七 甲死陳

丁卯

壬柱 丙驚蛇	庚冲 辛開陰	丁禽 癸休合
甲心 丁死符	乙任 乙	丙蓬 己生陳
己芮 庚景天	癸輔 壬杜地	辛英 甲傷雀

戊辰

丙輔 丙傷陳	辛英 辛杜雀	癸芮 癸景地
丁冲 丁生合	乙禽 乙	己柱 己死天
庚任 庚休陰	壬蓬 壬開蛇	甲心 甲驚符

己巳

辛冲五 丙死雀	癸任一 辛驚地	己蓬三 癸開天
丙芮四 丁景陳	乙輔六 乙	甲心八 己休符
丁柱九 庚杜合	庚英二 壬傷陰	壬禽七 甲生蛇

庚午

庚芮 丙休陰	丁柱 辛生合	丙英 癸傷陳
壬蓬 丁開蛇	乙冲 乙	辛禽 己杜雀
甲心 庚驚符	己任 壬死天	癸輔 甲景地

辛未

己蓬 丙開天	甲心 辛休符	壬任 癸生蛇
癸英 丁驚地	乙芮 乙	庚輔 己傷陰
辛禽 庚死雀	丙柱 壬景陳	丁冲 甲杜合

壬申

丁英五 丙杜合	丙禽一 辛景陳	辛柱三 癸死雀
庚任四 丁傷陰	乙蓬六 乙	癸冲八 己驚地
壬輔九 庚生蛇	甲心二 壬休符	丙芮七 甲開天

癸酉

癸任 丙杜地	己輔 辛景天	甲心 癸死符
辛柱 丁傷雀	乙英 乙	壬芮 己驚蛇
丙冲 庚生陳	丁禽 壬休合	庚蓬 甲開陰

甲戌

丙輔 丙杜雀	辛英 辛景地	癸芮 癸死天
丁冲 丁傷陳	乙禽 乙	甲柱 甲驚符
庚任 庚生合	壬蓬 壬休陰	戊心 戊開蛇

乙亥

丙心五 丙休陳	辛芮一 辛生合	癸輔三 癸傷陳
丁禽四 丁開蛇	乙柱六 乙	甲英八 甲杜雀
庚蓬九 庚驚符	壬冲二 壬死天	戊任七 戊景地

丙子

甲柱	戊冲	壬禽
丙死符	辛驚蛇	癸開陰
癸心	乙任	庚蓬
丁景天	乙	甲休合
辛芮	丙輔	丁英
庚杜地	壬傷雀	戊生陳

丁丑

戊任	壬輔	庚心
丙生蛇	辛傷陰	癸杜合
甲柱	乙英	丁芮
丁休符	乙	甲景陳
癸冲	辛禽	丙蓬
庚開天	壬驚地	戊死雀

戊寅

丁禽五	丙蓬一	辛冲三
丙景陳	辛死雀	癸驚地
庚輔四	乙心六	癸任八
丁杜合	乙	甲開天
壬英九	戊芮二	甲柱七
庚傷陰	壬生蛇	戊休符

己卯

丙輔	辛英	癸芮
丙開雀	辛休地	癸生天
丁冲	乙禽	甲柱
丁驚陳	乙	甲傷符
庚任	壬蓬	戊心
庚死合	壬景陰	戊杜蛇

庚辰

壬冲	庚任	丁蓬
丙驚陰	辛開合	癸休陳
戊芮	乙輔	丙心
丁死蛇	乙	甲生雀
甲柱	癸英	辛禽
庚景符	壬杜天	戊傷地

辛巳

癸芮五	甲柱一	戊英三
丙杜天	辛景符	癸死蛇
辛蓬四	乙冲六	壬禽八
丁傷地	乙	甲驚陰
丙心九	丁任二	庚輔七
庚生雀	壬休陳	戊開合

壬午

庚蓬	丁心	丙任
丙傷合	辛杜陳	癸景雀
壬英	乙芮	辛輔
丁生陰	乙	甲死地
戊禽	甲柱	癸冲
庚休蛇	壬開符	戊驚天

癸未

辛英	癸禽	甲柱
丙杜地	辛景天	癸死符
丙任	乙蓬	戊冲
丁傷雀	乙	甲驚蛇
丁輔	庚心	壬芮
庚生陳	壬休合	戊開陰

甲申

丙輔五	辛英一	癸芮三
丙杜陰	辛景合	癸死陳
丁冲四	乙禽六	己柱八
丁傷蛇	乙	己驚雀
甲任九	壬蓬二	戊心七
甲生符	壬休天	戊開地

乙酉

丙柱	辛冲	癸禽
丙休陰	辛生合	癸傷陳
丁心	乙任	己蓬
丁開蛇	乙	己杜雀
甲芮	壬輔	戊英
甲驚符	壬死天	戊景地

丙戌

甲任	丁輔	丙心
丙景符	辛死蛇	癸驚陰
壬柱	乙英	辛芮
丁杜天	乙	己開合
戊冲	己禽	癸蓬
甲傷地	壬生雀	戊休陳

丁亥

丁英五	丙禽一	辛柱三
丙開蛇	辛休陰	癸生合
甲任四	乙蓬六	癸冲八
丁驚符	乙	己傷陳
壬輔九	戊心二	己芮七
壬死天	壬景地	戊杜雀

戊子

癸心 丙傷陳	己芮 辛杜雀	戊輔 癸景地
辛禽 丁生合	乙柱 乙	壬英 己死天
丙蓬 甲休陰	丁冲 壬開蛇	甲任 戊驚符

己丑

己禽 丙生雀	戊蓬 辛傷地	壬冲 癸杜天
癸輔 丁休陳	乙心 乙	甲任 己景符
辛英 甲開合	丙芮 壬驚陰	丁柱 戊死蛇

庚寅

丙輔五 丙杜陰	辛英一 辛景合	癸芮三 癸死陳
丁冲四 丁傷蛇	乙禽六 乙	己柱八 己驚雀
甲任九 甲生符	壬蓬二 壬休天	戊心七 戊開地

辛卯

壬冲 丙死天	甲任 辛驚符	丁蓬 癸開蛇
戊芮 丁景地	乙輔 乙	丙心 己休陰
己柱 甲杜雀	癸英 壬傷陳	辛禽 戊生合

壬辰

辛芮 丙驚合	癸柱 辛開陳	己英 癸休雀
丙蓬 丁死陰	乙冲 乙	戊禽 己生地
丁心 甲景蛇	甲任 壬杜符	壬輔 戊傷天

癸巳

戊蓬五 丙杜地	壬心一 辛景天	甲任三 癸死符
己英四 丁傷雀	乙芮六 乙	丁輔八 己驚蛇
癸禽九 甲生陳	辛柱二 壬休合	丙冲七 戊開地

甲午

丙輔 丙杜天	甲英 甲景符	癸芮 癸死蛇
丁冲 丁傷地	乙禽 乙	己柱 己驚陰
庚任 庚生雀	壬蓬 壬休陳	戊心 戊開合

乙未

丙任 丙開陰	甲輔 甲休合	癸心 癸生陳
丁柱 丁驚蛇	乙英 乙	己芮 己傷雀
庚冲 庚死符	壬禽 壬景天	戊蓬 戊杜地

丙申

甲英五 丙傷符	癸禽一 甲杜蛇	己柱三 癸景陰
丙任四 丁生天	乙蓬六 乙	戊冲八 己死合
丁輔九 庚休地	庚心二 壬開雀	壬芮七 戊驚陳

丁酉

癸蓬 丙死蛇	己心 甲驚陰	戊任 癸開合
甲英 丁景符	乙芮 乙	壬輔 己休陳
丙禽 庚杜天	丁柱 壬傷地	庚冲 戊生雀

戊戌

壬柱 丙景陳	庚冲 甲死雀	丁禽 癸驚地
戊心 丁杜合	乙任 乙	丙蓬 己開天
己芮 庚傷陰	癸輔 壬生蛇	甲英 戊休符

己亥

庚心五 丙杜雀	丁芮一 甲景地	丙輔三 癸死天
壬禽四 丁傷陳	乙柱六 乙	甲英八 己驚符
戊蓬九 庚生合	己冲二 壬休陰	癸任七 戊開蛇

陽六局

庚子

己禽 丙休陰	戊蓬 甲生合	壬冲 癸傷陳
癸輔 丁開蛇	乙心 乙	庚任 己杜雀
甲英 庚驚符	丙芮 壬死天	丁柱 戊景地

辛丑

丙輔 丙生天	甲英 甲傷符	癸芮 癸杜蛇
丁冲 丁休地	乙禽 乙	己柱 己景陰
庚任 庚開雀	壬蓬 壬驚陳	戊心 戊死合

壬寅

戊冲五 丙驚合	壬任一 甲開陳	庚蓬三 癸休雀
己芮四 丁死陰	乙輔六 乙	丁心八 丙生地
癸柱九 庚景蛇	辛英二 壬杜符	丙禽七 戊傷天

癸卯

丁芮 丙杜地	丙柱 甲景天	甲英 癸死符
庚蓬 丁傷雀	乙冲 乙	癸禽 己驚蛇
壬心 庚生陳	戊任 壬休合	己輔 戊開陰

甲辰

丙輔 丙杜合	辛英 辛景陳	癸芮 癸死雀
丁冲 丁傷陰	乙禽 乙	己柱 己驚地
庚任 庚生蛇	甲蓬 甲休符	戊心 戊開天

乙巳

丙英五 丙驚陰	辛禽一 辛開合	癸柱三 癸休陳
丁任四 丁死蛇	乙蓬六 乙	己冲八 己生雀
庚輔九 庚景符	甲心二 甲杜天	戊芮七 戊傷地

丙午

甲蓬 丙生符	庚心 辛傷蛇	丁任 癸杜陰
戊英 丁休天	乙芮 乙	丙輔 己景合
己禽 庚開地	癸柱 甲驚雀	辛冲 戊死陳

丁未

庚芮 丙休蛇	丁柱 辛生陰	丙英 癸傷合
甲蓬 丁開符	乙冲 乙	辛禽 己杜陳
戊心 庚驚天	己任 甲死地	癸輔 戊景雀

戊申

辛任五 丙杜陳	癸輔一 辛景雀	己心三 癸死雀
丙柱四 丁傷合	乙英六 乙	戊芮八 己驚天
丁冲九 庚生陰	庚禽二 甲休蛇	甲蓬七 戊開符

己酉

癸柱 丙景雀	己冲 辛死地	戊禽 癸驚天
辛心 丁杜陳	乙任 乙	甲蓬 己開符
丙芮 庚傷合	丁輔 甲生陰	庚英 戊休蛇

庚戌

丁心 丙死陰	丙芮 辛驚合	辛輔 癸開陳
庚禽 丁景蛇	乙柱 乙	癸英 己休雀
甲蓬 庚杜符	戊冲 甲傷天	己任 戊生地

辛亥

戊禽五 丙傷天	壬蓬一 辛杜符	庚冲三 癸景蛇
己輔四 丁生地	乙心六 乙	丁任八 己死陰
癸英九 庚休雀	甲芮二 甲開陳	丙柱七 戊驚合

壬子

丙輔 丙開合	辛英 辛休陳	癸芮 癸生雀
丁沖 丁驚陰	乙禽 乙	己柱 己傷地
庚任 庚死蛇	甲蓬 甲景符	戊心 戊杜天

癸丑

己沖 丙杜地	戊任 辛景天	甲蓬 癸死符
癸芮 丁傷雀	乙輔 乙	庚心 己驚蛇
辛柱 庚生陳	丙英 甲休合	丁禽 戊開陰

甲寅

丙輔五 丙杜地	辛英一 辛景天	甲芮三 甲死符
丁沖四 丁傷雀	乙禽六 乙	己柱八 己驚蛇
庚任九 庚生陳	壬蓬二 壬休合	戊心七 戊開陰

乙卯

丙蓬 丙驚陰	辛心 辛開合	甲任 甲休陳
丁英 丁死蛇	乙芮 乙	己輔 己生雀
庚禽 庚景符	壬柱 壬杜天	戊沖 戊傷地

丙辰

甲芮 丙死符	己柱 辛驚蛇	戊英 甲開陰
辛蓬 丁景天	乙沖 乙	壬禽 己休合
丙心 庚杜地	丁任 壬傷雀	庚輔 戊生陳

丁巳

己沖五 丙杜蛇	戊任一 辛景陰	壬蓬三 甲死合
甲芮四 丁傷符	乙輔六 乙	庚心八 己驚陳
辛柱九 庚生天	丙英二 壬休地	丁禽七 戊開雀

戊午

庚英 丙生陳	丁禽 辛傷雀	丙柱 甲杜地
壬任 丁休合	乙蓬 乙	辛沖 己景天
戊輔 庚開陰	己心 壬驚蛇	甲芮 戊死符

己未

丁任 丙傷雀	丙輔 辛杜地	辛心 甲景天
庚柱 丁生陳	乙英 乙	甲芮 己死符
壬沖 庚休合	戊禽 壬開陰	己蓬 戊驚蛇

庚申

戊柱五 丙開陰	壬沖一 辛休合	庚禽三 甲生陳
己心四 丁驚蛇	乙任六 乙	丁蓬八 己傷雀
甲芮九 庚死符	辛輔二 壬景天	丙英七 戊杜地

辛酉

辛心 丙景天	甲芮 辛死符	己輔 甲驚蛇
丙禽 丁杜地	乙柱 乙	戊英 己開陰
丁蓬 庚傷雀	庚沖 壬生陳	壬任 戊休合

壬戌

壬禽 丙休合	庚蓬 辛生陳	丁沖 甲傷雀
戊輔 丁開陰	乙心 乙	丙任 戊杜地
己英 庚驚蛇	甲芮 壬死符	辛柱 戊景天

癸亥

丙輔五 丙杜地	辛英一 辛景天	甲芮三 甲死符
丁沖四 丁傷雀	乙禽六 乙	己柱八 己驚蛇
庚任九 庚生陳	壬蓬二 壬休合	戊心七 戊開陰

陽七局

甲子

丁輔六	庚英二	壬芮四
丁杜雀	庚景地	壬死天
癸冲五	丙禽七	甲柱九
癸傷陳	丙	甲驚符
己任一	辛蓬三	乙心八
己生合	辛休陰	乙開蛇

乙丑

癸禽	丁蓬	庚冲
丁休陳	庚生雀	壬傷地
己輔	丙心	壬任
癸開合	丙	甲杜天
辛英	乙芮	甲柱
己驚陰	辛死蛇	乙景符

丙寅

丁心	庚芮	壬輔
丁死陰	庚驚合	壬開陳
癸禽	丙柱	甲英
癸景蛇	丙	甲休雀
己蓬	辛冲	乙任
己杜符	辛傷天	乙生地

丁卯

甲柱六	乙冲二	辛禽四
丁生符	庚傷蛇	壬杜陰
壬心五	丙任七	己蓬九
癸休天	丙	甲景合
庚芮一	丁輔三	癸英八
己開地	辛驚雀	乙死陳

戊辰

丁輔	庚英	壬芮
丁景雀	庚死地	壬驚天
癸冲	丙禽	甲柱
癸杜陳	丙	甲開符
己任	辛蓬	乙心
己傷合	辛生陰	乙休蛇

己巳

辛冲	己任	癸蓬
丁開陰	庚休合	壬生陳
乙芮	丙輔	丁心
癸驚蛇	丙	甲傷雀
甲柱	壬英	庚禽
己死符	辛景天	乙杜地

庚午

壬芮六	甲柱二	乙英四
丁驚天	庚開符	壬休蛇
庚蓬五	丙冲七	辛禽九
癸死地	丙	甲生陰
丁心一	癸任三	己輔八
己景雀	辛杜陳	乙傷合

辛未

己蓬	癸心	丁任
丁杜合	庚景陳	壬死雀
辛英	丙芮	庚輔
癸傷陰	丙	甲驚地
乙禽	甲柱	壬注
己生蛇	辛休符	乙開天

壬申

庚英	壬禽	甲柱
丁傷地	庚杜天	壬景符
丁任	丙蓬	乙冲
癸生雀	丙	甲死蛇
癸輔	己心	辛芮
己休陳	辛開合	乙驚陰

癸酉

乙任六	辛輔二	己心四
丁杜蛇	庚景陰	壬死合
甲柱五	丙英七	癸芮九
癸傷符	丙	甲驚陳
壬冲一	庚禽三	丁蓬八
己生天	辛休地	乙開雀

甲戌

丁輔	庚英	壬芮
丁杜陰	庚景合	壬死陳
癸冲	丙禽	戊柱
癸傷蛇	丙	戊驚雀
甲任	辛蓬	乙心
甲生符	辛休天	乙開地

乙亥

壬心	戊芮	乙輔
丁休陳	庚生雀	壬傷地
庚禽	丙柱	辛英
癸開合	丙	戊杜天
丁蓬	癸冲	甲任
甲驚陰	辛死蛇	乙景符

丙子

丁柱六 丁景陰	庚冲二 庚死合	壬禽四 壬驚陳
癸心五 癸杜蛇	丙任七 丙	戊蓬九 戊開雀
甲芮一 甲傷符	辛輔三 辛生天	乙英八 乙休地

丁丑

甲任 丁開符	癸輔 庚休蛇	丁心 壬生陰
辛柱 癸驚天	丙英 丙	庚芮 戊傷合
乙冲 甲死地	戊禽 辛景雀	壬蓬 乙杜陳

戊寅

戊禽 丁傷雀	乙蓬 庚杜地	辛冲 壬景天
壬輔 癸生陳	丙心 丙	甲任 戊死地
庚英 甲休合	丁芮 辛開陰	癸柱 乙驚蛇

己卯

丁輔六 丁生陰	庚英二 庚傷合	壬芮四 壬杜陳
癸冲五 癸休蛇	丙禽七 丙	戊柱九 戊景雀
甲任一 甲開符	辛蓬三 辛驚天	乙心八 乙死地

庚辰

辛冲 丁杜天	甲任 庚景符	癸蓬 壬死蛇
乙芮 癸傷地	丙輔 丙	丁心 戊驚陰
戊柱 甲生雀	壬英 辛休陳	庚禽 乙開合

辛巳

庚芮 丁死合	壬柱 庚驚陳	戊英 壬開雀
丁蓬 癸景陰	丙冲 丙	乙禽 戊休地
癸心 甲杜蛇	甲任 辛傷符	辛輔 乙生天

壬午

乙蓬六 丁驚地	辛心二 庚開天	甲任四 壬休符
戊英五 癸死雀	丙芮七 丙	癸輔九 戊生蛇
壬禽一 甲景陳	庚柱三 辛杜合	丁冲八 乙傷陰

癸未

癸英 丁杜蛇	丁禽 庚景陰	庚柱 壬死合
甲任 癸傷符	丙蓬 丙	壬冲 戊驚陳
辛輔 甲生天	乙心 辛休地	戊芮 乙開雀

甲申

丁輔 丁杜天	甲英 甲景符	壬芮 壬死蛇
癸冲 癸傷地	丙禽 丙	戊柱 戊驚陰
己任 己生雀	辛蓬 辛休陳	乙心 乙開合

乙酉

辛柱六 丁開陳	己冲二 甲休雀	癸禽四 壬生地
乙心五 癸驚合	丙任七 丙	癸蓬九 戊傷天
戊芮一 己死陰	壬輔三 辛景蛇	己英八 乙杜符

丙戌

丁任 丁傷陰	甲輔 甲杜合	壬心 壬景陳
癸柱 癸生蛇	丙英 丙	戊芮 戊死雀
己冲 己休符	辛禽 辛開天	乙蓬 乙驚地

丁亥

甲英 丁死符	壬禽 甲驚蛇	戊柱 壬開陰
丁任 癸景天	丙蓬 丙	乙冲 戊休合
癸輔 己杜地	己心 辛傷雀	辛芮 乙生陳

戊子

己心六 丁景雀	癸芮二 甲死地	丁輔四 壬驚天
辛禽五 癸杜陳	丙柱七 丙	甲英九 戊開符
乙蓬一 己傷合	戊冲三 辛生陰	壬任八 乙休蛇

己丑

戊禽 丁杜陰	乙蓬 甲景合	辛冲 壬死陳
壬輔 癸傷蛇	丙心 丙	己任 戊驚雀
甲英 己生符	丁芮 辛休天	癸柱 乙開地

庚寅

丁輔 丁休天	甲英 甲生符	壬芮 壬傷蛇
癸冲 癸開地	丙禽 丙	戊柱 戊杜陰
己任 己驚雀	辛蓬 辛死陳	乙心 乙景合

辛卯

乙冲六 丁生合	辛任二 甲傷陳	己蓬四 壬杜雀
戊芮五 癸休陰	丙輔七 丙	癸心九 戊景地
壬柱一 己開蛇	甲英三 辛驚符	丁禽八 乙死天

壬辰

癸芮 丁驚地	丁柱 甲開天	甲英 壬休符
己蓬 癸死雀	丙冲 丙	壬禽 戊生蛇
辛心 己景陳	乙任 辛杜合	戊輔 乙傷陰

癸巳

壬蓬 丁杜蛇	戊心 甲景陰	乙任 壬死合
甲英 癸傷符	丙芮 丙	辛輔 戊驚陳
丁禽 己生天	癸柱 辛休地	己冲 乙開雀

甲午

丁輔六 丁杜合	庚英二 庚景陳	壬芮四 壬死雀
癸冲五 癸傷陰	丙禽七 丙	戊柱九 戊驚地
己任一 己生蛇	甲蓬三 甲休符	乙心八 乙開天

乙未

庚任 丁驚陳	壬輔 庚開雀	戊心 壬休地
丁柱 癸死合	丙英 丙	乙芮 戊生天
癸冲 己景陰	己禽 甲杜蛇	甲蓬 乙傷符

丙申

丁英 丁生陰	庚禽 庚傷蛇	壬柱 壬杜陳
癸任 癸休蛇	丙蓬 丙	戊冲 戊景雀
己輔 己開符	甲心 甲驚天	乙芮 乙死地

丁酉

甲蓬六 丁休符	己心二 庚生蛇	癸任四 壬傷陰
乙英五 癸開天	丙芮七 丙	丁輔九 戊杜合
戊禽一 己驚地	壬柱三 甲死雀	庚冲八 乙景陳

戊戌

壬柱 丁杜雀	戊冲 庚景地	乙禽 壬死天
庚心 癸傷陳	丙任 丙	甲蓬 戊驚符
丁芮 己生合	癸輔 甲休陰	己英 乙開蛇

己亥

癸心 丁景陰	丁芮 庚死合	庚輔 壬驚陳
己禽 癸杜蛇	丙柱 丙	壬英 戊開雀
甲蓬 己傷符	乙冲 甲生天	戊任 乙休地

庚子

乙禽六 丁死天	甲蓬二 庚驚符	己冲四 壬開蛇
戊輔五 癸景地	丙心七 丙	癸任九 戊休陰
壬英一 己杜雀	庚芮三 甲傷陳	丁柱八 乙生合

辛丑

丁輔 丁傷合	庚英 庚杜陳	壬芮 壬景雀
癸冲 癸生陰	丙禽 丙	戊柱 戊死地
己任 己休蛇	甲蓬 甲開符	乙心 乙驚天

壬寅

戊冲 丁開地	乙任 庚休天	甲蓬 壬生符
壬芮 癸驚雀	丙輔 丙	己心 戊傷蛇
庚柱 己死陳	丁英 甲景合	癸禽 乙杜陰

癸卯

己芮六 丁杜蛇	癸柱二 庚景陰	丁英四 壬死合
甲蓬五 癸傷符	丙冲七 丙	庚禽九 戊驚陳
乙心一 己生天	戊任三 甲休地	壬輔八 乙開雀

甲辰

丁輔 丁杜地	庚英 庚景天	甲芮 甲死符
癸冲 癸傷雀	丙禽 丙	戊柱 戊驚蛇
己任 己生陳	辛蓬 辛休合	乙心 乙開陰

乙巳

己英 丁驚陳	癸禽 庚開雀	丁柱 甲休地
辛任 癸死合	丙蓬 丙	庚冲 戊生天
乙輔 己景陰	戊心 辛杜蛇	甲芮 乙傷符

丙午

丁蓬六 丁死陰	庚心二 庚驚合	甲任四 甲開陳
癸英五 癸景蛇	丙禽七 丙	戊輔九 戊休雀
己禽一 己杜符	辛柱三 辛傷天	乙冲八 乙生地

丁未

甲芮 丁杜符	戊柱 庚景蛇	乙英 甲死陰
庚蓬 癸傷天	丙冲 丙	辛禽 戊驚合
丁心 己生地	癸任 辛休雀	己輔 乙開陳

戊申

癸任 丁生雀	丁輔 庚傷地	庚心 甲杜天
己柱 癸休陳	丙英 丙	甲芮 戊景符
辛冲 己開合	乙禽 辛驚陰	戊蓬 乙死蛇

己酉

乙柱六 丁傷陰	辛冲二 庚杜合	己禽四 甲景陳
戊心五 癸生蛇	丙任七 丙	癸蓬九 戊死雀
甲芮一 己休符	庚輔三 辛開天	丁英八 乙驚地

庚戌

庚心 丁開天	甲芮 庚休符	戊輔 甲生蛇
丁禽 癸驚地	丙柱 丙	乙英 戊傷陰
癸蓬 己死雀	己冲 辛景陳	辛任 乙杜合

辛亥

辛禽 丁景合	己蓬 庚死陳	癸冲 甲驚雀
乙輔 癸杜陰	丙心 丙	丁任 戊開地
戊英 己傷蛇	甲芮 辛生符	庚柱 乙休天

陽七局

壬子

丁輔六 丁休地	庚英二 庚生天	甲芮四 甲傷符
癸沖七 癸開雀	丙禽七 丙	戊柱九 戊杜蛇
己任一 己驚陳	辛蓬三 辛死合	乙心八 乙景陰

癸丑

戊沖 丁杜蛇	乙任 庚景陰	辛蓬 甲死合
甲芮 癸傷符	丙輔 丙	己心 戊驚陳
庚柱 己生天	丁英 辛休地	癸禽 乙開雀

甲寅

丁輔 丁杜蛇	庚英 庚景陰	壬芮 壬死合
甲沖 甲傷符	丙禽 丙	戊柱 戊驚陳
己任 己生天	辛蓬 辛休地	乙心 乙開雀

乙卯

戊蓬六 丁傷地	乙心二 庚杜雀	辛任四 壬景地
壬英五 甲生合	丙芮七 丙	己輔九 戊死天
庚禽一 己休陰	丁柱三 辛開蛇	甲沖八 乙驚符

丙辰

丁芮 丁杜陰	庚柱 庚景合	壬英 壬死陳
甲蓬 甲傷蛇	丙沖 丙	戊禽 戊驚雀
己心 己生符	辛任 辛休天	乙輔 乙開地

丁巳

甲沖 丁驚符	丁任 庚開蛇	庚蓬 壬休陰
丁芮 甲死天	丙輔 丙	壬心 戊生合
辛柱 己景地	乙英 辛杜雀	戊禽 乙傷陳

戊午

乙英六 丁開雀	辛禽二 庚休地	己柱四 壬生天
戊任五 甲驚陳	丙蓬七 丙	甲沖九 戊傷符
壬輔一 己死合	庚心三 辛景陰	丁芮八 乙杜蛇

己未

庚任 丁景陰	壬輔 庚死合	戊心 壬驚陳
丁柱 甲杜蛇	丙英 丙	乙芮 戊開雀
甲沖 己傷符	己禽 辛生天	辛蓬 乙休地

庚申

己柱 丁生天	甲沖 庚傷符	丁禽 壬杜蛇
辛心 甲休地	丙任 丙	庚蓬 戊景陰
乙芮 己開雀	戊輔 辛驚陳	壬英 乙死合

辛酉

壬心六 丁死合	戊芮二 庚驚陳	乙輔四 壬開雀
庚禽五 甲景陰	丙柱七 丙	辛英九 戊休地
丁蓬一 己杜蛇	甲沖三 辛傷符	己任八 乙生天

壬戌

辛禽 丁休地	己蓬 庚生天	甲沖 壬傷符
乙輔 甲開雀	丙心 丙	丁任 戊杜蛇
戊英 己驚陳	壬芮 辛死合	庚柱 乙景陰

癸亥

丁輔 丁杜蛇	庚英 庚景陰	壬芮 壬死合
甲沖 甲傷符	丙禽 丙	戊柱 戊驚陳
己任 己生天	辛蓬 辛休地	乙心 乙開雀

陽八局

甲子

癸輔	己英	辛芮
癸杜陰	己景合	辛死陳
壬冲	丁禽	乙柱
壬傷蛇	丁	乙驚雀
甲任	庚蓬	丙心
甲生符	庚休天	丙開地

乙丑

乙禽七	丙蓬三	庚冲五
癸休雀	己生地	辛傷天
辛輔六	丁心八	甲任一
壬開陳	丁	乙杜符
己英二	癸芮四	壬柱九
甲驚合	庚死陰	丙景蛇

丙寅

辛心	乙芮	丙輔
癸景陳	己死雀	辛驚地
己禽	丁柱	庚英
壬杜合	丁	乙開天
癸蓬	壬冲	甲任
甲傷陰	庚生蛇	丙休符

丁卯

癸柱	己冲	辛禽
癸開陰	己休合	辛生陳
壬心	丁任	乙蓬
壬驚蛇	丁	乙傷雀
甲芮	庚輔	丙英
甲死符	庚景天	丙杜地

戊辰

癸輔七	己英三	辛芮五
癸傷陰	己杜合	辛景陳
壬冲六	丁禽八	乙柱一
壬生蛇	丁	乙死雀
甲任二	庚蓬四	丙心九
甲休符	庚開天	丙驚地

己巳

庚冲	甲任	壬蓬
癸生天	己傷符	辛杜蛇
丙芮	丁輔	癸心
壬休地	丁	乙景陰
乙柱	辛英	己禽
甲開雀	庚驚陳	丙死合

庚午

己芮	辛柱	乙英
癸杜合	己景陳	辛死雀
癸蓬	丁冲	丙禽
壬傷陰	丁	乙驚地
壬心	甲任	庚輔
甲生蛇	庚休符	丙開天

辛未

丙蓬七	庚心三	甲任五
癸死地	己驚雀	辛開符
乙英六	丁芮八	壬輔一
壬景雀	丁	乙休蛇
辛禽二	己柱四	癸冲九
甲杜陳	庚傷合	丙生陰

壬申

壬英	癸禽	己柱
癸驚蛇	己開陰	辛休合
甲任	丁蓬	辛冲
壬死符	丁	乙生陳
庚輔	丙心	乙芮
甲景天	庚杜地	丙傷雀

癸酉

甲任	壬輔	癸心
癸杜符	己景蛇	辛死陰
庚柱	丁英	己芮
壬傷天	丁	乙驚合
丙冲	乙禽	辛蓬
甲生地	庚休雀	丙開陳

甲戌

癸輔七	乙英三	辛芮五
癸杜天	甲景符	辛死蛇
壬冲六	丁禽八	乙柱一
壬傷地	丁	乙驚陰
戊任二	庚蓬四	丙心九
戊生雀	庚休陳	丙開合

乙亥

戊心	壬芮	癸輔
癸開雀	甲休地	辛生天
庚禽	丁柱	甲英
壬驚陳	丁	乙傷符
丙蓬	乙冲	辛任
戊死合	庚景陰	丙杜蛇

陽八局

丙子

庚柱 癸傷陳	戊冲 甲杜雀	壬禽 辛景地
丙心 壬生合	丁任 丁	癸蓬 乙死天
乙芮 戊休陰	辛輔 庚開蛇	甲英 丙驚符

丁丑

癸任七 癸死陰	甲輔三 甲驚合	辛心五 辛開陳
壬柱六 壬景蛇	丁英八 丁	乙芮一 乙休雀
戊冲二 戊杜符	庚禽四 庚傷天	丙蓬九 丙生地

戊寅

乙禽 癸景陰	丙蓬 甲死合	庚冲 辛驚陳
辛輔 壬杜蛇	丁心 丁	戊任 乙開雀
甲英 戊傷符	癸芮 庚生天	壬柱 丙休地

己卯

癸輔 癸杜天	甲英 甲景符	辛芮 辛死蛇
壬冲 壬傷地	丁禽 丁	乙柱 乙驚陰
戊任 戊生雀	庚蓬 庚休陳	丙心 丙開合

庚辰

丙冲七 癸休合	庚任三 甲生陳	戊蓬五 辛傷雀
乙芮六 壬開陰	丁輔八 丁	壬心一 乙杜地
辛柱二 戊驚蛇	甲英四 庚死符	癸禽九 丙景天

辛巳

壬芮 癸生地	癸柱 甲傷天	甲英 辛杜符
戊蓬 壬休雀	丁冲 丁	辛禽 乙景蛇
庚心 戊開陳	丙任 庚驚合	乙輔 丙死陰

壬午

辛蓬 癸驚蛇	乙心 甲開陰	丙任 辛休合
甲英 壬死符	丁芮 丁	庚輔 乙生陳
癸禽 戊景天	壬柱 庚杜地	戊冲 丙傷雀

癸未

甲英七 癸杜符	辛禽三 甲景蛇	乙柱五 辛死陰
癸任六 壬傷天	丁蓬八 丁	丙冲一 乙驚合
壬輔二 戊生地	戊心四 庚休雀	庚芮九 丙開陳

甲申

癸輔 癸杜合	己英 己景陳	辛芮 辛死雀
壬冲 壬傷陰	丁禽 丁	乙柱 乙驚地
戊任 戊生蛇	甲蓬 甲休符	丙心 丙開天

乙酉

辛柱 癸驚雀	乙冲 己開地	丙禽 辛休天
己心 壬死陳	丁任 丁	甲蓬 乙生符
癸芮 戊景合	壬輔 甲杜陰	戊英 丙傷蛇

丙戌

己任七 癸生陳	辛輔三 己傷雀	乙心五 辛杜地
癸柱六 壬休合	丁英八 丁	丙芮一 乙景天
壬冲二 戊開陰	戊禽四 甲驚蛇	甲蓬九 丙死符

丁亥

癸英 癸休陰	己禽 己生合	辛柱 辛傷陳
壬任 壬開蛇	丁蓬 丁	乙冲 乙杜雀
戊輔 戊驚符	甲心 甲死天	丙芮 丙景地

戊子

壬心 癸杜陰	癸芮 己景合	己輔 辛死陳
戊禽 壬傷蛇	丁柱 丁	辛英。 乙驚雀
甲蓬 戊生符	丙冲 甲休天	乙任 丙開地

己丑

丙禽七 癸景天	甲蓬三 己死符	戊冲五 辛驚蛇
乙輔六 壬杜地	丁心八 丁	壬任一 乙開陰
辛英二 戊傷雀	己芮四 甲生陳	癸柱九 丙休合

庚寅

癸輔 癸死合	己英 己驚陳	辛芮 辛開雀
壬冲 壬景陰	丁禽 丁	乙柱 乙休地
戊任 戊杜蛇	甲蓬 甲傷符	丙心 丙生天

辛卯

乙冲 癸傷地	丙任 己杜天	甲蓬 辛景符
辛芮 壬生雀	丁輔 丁	戊心 乙死蛇
己柱 戊休陳	癸英 甲開合	壬禽 丙驚陰

壬辰

戊芮七 癸開蛇	壬柱三 己休陰	癸英五 辛生合
甲蓬六 壬驚符	丁冲八 丁	己禽一 乙傷陳
丙心二 戊死天	乙任四 甲景地	辛輔九 丙杜雀

癸巳

甲蓬 癸杜符	戊心 己景蛇	壬任 辛死陰
丙英 壬傷天	丁芮 丁	癸輔 乙驚合
乙禽 戊生地	辛柱 甲休雀	己冲 丙開陳

甲午

癸輔 癸杜地	己英 己景天	甲芮 甲死符
壬冲 壬傷雀	丁禽 丁	乙柱 乙驚蛇
戊任 戊生陳	庚蓬 庚休合	丙心 丙開陰

乙未

壬任七 癸驚雀	癸輔三 己開地	己心五 甲休天
戊柱六 壬死陳	丁英八 丁	甲芮一 乙生符
庚冲二 戊景合	丙禽四 庚杜陰	乙蓬九 丙傷蛇

丙申

戊英 癸死陳	壬禽 己驚雀	癸柱 甲開地
庚任 壬景合	丁蓬 丁	乙冲 乙休天
丙輔 戊杜陰	乙心 庚傷蛇	甲芮 丙生天

丁酉

癸蓬 癸杜陰	己心 己景合	甲任 甲死陳
壬英 壬傷蛇	丁芮 丁	乙輔 乙驚雀
戊禽 戊生符	庚柱 庚休天	丙冲 丙開地

戊戌

丙柱七 癸生陰	庚冲三 己傷合	戊禽五 甲杜陳
乙心六 壬休蛇	丁任八 丁	壬蓬一 乙景雀
甲芮二 戊開符	己輔四 庚驚天	癸英九 丙死地

己亥

己心 癸傷天	甲芮三 己杜符	乙輔 甲景蛇
癸禽 壬生地	丁柱 丁	丙英 乙死陰
壬蓬 戊休雀	戊冲 庚開陳	庚任 丙驚合

陽八局

庚子

庚禽 癸開合	戊蓬 己休陳	壬冲 甲生雀
丙輔 壬驚陰	丁心 丁	癸任 乙傷地
乙英 戊死蛇	甲芮 庚景符	己柱 丙杜天

辛丑

癸輔七 癸景地	己英三 己死天	甲芮五 甲驚符
壬冲六 壬杜雀	丁禽八 丁	乙柱一 乙開蛇
戊任二 戊傷陳	庚蓬四 庚生合	丙心九 丙休陰

壬寅

乙冲 癸休蛇	丙任 己生陰	庚蓬 甲傷合
甲芮 壬開符	丁輔 丁	戊心 乙杜陳
己柱 戊驚天	癸英 庚死雀	壬禽 丙景雀

癸卯

甲芮 癸杜符	乙柱 己景蛇	丙英 甲死陰
己蓬 壬傷天	丁冲 丁	庚禽 乙驚合
癸心 戊生地	壬任 庚休雀	戊輔 丙開陳

甲辰

癸輔七 癸杜蛇	己英三 己景陰	辛芮五 辛死合
甲冲六 甲傷符	丁禽八 丁	乙柱一 乙驚陳
戊任二 戊生天	庚蓬四 庚休地	丙心九 丙開雀

乙巳

丙英 癸傷雀	庚禽 甲杜地	戊柱 辛景天
乙任 甲生陳	丁蓬 丁	甲冲 乙死符
辛輔 戊休合	己心 庚開陰	癸芮 丙驚蛇

丙午

乙蓬 癸杜陳	丙心 己景雀	庚任 辛死地
辛英 甲傷合	丁芮 丁	戊輔 乙驚天
己禽 戊生陰	癸柱 庚休蛇	甲冲 丙開符

丁未

癸芮七 癸驚蛇	己柱三 己開合	辛英五 辛休陳
甲蓬六 甲死蛇	丁冲八 丁	乙禽一 乙生雀
戊心二 戊景符	庚任四 庚杜天	丙輔九 丙傷地

戊申

己任 癸開陰	辛輔 己休合	乙心 辛生陳
癸柱 甲驚蛇	丁英 丁	丙芮 乙傷雀
甲冲 戊死符	戊禽 庚景天	庚蓬 丙杜地

己酉

戊柱 癸景天	甲冲 己死符	癸禽 辛驚蛇
庚心 甲杜地	丁任 丁	己蓬 乙開陰
丙芮 戊傷雀	乙輔 庚生陳	辛英 丙休合

庚戌

辛心七 癸生合	乙芮三 己傷陳	丙輔五 辛杜雀
己禽六 甲休陰	丁柱八 丁	庚英一 乙景地
癸蓬二 戊開蛇	甲冲四 庚驚符	戊任九 丙死天

辛亥

庚禽 癸死地	戊蓬 己驚天	甲冲 辛開符
丙輔 甲景雀	丁心 丁	癸任 乙休蛇
乙英 戊杜陳	辛芮 庚傷合	己柱 丙生陰

壬子

癸輔 癸休蛇	己英 己生陰	辛芮 辛傷合
甲冲 甲開符	丁禽 丁	乙柱 乙杜陳
戊任 戊驚天	庚蓬 庚死地	丙心 丙景雀

癸丑

甲冲七 癸杜符	癸任三 己景蛇	己蓬五 辛死陰
戊芮六 甲傷天	丁輔八 丁	辛心一 乙驚合
庚柱二 戊生地	丙英四 庚休雀	乙禽九 丙開陳

甲寅

甲輔 甲杜符	己英 己景蛇	辛芮 辛死陰
壬冲 壬傷天	丁禽 丁	乙柱 乙驚合
戊任 戊生地	庚蓬 庚休雀	丙心 丙開陳

乙卯

庚蓬 甲杜雀	戊心 己景地	壬任 辛死天
丙英 壬傷陳	丁芮 丁	甲輔 乙驚符
乙禽 戊生合	辛柱 庚休陰	己冲 丙開蛇

丙辰

丙芮七 甲開陳	庚柱三 己休雀	戊英五 辛生地
乙蓬六 壬驚合	丁冲八 丁	壬禽一 乙傷天
辛心二 戊死陰	己任四 庚景蛇	甲輔九 丙杜符

丁巳

甲冲 甲休陰	己任 己生合	辛蓬 辛傷陳
壬芮 壬開蛇	丁輔 丁	乙心 乙杜雀
戊柱 戊驚符	庚英 庚死天	丙禽 丙景蛇

戊午

辛英 甲死陰	乙禽 己驚合	丙柱 辛開陳
己任 壬景蛇	丁蓬 丁	庚冲 乙休雀
甲輔 戊杜符	壬心 庚傷陰	戊芮 丙生地

己未

壬任七 甲傷天	甲輔三 己杜符	己心五 辛景蛇
戊柱六 壬生地	丁英八 丁	辛芮一 乙死陰
庚冲二 戊休雀	丙禽四 庚開陳	乙蓬九 丙驚合

庚申

乙柱 甲驚合	丙冲 己開陳	庚禽 辛休雀
辛心 壬死陰	丁任 丁	戊蓬 乙生地
己芮 戊景蛇	甲輔 庚杜符	壬英 丙傷天

辛酉

戊心 甲生地	壬芮 己傷天	甲輔 辛杜符
庚禽 壬休雀	丁柱 丁	己英 乙景蛇
丙蓬 戊開陳	乙冲 庚驚合	辛任 丙死陰

壬戌

己禽七 甲景蛇	辛蓬三 己死陰	乙冲五 辛驚合
甲輔六 壬杜符	丁心八 丁	丙任一 乙開陳
壬英二 戊傷天	戊芮四 庚生地	庚柱九 丙休雀

癸亥

甲輔 甲杜符	己英 己景蛇	辛芮 辛死陰
壬冲 壬傷天	丁禽 丁	乙柱 乙驚合
戊任 戊生地	庚蓬 庚休雀	丙心 丙開陳

陽 九 局

甲子

壬輔 壬杜天	甲英 甲景符	庚芮 庚死蛇
辛冲 辛傷地	癸禽 癸	丙柱 丙驚陰
乙任 乙生雀	己蓬 己休陳	丁心 丁開合

乙丑

丙禽 壬開陰	丁蓬 甲休合	己冲 庚生陳
庚輔 辛驚蛇	癸心 癸	乙任 丙傷雀
甲英 乙死符	壬芮 己景天	辛柱 丁杜地

丙寅

乙心八 壬傷雀	辛芮四 甲杜地	壬輔六 庚景天
己禽七 辛生陳	癸柱九 癸	甲英二 丙死符
丁蓬三 乙休合	丙冲五 壬開陰	庚任一 丁驚蛇

丁卯

己柱 壬死陳	乙冲 甲驚雀	辛禽 庚開地
丁心 辛景合	癸任 癸	壬蓬 丙休天
丙芮 乙杜陰	庚輔 己傷蛇	甲英 丁生符

戊辰

壬輔 壬景天	甲英 甲死符	庚芮 庚驚蛇
辛冲 辛杜地	癸禽 癸	丙柱 丙開陰
乙任 乙傷雀	己蓬 己生陳	丁心 丁休合

己巳

丁冲八 壬杜合	己任四 甲景陳	乙蓬六 庚死雀
丙芮七 辛傷陰	癸輔九 癸	辛心二 丙驚地
庚柱三 乙生蛇	乙英五 己休符	壬禽一 丁開天

庚午

辛芮 壬休地	壬柱 甲生天	甲英 庚傷符
乙蓬 辛開雀	癸冲 癸	庚禽 丙杜蛇
己心 乙驚陳	丁任 己死合	丙輔 丁景陰

辛未

庚蓬 壬生蛇	丙心 甲傷陰	丁任 庚杜合
甲英 辛休符	癸芮 癸	己輔 丙景陳
壬禽 乙開天	辛柱 己驚地	乙冲 丁死雀

壬申

甲英八 壬驚符	庚禽四 甲開蛇	丙柱六 庚休陰
壬任七 辛死天	癸蓬九 癸	丁冲二 丙生合
辛輔三 乙景地	乙心五 己杜雀	己芮一 丁傷陳

癸酉

壬任 壬杜陰	甲輔 甲景合	庚心 庚死陳
辛柱 辛傷蛇	癸英 癸	丙芮 丙驚雀
乙冲 乙生符	己禽 己休天	丁蓬 丁開地

甲戌

壬輔 壬杜合	戊英 戊景陳	庚芮 庚死雀
辛冲 辛傷陰	癸禽 癸	丙柱 丙驚地
乙任 乙生蛇	甲蓬 甲休符	丁心 丁開天

乙亥

辛心八 壬驚陰	壬芮四 戊開合	戊輔六 庚休陳
乙禽七 辛死蛇	癸柱九 癸	庚英二 丙生雀
甲蓬三 乙景符	丁冲五 甲杜天	丙任一 丁傷地

221

丙子

庚柱 壬生雀	丙冲 戊傷地	丁禽 庚杜天
戊心 辛休陳	癸任 癸	甲蓬 丙景符
壬芮 乙開合	辛輔 甲驚陰	乙英 丁死蛇

丁丑

戊任 壬休陳	庚輔 戊生雀	丙心 庚傷地
壬柱 辛開合	癸英 癸	丁芮 丙杜天
辛冲 乙驚陰	乙禽 甲死蛇	甲蓬 丁景符

戊寅

丁禽八 壬杜天	甲蓬四 戊景符	乙冲六 庚死蛇
丙輔七 辛傷地	癸心九 癸	辛任二 丙驚陰
庚英三 乙生雀	戊芮五 甲休陳	壬柱一 丁開合

己卯

壬輔 壬景合	戊英 戊死陳	庚芮 庚驚雀
辛冲 辛杜陰	癸禽 癸	丙柱 丙開地
乙任 乙傷蛇	甲蓬 甲生符	丁心 丁休天

庚辰

丙冲 壬死地	丁任 戊驚天	甲蓬 庚開符
庚芮 辛杜雀	癸輔 癸	乙心 丙休蛇
戊柱 乙杜陳	壬英 甲傷合	辛禽 丁生陰

辛巳

乙芮八 壬傷蛇	辛柱四 戊杜陰	壬英六 庚景合
甲蓬七 辛生符	癸冲九 癸	戊禽二 丙死陳
丁心三 乙休天	丙任五 甲開地	庚輔一 丁驚雀

壬午

甲蓬 壬開符	乙心 戊休蛇	辛任 庚生陰
丁英 辛驚天	癸芮 癸	壬輔 丙傷合
丙禽 乙死地	庚柱 甲景雀	戊冲 丁杜陳

癸未

壬英 壬杜陰	戊禽 戊景合	庚柱 庚死陳
辛任 辛傷蛇	癸蓬 癸	丙冲 丙驚雀
乙輔 乙生符	甲心 甲休天	丁芮 丁開地

甲申

壬輔八 壬杜地	戊英四 戊景天	甲芮六 甲死符
辛冲七 辛傷雀	癸禽九 癸	丙柱二 丙驚蛇
乙任三 乙生陳	己蓬五 己休合	丁心一 丁開陰

乙酉

丁柱 壬驚陰	己冲 戊開合	乙禽 甲休陳
丙心 辛死蛇	癸任 癸	辛蓬 丙生雀
甲芮 乙景符	戊輔 己杜天	壬英 丁傷地

丙戌

辛任 壬死雀	壬輔 戊驚地	戊心 甲開天
乙柱 辛景陳	癸英 癸	甲芮 丙休符
己冲 乙杜合	丁禽 己傷陰	丙蓬 丁生蛇

丁亥

乙英八 壬杜陳	辛禽四 戊景雀	壬柱六 甲死地
己任七 辛傷合	癸蓬九 癸	戊冲二 丙驚天
丁輔三 乙生陰	丙心五 己休蛇	甲芮一 丁開符

戊子

戊心 壬生天	甲芮 戊傷符	丙輔 甲杜蛇
壬禽 辛休地	癸柱 癸	丁英 丙景陰
辛蓬 乙開雀	乙冲 己驚陳	己任 丁死合

己丑

己禽 壬傷合	乙蓬 戊杜陳	辛冲 甲景雀
丁輔 辛生陰	癸心 癸	壬任 丙死地
丙英 乙休蛇	甲芮 己開符	戊柱 丁驚天

庚寅

壬輔八 壬開地	戊英四 戊休天	甲芮六 甲生符
辛冲七 辛驚雀	癸禽九 癸	丙柱二 丙傷蛇
乙任三 乙死陳	戊蓬五 己景合	丁心一 丁杜陰

辛卯

丙冲 壬景蛇	丁任 戊死陰	己蓬 甲驚合
甲芮 辛杜符	癸輔 癸	乙心 丙開陳
戊柱 乙傷天	壬英 己生地	辛禽 丁休雀

壬辰

甲芮 壬休符	丙柱 戊生蛇	丁英 甲傷陰
戊蓬 辛開天	癸冲 癸	己禽 丙杜合
壬心 乙驚地	辛任 己死雀	乙輔 丁景陳

癸巳

壬蓬八 壬杜陰	戊心四 戊景合	甲任六 甲死陳
辛英七 辛傷蛇	癸芮九 癸	丙輔二 丙驚雀
乙禽三 乙生符	戊柱五 己休天	丁冲一 丁開地

甲午

壬輔 壬杜蛇	戊英 戊景陰	庚芮 庚死合
甲冲 甲傷符	癸禽 癸	丙柱 丙驚陳
乙任 乙生天	己蓬 己休地	丁心 丁開雀

乙未

戊任 壬傷陰	庚輔 戊杜合	丙心 庚景陳
壬柱 甲生蛇	癸英 癸	丁芮 丙死雀
甲冲 乙休符	乙禽 己開天	己蓬 丁驚地

丙申

丁英八 壬杜雀	己禽四 戊景地	乙柱六 庚死天
丙任七 甲傷陳	癸蓬九 癸	甲冲二 丙驚符
庚輔三 乙生合	戊心五 己休陰	壬芮一 丁開蛇

丁酉

丙蓬 壬驚陳	丁心 戊開雀	己任 庚休地
庚英 甲死合	癸芮 癸	乙輔 丙生天
戊禽 乙景陰	壬柱 己杜蛇	甲冲 丁傷符

戊戌

乙柱 壬開天	甲冲 戊休符	壬禽 庚生蛇
己心 甲驚地	癸任 癸	戊蓬 丙傷陰
丁芮 乙死雀	丙輔 己景陳	庚英 丁杜合

己亥

庚心八 壬景合	丙芮四 戊死陳	丁輔六 庚驚雀
戊禽七 甲杜陰	癸柱九 癸	己英二 丙開地
壬蓬三 乙傷蛇	甲冲五 己生符	乙任一 丁休天

庚子

己禽 / 壬生地	乙蓬 / 戊傷天	甲冲 / 庚杜符
丁輔 / 甲休雀	癸心 / 癸	壬任 / 丙景蛇
丙英 / 乙開陳	庚芮 / 己驚合	戊柱 / 丁死陰

辛丑

壬輔 / 壬死蛇	戊英 / 戊驚陰	庚芮 / 庚開合
甲冲 / 甲景符	癸禽 / 癸	丙柱 / 丙休陳
乙任 / 乙杜天	己蓬 / 己傷地	丁心 / 丁生雀

壬寅

甲冲八 / 壬休符	壬任四 / 乙生蛇	戊蓬六 / 庚傷陰
乙芮七 / 甲開天	癸輔九 / 癸	庚心二 / 丙杜合
己柱三 / 乙驚地	丁英五 / 己死雀	丙禽一 / 丁景陳

癸卯

壬芮 / 壬杜陰	戊柱 / 戊景合	庚英 / 庚死陳
甲蓬 / 甲傷蛇	癸冲 / 癸	丙禽 / 丙驚雀
乙心 / 乙生符	己任 / 己休天	丁輔 / 丁開地

甲辰

甲輔 / 甲杜符	戊英 / 戊景蛇	庚芮 / 庚死陰
辛冲 / 辛傷天	癸禽 / 癸	丙柱 / 丙驚合
乙任 / 乙生地	己蓬 / 己休雀	丁心 / 丁開陳

乙巳

庚英八 / 甲杜陰	丙禽四 / 戊景合	丁柱六 / 庚死陳
戊任七 / 辛傷蛇	癸蓬九 / 癸	己冲二 / 丙驚雀
甲輔三 / 乙生符	辛心五 / 辛休天	乙丙一 / 丁開地

丙午

己蓬 / 甲開雀	乙心 / 戊休地	辛任 / 庚生天
丁英 / 辛驚陳	癸芮 / 癸	甲輔 / 丙傷符
丙禽 / 乙死合	庚柱 / 己景陰	戊冲 / 丁杜蛇

丁未

丁芮 / 甲休陳	己柱 / 戊生雀	乙英 / 庚傷地
丙蓬 / 辛開合	癸冲 / 癸	辛禽 / 丙杜天
庚心 / 乙驚陰	戊任 / 己死蛇	甲輔 / 丁景符

戊申

辛任八 / 甲死天	甲輔四 / 戊驚符	戊心六 / 庚開蛇
乙柱七 / 辛景地	癸英九 / 癸	庚芮二 / 丙休陰
己冲三 / 乙杜雀	丁禽五 / 己傷陳	丙蓬一 / 丁生合

己酉

丙柱 / 甲傷合	丁冲 / 戊杜陳	己禽 / 庚景雀
庚心 / 辛生陰	癸任 / 癸	乙蓬 / 丙死地
戊芮 / 乙休蛇	甲輔 / 己開符	辛英 / 丁驚天

庚戌

乙心 / 甲驚地	辛芮 / 戊開天	甲輔 / 庚休符
己禽 / 辛死雀	癸柱 / 癸	戊英 / 丙生蛇
丁蓬 / 乙景陳	丙冲 / 己杜合	庚任 / 丁傷陰

辛亥

戊禽八 / 甲生蛇	庚蓬四 / 戊傷陰	丙冲六 / 庚杜合
甲輔七 / 辛休符	癸心九 / 癸	丁任二 / 丙景陳
辛英三 / 乙開天	乙芮五 / 己驚地	己柱一 / 丁死雀

陽九局

壬子

甲輔	戊英	庚芮
甲景符	戊死蛇	庚驚陰
辛冲	癸禽	丙柱
辛杜天	癸	丙開合
乙任	己蓬	丁心
乙傷地	己生雀	丁休陳

癸丑

甲冲	戊任	庚蓬
甲杜陰	戊景合	庚死陳
辛芮	癸輔	丙心
辛傷蛇	癸	丙驚雀
乙柱	己英	丁禽
乙生符	己休天	丁開地

甲寅

壬輔八	戊英四	庚芮六
壬杜陰	戊景合	庚死陳
辛冲七	癸禽九	丙柱二
辛傷蛇	甲	丙驚雀
乙任三	己蓬五	丁心一
乙生符	己休天	丁開地

乙卯

壬蓬	戊心	庚任
壬生陰	戊傷合	庚杜陳
辛英	甲芮	丙輔
辛休蛇	甲	丙景雀
乙禽	己柱	丁冲
乙開符	己驚天	丁死地

丙辰

壬芮	戊柱	庚英
壬傷雀	戊杜地	庚景天
辛蓬	甲冲	丙禽
辛生陳	甲	丙死符
乙心	己任	丁輔
乙休合	己開陰	丁驚蛇

丁巳

壬冲八	戊任四	庚蓬六
壬開陳	戊休雀	庚生地
辛芮七	甲輔九	丙心二
辛驚合	甲	丙傷天
乙柱三	己英五	丁禽一
乙死陰	己景蛇	丁杜符

戊午

壬英	戊禽	庚柱
壬景天	戊死符	庚驚蛇
辛任	甲蓬	丙冲
辛杜地	甲	丙開陰
乙輔	己心	丁芮
乙傷雀	己生陳	丁休合

己未

壬任	戊輔	庚心
壬休陳	戊生陳	庚傷雀
辛柱	甲英	丙芮
辛開陰	甲	丙杜地
乙冲	己禽	丁蓬
乙驚蛇	己死符	丁景天

庚申

壬柱八	戊冲四	庚禽六
壬杜地	戊景天	庚死符
辛心七	甲任九	丙蓬二
辛傷雀	甲	丙驚蛇
乙芮三	己輔五	丁英一
乙生陳	己休合	丁開陰

辛酉

壬心	戊芮	庚輔
壬驚蛇	戊開陰	庚休合
辛禽	甲柱	丙英
辛死符	甲	丙生陳
乙蓬	己冲	丁任
乙景天	己杜地	丁傷雀

壬戌

壬禽	戊蓬	庚冲
壬死符	戊驚蛇	庚開陰
辛輔	甲心	丙任
辛景天	甲	丙休合
乙英	己芮	丁柱
乙杜地	己傷雀	丁生陳

癸亥

壬輔八	戊英四	庚芮六
壬杜陰	戊景合	庚死陳
辛冲七	癸禽九	丙柱二
辛傷蛇	甲	丙驚雀
乙任三	己蓬五	丁心一
乙生符	己休天	丁傷地

陰一局

甲子

丁輔	己英	乙芮
丁杜雀	己景陳	乙死合
丙冲	癸禽	辛柱
丙傷地	癸	辛驚陰
庚任	甲蓬	壬心
庚生天	甲休符	壬開蛇

乙丑

辛冲	壬任	甲蓬
丁開陰	己休蛇	乙生符
乙芮	癸輔	庚心
丙驚合	癸	辛傷天
己柱	丁英	丙禽
庚死陳	甲景雀	壬杜地

丙寅

庚芮九	丙柱五	丁英七
丁傷天	己杜地	乙景雀
甲蓬八	癸冲一	己禽三
丙生符	癸	辛死陳
壬心四	辛任六	乙輔二
庚休蛇	甲開陰	壬驚合

丁卯

甲蓬	庚心	丙任
丁死符	己驚天	乙開地
壬英	癸芮	丁輔
丙景蛇	癸	辛休雀
辛禽	乙柱	己冲
庚杜陰	甲傷合	壬生陳

戊辰

丁輔	己英	乙芮
丁景雀	己死陳	乙驚合
丙冲	癸禽	辛柱
丙杜地	癸	辛開陰
庚任	甲蓬	壬心
庚傷天	甲生符	壬休蛇

己巳

壬禽九	甲蓬五	庚冲七
丁杜蛇	己景符	乙死天
辛輔八	癸心一	丙任三
丙傷陰	癸	辛驚地
乙英四	己芮六	丁柱二
庚生合	甲休陳	壬開雀

庚午

丙心	丁芮	己輔
丁休地	己生雀	乙傷陳
庚禽	癸柱	乙英
丙開天	癸	辛杜合
甲蓬	壬冲	辛任
庚驚符	甲死蛇	壬景陰

辛未

乙柱	辛冲	壬禽
丁生合	己傷陰	乙杜蛇
己心	癸任	甲蓬
丙休陳	癸	辛景符
丁芮	丙輔	庚英
庚開雀	甲驚地	壬死陰

壬申

己任九	乙輔五	辛心七
丁驚陳	己開合	乙休陰
丁柱八	癸英一	壬芮三
丙死雀	癸	辛生蛇
丙冲四	庚禽六	甲蓬二
庚景地	甲杜天	壬傷符

癸酉

丁英	己禽	乙柱
丁杜合	己景陰	乙死蛇
丙任	癸蓬	辛冲
丙傷陳	癸	辛驚符
庚輔	甲心	壬芮
庚生雀	甲休地	壬開天

甲戌

丁輔	甲英	乙芮
丁杜蛇	甲景符	乙死天
丙冲	癸禽	辛柱
丙傷陰	癸	辛驚地
庚任	戊蓬	壬心
庚生合	戊休陳	壬開雀

乙亥

丙芮九	丁柱五	甲英七
丁驚陰	甲開蛇	乙休符
庚蓬八	癸冲一	乙禽三
丙死合	癸	辛生天
戊心四	壬任六	辛輔二
庚景陳	戊杜雀	壬傷地

丙子

乙蓬	辛心	壬任
丁生天	甲傷地	乙杜雀
甲英	癸芮	戊輔
丙休符	癸	辛景陳
丁禽	丙柱	庚冲
庚開蛇	戊驚陰	壬死合

丁丑

甲英	乙禽	辛柱
丁休蛇	甲生天	乙傷地
丁任	癸蓬	壬冲
丙開蛇	癸	辛杜雀
丙輔	庚心	戊芮
庚驚陰	戊死合	壬景陳

戊寅

壬冲九	戊任五	庚蓬七
丁杜雀	甲景陳	乙死合
辛芮八	癸輔一	丙心三
丙傷地	癸	辛驚陰
乙柱四	甲英六	丁禽二
庚生天	戊休符	壬開蛇

己卯

丁輔	甲英	乙芮
丁景蛇	甲死符	乙驚天
丙冲	癸禽	辛柱
丙杜陰	癸	辛開地
庚任	戊蓬	壬心
庚傷合	戊生陳	壬休雀

庚辰

辛禽	壬蓬	戊冲
丁死地	甲驚雀	乙開陳
乙輔	癸心	庚任
丙景天	癸	辛休合
甲英	丁芮	丙柱
庚杜符	戊傷蛇	壬生陰

辛巳

庚心九	丙芮五	丁輔七
丁傷合	甲杜陰	乙景蛇
戊禽八	癸柱一	甲英三
丙生陳	癸	辛死符
壬蓬四	辛冲六	乙任二
庚休雀	戊開地	壬驚天

壬午

戊柱	庚冲	丙禽
丁開陳	甲休合	乙生陰
壬心	癸任	丁蓬
丙驚雀	癸	辛傷蛇
辛芮	乙輔	甲英
庚死地	戊景天	壬杜符

癸未

丁任	甲輔	乙心
丁杜合	甲景陰	乙死蛇
丙柱	癸英	辛芮
丙傷陳	癸	辛驚符
庚冲	戊禽	壬蓬
庚生雀	戊休地	壬開天

甲申

丁輔九	己英五	乙芮七
丁杜地	己景雀	乙死陳
丙冲八	癸禽一	辛柱三
丙傷天	癸	辛驚合
甲任四	戊蓬六	壬心二
甲生符	戊休蛇	壬開陰

乙酉

壬蓬	戊心	甲任
丁驚陰	己開蛇	乙休符
辛英	癸芮	丙輔
丙死合	癸	辛生天
乙禽	己柱	丁冲
甲景陳	戊杜雀	壬傷地

丙戌

丙英	丁禽	己柱
丁死天	己驚地	乙開雀
甲任	癸蓬	乙冲
丙景符	癸	辛休陳
戊輔	壬心	辛芮
甲杜蛇	戊傷陰	壬生合

丁亥

甲柱九	丙輔五	丁心七
丁杜符	己景天	乙死地
戊柱八	癸英一	辛芮三
丙傷蛇	癸	辛驚雀
壬冲四	辛禽六	乙蓬二
甲生陰	戊休合	壬開陳

戊子

己芮 丁生雀	乙柱 己傷陳	辛英 乙杜合
丁蓬 丙休地	癸冲 癸	壬禽 辛景陰
丙心 甲開天	甲任 戊驚符	戊輔 壬死蛇

己丑

戊冲 丁傷蛇	甲任 己杜符	丙蓬 乙景天
壬芮 丙生陰	癸輔 癸	丁心 辛死地
辛柱 甲休合	乙英 戊開陳	己禽 壬驚雀

庚寅

丁輔九 丁開地	己英五 己休雀	乙芮七 乙生陳
丙冲八 丙驚天	癸禽一 癸	辛柱三 辛傷合
甲任四 甲死符	戊蓬六 戊景蛇	壬心二 壬杜陰

辛卯

辛禽 丁景合	壬蓬 己死陰	戊冲 乙驚蛇
乙輔 丙杜陳	癸心 癸	甲任 辛開符
己英 甲傷雀	丁芮 戊生地	丙柱 壬休天

壬辰

乙心 丁休陳	辛芮 己生合	壬輔 乙傷陰
己禽 丙開雀	癸柱 癸	戊英 辛杜蛇
丁蓬 甲驚地	丙冲 戊死天	甲任 壬景符

癸巳

丁柱九 丁杜合	己冲五 己景陰	乙禽七 乙死蛇
丙心八 丙傷陳	癸任一 癸	辛蓬三 辛驚符
甲芮四 甲生雀	戊輔六 戊休地	壬英二 壬開陰

甲午

丁輔 丁杜合	己英 己景陰	乙芮 乙死蛇
丙冲 丙傷陳	癸禽 癸	甲柱 甲驚符
庚任 庚生雀	戊蓬 戊休地	壬心 壬開天

乙未

己英 丁傷陰	乙禽 己杜蛇	甲柱 乙景符
丁任 丙生合	癸蓬 癸	壬冲 甲死天
丙輔 庚休陳	庚心 戊開雀	戊芮 壬驚地

丙申

壬任九 丁杜天	戊輔五 己景地	庚心七 乙死雀
甲柱八 丙傷符	癸英一 癸	丙芮三 甲驚陳
乙冲四 庚生蛇	己禽六 戊休陰	丁蓬二 壬開

丁酉

甲柱 丁驚符	壬冲 己開天	戊禽 乙休地
乙心 丙死蛇	癸任 癸	庚蓬 甲生雀
己芮 庚景陰	丁輔 戊杜合	丙英 壬傷陳

戊戌

庚蓬 丁開雀	丙心 己休陳	丁任 乙生合
戊英 丙驚地	癸芮 癸	己輔 甲傷陰
壬禽 庚死天	甲柱 戊景符	乙冲 壬杜蛇

己亥

乙芮九 丁景蛇	甲柱五 己死符	壬英七 乙驚陰
己蓬八 丙杜陰	癸冲一 癸	戊禽三 甲開地
丁心四 庚傷合	丙任六 戊生陳	庚輔二 壬休雀

228

庚子

戊冲 丁生地	庚任 己傷雀	丙蓬 乙杜陳
壬芮 丙休天	癸輔 癸	丁心 甲景合
甲柱 庚開符	乙英 戊驚蛇	己禽 壬死陰

辛丑

丁輔 丁死合	己英 己驚陰	乙芮 乙開蛇
丙冲 丙景陳	癸禽 癸	甲柱 甲休符
庚任 庚杜雀	戊蓬 戊傷地	壬心 壬生天

壬寅

丙禽九 丁休陳	丁蓬五 己生合	己冲七 乙傷陰
庚輔八 丙開雀	癸心一 癸	乙任三 甲杜蛇
戊英四 庚驚地	壬芮六 戊死天	甲柱二 壬景符

癸卯

丁心 丁杜合	己芮 己景陰	乙輔 乙死蛇
丙禽 丙傷陳	癸柱 癸	甲英 甲驚符
庚蓬 庚生雀	戊冲 戊休地	壬任 壬開天

甲辰

丁輔 丁杜陳	己英 己景合	乙芮 乙死陰
丙冲 丙傷雀	癸禽 癸	辛柱 辛驚蛇
庚任 庚生地	戊蓬 戊休天	甲心 甲開符

乙巳

乙任九 丁杜陰	辛輔五 己景蛇	甲心七 乙死符
己柱八 丙傷合	癸英一 癸	戊芮三 辛驚天
丁冲四 庚生陳	丙禽六 戊休雀	庚蓬二 甲開地

丙午

戊柱 丁開天	庚冲 己休地	丙禽 乙生雀
甲心 丙驚符	癸任 癸	丁蓬 辛傷陳
辛芮 庚死蛇	乙輔 戊景陰	己英 甲杜合

丁未

甲心 丁休符	戊芮 己生天	庚輔 乙傷地
辛禽 丙開蛇	癸柱 癸	丙英 辛杜雀
乙蓬 庚驚陰	己冲 戊死合	丁任 甲景陳

戊申

丙英九 丁死雀	丁禽五 己驚陳	己柱七 乙開合
庚任八 丙景地	癸蓬一 癸	乙冲三 辛休陰
戊輔四 庚杜天	甲心六 戊傷符	辛芮二 甲生蛇

己酉

辛蓬 丁傷蛇	甲心 己杜符	戊任 乙景天
乙英 丙生陰	癸芮 癸	庚輔 辛死地
己禽 庚休合	丁柱 戊開陳	丙冲 甲驚雀

庚戌

庚芮 丁驚地	丙柱 己開雀	丁英 乙休陳
戊蓬 丙死天	癸冲 癸	己禽 辛生合
甲心 庚景符	辛任 戊杜蛇	乙輔 甲傷陰

辛亥

己冲九 丁生合	乙任五 己傷陰	辛蓬七 乙杜蛇
丁芮八 丙休陳	癸輔一 癸	丙心三 辛景符
丙柱四 庚開雀	庚英六 戊驚地	戊禽二 甲死天

壬子

丁輔 丁景陳	己英 己死合	乙芮 乙驚陰
丙冲 丙杜雀	癸禽 癸	辛柱 辛開蛇
庚任 庚傷地	戊蓬 戊生天	甲心 甲休符

癸丑

丁禽 丁杜合	己蓬 己景陰	乙冲 乙死蛇
丙輔 丙傷陳	癸心 癸	辛任 辛驚符
庚英 庚生雀	戊芮 戊休地	甲柱 甲開天

甲寅

丁輔九 丁杜合	己英五 己景陰	乙芮七 乙死蛇
丙冲八 丙傷陳	甲禽一 甲	辛柱三 辛驚符
庚任四 庚生雀	戊蓬六 戊休地	壬心二 壬開天

乙卯

丁柱 丁生陰	己冲 己傷蛇	乙禽 乙杜符
丙心 丙休合	甲任 甲	辛蓬 辛景天
庚芮 庚開陳	戊輔 戊驚雀	壬英 壬死地

丙辰

丁心 丁傷天	己芮 己杜地	乙輔 乙景雀
丙禽 丙生符	甲柱 甲	辛英 辛死陳
庚蓬 庚休蛇	戊冲 戊開陰	壬任 壬驚合

丁巳

丁禽九 丁開符	己蓬五 己休天	乙冲七 乙生地
丙輔八 丙驚蛇	甲心一 甲	辛任三 辛傷雀
庚英四 庚死陰	戊芮六 戊景合	壬柱二 壬杜地

戊午

丁任 丁景雀	己輔 己死陳	乙心 乙驚合
丙柱 丙杜地	甲英 甲	辛芮 辛開陰
庚冲 庚傷天	戊禽 戊生符	壬蓬 壬休蛇

己未

丁英 丁休蛇	己禽 己生符	乙柱 乙傷天
丙任 丙開陰	甲蓬 甲	辛冲 辛杜地
庚輔 庚驚合	戊心 戊死陳	壬芮 壬景雀

庚申

丁蓬九 丁杜地	己心五 己景雀	乙任七 乙死陳
丙英八 丙傷天	甲芮一 甲	辛輔三 辛驚合
庚禽四 庚生符	戊柱六 戊休蛇	壬冲二 壬開陰

辛酉

丁芮 丁驚合	己柱 己開陰	乙英 乙休蛇
丙蓬 丙死陳	甲冲 甲	辛禽 辛生符
庚心 庚景雀	戊任 戊杜地	壬輔 壬傷天

壬戌

丁冲 丁死陳	己任 己驚合	乙蓬 乙開陰
丙芮 丙景雀	甲輔 甲	辛心 辛休蛇
庚柱 庚杜地	戊英 戊傷天	壬禽 壬生符

癸亥

丁輔九 丁杜合	己英五 己景陰	乙芮七 乙死蛇
丙冲八 丙傷陳	甲禽一 甲	辛柱三 辛驚符
庚任四 庚生雀	戊蓬六 戊休地	壬心二 壬開天

陰二局

甲子

丙輔 丙杜陰	庚英 庚景蛇	甲芮 甲死符
乙冲 乙傷合	丁禽 丁	壬柱 壬驚天
辛任 辛生陳	己蓬 己休雀	癸心 癸開地

乙丑

壬冲一 丙休天	癸任六 庚生地	己蓬八 甲傷雀
甲芮九 乙開符	丁輔二 丁	辛心四 壬杜陳
庚柱五 辛驚蛇	丙英七 己死陰	乙禽三 癸景合

丙寅

甲芮 丙景符	壬柱 庚死天	癸英 甲驚地
庚蓬 乙杜蛇	丁冲 丁	己禽 壬開雀
丙心 辛傷陰	乙任 己生合	辛輔 癸休陳

丁卯

丙蓬 丙開合	庚心 庚休陰	甲任 甲生蛇
乙英 乙驚陳	丁芮 丁	壬輔 壬傷符
辛禽 辛驚雀	己柱 己景地	癸冲 癸杜天

戊辰

丙輔一 丙傷陰	庚英六 庚杜蛇	甲芮八 甲景符
乙冲九 乙生合	丁禽二 丁	壬柱四 壬死天
辛任五 辛休陳	己蓬七 己開雀	癸心三 癸驚地

己巳

己禽 丙生雀	辛蓬 庚傷陳	乙冲 甲杜合
癸輔 乙休地	丁心 丁	丙任 壬景陰
壬英 辛開天	甲芮 己驚符	庚柱 癸死蛇

庚午

庚心 丙杜蛇	甲芮 庚景符	壬輔 甲死天
丙禽 乙傷陰	丁柱 丁	癸英 壬驚地
乙蓬 辛生合	辛冲 己休陳	己任 癸開雀

辛未

癸柱一 丙死地	乙冲六 庚驚雀	辛禽八 甲開陳
壬心九 乙景天	丁任二 丁	乙蓬四 壬休合
甲芮五 辛杜符	庚輔七 己傷蛇	丙英三 癸生陰

壬申

乙任 丙驚合	丙輔 庚開陰	庚心 甲休蛇
辛柱 乙死陳	丁英 丁	甲芮 壬生符
己冲 辛景雀	癸禽 己杜地	壬蓬 癸傷陰

癸酉

辛英 丙杜陳	乙禽 庚景合	丙柱 甲死陰
己任 乙傷雀	丁蓬 丁	庚冲 壬驚蛇
癸輔 辛生地	壬心 己休天	甲芮 癸開符

甲戌

丙輔一 丙杜雀	庚英六 庚景陳	戊芮八 戊死合
乙冲九 乙傷地	丁禽二 丁	壬柱四 壬驚陰
辛任五 辛生天	甲蓬七 甲休符	癸心三 癸開蛇

乙亥

辛芮 丙開天	乙柱 庚休地	丙英 戊生雀
甲蓬 乙驚符	丁冲 丁	庚禽 壬傷陳
癸心 辛死蛇	壬任 甲景陰	戊輔 癸杜合

丙子

甲蓬 丙傷符	辛心 庚杜天	乙任 戊景地
癸英 乙生蛇	丁芮 丁	丙輔 壬死雀
壬禽 辛休陰	戊柱 甲開合	庚冲 癸驚陳

丁丑

丙英一 丙死合	庚禽六 庚驚陰	戊柱八 戊開蛇
乙任九 乙景陳	丁蓬二 丁	壬冲四 壬休符
辛輔五 辛杜雀	甲心七 甲傷地	癸芮三 癸生天

戊寅

壬冲 丙景陰	癸任 庚死蛇	甲蓬 戊驚符
戊芮 乙杜合	丁輔 丁	辛心 壬開天
庚柱 辛傷陳	丙英 甲生雀	乙禽 癸休地

己卯

丙輔 丙杜雀	庚英 庚景符	戊芮 戊死合
乙冲 乙傷地	丁禽 丁	壬柱 壬驚陰
辛任 辛生天	甲蓬 甲休符	癸心 癸開蛇

庚辰

癸禽一 丙休蛇	甲蓬六 庚生符	辛冲八 戊傷天
壬輔九 乙開陰	丁心二 丁	乙任四 壬杜地
戊英五 辛驚合	庚芮七 甲死陳	丙柱三 癸景雀

辛巳

乙心 丙生地	丙芮 庚傷雀	庚輔 戊杜陳
辛禽 乙休天	丁柱 丁	戊英 壬景合
甲蓬 辛開符	癸冲 甲驚蛇	壬任 癸死陰

壬午

戊柱 丙驚合	壬冲 庚開陰	癸禽 戊休蛇
庚心 乙死陳	丁任 丁	甲蓬 壬生符
丙芮 辛景雀	乙輔 甲杜地	辛英 癸傷天

癸未

庚任一 丙杜陳	戊輔六 庚景合	壬心八 戊死陰
丙柱九 乙傷雀	丁英二 丁	癸芮四 壬驚蛇
乙冲五 辛生地	辛禽七 甲休天	甲蓬三 癸開符

甲申

丙輔 丙杜蛇	甲英 甲景符	戊芮 戊死天
乙冲 乙傷陰	丁禽 丁	壬柱 壬驚地
辛任 辛生合	己蓬 己休陳	癸心 癸開雀

乙酉

戊蓬 丙驚天	壬心 甲開地	癸任 戊休雀
甲英 乙死符	丁芮 丁	己輔 壬生陳
丙禽 辛景蛇	乙柱 己杜陰	辛冲 癸傷合

丙戌

甲英一 丙生符	戊禽六 甲傷天	壬柱八 戊杜地
丙任九 乙休蛇	丁蓬二 丁	癸冲四 壬景雀
乙輔五 辛開陰	辛心七 己驚合	己芮三 癸死陳

丁亥

丙任 丙休合	甲輔 甲生陰	戊心 戊傷蛇
乙柱 乙開陳	丁英 丁	壬芮 壬杜符
辛冲 辛驚雀	己禽 己死地	癸蓬 癸景天

戊子

乙芮 丙杜陰	丙柱 甲景蛇	甲英 戊死符
辛蓬 乙傷合	丁冲 丁	戊禽 壬驚天
己心 辛生陳	癸任 己休雀	壬輔 癸開地

己丑

癸冲一 丙景雀	己任六 甲死陳	辛蓬八 戊驚合
壬芮九 乙杜地	丁輔二 丁	乙心四 壬開陰
戊柱五 辛傷天	甲英七 己生符	丙禽三 癸休蛇

庚寅

丙輔 丙死蛇	甲英 甲驚符	戊芮 戊開天
乙冲 乙景陰	丁禽 丁	壬柱 壬休地
辛任 辛杜合	己蓬 己傷陳	癸心 癸生雀

辛卯

壬禽 丙傷地	癸蓬 甲杜雀	己冲 戊景陳
戊輔 乙生天	丁心 丁	辛任 壬死合
甲英 辛休符	丙芮 己開蛇	乙柱 癸驚陰

壬辰

辛心一 丙開合	乙芮六 甲休陰	丙輔八 戊生蛇
己禽九 乙驚陳	丁柱二 丁	甲英四 壬傷符
癸蓬五 辛死雀	壬冲七 己景地	戊任三 癸杜天

癸巳

己柱 丙杜陳	辛冲 甲景合	乙禽 戊死陰
癸心 乙傷雀	丁任 丁	丙蓬 壬驚蛇
壬芮 辛生地	戊輔 己休天	甲英 癸開符

甲午

丙輔 丙杜地	庚英 庚景雀	戊芮 戊死陳
乙冲 乙傷天	丁禽 丁	壬柱 壬驚合
甲任 甲生符	己蓬 己休蛇	癸心 癸開陰

乙未

乙英一 丙驚天	丙禽六 庚開地	庚柱八 戊休雀
甲任九 乙死符	丁蓬二 丁	戊冲四 壬生陳
己輔五 甲景蛇	癸心七 己杜陰	壬芮三 癸傷合

丙申

甲任 丙死符	乙輔 庚驚天	丙心 戊開地
己柱 乙景蛇	丁英 丁	庚芮 壬休雀
癸冲 甲杜陰	壬禽 己傷合	戊蓬 癸生陳

丁酉

丙柱 丙杜合	庚冲 庚景陰	戊禽 戊死蛇
乙心 乙傷陳	丁任 丁	壬蓬 壬驚符
甲芮 甲生雀	己輔 己休地	癸英 癸開天

戊戌

癸蓬一 丙生陰	己心六 庚傷蛇	甲任八 戊杜符
壬英九 乙休合	丁芮二 丁	乙輔四 壬景天
戊禽五 甲開陳	庚柱七 己驚雀	丙冲三 癸死地

己亥

庚芮 丙傷雀	戊柱 庚杜陳	壬英 戊景合
丙蓬 乙生地	丁冲 丁	癸禽 壬死陰
乙心 甲休天	甲任 己開符	己輔 癸驚蛇

庚子

己冲 丙 開 蛇	甲任 庚 休 符	乙蓬 戊 生 天
癸芮 乙 驚 陰	丁輔 丁	丙心 壬 傷 地
壬柱 甲 死 合	戊英 己 景 陳	庚禽 癸 杜 雀

辛丑

丙輔一 丙 景 地	庚英六 庚 死 雀	戊芮八 戊 驚 陳
乙冲九 乙 杜 天	丁禽二 丁	壬柱四 壬 開 合
甲任五 甲 傷 符	己蓬七 己 生 蛇	癸心三 癸 休 陰

壬寅

壬禽 丙 休 合	癸蓬 庚 生 陰	己冲 戊 傷 蛇
戊輔 乙 開 陳	丁心 丁	甲任 壬 杜 符
庚英 甲 驚 雀	丙芮 己 死 地	乙柱 癸 景 天

癸卯

戊心 丙 杜 陳	壬芮 庚 景 合	癸輔 戊 死 陰
庚禽 乙 傷 雀	丁柱 丁	己英 壬 驚 蛇
丙蓬 甲 生 地	乙冲 己 休 天	甲任 癸 開 符

甲辰

丙輔一 丙 杜 合	庚英六 庚 景 陰	戊芮八 戊 死 蛇
乙冲九 乙 傷 陳	丁禽二 丁	甲柱四 甲 驚 符
辛任五 辛 生 雀	己蓬七 己 休 地	癸心三 癸 開 天

乙巳

癸任 丙 傷 天	己輔 庚 杜 地	辛心 戊 景 雀
甲柱 乙 生 符	丁英 丁	乙芮 甲 死 陳
戊冲 辛 休 蛇	庚禽 己 開 陰	丙蓬 癸 驚 天

丙午

甲柱 丙 杜 符	癸冲 庚 景 天	己禽 戊 死 地
戊心 乙 傷 蛇	丁任 丁	辛蓬 甲 驚 雀
庚芮 辛 生 陰	丙輔 己 休 合	乙英 癸 開 陳

丁未

丙心一 丙 驚 合	庚芮六 庚 開 陰	戊輔八 戊 休 蛇
乙禽九 乙 死 陳	丁柱二 丁	甲英四 甲 生 符
辛蓬五 辛 景 雀	己冲七 己 杜 地	癸任三 癸 傷 天

戊申

庚英 丙 開 陰	戊禽 庚 休 蛇	甲柱 戊 生 符
丙任 乙 驚 合	丁蓬 丁	癸冲 甲 傷 天
乙輔 辛 死 陳	辛心 己 景 雀	己芮 癸 杜 地

己酉

辛蓬 丙 景 雀	乙心 庚 死 陳	丙任 戊 驚 合
己英 乙 杜 地	丁芮 丁	庚輔 甲 開 陰
癸禽 辛 傷 天	甲柱 己 生 符	戊冲 癸 休 蛇

庚戌

戊芮一 丙 生 蛇	甲柱六 庚 傷 符	癸英八 戊 杜 天
庚蓬九 乙 休 陰	丁冲二 丁	己禽四 甲 景 地
丙心五 辛 開 合	乙任七 己 驚 陳	辛輔三 癸 死 雀

辛亥

己冲 丙 死 地	辛任 庚 驚 雀	乙蓬 戊 開 陰
癸芮 乙 景 天	丁輔 丁	丙心 甲 休 合
甲柱 辛 杜 符	戊英 己 傷 蛇	庚禽 癸 生 陰

壬子

丙輔 丙休合	庚英 庚生陰	戊芮 戊傷蛇
乙冲 乙開陳	丁禽 丁	甲柱 甲杜符
辛任 辛驚雀	己蓬 己死地	癸心 癸景天

癸丑

乙禽一 丙杜陳	丙蓬六 庚景合	庚冲八 戊死陰
辛輔九 乙傷雀	丁心二 丁	戊任四 甲驚蛇
己英五 辛生地	癸芮七 己休天	甲柱三 癸開符

甲寅

丙輔 丙杜陳	庚英 庚景合	戊芮 戊死陰
乙冲 乙傷雀	丁禽 丁	壬柱 壬驚蛇
辛任 辛生地	己蓬 己休天	甲心 甲開符

乙卯

己柱 丙杜天	辛冲 庚景地	乙禽 戊死雀
甲心 乙傷符	丁任 丁	丙蓬 壬驚陳
壬芮 辛生蛇	戊輔 己休陰	庚英 甲開合

丙辰

甲心一 丙開符	己芮六 庚休天	辛輔八 戊生地
壬禽九 乙驚蛇	丁柱二 丁	乙英四 壬傷雀
戊蓬五 辛死陰	庚冲七 己景合	丙任三 甲杜陳

丁巳

丙禽 丙休合	庚蓬 庚生陰	戊冲 戊傷蛇
乙輔 乙開陳	丁心 丁	壬任 壬杜符
辛英 辛驚雀	己芮 己死地	甲柱 甲景天

戊午

戊任 丙死陰	壬輔 庚驚蛇	甲心 戊開符
庚柱 乙景合	丁英 丁	己芮 壬休天
丙冲 辛杜陳	乙禽 己傷雀	辛蓬 甲生地

己未

乙英一 丙傷雀	丙禽六 庚杜陳	庚柱八 戊景合
辛任九 乙生地	丁蓬二 丁	戊冲四 壬死陰
己輔五 辛休天	甲心七 己開符	壬芮三 甲驚蛇

庚申

壬蓬 丙驚蛇	甲心 庚開符	己任 戊休天
戊英 乙死陰	丁芮 丁	辛輔 壬生地
庚禽 辛景合	丙柱 己杜陳	乙冲 甲傷雀

辛酉

辛芮 丙生地	乙柱 庚傷雀	丙英 戊杜陳
己蓬 乙休天	丁冲 丁	庚禽 壬景合
甲心 辛開符	壬任 己驚蛇	戊輔 甲死陰

壬戌

庚冲一 丙景合	戊任六 庚死陰	壬蓬八 戊驚蛇
丙芮九 乙杜陳	丁輔二 丁	甲心四 壬開符
乙柱五 辛傷雀	辛英七 己生地	己禽三 甲休天

癸亥

丙輔 丙杜陳	庚英 庚景合	戊芮 戊死陰
乙冲 乙傷雀	丁禽 丁	壬柱 壬驚蛇
辛任 辛生地	己蓬 己休天	甲心 甲開符

陰三局

甲子

乙輔二 乙杜天	辛英七 辛景地	己芮九 己死雀
甲冲一 甲傷符	丙禽三 丙	癸柱五 癸驚陳
壬任六 壬生蛇	庚蓬八 庚休陰	丁心四 丁開合

乙丑

甲冲 乙休符	乙任 辛生天	辛蓬 己傷地
壬芮 甲開蛇	丙輔 丙	己心 癸杜雀
庚柱 壬驚陰	丁英 庚死合	癸禽 丁景陳

丙寅

乙芮 乙死合	辛柱 辛驚陰	己英 己開蛇
甲蓬 甲景陳	丙冲 丙	癸禽 癸休符
壬心 壬杜雀	庚任 癸傷地	丁輔 丁生天

丁卯

癸蓬二 乙生陳	丁心七 辛傷合	庚任九 己杜陰
己英一 甲休雀	丙芮三 丙	壬輔五 癸景蛇
辛禽六 壬開地	乙柱八 庚驚天	甲冲四 丁死符

戊辰

乙輔 乙景天	辛英 辛死地	己芮 己驚雀
甲冲 甲杜符	丙禽 丙	癸柱 癸開陳
壬任 壬傷蛇	庚蓬 庚生陰	丁心 丁休合

己巳

庚禽 乙開陰	壬蓬 辛休蛇	甲冲 己生符
丁輔 甲驚合	丙心 丙	乙任 癸傷天
癸英 壬死陳	己芮 庚景雀	辛柱 丁杜地

庚午

己心二 乙驚雀	癸芮七 辛開陳	丁輔九 己休合
辛禽一 甲死地	丙柱三 丙	庚英五 癸生陰
乙蓬六 壬景天	甲冲八 庚杜符	壬任四 丁傷蛇

辛未

壬柱 乙杜蛇	甲冲 辛景符	乙禽 己死天
庚心 甲傷陰	丙任 丙	辛蓬 癸驚地
丁芮 壬生合	癸輔 庚休陳	己英 丁開雀

壬申

辛任 乙傷地	己輔 辛杜雀	癸心 己景陳
乙柱 甲生天	丙英 丙	丁芮 癸死合
甲冲 壬休符	壬禽 庚開蛇	庚蓬 丁驚陰

癸酉

丁英二 乙杜合	庚禽七 辛景陰	壬柱九 己死蛇
癸任一 甲傷陳	丙蓬三 丙	甲冲五 癸驚符
己輔六 壬生雀	辛心八 庚休地	乙芮四 丁開天

甲戌

乙輔 乙杜陰	辛英 辛景蛇	甲芮 甲死符
戊冲 戊傷合	丙禽 丙	癸柱 癸驚天
壬任 壬生陳	庚蓬 庚休雀	丁心 丁開地

乙亥

甲芮 乙休符	癸柱 辛生天	丁英 甲傷地
辛蓬 戊開蛇	丙冲 丙	庚禽 癸杜雀
乙心 戊驚陰	戊任 庚死合	壬輔 丁景陳

陰三局

丙子

乙蓬二 乙景合	辛心七 辛死陰	甲柱九 甲驚蛇
戊英一 戊杜陳	丙芮三 丙	癸輔五 癸開符
壬禽六 壬傷雀	庚柱八 庚生地	丁冲四 丁休天

丁丑

壬英 乙開陳	戊禽 辛休合	乙柱 甲生陰
庚任 戊驚雀	丙蓬 丙	辛冲 癸傷蛇
丁輔 壬死地	癸心 庚景天	甲芮 丁杜符

戊寅

癸冲 乙傷天	丁任 辛杜地	庚蓬 甲景雀
甲芮 戊生符	丙輔 丙	壬心 癸死陳
辛柱 壬休蛇	乙英 庚開陰	戊禽 丁驚合

己卯

乙輔二 乙生陰	辛英七 辛傷蛇	甲芮九 甲杜符
戊冲一 戊休合	丙禽三 丙	癸柱五 癸景天
壬任六 壬開陳	庚蓬八 庚驚雀	丁心四 丁死地

庚辰

庚禽 乙杜雀	壬蓬 辛景陳	戊冲 甲死合
丁輔 戊傷地	丙心 丙	乙任 癸驚陰
癸英 壬生天	甲芮 庚休符	辛柱 丁開蛇

辛巳

辛心 乙死蛇	甲芮 辛驚符	癸輔 甲開天
乙禽 戊景陰	丙柱 丙	丁英 癸休地
戊蓬 壬杜合	壬冲 庚傷陳	庚任 丁生雀

壬午

丁柱二 乙驚地	庚冲七 辛開雀	壬禽九 甲休陳
癸心一 戊死天	丙任三 丙	戊蓬五 癸生合
甲芮六 壬景符	辛輔八 庚杜蛇	乙英四 丁傷陰

癸未

戊任 乙杜合	乙輔 辛景陰	辛心 甲死蛇
壬柱 戊傷陳	丙英 丙	甲芮 癸驚符
庚冲 壬生雀	丁禽 庚休地	癸蓬 丁開天

甲申

乙輔 乙杜雀	辛英 辛景陳	己芮 己死合
戊冲 戊傷地	丙禽 丙	癸柱 癸驚陰
壬任 壬生天	甲蓬 甲休符	丁心 丁開蛇

乙酉

甲蓬二 乙開符	壬心七 辛休天	戊任九 己生地
丁英一 戊驚蛇	丙芮三 丙	乙輔五 癸傷雀
癸禽六 壬死陰	己柱八 甲景合	辛冲四 丁杜陳

丙戌

乙英 乙傷合	辛禽 辛杜陰	己柱 己景蛇
戊任 戊生陳	丙蓬 丙	癸冲 癸死符
壬輔 壬休雀	甲心 甲開地	丁芮 丁驚天

丁亥

辛任 乙死陳	己輔 辛驚合	癸心 己開陰
乙柱 戊景雀	丙英 丙	丁芮 癸休蛇
戊冲 壬杜地	壬禽 甲傷天	甲蓬 丁生符

戊子

壬芮二 乙景天	戊柱七 辛死地	乙英九 己驚雀
甲蓬一 戊杜符	丙冲三 丙	辛禽五 癸開陳
丁心六 壬傷蛇	癸任八 甲生陰	己輔四 丁休合

己丑

癸冲 乙杜陰	丁任 辛景蛇	甲蓬 己死符
己芮 戊傷合	丙輔 丙	壬心 癸驚天
辛柱 壬生陳	乙英 甲休雀	戊禽 丁開地

庚寅

乙輔 乙休雀	辛英 辛生陳	己芮 己傷合
戊冲 戊開地	丙禽 丙	癸柱 癸杜陰
壬任 壬驚天	甲蓬 甲死符	丁心 丁景蛇

辛卯

丁禽二 乙生蛇	甲蓬七 辛傷符	壬冲九 乙杜天
癸輔一 戊休陰	丙心三 丙	戊任五 癸景地
己英六 壬開合	辛芮八 甲驚陳	乙柱四 丁死雀

壬辰

戊心 乙驚地	乙芮 辛開雀	辛輔 己休陳
壬禽 戊死天	丙柱 丙	己英 癸生合
甲蓬 壬景符	丁冲 甲杜蛇	癸任 丁傷陰

癸巳

己柱 乙杜合	癸冲 辛景陰	丁禽 己死蛇
辛心 戊傷陳	丙任 丙	甲蓬 癸驚符
乙芮 壬生雀	戊輔 甲休地	壬英 丁開

甲午

乙輔二 乙杜蛇	甲英七 甲景符	己芮九 己死天
戊冲一 戊傷陰	丙禽三 丙	癸柱五 癸驚地
壬任六 壬生合	庚蓬八 庚休陳	丁心四 丁開雀

乙未

甲英 乙驚符	己禽 甲開天	癸柱 己休地
乙任 戊死蛇	丙蓬 丙	丁冲 癸生雀
戊輔 壬景陰	壬心 庚杜合	庚芮 丁傷陳

丙申

乙任 乙生合	甲輔 甲傷陰	己心 己杜蛇
戊柱 戊休陳	丙英 丙	癸芮 癸景符
壬冲 壬開雀	庚禽 庚驚地	丁蓬 丁死天

丁酉

庚柱二 乙休陳	壬冲七 甲生合	戊禽九 己傷陰
丁心一 戊開雀	丙任三 丙	乙蓬五 癸杜蛇
癸芮六 壬驚地	己輔八 庚死天	甲英四 丁景符

戊戌

己蓬 乙杜天	癸心 甲景地	丁任 己死雀
甲英 戊傷符	丙芮 丙	庚輔 癸驚陳
乙禽 壬生蛇	戊柱 庚休陰	壬冲 丁開合

己亥

戊芮 乙景陰	乙柱 甲死蛇	甲英 己驚符
壬蓬 戊杜合	丙冲 丙	己禽 癸開天
庚心 壬傷陳	丁任 庚生雀	癸輔 丁休地

庚子

丁冲二	庚任七	壬蓬九
乙死雀	甲驚陳	己開合
癸芮一	丙輔三	戊心五
戊景地	丙	癸休陰
己柱六	甲英八	乙禽四
壬杜天	庚傷符	丁生蛇

辛丑

乙輔	甲英	己芮
乙傷蛇	甲杜符	己景天
戊冲	丙禽	癸柱
戊生陰	丙	癸死地
壬任	庚蓬	丁心
壬休合	庚開陳	丁驚雀

壬寅

癸禽	丁蓬	庚冲
乙開地	甲休雀	己生陳
己輔	丙心	壬任
戊驚天	丙	癸傷合
乙英	乙芮	戊柱
壬死符	庚景蛇	丁杜陰

癸卯

壬心二	戊芮七	乙輔九
乙杜合	甲景陰	己死蛇
庚禽一	丙柱三	甲英五
戊傷陳	丙	癸驚符
丁蓬六	癸冲八	己任四
壬生雀	庚休地	丁開天

甲辰

乙輔	辛英	己芮
乙杜地	辛景雀	己死陳
戊冲	丙禽	癸柱
戊傷天	丙	癸驚合
甲任	庚蓬	丁心
甲生符	庚休蛇	丁開陰

乙巳

甲任	戊輔	乙心
乙驚符	辛開天	己休地
庚柱	丙英	辛芮
戊死蛇	丙	癸生雀
丁冲	癸禽	己蓬
甲景陰	庚杜合	丁傷陳

丙午

乙柱二	辛冲七	己禽九
乙死合	辛驚陰	己開蛇
戊心一	丙任三	癸蓬五
戊景陳	丙	癸休符
甲芮六	庚輔八	丁英四
甲杜雀	庚傷地	丁生蛇

丁未

己心	癸芮	丁輔
乙杜陳	辛景合	己死陰
辛禽	丙柱	庚蓬
戊傷雀	丙	癸休蛇
乙蓬	戊冲	甲任
甲生地	庚休天	丁開符

戊申

戊英	乙禽	辛柱
乙生天	辛傷地	己杜雀
甲任	丙蓬	己冲
戊休符	丙	癸景陳
庚輔	丁心	癸芮
甲開蛇	庚驚陰	丁死合

己酉

丁蓬二	庚心七	甲任九
乙傷陰	辛杜蛇	己景符
癸英一	丙芮三	戊輔五
戊生合	丙	癸死天
己禽六	辛柱八	乙冲四
甲休陳	庚開雀	丁驚地

庚戌

辛芮	己柱	癸英
乙開雀	辛休陳	己生合
乙蓬	丙冲	丁禽
戊驚地	丙	癸傷陰
戊心	甲任	庚輔
甲死天	庚景符	丁杜蛇

辛亥

庚冲	甲任	戊蓬
乙景蛇	辛死符	己驚天
丁芮	丙輔	乙心
戊杜陰	丙	癸開地
癸柱	己英	辛禽
甲傷合	庚生陳	丁休雀

壬子

乙輔二 乙休地	辛英七 辛生雀	己芮九 己傷陳
戊冲一 戊開天	丙禽三 丙	癸柱五 癸杜合
甲任六 甲驚符	庚蓬八 庚死蛇	丁心四 丁景陰

癸丑

癸禽 乙杜合	丁蓬 辛景陰	庚冲 己死蛇
己輔 戊傷陳	丙心 丙	甲任 癸驚符
辛英 甲生雀	乙芮 庚休地	戊柱 丁開天

甲寅

乙輔 乙杜合	辛英 辛景陰	己芮 己死蛇
戊冲 戊傷陳	丙禽 丙	甲柱 甲驚符
壬任 壬生雀	庚蓬 庚休地	丁心 丁開天

乙卯

甲柱二 乙傷符	丁冲七 辛杜天	庚禽九 己景地
己心一 戊生蛇	丙任三 丙	壬蓬五 甲死雀
辛芮六 壬休陰	乙輔八 庚開合	戊英四 丁驚陳

丙辰

乙心 乙杜合	辛芮 辛景陰	己輔 己死蛇
戊禽 戊傷陳	丙柱 丙	甲英 甲驚符
壬蓬 壬生雀	庚冲 庚休地	丁任 丁開天

丁巳

戊禽 乙驚陳	乙蓬 辛開合	辛冲 己休陰
壬輔 戊死雀	丙心 丙	己任 甲生蛇
庚英 壬景地	丁芮 庚杜天	甲柱 丁傷符

戊午

丁任二 乙開天	庚輔七 辛休地	壬心九 己生雀
甲柱一 戊驚符	丙英三 丙	戊芮五 甲傷陳
己冲六 壬死蛇	辛禽八 庚景陰	乙蓬四 丁杜合

己未

辛英 乙景陰	己禽 辛死蛇	甲柱 己驚符
乙任 戊杜合	丙蓬 丙	丁冲 甲開天
戊輔 壬傷陳	壬心 庚生雀	庚芮 丁休地

庚申

壬蓬 乙生雀	戊心 辛傷陳	乙任 己杜合
庚英 戊休地	丙芮 丙	辛輔 甲景陰
丁禽 壬開天	甲柱 庚驚符	己冲 丁死蛇

辛酉

己芮二 乙死蛇	甲柱七 辛驚符	丁英九 己開天
辛蓬一 戊景陰	丙冲三 丙	乙禽五 甲休地
乙心六 壬杜合	戊任八 庚傷陳	壬輔四 丁生雀

壬戌

庚冲 乙休地	壬任 辛生雀	戊蓬 己傷陳
丁芮 戊開天	丙輔 丙	乙心 甲杜合
甲柱 壬驚符	己英 庚死蛇	辛禽 丁景陰

癸亥

乙輔 乙杜合	辛英 辛景陰	己芮 己死蛇
戊冲 戊傷陳	丙禽 丙	甲柱 甲驚符
壬任 壬生雀	庚蓬 庚休地	丁心 丁開天

陰四局

甲子

甲輔 / 甲杜符	壬英 / 壬景天	庚芮 / 庚死地
己冲 / 己傷蛇	乙禽 / 乙	丁柱 / 丁驚雀
癸任 / 癸生陰	辛蓬 / 辛休合	丙心 / 丙開陳

乙丑

甲冲 / 甲景合	壬任 / 壬死陰	庚蓬 / 庚驚蛇
己芮 / 己杜陳	乙輔 / 乙	丁心 / 丁開符
癸柱 / 癸傷雀	辛英 / 辛生地	丙禽 / 丙休天

丙寅

丙芮三 / 甲生陳	辛柱八 / 壬壬合	癸英一 / 庚杜陰
丁蓬二 / 己休雀	乙 四 / 乙	己禽六 / 丁景蛇
庚心七 / 癸開地	壬 九 / 辛驚天	甲輔五 / 丙死符

丁卯

辛蓬 / 甲驚合	癸心 / 壬開陰	己任 / 庚休蛇
丙英 / 己死陳	乙芮 / 乙	甲輔 / 丁生符
丁禽 / 癸景雀	庚柱 / 辛杜地	壬冲 / 丙傷天

戊辰

甲輔 / 甲傷符	壬英 / 壬杜天	庚芮 / 庚景地
己冲 / 己生蛇	乙禽 / 乙	丁柱 / 丁死雀
癸任 / 癸休陰	辛蓬 / 辛開合	丙心 / 丙驚陳

己巳

壬禽三 / 甲死天	庚蓬八 / 壬驚地	丁冲一 / 庚開雀
甲輔二 / 己景符	乙心四 / 乙	丙任六 / 丁休陳
己英七 / 癸杜蛇	癸芮九 / 辛傷陰	辛柱五 / 丙生合

庚午

癸心 / 甲休陰	己芮 / 壬生蛇	甲輔 / 庚傷符
辛禽 / 己開合	乙柱 / 乙	壬英 / 丁杜天
丙蓬 / 癸驚陳	丁冲 / 辛死雀	庚任 / 丙景地

辛未

丁柱 / 甲開雀	丙冲 / 壬休陳	辛禽 / 庚生合
庚心 / 己驚地	乙任 / 乙	癸蓬 / 丁傷陰
壬芮 / 癸死天	甲輔 / 辛景符	己英 / 丙杜蛇

壬申

己任三 / 甲杜陰	甲輔八 / 壬景符	壬心一 / 庚死天
癸柱二 / 己傷陰	乙英四 / 乙	庚芮六 / 丁驚地
辛冲七 / 癸生合	丙禽九 / 辛休陳	丁蓬五 / 丙開雀

癸酉

庚英 / 甲杜地	丁禽 / 壬景雀	丙柱 / 庚死陳
壬任 / 己傷天	乙蓬 / 乙	辛冲 / 丁驚合
甲輔 / 癸生符	己心 / 辛休蛇	癸芮 / 丙開陰

甲戌

戊輔 / 戊杜天	壬英 / 壬景地	庚芮 / 庚死雀
甲冲 / 甲傷符	乙禽 / 乙	丁柱 / 丁驚陳
癸任 / 癸生蛇	辛蓬 / 辛休陰	丙心 / 丙開合

乙亥

戊芮三 / 戊休合	壬柱八 / 壬生陰	庚英一 / 庚傷蛇
甲蓬二 / 甲開陳	乙冲四 / 乙	丁禽六 / 丁杜符
癸心七 / 癸驚雀	辛芮九 / 辛死地	丙輔五 / 丙景天

丙子

丁蓬	丙心	辛任
戊死陳	壬驚合	庚開陰
庚英	乙芮	癸輔
甲景雀	乙	丁休蛇
壬禽	戊柱	甲冲
癸杜地	辛傷天	丙生符

丁丑

丙英	辛禽	癸柱
戊生合	壬傷陰	庚杜蛇
丁任	乙蓬	甲冲
甲休陳	乙	丁景符
庚輔	壬心	戊芮
癸開雀	辛驚地	丙死天

戊寅

甲冲三	戊任八	壬蓬一
戊景符	壬死天	庚驚地
癸芮二	乙輔四	庚心六
甲杜蛇	乙	丁開雀
辛柱七	丙英九	丁禽五
癸傷陰	辛生合	丙休陳

己卯

戊輔	壬英	庚芮
戊開天	壬休地	庚生雀
甲冲	乙禽	丁柱
甲驚符	乙	丁傷陳
癸任	辛蓬	丙心
癸死蛇	辛景陰	丙杜合

庚辰

辛禽	癸蓬	甲冲
戊驚陰	壬開蛇	庚休符
丙輔	乙心	戊任
甲死合	乙	丁生天
丁英	庚芮	壬柱
癸景陳	辛杜雀	丙傷地

辛巳

庚心三	丁芮八	丙輔一
戊杜雀	壬景陳	庚死合
壬禽二	乙柱四	辛英六
甲傷地	乙	丁驚陰
戊蓬七	甲冲九	癸任五
癸生天	辛休符	丙開蛇

壬午

癸柱	甲冲	戊禽
戊傷蛇	壬杜符	庚景天
辛心	乙任	壬蓬
甲生陰	乙	丁死地
丙芮	丁輔	庚英
癸休合	辛開陳	丙驚雀

癸未

壬任	庚輔	丁心
戊杜地	壬景雀	庚死陳
戊柱	乙英	丙芮
甲傷天	乙	丁驚合
甲冲	癸禽	辛蓬
癸生符	辛休蛇	丙開陰

甲申

戊輔三	壬英八	甲芮一
戊杜陰	壬景蛇	甲死符
己冲二	乙禽四	丁柱六
己傷合	乙	丁驚天
癸任七	辛蓬九	丙心五
癸生陳	辛休雀	丙開地

乙酉

戊蓬	壬心	甲任
戊休合	壬生陰	甲傷蛇
己英	乙芮	丁輔
己開陳	乙	丁杜符
癸禽	辛柱	丙冲
癸驚雀	辛死地	丙景天

丙戌

癸英	己禽	戊柱
戊景陳	壬死合	甲驚陰
辛任	乙蓬	壬冲
己杜雀	乙	丁開蛇
丙輔	丁心	甲芮
癸傷地	辛生天	丙休符

丁亥

己任三	戊輔八	壬心一
戊開合	壬休陰	甲生蛇
癸柱二	乙英四	丁芮六
己驚陳	乙	丁傷符
辛冲七	丙禽九	癸蓬五
癸死雀	辛景地	丙杜天

陰四局

戊子

甲芮 戊傷符	丁柱 壬杜天	丙英 甲景地
壬蓬 己生蛇	乙冲 乙	辛禽 丁死雀
戊心 癸休陰	己任 辛開合	癸輔 丙驚陳

己丑

丁冲 戊生天	丙任 壬傷地	辛蓬 甲杜雀
甲芮 己休符	乙輔 乙	癸心 丁景陳
壬柱 癸開蛇	戊英 辛驚陰	己禽 丙死合

庚寅

戊輔三 戊杜陰	壬英八 壬景蛇	甲芮一 甲死符
己冲二 己傷合	乙禽四 乙	丁柱六 丁驚天
癸任七 癸生陳	辛蓬九 辛休雀	丙心五 丙開地

辛卯

辛禽 戊死雀	癸蓬 壬驚陳	己冲 甲開合
丙輔 己景地	乙心 乙	戊任 丁休陰
丁英 癸杜天	甲芮 辛傷符	壬柱 丙生蛇

壬辰

壬心 戊驚蛇	甲芮 壬開符	丁輔 甲休天
戊禽 己死陰	乙柱 乙	丙英 丁生地
己蓬 癸景合	癸冲 辛杜陳	辛任 丙傷雀

癸巳

丙柱三 戊杜地	辛冲八 壬景雀	癸禽一 甲死陳
丁心二 己傷天	乙任四 乙	己蓬六 丁驚合
甲芮七 癸生符	壬輔九 辛休蛇	戊英五 丙開陰

甲午

戊輔 戊杜雀	壬英 壬景陳	庚芮 庚死合
己冲 己傷地	乙禽 乙	丁柱 丁驚陰
癸任 癸生天	甲蓬 甲休符	丙心 丙開蛇

乙未

戊英 戊開合	壬禽 壬休陰	庚柱 庚生蛇
己任 己驚陳	乙蓬 乙	丁冲 丁傷符
癸輔 癸死雀	甲心 甲景地	丙芮 丙杜天

丙申

壬任三 戊傷陳	庚輔八 壬杜合	丁心一 庚景陰
戊柱二 己生雀	乙英四 乙	丙芮六 丁死蛇
己冲七 癸休地	癸禽九 甲開天	甲蓬五 丙驚符

丁酉

庚柱 戊死合	丁冲 壬驚陰	丙禽 庚開蛇
壬心 己景陳	乙任 乙	甲蓬 丁休符
戊芮 癸杜雀	己輔 甲傷地	癸英 丙生天

戊戌

甲蓬 戊景符	癸心 壬死天	己任 庚驚地
丙英 己杜蛇	乙芮 乙	戊輔 丁開雀
丁禽 癸傷陰	庚柱 甲生合	壬冲 丙休陳

己亥

癸芮三 戊杜天	己柱八 壬景地	戊英一 庚死雀
甲蓬二 己傷符	乙冲四 乙	壬禽六 丁驚陳
丙心七 癸生蛇	丁任九 甲休陰	庚輔五 丙開合

庚子

丁冲 戊休陰	丙任 壬生陰	甲蓬 庚傷符
庚芮 己開合	乙輔 乙	癸心 丁杜天
壬柱 癸驚陳	戊英 甲死雀	己禽 丙景地

辛丑

戊輔 戊生雀	壬英 壬傷陳	庚芮 庚杜合
己冲 己休地	乙禽 乙	丁柱 丁景陰
癸任 癸開天	甲蓬 甲驚符	丙心 丙死蛇

壬寅

丙禽三 戊驚蛇	甲蓬八 壬開符	癸冲一 庚休天
丁輔二 丁死陰	乙心四 乙	己任六 丁生
庚英七 癸景合	壬芮九 甲杜陳	戊柱五 丙傷雀

癸卯

己心 戊杜地	戊芮 壬景雀	壬輔 庚死陳
癸禽 己傷天	乙柱 乙	庚英 丁驚合
甲蓬 癸生符	丙冲 甲休蛇	丁任 丙開陰

甲辰

戊輔 戊杜蛇	甲英 甲景符	庚芮 庚死天
己冲 己傷陰	乙禽 乙	丁柱 丁驚地
癸任 癸生合	辛蓬 辛休陳	丙心 丙開雀

乙巳

戊任三 戊驚合	甲輔八 甲開陰	庚心一 庚休蛇
己柱二 己死陳	乙英四 乙	丁芮六 丁生符
癸冲七 癸景雀	辛禽九 辛杜地	丙蓬五 丙傷陰

丙午

辛柱 戊生陳	癸冲 甲傷合	己禽 庚杜陰
丙心 己休雀	乙任 乙	戊蓬 丁景蛇
丁芮 癸開地	庚輔 辛驚天	甲英 丙死符

丁未

癸心 戊休合	己芮 甲生陰	戊輔 庚傷蛇
辛禽 己開陳	乙柱 乙	甲英 丁杜符
丙蓬 癸驚雀	丁冲 辛死地	庚任 丙景天

戊申

甲英三 戊杜符	庚禽八 甲景天	丁柱一 庚死地
戊任二 戊傷蛇	乙蓬四 乙	丙冲六 丁驚雀
己輔七 癸生陰	癸心九 辛休合	辛芮五 丙開陳

己酉

庚蓬 戊景天	丁心 甲死地	丙任 庚驚雀
甲英 己杜符	乙芮 乙	辛輔 丁開陳
戊禽 癸傷蛇	己柱 辛生陰	癸冲 丙休合

庚戌

己芮 戊死陰	戊柱 甲驚蛇	甲英 庚開符
癸蓬 己景合	乙冲 乙	庚禽 丁休天
辛心 癸杜陳	丙任 辛傷雀	丁輔 丙生地

辛亥

丙冲三 戊傷雀	辛任八 甲杜陳	癸蓬一 庚景合
丁芮二 己生地	乙輔四 乙	己心六 丁死陰
庚柱七 癸休天	甲英九 辛開符	戊禽五 丙驚蛇

陰四局

壬子

戊輔 戊開蛇	甲英 甲休符	庚芮 庚生天
己冲 己驚陰	乙禽 乙	丁柱 丁傷地
癸任 癸死合	辛蓬 辛景陳	丙心 丙杜雀

癸丑

丁禽 戊杜地	丙蓬 甲景雀	辛冲 庚死陳
庚輔 己傷天	乙心 乙	癸任 丁驚合
甲英 癸生符	戊芮 辛休蛇	己柱 丙開陰

甲寅

戊輔三 戊杜地	壬英八 壬景雀	庚芮一 庚死陳
己冲二 己傷天	乙禽四 乙	丁柱六 丁驚合
甲任七 甲生符	辛蓬九 辛休蛇	丙心五 丙開陰

乙卯

戊柱 戊驚合	壬冲 壬開陰	庚禽 庚休蛇
己心 己死陳	乙任 乙	丁蓬 丁生符
甲芮 甲景雀	辛輔 辛杜地	丙英 丙傷天

丙辰

庚心 戊死陳	丁芮 壬驚合	丙輔 庚開陰
壬禽 己景雀	乙柱 乙	辛英 丁休蛇
戊蓬 甲杜地	己冲 辛傷天	甲任 丙生符

丁巳

丁禽三 戊杜合	丙蓬八 壬景陰	辛冲一 庚死蛇
庚輔二 己傷陳	乙心四 乙	甲任六 丁驚符
壬英七 甲生雀	戊芮九 辛休地	己柱五 丙開天

戊午

甲任 戊生符	己輔 壬傷天	戊心 庚杜地
辛柱 己休蛇	乙英 乙	壬芮 丁景雀
丙冲 甲開陰	丁禽 辛驚合	庚蓬 丙死陳

己未

己英 戊傷天	戊禽 壬杜地	壬柱 庚景雀
甲任 己生符	乙蓬 乙	庚冲 丁死陳
辛輔 甲休蛇	丙心 辛開陰	丁芮 丙驚合

庚申

丙蓬三 戊開陰	庚心八 壬休蛇	甲任一 庚生符
丁英二 己驚合	乙芮四 乙	己輔六 丁傷天
庚禽七 甲死陳	壬柱九 辛景雀	戊冲五 丙杜地

辛酉

壬芮 戊景雀	庚柱 壬死陳	丁英 庚驚合
戊蓬 己杜地	乙冲 乙	丙禽 丁開陰
己心 甲傷天	甲任 辛生符	辛輔 丙休蛇

壬戌

辛冲 戊休蛇	甲任 壬生符	己蓬 庚傷天
丙芮 己開陰	乙輔 乙	戊心 丁杜地
丁柱 甲驚合	庚英 辛死陳	壬禽 丙景雀

癸亥

戊輔三 戊杜地	壬英八 壬景雀	庚芮一 庚死陳
己冲二 己傷天	乙禽四 乙	丁柱六 丁驚合
甲任七 甲生符	辛蓬九 辛休蛇	丙心五 丙開陰

陰五局

甲子

己輔 己杜合	癸英 癸景陰	辛芮 辛死蛇
庚冲 庚傷陳	甲禽 甲	丙柱 丙驚符
丁任 丁生雀	壬蓬 壬休地	乙心 乙開天

乙丑

己冲四 己生陳	癸任九 癸傷合	辛蓬二 辛杜陰
庚芮三 庚休雀	甲輔五 甲	丙心七 丙景蛇
丁柱八 丁開地	壬英一 壬驚天	乙禽六 乙死符

丙寅

己芮 己傷合	癸柱 癸杜陰	辛英 辛景蛇
庚蓬 庚生陳	甲冲 甲	丙禽 丙死符
丁心 丁休雀	壬任 壬開地	乙輔 乙驚天

丁卯

己蓬 己開地	癸心 癸休雀	辛任 辛生陳
庚英 庚驚天	甲芮 甲	丙輔 丙傷合
丁禽 丁死符	壬柱 壬景蛇	乙冲 乙杜陰

戊辰

己輔四 己景合	癸英九 癸死陰	辛芮二 辛驚蛇
庚冲三 庚杜陳	甲禽五 甲	丙柱七 丙開符
丁任八 丁傷雀	壬蓬一 壬生地	乙心六 乙休天

己巳

己禽 己休符	癸蓬 癸生天	辛冲 辛傷地
庚輔 庚開蛇	甲心 甲	丙任 丙杜雀
丁英 丁驚陰	壬芮 壬死合	乙柱 乙景陳

庚午

己心 己杜天	癸芮 癸景地	辛輔 辛死雀
庚禽 庚傷符	甲柱 甲	丙英 丙驚陳
丁蓬 丁生蛇	壬冲 壬休陰	乙任 乙開合

辛未

己柱四 己驚陰	癸冲九 癸開蛇	辛禽二 辛休符
庚心三 庚死合	甲任五 甲	丙蓬七 丙生天
丁芮八 丁景陳	壬輔一 壬杜雀	乙英六 乙傷地

壬申

己任 己死雀	癸輔 癸驚陳	辛心 辛開合
庚柱 庚景地	甲英 甲	丙芮 丙休陰
丁冲 丁杜天	壬禽 壬傷符	乙蓬 乙生蛇

癸酉

己英 己杜蛇	癸禽 癸景符	辛柱 辛死天
庚任 庚傷陰	甲蓬 甲	丙冲 丙驚地
丁輔 丁生合	壬心 壬休陳	乙芮 乙開雀

甲戌

甲輔四 甲杜符	癸英九 癸景天	辛芮二 辛死地
庚冲三 庚傷蛇	戊禽五 戊	丙柱七 丙驚雀
丁任八 丁生陰	壬蓬一 壬休合	乙心六 乙開陳

乙亥

乙芮 甲景陳	壬柱 癸死合	丁英 辛驚陰
丙蓬 庚杜雀	戊冲 戊	庚禽 丙開蛇
辛心 丁傷地	癸任 壬生天	甲輔 乙休符

丙子

壬蓬 甲生合	丁心 癸傷陰	庚任 辛杜蛇
乙英 庚休陳	戊芮 戊	甲輔 丙景符
丙禽 丁開雀	辛柱 壬驚地	癸冲 乙死天

丁丑

辛英四 甲驚地	丙禽九 癸開雀	乙柱二 辛休陳
癸任三 庚死天	戊蓬五 戊	壬冲七 丙生合
甲輔八 丁景符	庚心一 壬杜蛇	丁芮六 乙傷陰

戊寅

甲冲 甲傷合	癸任 癸杜陰	辛蓬 辛景蛇
庚芮 庚生陳	戊輔 戊	丙心 丙死符
丁柱 丁休雀	壬英 壬開地	乙禽 乙驚天

己卯

甲輔 甲死符	癸英 癸驚天	辛芮 辛開地
庚冲 庚景蛇	戊禽 戊	丙柱 丙休雀
丁任 丁杜陰	壬蓬 壬傷合	乙心 乙生陳

庚辰

癸禽四 甲休天	辛蓬九 癸生地	丙冲二 辛傷雀
甲輔三 庚開符	戊心五 戊	乙任七 丙杜陳
庚英八 丁驚蛇	丁芮一 壬死陰	壬柱六 乙景合

辛巳

丁心 甲開陰	庚芮 癸休蛇	甲輔 辛生符
壬禽 庚驚合	戊柱 戊	癸英 丙傷天
乙蓬 丁死陳	丙冲 壬景雀	辛任 乙杜地

壬午

丙柱 甲杜雀	乙冲 癸景陳	壬禽 辛死合
辛心 庚傷地	戊任 戊	丁蓬 丙驚陰
癸芮 丁生天	甲輔 壬休符	庚英 乙開蛇

癸未

庚任四 甲杜蛇	甲輔九 癸景符	癸心二 辛死天
丁柱三 庚傷陰	戊英五 戊	辛芮七 丙驚地
壬冲八 丁生蛇	乙禽一 壬休陳	丙蓬六 乙開雀

甲申

己輔 己杜天	癸英 癸景地	辛芮 辛死雀
甲冲 甲傷符	戊禽 戊	丙柱 丙驚陳
丁任 丁生蛇	壬蓬 壬休陰	乙心 乙開合

乙酉

丙蓬 己休陳	乙心 癸生合	壬任 辛傷陰
辛英 甲開雀	戊芮 戊	丁輔 丙杜蛇
癸禽 丁驚地	己柱 壬死天	甲冲 乙景符

丙戌

乙英四 己死合	壬禽九 癸驚陰	丁柱二 辛開蛇
丙任三 甲景陳	戊蓬五 戊	甲冲七 丙休符
辛輔八 丁杜雀	癸心一 壬傷地	己芮六 乙生天

丁亥

癸任 己生地	辛輔 癸傷雀	丙心 辛杜陳
己柱 甲休天	戊英 戊	乙芮 丙景合
甲冲 丁開符	丁禽 壬驚蛇	壬蓬 乙死陰

戊子

己芮 己 景合	癸柱 癸 死陰	辛英 辛 驚蛇
甲蓬 甲 杜陳	戊冲 戊	丙禽 丙 開符
丁心 丁 傷雀	壬任 壬 生地	乙輔 乙 休天

己丑

甲冲四 己 開符	己任九 癸 休天	癸蓬二 辛 生地
丁芮三 甲 驚蛇	戊輔五 戊	辛心七 丙 傷雀
壬柱八 丁 死陰	乙英一 壬 景合	丙禽六 乙 杜陳

庚寅

己輔 己 驚天	癸英 癸 開地	辛芮 辛 休雀
甲冲 甲 死符	戊禽 戊	丙柱 丙 生陳
丁任 丁 景蛇	壬蓬 壬 杜陰	乙心 乙 傷合

辛卯

壬禽 己 杜陰	丁蓬 癸 景蛇	甲冲 辛 死符
乙輔 甲 傷合	戊心 戊	己任 丙 驚天
丙英 丁 生陳	辛芮 壬 休雀	癸柱 乙 開地

壬辰

辛心四 己 傷雀	丙芮九 癸 杜陳	乙輔二 辛 景合
癸禽三 甲 生地	戊柱五 戊	壬英七 丙 死陰
己蓬八 丁 休天	甲冲一 壬 開符	丁任六 乙 驚蛇

癸巳

丁柱 己 杜蛇	甲冲 癸 景符	己禽 辛 死天
壬心 甲 傷陰	戊任 戊	癸蓬 丙 驚地
乙芮 丁 生合	丙輔 壬 休陳	辛英 乙 開雀

甲午

己輔 己 杜陰	癸英 癸 景蛇	甲芮 甲 死符
庚冲 庚 傷合	戊禽 戊	丙柱 丙 驚天
丁任 丁 生陳	壬蓬 壬 休雀	乙心 乙 開地

乙未

丁英四 丁 休陳	庚禽九 癸 生合	己柱二 丁 傷陰
壬任三 庚 開雀	戊蓬五 戊	癸冲七 丙 杜蛇
乙輔八 丁 驚地	丙心一 壬 死天	甲芮六 乙 景符

丙申

庚任 己 景合	己輔 癸 死陰	癸心 甲 驚蛇
丁柱 庚 杜陳	戊英 戊	甲芮 丙 開符
壬冲 丁 傷雀	乙禽 壬 生地	丙蓬 乙 休天

丁酉

乙柱 己 開地	壬冲 癸 休雀	丁禽 甲 生陳
丙心 庚 驚天	戊任 戊	庚蓬 丙 傷合
甲芮 丁 死符	癸輔 壬 景蛇	己英 乙 杜陰

戊戌

己蓬四 己 傷合	癸心九 癸 杜陰	甲任二 甲 景蛇
庚英三 庚 生陳	戊芮五 戊	丙輔七 丙 死符
丁禽八 丁 休雀	壬柱一 壬 開地	乙冲六 乙 驚天

己亥

甲芮 己 生符	丙柱 癸 傷天	乙英 甲 杜地
癸蓬 庚 休蛇	戊冲 戊	壬禽 丙 景雀
己心 丁 開陰	庚任 壬 驚合	丁輔 乙 死陳

陰五局

庚子

丙冲 己杜天	乙任 癸景地	壬蓬 甲死雀
甲芮 庚傷符	戊輔 戊	丁心 丙驚陳
癸柱 丁生蛇	己英 壬休陰	庚禽 乙開合

辛丑

己輔四 己死陰	癸英九 癸驚蛇	甲芮二 甲開符
庚冲三 庚景合	戊禽五 戊	丙柱七 丙休天
丁任八 丁杜陳	壬蓬一 壬傷雀	乙心六 乙生地

壬寅

壬禽 己驚雀	丁蓬 癸開陳	庚冲 甲休合
乙輔 庚死地	戊心 戊	己任 丙生陰
丙英 丁景天	甲芮 壬杜符	癸柱 乙傷蛇

癸卯

癸心 己杜蛇	甲芮 癸景符	丙輔 甲死天
己禽 庚傷陰	戊柱 戊	乙英 丙驚地
庚蓬 丁生合	丁冲 壬休陳	壬任 乙開雀

甲辰

己輔四 己杜雀	癸英九 癸景陳	辛芮二 辛死合
庚冲三 庚傷地	戊禽五 戊	丙柱七 丙驚陰
丁任八 丁生天	甲蓬一 甲休符	乙心六 乙開蛇

乙巳

癸任 己開陳	辛輔 癸休合	丙心 辛生陰
己柱 庚驚雀	戊英 戊	乙芮 丙傷蛇
庚冲 丁死地	丁禽 甲景天	甲蓬 乙杜符

丙午

辛柱 己傷合	丙冲 癸杜陰	乙禽 辛景蛇
癸心 庚生陳	戊任 戊	甲蓬 丙死符
己芮 丁休雀	庚輔 甲開地	丁英 乙驚天

丁未

庚心四 己死地	己芮九 癸驚雀	癸輔二 辛開陳
丁禽三 庚景天	戊柱五 戊	辛英七 丙休合
甲蓬八 丁杜符	乙冲一 甲傷蛇	丙任六 乙生陰

戊申

己英 己景合	癸禽 癸死陰	辛柱 辛驚蛇
庚任 庚杜陳	戊蓬 戊	丙冲 丙開符
丁輔 丁傷雀	甲心 甲生地	乙芮 乙休天

己酉

甲蓬 己杜符	丁心 癸景天	庚任 辛死地
乙英 庚傷蛇	戊芮 戊	己輔 丙驚雀
丙禽 丁生陰	辛柱 甲休合	癸冲 乙開陳

庚戌

丁芮四 己休天	庚柱九 癸生地	己英二 辛傷雀
甲蓬三 庚開符	戊冲五 戊	癸禽七 丙杜陳
乙心八 丁驚蛇	丙任一 甲死陰	辛輔六 乙景合

辛亥

丙冲 己生陰	乙任 癸傷蛇	甲蓬 辛杜符
辛芮 庚休合	戊輔 戊	丁心 丙景天
癸柱 丁開陳	己英 甲驚雀	庚禽 乙死地

壬子

己輔 己驚雀	癸英 癸開陳	辛芮 辛休合
庚冲 庚死地	戊禽 戊	丙柱 丙生陰
丁任 丁景天	甲蓬 甲杜符	乙心 乙傷蛇

癸丑

乙禽四 己杜蛇	甲蓬九 癸景符	丁冲二 辛死天
丙輔三 庚傷陰	戊心五 戊	庚任七 丙驚地
辛英八 丁生合	癸芮一 甲休陳	己柱六 乙開雀

甲寅

己輔 己杜蛇	甲英 甲景符	辛芮 辛死天
庚冲 庚傷陰	戊禽 戊	丙柱 丙驚地
丁任 丁生合	壬蓬 壬休陳	乙心 乙開雀

乙卯

壬柱 己驚陳	丁冲 甲開合	庚禽 辛休陰
乙心 庚死雀	戊任 戊	己蓬 丙生蛇
丙芮 丁景地	辛輔 壬杜天	甲英 乙傷符

丙辰

丁心四 己生合	庚芮九 甲傷陰	己輔二 辛杜蛇
壬禽三 庚休陳	戊柱五 戊	甲英七 丙景地
乙蓬八 丁開雀	丙冲一 壬驚地	辛任六 乙死天

丁巳

丙禽 己休地	乙蓬 甲生雀	壬冲 辛傷陳
辛輔 庚開天	戊心 戊	丁任 丙杜合
甲英 丁驚符	己芮 壬死蛇	庚柱 乙景陰

戊午

己任 己杜合	甲輔 甲景陰	辛心 辛死蛇
庚柱 庚傷陳	戊英 戊	丙芮 丙驚符
丁冲 丁生雀	壬禽 壬休地	乙蓬 乙開天

己未

甲英四 乙景符	辛禽九 甲死天	丙柱二 辛驚地
己任三 庚杜蛇	戊蓬五 戊	乙冲七 丙開雀
庚輔八 丁傷陰	丁心一 壬生合	壬芮六 乙休陳

庚申

辛蓬 己死天	丙心 甲驚地	乙任 辛開雀
甲英 庚景符	戊芮 戊	壬輔 丙休陳
己禽 丁杜蛇	庚柱 壬傷陰	丁冲 乙生合

辛酉

庚芮 己傷陰	己柱 甲杜蛇	甲英 辛景符
丁蓬 庚生合	戊冲 戊	辛禽 丙死天
壬心 丁休陳	乙任 壬開雀	丙輔 乙驚地

壬戌

乙冲四 己開雀	壬任九 甲休陳	丁蓬二 辛生合
丙芮三 庚驚地	戊輔五 戊	庚心七 丙傷陰
辛柱八 丁死天	甲英一 壬景符	己禽六 乙杜蛇

癸亥

己輔 己杜蛇	甲英 甲景符	辛芮 辛死天
庚冲 庚傷陰	戊禽 戊	丙柱 丙驚地
丁任 丁生合	壬蓬 壬休陳	乙心 乙開雀

陰 六 局

甲子

庚輔五 庚杜陳	丁英一 丁景合	壬芮三 壬死陰
辛冲四 辛傷雀	己禽六 己	乙柱八 乙驚蛇
丙任九 丙生地	癸蓬二 癸休天	甲心七 甲開符

乙丑

丁冲 庚杜合	壬任 丁景陰	乙蓬 壬死蛇
庚芮 辛傷陳	己輔 己	甲心 乙驚符
辛柱 丙生雀	丙英 癸休地	癸禽 甲開天

丙寅

丙芮 庚開地	辛柱 丁休雀	庚英 壬生陳
癸蓬 辛驚天	己冲 己	丁禽 乙傷合
甲心 丙死符	乙任二 癸景蛇	壬輔 甲杜陰

丁卯

乙蓬五 庚休蛇	甲心一 丁生符	癸任三 壬傷天
壬英四 辛開陰	己芮六 己	丙輔八 乙杜地
丁禽九 丙驚合	庚柱二 癸死陳	辛冲七 甲景雀

戊辰

庚輔 庚死陳	丁英 丁驚合	壬芮 壬開陰
辛冲 辛景雀	己禽 己	乙柱 乙休蛇
丙任 丙杜地	癸蓬 癸傷天	甲心 甲生符

己巳

庚禽 庚傷合	丁蓬 丁杜陰	壬冲 壬景蛇
辛輔 辛生陳	己心 己	乙任 乙死符
丙英 丙休雀	癸芮 癸開地	甲柱 甲驚天

庚午

甲心五 庚驚符	癸芮一 丁開天	丙輔三 壬休地
乙禽四 辛死蛇	己柱六 己	辛英八 乙生雀
壬蓬九 丙景陰	丁冲二 癸杜合	庚任七 甲傷陳

辛未

癸柱 庚生天	丙冲 丁傷地	辛禽 壬杜雀
甲心 辛休符	己任 己	庚蓬 乙景陳
乙芮 丙開蛇	壬輔 癸驚陰	丁英 甲死合

壬申

壬任 庚景陰	乙輔 丁死蛇	甲心 壬驚符
丁柱 辛杜合	己英 己	癸芮 乙開天
庚冲 丙傷陳	辛禽 癸生雀	丙蓬 甲休地

癸酉

辛英五 庚杜雀	庚禽一 丁景陳	丁柱三 壬死合
丙任四 辛傷地	己蓬六 己	壬冲八 乙驚陰
癸輔九 丙生天	甲心二 癸休符	乙芮七 甲開蛇

甲戌

庚輔 庚杜合	丁英 丁景陰	壬芮 壬死蛇
辛冲 辛傷陳	甲禽 甲	乙柱 乙驚符
丙任 丙生雀	癸蓬 癸休地	戊心 戊開天

乙亥

庚芮 庚生合	丁柱 丁傷陰	壬英 壬杜蛇
辛蓬 辛休陳	甲冲 甲	乙禽 乙景符
丙心 丙開雀	癸任 癸驚地	戊輔 戊死天

丙子

庚蓬五 庚傷地	丁心一 丁杜雀	壬任三 壬景陳
辛英四 辛生天	甲芮六 甲	乙輔八 乙死合
丙禽九 丙休符	癸柱二 癸開蛇	戊冲七 戊驚陰

丁丑

庚英 庚開蛇	丁禽 丁休符	壬柱 壬生天
辛任 辛驚陰	甲蓬 甲	乙冲 乙傷地
丙輔 丙死合	癸心 癸景陳	戊芮 戊杜雀

戊寅

庚冲 庚景陳	丁任 丁死合	壬蓬 壬驚陰
辛芮 辛杜雀	甲輔 甲	乙心 乙開蛇
丙柱 丙傷地	癸英 癸生天	戊禽 戊休符

己卯

庚輔五 庚休合	丁英一 丁生陰	壬芮三 壬傷蛇
辛冲四 辛開陳	甲禽六 甲	乙柱八 乙杜符
丙任九 丙驚雀	癸蓬二 癸死地	戊心七 戊景天

庚辰

庚禽 庚杜符	丁蓬 丁景天	壬冲 壬死地
辛輔 辛傷蛇	甲心 甲	乙任 乙驚雀
丙英 丙生陰	癸芮 癸休合	戊柱 戊開陳

辛巳

庚心 庚驚天	丁芮 丁開地	壬輔 壬休雀
辛禽 辛死符	甲柱 甲	乙英 乙生陳
丙蓬 丙景蛇	癸冲 癸杜陰	戊柱 戊傷合

壬午

庚柱五 庚死陰	丁冲一 丁驚蛇	壬禽三 壬開符
辛心四 辛景合	甲任六 甲	乙蓬八 乙休天
丙芮九 丙杜陳	癸輔二 癸傷雀	戊英七 戊生地

癸未

庚任 庚杜雀	丁輔 丁景陳	壬心 壬死合
辛柱 辛傷地	甲英 甲	乙芮 乙驚陰
丙冲 丙生天	癸禽 癸休符	戊蓬 戊開蛇

甲申

甲輔 甲杜符	丁英 丁景天	壬芮 壬死地
辛冲 辛傷蛇	己禽 己	乙柱 乙驚雀
丙任 丙生陰	癸蓬 癸休合	戊心 戊開陳

乙酉

癸蓬五 甲景合	丙心一 丁死陰	辛任三 壬驚蛇
戊英四 辛杜陳	己芮六 己	甲輔八 乙開符
乙禽九 丙傷雀	壬柱二 癸生地	丁冲七 戊休天

丙戌

壬英 甲生地	乙禽 丁傷雀	戊柱 壬杜陳
丁任 辛休天	己蓬 己	癸冲 乙景合
甲輔 丙開符	辛心 癸驚蛇	丙芮 戊死陰

丁亥

辛任 甲驚蛇	甲輔 丁開符	丁心 壬休天
丙柱 辛死陰	己英 己	壬芮 乙生地
癸冲 丙景合	戊禽 癸杜陳	乙蓬 戊傷雀

戊子

戊芮五 甲傷陳	癸柱一 丁杜合	丙英三 壬景陰
乙蓬四 辛生雀	己冲六 己	辛禽八 乙死蛇
壬心九 丙休地	丁任二 癸開天	甲輔七 戊驚符

己丑

甲冲 甲死合	丁任 丁驚陰	壬蓬 壬開蛇
辛芮 辛景陳	己輔 己	乙心 乙休符
丙柱 丙杜雀	癸英 癸傷地	戊禽 戊生天

庚寅

甲輔 甲休符	丁英 丁生天	壬芮 壬傷地
辛冲 辛開蛇	己禽 己	乙柱 乙杜雀
丙任 丙驚陰	癸蓬 癸死合	戊心 戊景陳

辛卯

丁禽五 甲開天	壬蓬一 丁休地	乙冲三 壬生雀
甲輔四 辛驚符	己心六 己	戊任八 乙傷陳
辛英九 丙死蛇	丙芮二 癸景陰	癸柱七 戊杜合

壬辰

丙心 甲杜陰	辛芮 丁景蛇	甲輔 壬死符
癸禽 辛傷合	己柱 己	丁英 乙驚天
戊蓬 丙生陳	乙冲 癸休雀	壬任 戊開地

癸巳

乙柱 甲杜雀	戊冲 丁景陳	癸禽 壬死合
壬心 辛傷地	己任 己	丙蓬 乙驚陰
丁芮 丙生天	甲輔 癸休符	辛英 戊開蛇

甲午

庚輔五 庚杜天	丁英一 丁景地	壬芮三 壬死雀
甲冲四 甲傷符	己禽六 己	乙柱八 乙驚陳
丙任九 丙生蛇	癸蓬二 癸休陰	戊心七 戊開合

乙未

戊英 辛休合	癸禽 丁生陰	丙柱 壬傷蛇
乙任 甲開陳	己蓬 己	甲冲 乙杜符
壬輔 丙驚雀	丁心 癸死地	庚芮 戊景天

丙申

丁任 庚死地	壬輔 丁驚雀	乙心 壬開陳
庚柱 甲景天	己英 己	戊芮 乙休合
甲冲 丙杜符	丙禽 癸傷蛇	癸蓬 戊生陰

丁酉

丙柱五 庚生蛇	甲冲一 丁傷符	庚禽三 壬杜天
癸心四 甲休陰	己任六 己	丁蓬八 乙景地
戊芮九 丙開合	乙輔二 癸驚陳	壬英七 戊死雀

戊戌

乙蓬 庚景陳	戊心 丁死合	癸任 壬驚陰
壬英 甲杜雀	己芮 己	丙輔 乙開蛇
丁禽 丙傷地	庚柱 癸生天	甲冲 戊休符

己亥

庚芮 庚開合	丁柱 丁休陰	壬英 壬生蛇
甲蓬 甲驚陳	己冲 己	乙禽 乙傷符
丙心 丙死雀	癸任 癸景地	戊輔 戊杜天

庚子

甲冲五 庚驚符	庚任一 丁開天	丁蓬三 壬休地
丙芮四 甲死蛇	己輔六 己	壬心八 乙生雀
癸柱九 丙景陰	戊英二 癸杜合	乙禽七 戊傷陳

辛丑

庚輔 庚杜天	丁英 丁景地	壬芮 壬死雀
甲冲 甲傷符	己禽 己	乙柱 乙驚陳
丙任 丙生蛇	癸蓬 癸休陰	戊心 戊開合

壬寅

癸禽 庚傷陰	丙蓬 丁杜蛇	甲冲 壬景符
戊輔 甲生合	己心 	庚任 乙死天
乙英 丙休陳	壬芮 癸開雀	丁柱 戊驚地

癸卯

壬心五 庚杜雀	乙芮一 丁景陳	戊輔三 壬死合
丁禽四 甲傷地	己柱六 己	癸英八 乙驚陰
庚蓬九 丙生天	甲冲二 癸休符	丙任七 戊開蛇

甲辰

庚輔 庚杜陰	丁英 丁景蛇	甲芮 甲死符
辛冲 辛傷合	己禽 己	乙柱 乙驚天
丙任 丙生陳	癸蓬 癸休雀	戊心 戊開地

乙巳

辛任 庚休合	庚輔 丁生陰	丁心 甲傷蛇
丙柱 辛開陳	己英 己	甲芮 乙杜符
癸冲 丙驚雀	戊禽 癸死地	乙蓬 戊景天

丙午

戊柱五 庚景地	癸冲一 丁死雀	丙禽三 甲驚陳
乙心四 辛杜天	己任六 己	辛蓬八 乙開合
甲芮九 丙傷符	丁輔二 癸生蛇	庚英七 戊休陰

丁未

丁心 庚開蛇	甲芮 丁休符	乙輔 甲生天
庚禽 辛驚陰	己柱 己	戊英 乙傷地
辛蓬 丙死合	丙冲 癸景陳	癸任 戊杜雀

戊申

丙英 庚傷陳	辛禽 丁杜合	庚柱 甲景陰
癸任 辛生雀	己蓬 己	丁冲 乙死蛇
戊輔 丙休地	乙心 癸開天	甲芮 戊驚符

己酉

庚蓬五 庚生合	丁心一 丁傷陰	甲任三 甲杜蛇
辛英四 辛休陳	己芮六 己	乙輔八 乙景符
丙禽九 丙開雀	癸柱二 癸驚地	戊冲七 戊死天

庚戌

甲芮 庚杜符	乙柱 丁景天	戊英 甲死地
丁蓬 辛傷蛇	己冲 己	癸禽 乙驚雀
庚心 丙生陰	辛任 癸休合	丙輔 戊開陳

辛亥

乙冲 庚死天	戊任 丁驚地	癸蓬 甲開雀
甲芮 辛景符	己輔 己	丙心 乙休陳
丁柱 丙杜蛇	庚英 癸傷陰	辛禽 戊生合

陰六局

壬子

庚輔五 庚驚陰	丁英一 丁開蛇	甲芮三 甲休符
辛冲四 辛死合	己禽六 己	乙柱八 乙生天
丙任九 丙景陳	癸蓬二 癸杜雀	戊心七 戊傷地

癸丑

癸禽 庚杜雀	丙蓬 丁景陳	辛冲 甲死合
戊輔 辛傷地	己心 己	庚任 乙驚陰
乙英 丙生天	甲芮 癸休符	丁柱 戊開蛇

甲寅

庚輔 庚杜雀	丁英 丁景陳	壬芮 壬死合
辛冲 辛傷地	己禽 己	乙柱 乙驚陰
丙任 丙生天	甲蓬 甲休符	戊心 戊開蛇

乙卯

壬柱五 庚開合	乙冲一 丁休陰	戊禽三 壬生蛇
丁心四 辛驚陳	己任六 己	甲蓬八 乙傷符
庚芮九 丙死雀	辛輔二 甲景地	丙英七 戊杜天

丙辰

辛心 庚傷地	庚芮 丁杜雀	丁輔 壬景陳
丙禽 辛生天	己柱 己	壬英 乙死合
甲蓬 丙休符	戊冲 甲開蛇	乙任 戊驚陰

丁巳

戊禽 庚死蛇	甲蓬 丁驚符	丙冲 壬開天
乙輔 辛景陰	己心 己	辛任 乙休地
壬英 丙杜合	丁芮 甲傷陳	庚柱 戊生雀

戊午

丁任五 庚景陳	壬輔一 丁死合	乙心三 壬驚陰
庚柱四 辛杜雀	己英六 己	戊芮八 乙開蛇
辛冲九 丙傷地	丙禽二 甲生天	甲蓬七 戊休符

己未

庚英 庚杜合	丁禽 丁景陰	壬柱 壬死蛇
辛任 辛傷陳	己蓬 己	乙冲 乙驚符
丙輔 丙生雀	甲心 甲休地	戊芮 戊開天

庚申

甲蓬 庚休符	丙心 丁生天	辛任 壬傷地
戊英 辛開蛇	己芮 己	庚輔 乙杜雀
乙禽 丙驚陰	壬柱 甲死合	丁冲 戊景陳

辛酉

丙芮五 庚生天	辛柱一 丁傷地	庚英三 壬杜雀
甲蓬四 辛休符	己冲六 己	丁禽八 乙景陳
戊心九 丙開蛇	乙任二 甲驚陰	壬輔七 戊死合

壬戌

乙冲 庚驚陰	戊任 丁開蛇	甲蓬 壬休符
壬芮 辛死合	己輔 己	丙心 乙生天
丁柱 丙景陳	庚英 甲杜雀	辛禽 戊傷地

癸亥

庚輔 庚杜雀	丁英 丁景陳	壬芮 壬死合
辛冲 辛傷地	己禽 己	乙柱 乙驚陰
丙任 丙生天	甲蓬 甲休符	戊心 戊開蛇

陰七局

甲子

辛輔	丙英	癸芮
辛杜合	丙景陰	癸死蛇
壬冲	庚禽	甲柱
壬傷陳	庚	甲驚符
乙任	丁蓬	己心
乙生雀	丁休地	己開天

乙丑

丁冲	乙任	壬蓬
辛傷地	丙杜雀	癸景陳
己芮	庚輔	辛心
壬生天	庚	甲死合
甲柱	癸英	丙禽
乙休符	丁開蛇	己驚陰

丙寅

癸芮六	甲柱二	己英四
辛杜蛇	丙景符	癸死天
丙蓬五	庚冲七	丁禽九
壬傷陰	庚	甲驚地
辛心一	壬任三	乙輔八
乙生合	丁休陳	己開雀

丁卯

乙蓬	壬心	辛任
辛驚雀	丙開陳	癸休合
丁英	庚芮	丙輔
壬死地	庚	甲生陰
己禽	甲柱	癸冲
乙景天	丁杜符	己傷蛇

戊辰

辛輔	丙英	癸芮
辛開合	丙休陰	癸生蛇
壬冲	庚禽	甲柱
壬驚陳	庚	甲傷符
乙任	丁蓬	己心
乙死雀	丁景地	己杜天

己巳

壬禽六	辛蓬二	丙冲四
辛景陳	丙死合	癸驚陰
乙輔五	庚心七	癸任九
壬杜雀	庚	甲開蛇
丁英一	己芮三	甲柱八
乙傷地	丁生天	己休符

庚午

辛心	丙芮	癸輔
辛生合	丙傷陰	癸杜蛇
壬禽	庚柱	甲英
壬休陳	庚	甲景符
乙蓬	丁冲	己任
乙開雀	丁驚地	己死天

辛未

甲柱	己冲	丁禽
辛死符	丙驚天	癸開地
癸心	庚任	乙蓬
壬景蛇	庚	甲休雀
丙芮	辛輔	壬英
乙杜陰	丁傷合	己生陳

壬申

己任六	丁輔二	乙心四
辛休天	丙生地	癸傷雀
甲柱五	庚英七	壬芮九
壬開符	庚	甲杜陳
癸冲一	丙禽三	辛蓬八
乙驚蛇	丁死陰	己景合

癸酉

丙英	癸禽	甲柱
辛杜陰	丙景蛇	癸死符
辛任	庚蓬	己冲
壬傷合	庚	甲驚天
壬輔	乙心	丁芮
乙生陳	丁休雀	己開地

甲戌

辛輔	丙英	癸芮
辛杜陳	丙景合	癸死陰
壬冲	庚禽	戊柱
壬傷雀	庚	戊驚蛇
乙任	丁蓬	甲心
乙生地	丁休天	甲開符

乙亥

乙芮六	壬柱二	辛英四
辛杜地	丙景雀	癸死陳
丁蓬五	庚冲七	丙禽九
壬傷天	庚	戊驚合
甲心一	戊任三	癸輔八
乙生符	丁休蛇	甲開陰

丙子

戊蓬 辛開蛇	甲心 丙休符	丁任 癸生天
癸英 壬驚陰	庚芮 庚	乙輔 戊傷地
丙禽 乙死合	辛柱 丁景陳	壬冲 甲杜雀

丁丑

壬英 辛休雀	辛禽 丙生陳	丙柱 癸傷合
乙任 壬開地	庚蓬 庚	癸冲 戊杜陰
丁輔 乙驚天	甲心 丁死符	戊芮 甲景蛇

戊寅

丙冲六 辛死合	癸任二 丙驚陰	戊蓬四 癸開蛇
辛芮五 壬景陳	庚輔七 庚	甲心九 戊休符
壬柱一 乙杜雀	乙英三 丁傷地	丁禽八 甲生天

己卯

辛輔 辛傷陳	丙英 丙杜合	癸芮 癸景陰
壬冲 壬生雀	庚禽 庚	戊柱 戊死蛇
乙任 乙休地	丁蓬 丁開天	甲心 甲驚符

庚辰

辛禽 辛驚合	丙蓬 丙開陰	癸冲 癸休蛇
壬輔 壬死陳	庚心 庚	戊任 戊生符
乙英 乙景雀	丁芮 丁杜地	甲柱 甲傷天

辛巳

甲心六 辛生符	丁芮二 丁傷天	乙輔四 癸杜地
戊禽五 壬休蛇	庚柱七 庚	壬英九 戊景雀
癸蓬一 乙開陰	丙冲三 丁驚合	辛任八 甲死陳

壬午

丁柱 辛景天	乙冲 丙死地	壬禽 癸驚雀
甲心 壬杜符	庚任 庚	辛蓬 戊開陳
戊芮 乙傷蛇	癸輔 丁生陰	丙英 甲休合

癸未

癸任 辛杜陰	戊輔 丙景蛇	甲心 癸死符
丙柱 壬傷合	庚英 庚	丁芮 戊驚天
辛冲 乙生陳	壬禽 丁休雀	乙蓬 甲開地

甲申

辛輔六 辛杜合	丙英二 丙景陰	癸芮四 癸死蛇
壬冲五 壬傷陳	甲禽七 甲	戊柱九 戊驚符
乙任一 乙生雀	丁蓬三 丁休地	己心八 己開天

乙酉

辛蓬 辛生地	丙心 丙傷雀	癸任 癸杜陳
壬英 壬休天	甲芮 甲	戊輔 戊景合
乙禽 乙開符	丁柱 丁驚蛇	己冲 己死陰

丙戌

辛英 辛傷蛇	丙禽 丙杜符	癸柱 癸景天
壬任 壬生陰	甲蓬 甲	戊冲 戊死地
乙輔 乙休合	丁心 丁開陳	己芮 己驚雀

丁亥

辛任六 辛開蛇	丁輔二 丙休陳	癸心四 癸生合
壬柱五 壬驚地	甲英七 甲	戊芮九 戊傷陰
乙冲一 乙死天	丁禽三 丁景符	己蓬八 己杜蛇

戊子

辛芮 辛景合	丙柱 丙死陰	癸英 癸驚蛇
壬蓬 壬杜陳	甲冲 甲	戊禽 戊開符
乙心 乙傷雀	丁任 丁生地	己輔 己休天

己丑

辛冲 辛休陳	丙任 丙生合	癸蓬 癸傷陰
壬芮 壬開雀	甲輔 甲	戊心 戊杜蛇
乙柱 乙驚地	丁英 丁死天	己禽 己景符

庚寅

辛輔六 辛杜合	丙英二 丙景陰	癸芮四 癸死蛇
壬冲五 壬傷陳	甲禽七 甲	戊柱九 戊驚符
乙任一 乙生雀	丁蓬三 丁休地	己心八 己開天

辛卯

辛禽 辛驚符	丙蓬 丙開天	癸冲 癸休地
壬輔 壬死蛇	甲心 甲	戊任 戊生雀
乙英 乙景陰	丁芮 丁杜合	己柱 己傷陳

壬辰

辛心 辛死天	丙芮 丙驚地	癸輔 癸開雀
壬禽 壬景符	甲柱 甲	戊英 戊休陳
乙蓬 乙杜蛇	丁冲 丁傷陰	己任 己生合

癸巳

辛柱六 辛杜陰	丙冲二 丙景蛇	癸禽四 癸死符
壬心五 壬傷合	甲任七 甲	戊蓬九 戊驚天
乙芮一 乙生陳	丁輔三 丁休雀	己英八 己開地

甲午

甲輔 甲杜符	丙英 丙景天	癸芮 癸死地
壬冲 壬傷蛇	庚禽 庚	戊柱 戊驚雀
乙任 乙生陰	丁蓬 丁休合	己心 己開陳

乙未

癸英 甲景地	戊禽 丙死雀	己柱 癸驚陳
丙任 壬杜天	庚蓬 庚	丁冲 戊開合
甲輔 乙傷符	壬心 丁生蛇	乙芮 己休陰

丙申

壬任六 甲生蛇	甲輔二 丙傷符	丙心四 癸杜天
乙柱五 壬休陰	庚英七 庚	癸芮九 戊景地
丁冲一 乙開合	己禽三 丁驚陳	戊蓬八 己死雀

丁酉

戊柱 甲驚雀	己冲 丙開陳	丁禽 癸休合
癸心 壬死地	庚任 庚	乙蓬 戊生陰
丙芮 乙景天	甲輔 丁杜符	壬英 己傷蛇

戊戌

丁蓬 甲傷合	乙心 丙杜陰	壬任 癸景蛇
己英 壬生陳	庚芮 庚	甲輔 戊死符
戊禽 乙休雀	癸柱 丁開地	丙冲 己驚天

己亥

己芮六 甲死陳	丁柱二 丙驚合	乙英四 癸開陰
戊蓬五 壬景雀	庚冲七 庚	壬禽九 戊休蛇
癸心一 丙杜地	丙任三 丁傷天	甲輔八 己生符

庚子

甲冲 甲休合	丙任 丙生陰	癸蓬 癸傷蛇
壬芮 壬開陳	庚輔 庚	戊心 戊杜符
乙柱 乙驚雀	丁英 丁死地	己禽 己景天

辛丑

甲輔 甲開符	丙英 丙休天	癸芮 癸生地
壬冲 壬驚蛇	庚禽 庚	戊柱 戊傷雀
乙任 乙死陰	丁蓬 丁景合	己心 己杜陳

壬寅

丙禽六 甲杜天	癸蓬二 丙景地	戊冲四 癸死雀
甲輔五 壬傷符	庚心七 庚	己任九 戊驚陳
壬英一 乙生蛇	乙芮三 丁休陰	丁柱八 己開合

癸卯

乙心 甲杜陰	壬芮 丙景蛇	甲輔 癸死符
丁禽 壬傷合	庚柱 庚	丙英 戊驚天
己蓬 乙生陳	戊冲 丁休雀	癸任 己開地

甲辰

辛輔 辛杜天	丙英 丙景地	癸芮 癸死雀
甲冲 甲傷符	庚禽 庚	戊柱 戊驚陳
乙任 乙生蛇	丁蓬 丁休陰	己心 己開合

乙巳

丙任六 辛休地	癸輔二 丙生雀	戊心四 癸傷陳
辛柱五 甲開天	庚英七 庚	己芮九 戊杜合
甲冲一 乙驚符	乙禽三 丁死蛇	丁蓬八 己景陰

丙午

乙柱 辛死蛇	甲冲 丙驚符	辛禽 癸開天
丁心 甲景陰	庚任 庚	丙蓬 戊休地
己芮 乙杜合	戊輔 丁傷陳	癸英 己生雀

丁未

癸心 辛生雀	戊芮 丙傷陳	己輔 癸杜合
丙禽 甲休地	庚柱 庚	丁英 戊景陰
辛蓬 乙開天	甲冲 丁驚符	乙任 己死蛇

戊申

己英六 辛景合	丁禽二 丙死陰	乙柱四 癸驚蛇
戊任五 甲杜陳	庚蓬七 庚	甲冲九 戊開符
癸輔一 乙傷雀	丙心三 丁生地	辛芮八 己休天

己酉

戊蓬 辛開陳	己心 丙休合	丁任 癸生陰
癸英 甲驚雀	庚芮 庚	乙輔 戊傷蛇
丙禽 乙死地	辛柱 丁景天	甲冲 己杜符

庚戌

辛芮 辛驚合	丙柱 丙開陰	癸英 癸休蛇
甲蓬 甲死陳	庚冲 庚	戊禽 戊生符
乙心 乙景雀	丁任 丁杜地	己輔 己傷天

辛亥

甲冲六 辛杜符	辛任二 丙景天	丙蓬四 癸死地
乙芮五 甲傷蛇	庚輔七 庚	癸心九 戊驚雀
丁柱一 乙生陰	乙英三 丁休合	戊禽八 己開陳

壬子

辛輔 辛傷天	丙英 丙杜地	癸芮 癸景雀
甲冲 甲生符	庚禽 庚	戊柱 戊死陳
乙任 乙休蛇	丁蓬 丁開陰	己心 己驚合

癸丑

丁禽 辛杜陰	乙蓬 丙景蛇	甲冲 癸死符
己輔 甲傷合	庚心 庚	辛任 戊驚天
戊英 乙生陳	癸芮 丁休雀	丙柱 己開地

甲寅

辛輔六 辛杜陰	丙英二 丙景蛇	甲芮四 甲死符
壬冲五 壬傷合	庚禽七 庚	戊柱九 戊驚天
乙任一 乙生陳	丁蓬三 丁休雀	己心八 己開地

乙卯

己柱 辛休地	丁冲 丙生雀	乙禽 甲傷陳
戊心 壬開天	庚任 庚	壬蓬 戊杜合
甲芮 乙驚符	丙輔 丁死蛇	辛英 己景陰

丙辰

丙心 辛景蛇	甲芮 丙死符	戊輔 甲驚天
辛禽 壬杜陰	庚柱 庚	己英 戊開地
壬蓬 乙傷合	乙冲 丁生陳	丁任 己休雀

丁巳

丁禽六 辛開雀	乙蓬二 丙休陳	壬冲四 甲生合
己輔五 壬驚地	庚心七 庚	辛任九 戊傷陰
戊英一 乙死天	甲芮三 丁景符	丙柱八 己杜蛇

戊午

壬任 辛傷合	辛輔 丙杜陰	丙心 甲景蛇
乙柱 壬生陳	庚英 庚	甲芮 戊死符
丁冲 乙休雀	己禽 丁開地	戊蓬 己驚天

己未

乙英 辛生陳	壬禽 丙傷合	辛柱 甲杜陰
丁任 壬休雀	庚蓬 庚	丙冲 戊景蛇
己輔 乙開地	戊心 丁驚天	甲芮 己死符

庚申

辛蓬六 辛杜合	丙心二 丙景陰	甲任四 甲死蛇
壬英五 壬傷陳	庚芮七 庚	戊輔九 戊驚符
乙禽一 乙生雀	丁柱三 丁休地	己冲八 己開天

辛酉

甲芮 辛死符	戊柱 丙驚天	己英 甲開地
丙蓬 壬景蛇	庚冲 庚	丁禽 戊休雀
辛心 乙杜陰	壬任 丁傷合	乙輔 己生陳

壬戌

戊冲 辛驚天	己任 丙開地	丁蓬 甲休雀
甲芮 壬死符	庚輔 庚	乙心 戊生陳
丙柱 乙景蛇	辛英 丁杜陰	壬禽 己傷合

癸亥

辛輔六 辛杜陰	丙英二 丙景蛇	甲芮四 甲死符
壬冲五 壬傷合	庚禽七 庚	戊柱九 戊驚天
乙任一 乙生陳	丁蓬三 丁休雀	己心八 己開地

陰 八 局

甲子

壬輔	乙英	丁芮
壬杜地	乙景雀	丁死陳
癸冲	辛禽	己柱
癸傷天	辛	己驚合
甲任	丙蓬	庚心
甲生符	丙休蛇	庚開陰

乙丑

丙冲七	甲任三	癸蓬五
壬驚蛇	乙開符	丁休天
庚芮六	辛輔八	壬心一
癸死陰	辛	己生地
己柱二	丁英四	丁禽九
甲景合	丙杜陳	庚傷雀

丙寅

乙芮	丁柱	己英
壬死雀	乙驚陳	丁開合
壬蓬	辛冲	庚禽
癸景地	辛	己休陰
癸心	甲任	丙輔
甲杜天	丙傷符	庚生蛇

丁卯

庚蓬	丙心	甲任
壬杜陰	乙景蛇	丁死符
己英	辛芮	癸輔
癸傷合	辛	己驚天
丁禽	乙柱	壬冲
甲生陳	丙休雀	庚開地

戊辰

壬輔七	乙英三	丁芮五
壬生地	乙傷雀	丁杜陳
癸冲六	辛禽八	己柱一
癸休天	辛	己景合
甲任二	丙蓬四	庚心九
甲開符	丙驚蛇	庚死陰

己巳

己禽	庚蓬	丙冲
壬傷合	乙杜陰	丁景蛇
丁輔	辛心	甲任
癸生陳	辛	己死符
乙英	壬芮	癸柱
甲休雀	丙開地	庚驚天

庚午

丁心	己芮	庚輔
壬開陳	乙休合	丁生陰
乙禽	辛柱	丙英
癸驚雀	辛	己傷蛇
壬蓬	癸冲	甲任
甲死地	丙景天	庚杜符

辛未

壬柱七	丁冲三	丁禽五
壬景合	乙死陰	丁驚蛇
癸心六	辛任八	己蓬一
癸杜陳	辛	己開符
甲芮二	丙輔四	庚英九
甲傷雀	丙生地	庚休天

壬申

甲任	癸輔	壬心
壬休符	乙生天	丁傷地
丙柱	辛英	乙芮
癸開蛇	辛	己杜雀
庚冲	己禽	丁蓬
甲驚陰	丙死合	庚景陳

癸酉

癸英	壬禽	乙柱
壬杜天	乙景地	丁死雀
甲任	辛蓬	丁冲
癸傷符	辛	己驚陳
丙輔	庚心	己芮
甲生蛇	丙休陰	庚開合

甲戌

壬輔七	乙英三	丁芮五
壬杜合	乙景陰	丁死蛇
癸冲六	辛禽八	甲柱一
癸傷陳	辛	甲驚符
戊任二	丙蓬四	庚心九
戊生雀	丙休地	庚開天

乙亥

丁芮	甲柱	庚英
壬傷蛇	乙杜符	丁景天
乙蓬	辛冲	丙禽
癸生陰	辛	甲死地
壬心	癸任	戊輔
戊休合	丙開陳	庚驚雀

丙子

戊蓬 壬杜雀	癸心 乙景陳	壬任 丁死合
丙英 癸傷地	辛芮 辛	乙輔 甲驚陰
庚禽 戊生天	甲柱 丙休符	丁冲 庚開蛇

丁丑

乙英七 壬驚陰	丁禽三 乙開蛇	甲柱五 丁休符
壬任六 癸死合	辛蓬八 辛	庚冲一 甲生天
癸輔二 戊景陳	戊心四 丙杜雀	丙芮九 庚傷地

戊寅

丙冲 壬開地	戊任 乙休雀	癸蓬 丁休陳
庚芮 癸驚天	辛輔 辛	壬心 甲傷合
甲柱 戊死符	丁英 丙景蛇	乙禽 庚杜陰

己卯

壬輔 壬景合	乙英 乙死陰	丁芮 丁驚蛇
癸冲 癸杜陳	辛禽 辛	甲柱 甲開符
戊任 戊傷雀	丙蓬 丙生地	庚心 庚休天

庚辰

癸禽七 壬生雀	壬蓬三 乙傷合	乙冲五 丁杜陰
戊輔六 癸休雀	辛心八 辛	丁任一 甲景蛇
丙英二 戊開地	庚芮四 丙驚天	甲柱九 庚死符

辛巳

壬心 壬死合	乙芮 乙驚陰	丁輔 丁開蛇
癸禽 癸景陳	辛柱 辛	甲英 甲休符
戊蓬 戊杜雀	丙冲 丙傷地	庚任 庚生天

壬午

甲柱 壬休符	庚冲 乙生天	丙禽 丁傷地
丁心 癸開蛇	辛任 辛	戊蓬 甲杜雀
乙芮 戊驚陰	壬輔 丙死合	癸英 庚景陳

癸未

庚任七 壬杜天	丙輔三 乙景地	戊心五 丁死雀
甲柱六 癸傷符	辛英八 辛	癸芮一 甲驚陳
丁冲二 戊生蛇	乙禽四 丙休陰	壬蓬九 庚開合

甲申

壬輔 壬杜陳	乙英 乙景合	丁芮 丁死陰
癸冲 癸傷雀	辛禽 辛	己柱 己驚蛇
戊任 戊生地	丙蓬 丙休天	甲心 甲開符

乙酉

己蓬 壬杜蛇	甲心 乙景符	丙任 丁死天
丁英 癸傷陰	辛芮 辛	戊輔 己驚地
乙禽 戊生合	壬柱 丙休陳	癸冲 甲開雀

丙戌

癸英七 壬開雀	壬禽三 乙休陳	乙柱五 丁生合
戊任六 癸驚地	辛蓬八 辛	丁冲一 己傷陰
丙輔二 戊死天	甲心四 丙景符	己芮九 甲杜蛇

丁亥

丁任 壬休陰	己輔 乙生蛇	甲心 丁傷符
乙柱 癸開合	辛英 辛	丙芮 己杜天
壬冲 戊驚陳	癸禽 丙死雀	戊蓬 甲景地

戊子

戊芮 壬死地	癸柱 乙驚雀	壬英 丁開陳
丙蓬 癸景天	辛冲 辛	乙禽 己休合
甲心 戊杜符	己任 丙傷蛇	丁輔 甲生陰

己丑

乙冲七 壬傷合	丁任三 乙杜陰	己蓬五 丁景蛇
壬芮六 癸生陳	辛輔八 辛	甲心一 己死符
癸柱二 戊休雀	戊英四 丙開地	丙禽九 甲驚天

庚寅

壬輔 壬驚陳	乙英 乙開合	丁芮 丁休陰
癸冲 癸死雀	辛禽 辛	己柱 己生蛇
戊任 戊景地	丙蓬 丙杜天	甲心 甲傷符

辛卯

壬禽 壬生合	乙蓬 乙傷陰	丁冲 丁杜蛇
癸輔 癸休陳	辛心 辛	己任 己景符
戊英 戊開雀	丙芮 丙驚地	甲柱 甲死天

壬辰

甲心七 壬景符	丙芮三 乙死天	戊輔五 丁驚地
己禽六 癸杜蛇	辛柱八 辛	癸英一 己開雀
丁蓬二 戊傷陰	乙冲四 丙生合	壬任九 甲休陳

癸巳

丙柱 壬杜天	戊冲 乙景蛇	癸禽 丁死雀
甲心 癸傷符	辛任 辛	壬蓬 己驚陳
己芮 戊生蛇	丁輔 丙休陰	乙英 甲開合

甲午

壬輔 壬杜合	乙英 乙景陰	丁芮 丁死蛇
癸冲 癸傷陳	甲禽 甲	己柱 己驚符
戊任 戊生雀	丙蓬 丙休地	庚心 庚開天

乙未

壬英七 壬休蛇	乙禽三 乙傷符	丁柱五 丁杜天
癸任六 癸休陰	甲蓬八 甲	己冲一 己景地
戊輔二 戊開合	丙心四 丙驚陳	庚芮九 庚死雀

丙申

壬任 壬傷雀	乙輔 乙杜陳	丁心 丁景合
癸柱 癸生地	甲英 甲	己芮 己死陰
戊冲 戊休天	丙禽 丙開符	庚蓬 庚驚蛇

丁酉

壬柱 壬開陰	乙冲 乙休蛇	丁禽 丁生符
癸心 癸驚合	甲任 甲	己蓬 己傷天
戊芮 戊死陳	丙輔 丙景雀	庚英 庚杜地

戊戌

壬蓬七 壬景地	乙心三 乙死雀	丁任五 丁驚陳
癸英六 癸杜天	甲芮八 甲	己輔一 己開合
戊禽二 戊傷符	丙柱四 丙生蛇	庚冲九 庚休陰

己亥

壬芮 壬休合	乙柱 乙生陰	丁英 丁傷蛇
癸蓬 癸開陳	甲冲 甲	己禽 己杜符
戊心 戊驚雀	丙任 丙死地	庚輔 庚景天

庚子

壬冲	乙任	丁蓬
壬杜陳	乙景合	丁死陰
癸芮	甲輔	己心
癸傷雀	甲	己驚蛇
戊柱	丙英	庚禽
戊生地	丙休天	庚開符

辛丑

壬輔七	乙英三	丁芮五
壬驚合	乙開陰	丁休蛇
癸冲六	甲禽八	己柱一
癸死陳	甲	己生符
戊任二	丙蓬四	庚心九
戊景雀	丙杜地	庚傷天

壬寅

壬禽	乙蓬	丁冲
壬死符	乙驚天	丁開地
癸輔	甲心	己任
癸景蛇	甲	己休雀
戊英	丙芮	庚柱
戊杜陰	丙傷合	庚生陳

癸卯

壬心	乙芮	丁輔
壬杜天	乙景地	丁死雀
癸禽	甲柱	己英
癸傷符	甲	己驚陳
戊蓬	丙冲	庚任
戊生蛇	丙休陰	庚開合

甲辰

甲輔七	乙英三	丁芮五
甲杜符	乙景天	丁死地
癸冲六	辛禽八	己柱一
癸傷蛇	辛	己驚雀
戊任二	丙蓬四	庚心九
戊生陰	丙休合	庚開陳

乙巳

癸任	甲輔	乙心
甲景蛇	乙死符	丁驚天
戊柱	辛英	丁芮
癸杜陰	辛	己開地
丙冲	庚禽	己蓬
戊傷合	丙生陳	庚休雀

丙午

己柱	庚冲	丙禽
甲生雀	乙傷陳	丁杜合
丁心	辛任	戊蓬
癸休地	辛	己景陰
乙芮	甲輔	癸英
戊開天	丙驚符	庚死蛇

丁未

戊心七	癸芮三	甲輔五
甲驚陰	乙開蛇	丁休符
丙禽六	辛柱八	乙英一
癸死合	辛	己生天
庚蓬二	己冲四	丁任九
戊景陳	丙杜雀	庚傷地

戊申

丁英	己禽	庚柱
甲傷地	乙杜雀	丁景陳
乙任	辛蓬	丙冲
癸生天	辛	己死合
甲輔	癸心	戊芮
戊休符	丙開蛇	庚驚陰

己酉

丙蓬	戊心	癸任
甲死合	乙驚陰	丁開蛇
庚英	辛芮	甲輔
癸景陳	辛	己休符
己禽	丁柱	乙冲
戊杜雀	丙傷地	庚生天

庚戌

庚芮七	丙柱三	戊英五
甲休陳	乙生合	丁傷陰
己蓬六	辛冲八	癸禽一
癸開雀	辛	己杜蛇
丁心二	乙任四	甲輔九
戊驚地	丙死天	庚景符

辛亥

甲冲	乙任	丁蓬
甲開合	乙休陰	丁生蛇
癸芮	辛輔	己心
癸驚陳	辛	己傷符
戊柱	丙英	庚禽
戊死雀	丙景地	庚杜天

壬子

甲輔 甲杜符	乙英 乙景天	丁芮 丁死地
癸冲 癸傷蛇	辛禽 辛	己柱 己驚雀
戊任 戊生陰	丙蓬 丙休合	庚心 庚開陳

癸丑

乙禽七 甲杜天	丁蓬三 乙景地	己冲五 丁死雀
甲輔六 癸傷符	辛心八 辛	庚任一 己驚陳
癸英二 戊生蛇	戊芮四 丙休陰	丙柱九 庚開合

甲寅

壬輔 壬杜天	乙英 乙景地	丁芮 丁死雀
甲冲 甲傷符	辛禽 辛	己柱 己驚陳
戊任 戊生蛇	丙蓬 丙休陰	庚心 庚開合

乙卯

戊柱 壬休蛇	甲冲 乙生符	壬禽 丁傷天
丙心 甲開陰	辛任 辛	乙蓬 己杜地
庚芮 戊驚合	己輔 丙死陳	丁英 庚景雀

丙辰

丁心七 壬死雀	己芮三 乙驚陳	庚輔五 丁開合
乙禽六 甲景地	辛柱八 辛	丙英一 己休陰
壬蓬二 戊杜天	甲冲四 丙傷符	戊任九 庚生蛇

丁巳

丙禽 壬生陰	戊蓬 己傷蛇	甲冲 丁杜符
庚輔 甲休合	辛心 辛	壬任 乙景天
己英 戊開陳	丁芮 丙驚雀	乙柱 庚死地

戊午

乙任 壬景地	丁輔 乙死雀	己心 丁驚陳
壬柱 甲杜天	辛英 辛	庚芮 己開合
甲冲 戊傷符	戊禽 丙生蛇	丙蓬 庚休陰

己未

庚英七 壬開合	丙禽三 乙休陰	戊柱五 丁生蛇
己任六 甲驚陳	辛蓬八 辛	甲冲一 己傷符
丁輔二 戊死雀	乙心四 丙景地	壬芮九 庚杜天

庚申

己蓬 壬驚陳	庚心 乙開合	丙任 丁休陰
丁英 甲死雀	辛芮 辛	戊輔 己生蛇
乙禽 戊景地	壬柱 丙杜天	甲冲 庚傷符

辛酉

壬芮 壬杜合	乙柱 乙景陰	丁英 丁死蛇
甲蓬 甲傷陳	辛冲 辛	己禽 己驚符
戊心 戊生雀	丙任 丙休地	庚輔 庚開天

壬戌

甲冲七 壬傷符	壬任三 乙杜天	乙蓬五 丁景地
戊芮六 甲生蛇	辛輔八 辛	丁心一 己死雀
丙柱二 戊休陰	庚英四 丙開合	己禽九 庚驚陳

癸亥

壬輔 壬杜天	乙英 乙景地	丁芮 丁死雀
甲冲 甲傷符	辛禽 辛	己柱 己驚陳
戊任 戊生蛇	丙蓬 丙休陰	庚心 庚開合

陰九局

甲子

癸輔八 癸杜蛇	甲英四 甲景符	丙芮六 丙死天
丁冲七 丁傷陰	壬禽九 壬	庚柱二 庚驚地
己任三 己生合	乙蓬五 乙休陳	辛心一 辛開雀

乙丑

辛冲 癸驚雀	乙任 甲開陳	己蓬 丙休合
庚芮 丁死地	壬輔 壬	丁心 庚生陰
丙柱 己景天	甲英 乙杜符	癸禽 辛傷蛇

丙寅

丁芮 癸生陰	癸柱 甲傷蛇	甲英 丙杜符
己蓬 丁休合	壬冲 壬	丙禽 庚景天
乙心 己開陳	辛任 乙驚雀	庚輔 辛死地

丁卯

丙蓬八 癸休天	庚心四 甲生地	辛任六 丙傷雀
甲英七 丁開符	壬芮九 壬	乙輔二 庚杜陳
癸禽三 己驚蛇	丁柱五 乙死陰	己冲一 辛景合

戊辰

癸輔 癸杜蛇	甲英 甲景符	丙芮 丙死天
丁冲 丁傷陰	壬禽 壬	庚柱 庚驚地
己任 己生合	乙蓬 乙休陳	辛心 辛開雀

己巳

庚禽 癸景地	辛蓬 甲死雀	乙冲 丙驚陳
丙輔 丁杜天	壬心 壬	己任 庚開合
甲英 己傷符	癸芮 乙生蛇	丁柱 辛休陰

庚午

己心八 癸死合	丁芮四 甲驚陰	癸輔六 丙開蛇
乙禽七 丁景陳	壬柱九 壬	甲英二 庚休符
辛蓬三 己杜雀	庚冲五 乙傷陰	丙任一 辛生天

辛未

乙柱 癸傷陳	己冲 甲杜合	丁禽 丙景陰
辛心 丁生雀	壬任 壬	癸蓬 庚死蛇
庚芮 己休地	丙輔 乙開天	甲英 辛驚符

壬申

癸任 癸開合	甲輔 甲休陰	丙心 丙生蛇
丁柱 丁驚陳	壬英 壬	庚芮 庚傷符
己冲 己死雀	乙禽 乙景地	辛蓬 辛杜陰

癸酉

甲英八 癸杜符	丙禽四 甲景天	庚柱六 丙死地
癸任七 丁傷蛇	壬蓬九 壬	辛冲二 庚驚雀
丁輔三 己生陰	己心五 乙休合	乙芮一 辛開陳

甲戌

癸輔 癸杜地	戊英 戊景雀	丙芮 丙死陳
丁冲 丁傷天	壬禽 壬	庚柱 庚驚合
甲任 甲生符	乙蓬 乙休蛇	辛心 辛開陰

乙亥

戊芮 癸驚雀	丙柱 戊開陳	庚英 丙休合
癸蓬 丁死地	壬冲 壬	辛禽 庚生陰
丁心 甲景天	甲任 乙杜符	乙輔 辛傷蛇

丙子

辛蓬八 / 癸死陰	乙心四 / 戊驚蛇	甲任六 / 丙開符
庚英七 / 丁景合	壬芮九 / 壬	丁輔二 / 庚休天
丙禽三 / 甲杜陳	戊柱五 / 乙傷雀	癸冲一 / 辛生地

丁丑

丁英 / 癸杜天	癸禽 / 戊景地	戊柱 / 丙死雀
甲任 / 丁傷符	壬蓬 / 壬	丙冲 / 庚驚陳
乙輔 / 甲生蛇	辛心 / 乙休陰	庚芮 / 辛開合

戊寅

乙冲 / 癸生蛇	甲任 / 戊傷符	丁蓬 / 丙杜天
辛芮 / 丁休陰	壬輔 / 壬	癸心 / 庚景地
庚柱 / 甲開合	丙英 / 乙驚陳	戊禽 / 辛死雀

己卯

癸輔八 / 癸傷地	戊英四 / 戊杜雀	丙芮六 / 丙景陳
丁冲七 / 丁生天	壬禽九 / 壬	庚柱二 / 庚死合
甲任三 / 甲休符	乙蓬五 / 乙開蛇	辛心一 / 辛驚陰

庚辰

庚禽 / 癸開合	辛蓬 / 戊休陰	乙冲 / 丙生蛇
丙輔 / 丁驚陳	壬心 / 壬	甲任 / 庚傷符
戊英 / 甲死雀	癸芮 / 乙景地	丁柱 / 辛杜天

辛巳

丙心 / 癸景陳	庚芮 / 戊死合	辛輔 / 丙驚陰
戊禽 / 丁杜雀	壬柱 / 壬	乙英 / 庚開蛇
癸蓬 / 甲傷地	丁冲 / 乙生天	甲任 / 辛休符

壬午

癸柱八 / 癸休合	戊冲四 / 戊生陰	丙禽六 / 丙傷蛇
丁心七 / 丁開陳	壬任九 / 壬	庚蓬二 / 庚杜符
甲芮三 / 甲驚雀	乙輔五 / 乙死地	辛英一 / 辛景天

癸未

甲任 / 癸杜符	丁輔 / 戊景天	癸心 / 丙死地
乙柱 / 丁傷蛇	壬英 / 壬	戊芮 / 庚驚雀
辛冲 / 甲生陰	庚禽 / 乙休合	丙蓬 / 辛開陳

甲申

癸輔 / 癸杜合	戊英 / 戊景陰	丙芮 / 丙死蛇
丁冲 / 丁傷陳	壬禽 / 壬	甲柱 / 甲驚符
己任 / 己生雀	乙蓬 / 乙休地	辛心 / 辛開天

乙酉

己蓬八 / 癸傷雀	丁心四 / 戊杜陳	癸任六 / 丙景合
乙英七 / 丁生地	壬芮九 / 壬	戊輔二 / 甲死陰
辛禽三 / 己休天	甲柱五 / 乙開符	丙冲一 / 辛驚蛇

丙戌

戊英 / 癸杜陰	丙禽 / 戊景蛇	甲柱 / 丙死符
癸任 / 丁傷合	壬蓬 / 壬	辛冲 / 甲驚天
丁輔 / 己生陳	己心 / 乙休雀	乙芮 / 辛開地

丁亥

辛任 / 癸驚天	乙輔 / 戊開地	己心 / 丙休雀
甲柱 / 丁死符	壬英 / 壬	丁芮 / 甲生陳
丙冲 / 己景蛇	戊禽 / 乙杜陰	癸蓬 / 辛傷合

戊子

丙芮八 癸開蛇	甲柱四 戊休符	辛英六 丙生天
戊蓬七 丁驚陰	壬冲九 壬	乙禽二 甲傷地
癸心三 己死合	丁任五 乙景陳	己輔一 辛杜雀

己丑

乙冲 癸景地	己任 戊死雀	丁蓬 丙驚陳
辛芮 丁杜天	壬輔 壬	癸心 甲開合
甲柱 己傷符	丙英 乙生蛇	戊禽 辛休陰

庚寅

癸輔 癸生合	戊英 戊傷陰	丙芮 丙杜蛇
丁冲 丁休陳	壬禽 壬	甲柱 甲景符
己任 己開雀	乙蓬 乙驚地	辛心 辛死天

辛卯

丁禽八 癸死陳	癸蓬四 戊驚合	戊冲六 丙開陰
己輔七 丁景雀	壬心九 壬	丙任二 甲休蛇
乙英三 己杜地	辛芮五 乙傷天	甲柱一 辛生符

壬辰

癸心 癸休合	戊芮 戊生陰	丙輔 丙傷蛇
丁禽 丁開陳	壬柱 壬	甲英 甲杜符
己蓬 己驚雀	乙冲 乙死地	辛任 辛傷天

癸巳

甲柱 癸杜符	辛冲 戊景天	乙禽 丙死地
丙心 丁傷蛇	壬任 壬	己蓬 甲驚雀
戊芮 己生陰	癸輔 乙休合	丁英 辛開陳

甲午

癸輔八 癸杜陳	戊英四 戊景合	丙芮六 丙死陰
丁冲七 丁傷雀	壬禽九 壬	庚柱二 庚驚蛇
己任三 己生地	乙蓬五 乙休符	甲心一 甲開符

乙未

丁英 癸杜雀	癸禽 戊景陳	戊柱 丙死合
己任 丁傷地	壬蓬 壬	丙冲 庚驚陰
乙輔 己生天	甲心 乙休符	庚芮 甲開蛇

丙申

丙任 癸開陰	庚輔 戊休蛇	甲心 丙生符
戊柱 丁驚合	壬英 壬	乙芮 庚傷天
癸冲 己死陳	丁禽 己景雀	己蓬 甲杜地

丁酉

乙柱八 癸休天	己冲四 戊生地	丁禽六 丙傷雀
甲心七 丁開符	壬任九 壬	癸蓬二 庚杜陳
庚芮三 己驚蛇	丙輔五 乙死陰	戊英一 甲景合

戊戌

庚蓬 癸死蛇	甲心 戊驚符	乙任 丙開天
丙英 丁景陰	壬芮 壬	己輔 庚休地
戊禽 己杜合	癸柱 乙傷陳	丁冲 甲生雀

己亥

己芮 癸傷地	丁柱 戊杜雀	癸英 丙景陳
乙蓬 丁生天	壬冲 壬	戊禽 庚死合
甲心 己休符	庚任 乙開蛇	丙輔 甲驚陰